U0086691

基督復臨安息日會
基本信仰28條
SEVENTH-DAY ADVENTISTS BELIEVE...28

基督復臨安息日會　全球總會傳道協會　編著

目錄 . Index

3

目錄 . Index

目錄 . Index

目錄 . Index

目錄．Index

目錄 . Index

目錄 . Index

目錄 . Index

基督復臨安息日會 28條基本信仰簡介

許多年來，基督復臨安息日會一直不願意訂定信條（依信條的一般意義說）。但是我們發現，為了實際的需要，必須簡述本會的信仰。

1872年，復臨信徒在美國密西根州巴特溪（Battle Creek）的出版社，印行了一本24條的「本會信仰簡述」。這個文件略經修訂後，擴充為28段，刊印在1889年的教會年鑑上。後來年鑑卻未繼續刊印。1905年，包括此信仰簡述的年鑑再度出現，直至1914年，為了回應本會非洲教會領袖要求，而做出「一個能幫助政府官員及他人更深瞭解本會工作的信仰告白」。四人的委員會（包括全球總會會長在內）組成後，草擬了一個可以簡述的主要信仰。這22條基本信仰最先刊印於1931年的年鑑上。直到1980年，全球代表大會通過一個類似但更周詳的「基督復臨安息日會基本信仰」27條。

同樣地，在教會工作的發展和教友的增長下，不同的靈性需要於焉產生。於是2005年，全球代表大會在美國聖路易士市召開之際，接納了廣大非洲教會領袖的意見，全體大會上通過：增列「在基督裡成長」為第十一條。因此，由年前的27條，改為目前的28條。

致讀者

關於上帝，你相信甚麼？祂是誰？祂對我們有何期望？祂實在是甚麼樣子？

上帝告訴摩西，沒有人見祂的面還能存活。但是耶穌告訴腓力，看見祂的人就是看見了父（約14：9）。既然祂曾生活在我們中間……誠然成為我們當中的一位……我們就能夠知道上帝是誰，並祂是甚麼樣子。

我們寫這本28條基本信仰，是為了顯明基督復臨安息日會的信徒對上帝的認識。這就是我們所相信的祂的愛，祂的仁慈、憐憫、恩典、公正、慈善、純潔、公義及和平。藉著耶穌基督，我們看見上帝慈愛地將小孩子抱在懷中，當祂喊著說：「父啊！赦免他們；因為他們所作的，他們不曉得。」（路23：34）我們見到祂的愛。

我們寫這本書，要與人分享我們在基督身上所看見的……我們的目光集中在髑髏地。在那裏「慈愛和誠實彼此相遇；公義和平安彼此相親。」（詩85：10）在髑髏地，祂，那無罪的，替我們成為罪，「好叫我們在祂裏面成為上帝的義。」（林後5：21）

我們寫這本書，因為相信每一個教義，每一個信條，都必須顯明主的大愛。這位具有無條件的愛又為此而獻身的，在人類歷史中確實無人可比。我們認識這位將真理化為肉身的，祂既是無窮的，我們更當謙卑地承認，還有許多真理待人發掘。

我們寫這本書，因為感知我們從歷史的基督教會中領受了豐盛的聖經真理，因此滿懷感激。我們感謝那列偉大的見證人——如威克里夫、胡斯、馬丁路德、丁道爾、加爾文、諾克斯與衛斯理——他們進入新的亮光，引領教會向前，使教會更充分認識上帝的屬性。並且，這認識是不斷進步的。「但義人的路，好像黎明的光，越照越明，直

到日午。」（箴4：18）當然我們在尋得上帝新的啟示時，它們必定與聖經中的聯合見證完全和諧一致。

我們寫這本書，有一個清楚的原則不斷地提醒著我們：「如果你是為辯護你自己的意見而查考聖經，那麼你絕不會得到真理。查考的目的乃是要知道主所說的是甚麼。如果你在查考之時有感悟，如果你看出自己原來所持的成見與真理不符，切不可曲解真理來遷就你自己的意見，乃要領受所賜的亮光。要敞開心思意念，以便看出上帝聖言中的奇妙。」（**懷愛倫著《天路》84頁**）

我們寫這本書，不是要作為信條，不是要作為固定的神學信條宣告。復臨信徒只有一個信條：「聖經，只有聖經。」

我們寫這本書，不是要激發人的想像力。這不是一本出乎臆測的作品──除非人認為聖經是那樣一本書，相反地，這是一本完全基於聖經，並以基督為中心的本會信仰的闡明。所表達的信仰，也並非只是半日研究的結果，它們代表一百多年的禱告、研讀，禱告、默想，禱告、……換句話說，它們乃是復臨信徒「在我們救主耶穌基督的恩典和知識上」成長的產物（**彼後3：18**）。

我們寫這本書，也知道有人會問，教義真的那麼重要嗎？在一個核子毀滅的威脅下掙扎求生的時代，在一個醉心於科技爆炸發展的時代，在一個基督徒徒然努力抵擋貧窮、飢餓、壓榨及無知的時代。然而……。

我們寫這本書，深信一切教義當人正確了解時，都是以「道路、真理、生命」的祂為中心，並且極為重要。諸般的教義都在顯明我們所事奉之上帝的聖德。它們解釋了過去與現在的大事，建立了在宇宙中的地位及目的感。它們描寫上帝行動的目標。諸般教義乃是基督徒的

指南，使一些本是不平衡的經驗獲得穩定，在一個不承認有絕對的社會中注入確定性。教義使人的智力得到滋養，並建立目標，激勵基督徒，使他們關心他人。

我們寫這本書，為要領導復臨信徒，藉著研讀聖經，與基督建立更深切的關係。在這充斥欺騙、多重教義與冷漠的時代，認識祂與祂的旨意是十分重要的。這樣的知識，是基督徒唯一的保障，用來抵擋那些「兇暴的豺狼」，他們要進來說悖謬的話，推翻真理，破壞上帝子民的信心（見徒20：29、30）。尤其在這末時，為要保守他們，免得他們「中了人的詭計和欺騙的法術，被一切異教之風搖動，飄來飄去。」（弗4：14）所有的信徒，都必須正確地認識上帝的聖德、權能及旨意。唯有那些以聖經真理堅固他們心思的人，才能在最後的爭戰中站立得住。

我們寫這本書，為要幫助那些想知道我們信仰緣由的人。本書是由復臨信徒親自撰寫，不是廣告，乃是經過仔細研究之後，正確地說明復臨信徒的信仰。

最後，我們寫這本書，是因為認識到，以基督為中心的教義，具有三種明顯的功能。第一，它建造教會；第二，它保存真理；第三，它以福音全部的豐盛傳播福音。真實的教義不僅僅要求相信，——它要求行動。基督徒的信仰藉著聖靈，就化為愛的行為。對上帝、祂的愛子，及對聖靈的真實知識，便是「得救的知識」。這就是本書的主題。

——編者

基本信仰28條
SEVENTH-DAY ADVENTISTS BELIEVE...28

有關上帝的教義

01 上帝的聖言

基督復臨安息日會相信──

聖 經，新約聖經及舊約聖經，乃是寫出來的上帝的聖言。由上帝所默示，藉著聖潔的神人，被聖靈感動說出及寫成。在這聖言中，上帝將得救所需的知識賜給人。聖經是上帝旨意之無誤的啟示，是品格的標準、經驗的試金石，是各項教訓之權威性的顯示，並是上帝在歷史中的作為之忠實的記錄。

──基本信仰第一條

第1章

上帝的聖言

世 上沒有一本書，像聖經那樣為人所愛、為人所憎、受人尊敬，又遭人譴責的了。有人為聖經而死、有人為聖經遭殺害。它激發人們最偉大、最高貴的行為；同時又為了人最敗壞、最墮落的行為而受責怪。多次戰爭為聖經而打，許多革命孕育於聖經篇章之中，其中的理念傾倒了王國。各種觀點的人──從解放神學家至資本家，從法西斯主義者至馬克斯主義者，從獨裁者至解放者，從和平主義者至黷武主義者──他們都從其中尋找支持，以證明他們所行是正當的。

但是聖經的獨特性，並不是出於它那無與倫比之政治的、文化的、及社會的影響力，而是出於它的源頭並它的主題。它是那獨一無二的神人，上帝的兒子，世人的救主，耶穌基督的啟示。

一、神聖的啟示

雖然自古至今都有人懷疑上帝的存在，但是許多人都曾有把握地見證上帝存在，並說祂曾顯示祂自己。上帝如何顯示祂自己？在上帝

的啟示中，聖經如何發揮它的功能呢？

1.一般啟示

從歷史、人類行為、良心及大自然中，得到對上帝屬性的領會，常被稱為「一般啟示」，因為它是人人都可得著，並訴諸於人的理性的。

對無數的人而言，「諸天述說上帝的榮耀；穹蒼傳揚祂的手段。」（詩19：1）日光、雨露、山岳、溪流，都見證著一位慈愛的創造主。「自從造天地以來，上帝的永能和神性是明明可知的，雖是眼不能見，但藉著所造之物就可以曉得，叫人無可推諉。」（羅1：20）

有人在朋友、家人、夫妻、父母子女間愉快的關係及不尋常的愛裏，看到那位關愛世人之上帝的證據。「母親怎樣安慰兒子，我就照樣安慰你們。」（賽66：13）「父親怎樣憐恤他的兒女，耶和華也怎樣憐恤敬畏祂的人。」（詩103：13）

但是那見證有一位慈愛創造主的同一陽光，也能將大地化為焦土、帶來飢荒。那同一雨水，也可變為洪流，使許多人全家滅頂。那同一高山，也可崩裂、坍塌──讓人粉身碎骨。而人際關係常含有妒忌、忿怒，甚至因仇恨而導致兇殺。

圍繞著我們的世界發出混雜的訊號。引起的問題比得到的答案要多。它顯示了善惡之爭的存在，但卻未解釋此項善惡之爭如何發生、誰在爭戰、為何爭戰、或誰是最後的得勝者。

2.特別啟示

由於罪惡的蒙蔽，限制了我們對上帝藉創造而自我顯示之見證的理解能力。上帝在愛中，就賜給我們一種有關祂自己的特別啟示，藉以幫助我們解決這些問題。祂藉著新約聖經與舊約聖經，以一種特別的方式將祂自己啟示給我們，使我們對祂慈愛的品格，不再存有任何疑問。祂先藉著眾先知賜下祂的啟示，以後則藉著耶穌基督，親自賜下祂最終的啟示。（來1：1、2）

聖經包含了有關上帝真理的論述，及祂成為人的啟示。這兩方面的啟示都是必要的。我們需要藉著耶穌基督認識上帝（約17：3）；也需要認識在耶穌裏的真理（弗4：21）。藉著聖經，上帝打破了我們

思想、心靈及靈性的局限，將渴望拯救我們的心願傳給我們。

二、聖經的焦點

聖經啟示上帝並將人的真相顯露出來。它顯露出我們的困境，並啟示上帝的解決之道。它描寫我們是失喪的人、遠離上帝，並啟示耶穌就是來尋找我們、帶我們回歸上帝的那一位。

耶穌基督乃是聖經的中心。舊約聖經推介上帝的兒子是彌賽亞，是世人的救贖主；新約聖經則啟示祂是耶穌基督，是救主。聖經每一頁，或藉著象徵的表號，或藉著實體，都在啟示祂的品格或作為。耶穌在十字架上的死，乃是上帝聖德最終的啟示。

十字架成了最終的啟示，乃是因為它將兩個極端放在一起：人那深不可測的邪惡，與上帝無窮的愛。還有甚麼能幫助我們更深地透視人類多麼不可靠？還有甚麼更能顯明罪惡？十字架顯明了一位容許自己獨生子被殺的神。何等的犧牲？祂還能賜下甚麼更大之愛的啟示呢？誠然，聖經的焦點就是耶穌基督。祂置身在這個宇宙戲台的中心。祂

在髑髏地的勝利，將在消滅罪惡上達到最高點。神與人將再度合一。

上帝之愛的主題，尤其是基督在髑髏地犧牲中所顯示的愛——這宇宙中最偉大的真理，乃是聖經的中心。故此所有主要的聖經真理，都應從這樣的角度去研讀。

三、聖經的作者

聖經在信仰及行為上的權威性，出於它的根源。寫聖經的人視聖經與其他的文學作品迥然有別。他們稱之為「聖」經（羅1：2；提後3：15）、「聖言」（羅3：2；來5：12）。

聖經的獨特性，基於它的根源。寫聖經的人說，他們的信息不是出於他們自己，而是從上帝那裏領受的。藉著上帝的啟示，他們能夠「見到」他們所傳的真理（參見賽1：1；摩1：1；彌1：1；哈1：1；耶38：21）。

這些寫聖經的人指出，藉先知向人傳話的乃是聖靈（尼9：30；亞7：12）。大衛說：「耶和華的靈藉著我說：祂的話在我口中。」（撒下23：2）以西結寫道：「靈就進入我裏面」，「耶和華的靈降在我

身上」，「靈將我舉起」（結2：2；11：5、24），還有彌迦也作見證說，「我藉耶和華的靈，滿有力量。」（彌3：8）

新約聖經承認聖靈在舊約聖經成書中所扮演的角色。耶穌說，大衛曾受聖靈的感動（可12：36）；保羅相信聖靈曾藉以賽亞說話（徒28：25）；彼得則告訴人說，聖靈不是只領導少數的先知，而是領導眾先知（彼前1：10、11；彼後1：21）。很多時候寫聖經的人，完全消失於幕後，只有聖靈被公認為唯一、真正的作者。「聖靈有話說……」、「聖靈用此指明……」（來3：7；9：8）。

寫新約聖經的人，也承認聖靈是他們信息的來源。保羅解釋：「聖靈明說，在後來的時候，必有人離棄真道。」（提前4：1）約翰曾說：「當主日，我被聖靈感動」（啟1：10），而耶穌也是藉著聖靈，差遣祂的門徒（徒1：2；參閱弗3：3－5）。

這樣，上帝以聖靈的位格，藉聖經啟示了祂自己。祂寫聖經，不是用祂自己的手，而是用了別人的手，在1500多年中，約用了40雙手。既然是聖靈上帝默示寫聖經的人，那麼，上帝乃是聖經的作者。

四、聖經的默示

保羅說：「聖經都是上帝所默示的」（提後3：16），譯成「默示」之希臘文原文Theopneustos，字義為「上帝吹氣」。上帝將真理吹進人的心裏，人再用聖經的話將之表達出來。這樣，默示就是上帝傳達祂永恆真理的一項過程。

1.默示的過程

上帝的啟示，是默示給受聖靈感動的「先知」（現代中文譯本彼後1：21）。這些啟示用人的語言表達，當然有人之語言的限制與不完全，但是它們仍是上帝的證言。上帝感動的是人——不是那些字句。

先知們是否完全被動像錄音機一樣，將所錄的再放出來呢？在某些情況下，上帝曾吩咐寫聖經的人，精確地傳達上帝的話。但在大多數情形下，上帝叫他們盡力去描寫所見所聞。在後者的情況下，寫聖經的人便採用了他們自己的文體與風格。

保羅說：「先知的靈原是順服先知的」（林前14：32）。真實的默示並不抹殺先知的個性、理性、德性或人格。

以某種程度而言，摩西與亞倫的關係，可以說明聖靈與寫聖經之人的關係。上帝對摩西說：「我使你在法老面前代替上帝，你的哥哥亞倫是替你說話的。」（出7：1，參閱4：15、16）摩西將上帝的信息告訴亞倫，亞倫再用他自己的語言及風格，將之傳達給法老。寫聖經的人在傳達上帝的命令、思想、理念時，也是同樣用他們自己語言的風格。因為上帝用此種方式與人交通，所以，聖經各卷書便因各聖經作者的教育程度與素養而呈多樣化。

聖經「並非上帝思想與表達的模式。人必常常說，這樣的表達不像上帝。但是上帝並未將自己放在話語、邏輯與修辭學中接受試驗。寫聖經的人只是上帝的祕書，並非上帝的筆。」（註1）「默示的作用不是在人的話語或他的表達上，而是要感動那個人，使他在聖靈的影響下文思泉湧。但是那些話語留下了各人思想的痕

跡，上帝的思想因此被沖淡了。人的願望、思想與上帝的旨意、思想相結合，人所發表的話就這樣成了上帝的聖言。」（註2）

但有一次，上帝說話，也寫出精確的字，就是十誡。它們非人的作品，乃是上帝的作品（出20：1－17；31：18；申10：4、5）。但雖然是上帝的作品，它仍然受人類語言的限制。

這樣，聖經是用人類語言所表達的神聖的真理。就像教嬰兒學量子物理學那樣，試想像上帝要將神聖的真理傳給有罪又有限之人類時，所面臨的困難。由於我們的有限，而使上帝所能傳給我們的信息受到了限制。

道成肉身的耶穌，與聖經之間有著相似之處：耶穌是神與人的聯合，神性與人性合而為一。聖經同樣也是神與人的結合。「道成了肉身，住在我們中間。」（約1：14）這話論到基督，也同樣可用在聖經上。這神、人的結合，使聖經在文學中成為獨特的著作。

2.默示與聖經作者

聖靈曾預備一些人，傳達神聖的

真理。聖經未曾詳細解釋，上帝怎樣使這些人具備這種資格。但是上帝以某種方式，在神與祂的代表之間，形成了一種連結。

那參加寫經的人受上帝的揀選，並非由於他們有天賦才幹。上帝的啟示，也不一定使那人悔改或保證他得永生。巴蘭在默示之下宣講過上帝的信息，但他的行為卻違背了上帝的教訓（民22－24章）。為聖靈所用的大衛曾犯大罪（參閱詩51篇）。所有寫聖經的人，都具有犯罪的天性，天天需要上帝的恩典（參閱羅3：12）。

聖經的作者蒙默示的經驗，遠勝過蒙光照或蒙神聖的引領，因為這些會臨到一切尋求真理的人。事實上，有時寫聖經的人在寫的時候，並不完全了解他們所傳達的信息（彼前1：10－12）。

作者們對信息的反應並不一致。但以理與約翰說，他們對他們所寫的東西，大感困惑。（但8：27；啟5：4）彼前1:10指出其他的聖經作者，也曾尋求他們所傳並別人所傳之信息的意義。有時這些人懼怕傳講某個默示的信息，有的甚至與上帝辯論（哈1章；拿1：1－3；4：1－11）。

3.啟示的方法與內容

聖靈常常用異象與異夢，將神聖的知識傳給人（民12：6）。有時祂用聽得見的聲音說話，或向我們內在的感覺說話。上帝曾在撒母耳的耳中說話（英文聖經撒上9：15譯為In the ear）；撒迦利亞領受的是表號及解釋（亞4章）；保羅與約翰所見的天國的異象，都伴隨著聽得見的教導（林後12：1－4；啟4：5章）；以西結看到別處發生的事（結8章）。某些聖經作者參與異象中的活動，完成某些工作，成為異象的一部分（啟10）。

至於內容，聖靈將尚未發生的事啟示給某些人（但2、7、8、12章）。還有其他的聖經作者則從他們的個人經驗，或已有的歷史記錄中揀選資料，記錄一些歷史的事件（士師記；歷代志下；四福音書；使徒行傳）。

4.默示與歷史

聖經所說：「聖經都是上帝所默示的」，對於道德與屬靈的生活都有益處，也都具有威權（提後

3：15、16）。毫無疑問的，挑選資料的過程是上帝所引導。不論這些資料是出於個人的觀察，或根據耳聞或記錄的資料來源，或由直接的啟示，都是藉著聖靈的引領而臨到寫聖經的人。這確保了聖經是可靠的。

聖經不僅啟示抽象的道理，它也在上帝與人類的互動中，啟示出祂的計畫。祂的自我啟示，植根於發生在某一時間與空間的真實事件中。這些歷史記載的可靠性極為重要，因為它們形成了我們了解上帝品格與旨意的架構。正確的了解引致永生，不正確的觀點引致錯亂與死亡。

上帝曾吩咐一些人將祂對待以色列人的歷史寫下。這些歷史的記述與世俗的歷史觀點有別，構成聖經的重要部分（參閱民33：1、2；書24：25、26；結24：2）。它們提供我們從上帝立場所見之客觀歷史。聖靈賜給聖經作者特別的洞察力，使他們能記載下善惡之爭中那能顯明上帝的品格，並領人追求永生。

歷史事件乃是「模範」或「鑑戒」，為要「警戒我們這末世的人」。（林前10：11）保羅說：「從前所寫的聖經都是為教訓我們寫的，叫我們因聖經所生的忍耐和安慰可以得著盼望。」（羅15：4）所多瑪與蛾摩拉的毀滅，乃為警告或鑑戒（彼後2：6；猶7）。亞伯拉罕稱義的經驗，乃是每一個信徒的模範（羅4：1－25；雅2：14－22）。甚至舊約聖經中的民法，也充滿了深邃的屬靈意義，並為了我們今天的益處而寫（林前9：8、9）。

路加說他寫福音書，乃是因為他要記載耶穌的生平，「使你知道所學之道都是確實的」（路1：4）。約翰選擇記在他福音書裏的耶穌生平，目的是：「要叫你們信耶穌是基督，是上帝的兒子，並且叫你們信了祂，就可以因祂的名得生命。」（約20：31）上帝領導聖經作者們，以一種領我們得永生的方式來寫歷史。

聖經人物的傳記，提供我們另一個上帝默示的證據。這些記載小心地描繪這些人品格上的優點與缺點。他們忠實地描繪這些人物的罪惡，正如他們忠實地描繪他們的成功一樣。

挪亞的不節制或亞伯拉罕的不誠實，都未曾加以掩飾。摩西、

保羅、雅各、約翰所表現的脾氣，都記錄下來了。聖經歷史暴露了以色列最聰明之王的失敗，以及十二先祖、十二使徒的軟弱。聖經未為他們推卸罪責，也未試圖減輕他們的罪辜。它描寫出他們各人的本來面目，以及他們靠著上帝的恩典所變成，或本來應該改變而未能改變的人。若無上帝的默示，沒有一個傳記作者能寫出如此透徹的分析。

聖經作者們將聖經中所有的歷史看為真實的歷史記綠。不是神話或表徵。許多現代懷疑派不接受亞當夏娃、約拿及洪水的故事。但是耶穌卻接受這些記載為正確的史實。並且在屬靈上也是適切的（太12：39-41；19：4-6；24：37-39）。

聖經並沒有教導人部分默示或不同程度的默示。這種理論只是一種臆測，剝奪了聖經神聖的權威。

5.聖經的精確性

正如耶穌「成了肉身住在我們中間」（約1：14），為了使我們了解真理，聖經也同樣以人類的語言賜下。聖經由默示寫成，保證了它的可靠性。

上帝除了保證聖經的真實性及有效性之外，祂如何保護經文傳遞的安全？雖然古經卷中顯然有差異，但其主要的真理卻蒙保存（註3）。雖然很可能抄寫聖經的人及翻譯聖經的人造成一些小錯誤，但從聖經考古學的證據顯示，許多所謂的錯誤，實際上乃是學者們的誤解。有些問題的發生，是因為人用西方人的眼光看聖經歷史的緣故。我們必須承認，人所知道的有限——他們對於上帝旨意的運行，所知只是片段而已。

因此，理解上的差異，不應該損及我們對聖經的信心。它們經常是我們理解不正確的結果，並非實際的錯誤。我們若讀到一句話或一節經文不完全了解，難道上帝該負責嗎？我們或許永遠不能解釋聖經中的每一節經文，我們也實在不必完全了解。已經應驗的那些預言，已證實聖經的可靠性。

雖然有人企圖毀滅聖經，但聖經以驚人地甚至奇蹟很精確地般保存了下來。將死海經卷與後期的舊約聖經相比較，顯出了傳遞時的細心。它們證實了聖經作為上帝旨意的啟示，是可靠而可信的。

五、聖經的權威

聖經具有神聖的權威，因為在聖經中上帝藉著聖靈說話，這樣，聖經就成了上帝的聖言。如此說的憑據在那裏？這在我們追求知識及我們的生活上，有何意義呢？

1.聖經的宣告

聖經作者們見證他們的信息直接來自上帝。就是臨到耶利米、以西結、何西阿及其他作者的「耶和華的話」（耶1：1；2：9；結1：3；何1：1；珥1：1；拿1：1）。作為上帝的使者（該1：13；代下36：16），上帝的先知們受吩咐要奉祂的名說：「耶和華如此說」（結2：4；參閱賽7：7）。上帝的話構成了他們的證書與權柄。

上帝所使用的代理人，有時會退至幕後。馬太講到他所引用的舊約先知的話及其背後之權威時說：「這一切的事成就，是要應驗主藉先知所說的話。」（太1：22）他認為耶和華是直接的作者，是權威；而先知只是間接的作者。

彼得說保羅所寫的是聖經（彼後3：15、16）。保羅也為他所寫的作見證說：「我不是從人領受的，也不是人教導我的，乃是從耶穌基督啟示來的。」（加1：12）新約聖經作者接受基督的話為聖經，認為它們具有與舊約聖經同等的權威（提前5：18；路10：7）。

2.耶穌與聖經的權威

耶穌在傳道時期中，始終強調聖經的權威。受魔鬼試探或與祂的對手爭戰時，「經上記著說」是祂的防衛，也是祂攻擊的武器（太4：4、7、10；路20：17）。祂說：「人活著不是單靠食物」，祂說：「乃是靠上帝口裏所出的一切話」（太4：4）。當被問及如何能進入永生時，祂回答說：「律法上寫的是甚麼，你念的是怎樣呢？」（路10：26）

耶穌將聖經置於人的遺傳與意見之上。祂責備猶太人不顧聖經的權威（可7：7-9），並叫他們要更細心地去研讀聖經。祂說：「這經你們沒有念過麼？」（太21：42；可12：10、26）

祂堅信預言的權威，並說預言是指著祂自己。祂說：「給我作見證的就是這經」。「你們如果信摩西，也必信我。因為他書上有指著

我寫的話。」（約5：39、46）耶穌最折服人的話是，祂有一個神聖的使命，是為了應驗舊約聖經的預言而來（路24：25-27）。

因此，基督曾毫無保留地接受聖經，為上帝對人類旨意之權威啟示。祂視聖經是真理，是一項客觀的啟示。上帝賜下它，為了要領人脫離錯誤的遺傳與神話的黑暗，並領他們進入得救知識的亮光之中。

3.聖靈與聖經的權威

耶穌在世時，宗教界的領袖與粗心的群眾，皆認不出祂真實的身分。有人覺得祂是先知，像施洗約翰、以利亞或耶利米一樣——僅僅是一個人。當彼得宣稱耶穌「是基督，是永生上帝的兒子」時，耶穌指出這樣的宣稱，乃是出於神聖的光照（太16：13-17）。保羅強調這項真理說：「若不是被聖靈感動的，也沒有能說耶穌是主的。」（林前12：3）

對於寫下的上帝聖言也是如此，我們的心思若無聖靈的光照，就永不能正確地了解聖經，或甚至承認它是上帝權威性的旨意（註5）。因為除了上帝的靈，也沒有人知道上帝的事（林前2：11）。「然而屬血氣的人不領會上帝聖靈的事，反倒以為愚拙。並且不能知道，因為這些事唯有屬靈的人才能看透。」（林前2：14）結果「十字架的道理在那滅亡的人為愚拙」（林前1：18）。

唯有藉著那「參透上帝深奧的事」（林前2：10）之聖靈的幫助，人才能相信聖經是上帝及祂旨意的啟示。那時十字架才成了「上帝的大能」（林前1：18）。他就可以與保羅同作見證說：「我們所領受的並不是世上的靈，乃是從上帝來的靈。叫我們能知道上帝開恩賜給我們的事。」（林前2：12）

聖經永不能與聖靈分開，聖靈是聖經的作者，也是聖經的啟示者。

聖經在我們生活中權威的大小，是依我們對啟示的觀念而定。我們如認為聖經只是人的見證集，或者我們所賦予聖經的權威，是看它如何刺激我們的感覺或感情而定，那麼我們就會減弱聖經在我們生活中的權威。但如果我們分辨出這是上帝藉著聖經作者說話的聲音，不管這些寫作者曾經多麼軟弱，有多少缺點，聖經在教訓、督責、使人歸

正及教導人學義上，都是絕對的權威（提後3：16）。

4.聖經權威的範圍

聖經與科學之間的衝突，常是臆測所造成的。當我們不能使科學與聖經相和諧之時，乃是因為我們「對聖經或對科學不完全了解的緣故，……但若了解得正確，它們是完全和諧的。」（註6）

人的一切智慧，都必須置於聖經的權威之下。聖經的真理是一切的基準，所有其它觀念都藉它測試。若用有限之人的標準去判斷上帝的聖言，就如要用尺去量度星星一樣。不可將聖經置於人的標準之下。它乃超乎一切人的著作與智慧之上。我們不但不能判斷聖經，相反的，每一個人都要受聖經的審判。因為它是品格及一切思想與經驗之試驗的標準。

最後，聖經甚至對於來自聖靈的恩賜，也保留了它的權威，包括預言與說方言的恩賜（林前12：14；弗4：7－16）。聖靈的恩賜並不代替聖經，它們必須受聖經的試驗。若與聖經相背，就必須視為虛假而丟棄。「人當以訓誨和法度為標準，他們所說的，若不與此相符，必不得見晨光。」（賽8：20）（參見本書第18章）

六、聖經的一致性

若膚淺地讀聖經，就只能獲得膚淺的了解。在這樣的閱讀下，可能會發現聖經只是一堆混雜的故事、訓誡及歷史。但是那些接受上帝聖靈的光照，樂意用忍耐及多方禱告尋找隱藏真理的人，就會發現聖經證明了其所教導之救恩原則的一致性。聖經並非單調地一致，相反地，它涵括豐富而多彩多姿，彼此和諧又深具罕見獨特之美的見證。因為它涵蓋了多種情況，就更能滿足各時代人的需要。

上帝並未用一種繼續不斷的方式向人啟示祂自己，而是在連續的世代裏，一點一點地顯明。無論是摩西在米甸曠野或是保羅在監獄中，聖經的卷冊都顯示那同一位聖靈的交通——了解這種「漸進的啟示」，就能幫助了解聖經及其一致性。

雖然寫的時間相離許多世代，新約聖經與舊約聖經的真理卻是不可分割的。它們並不彼此衝突，

新舊約聖經乃是一體，正如上帝是三位一體一樣。舊約聖經藉著預言與表號，啟示了救主就要降臨的福音。而新約聖經則藉著耶穌基督的生平，啟示出已經來到的救主——實際的福音。兩者都啟示同一位上帝。舊約聖經作為新約聖經的基礎，成為打開新約聖經的鑰匙；而新約聖經則解釋了舊約聖經的奧祕。

上帝慈悲地呼召我們，藉著查考祂的聖言認識祂。在其中我們可以找到得救的確據之豐盛的祝福。我們可以親自發現聖經對「教訓、督責、使人歸正及教導人學義，都是有益的。」藉著聖經，我們「得以完全，預備行各樣的善事。」（提後3：16、17）

註1：懷愛倫《信息選粹》卷一第21面。
註2：同上。
註3：懷愛倫著《早期著作》220、221面。
註4：見Siegfried H Horn著《The Spade Confirms the Book》。
註5：參考基督復臨安息日會全球總會聖經研究所發行《聖經研究法》。
　　　G. M. Hyde編的《釋經學論文集》。
　　　Gerhard F. Hasel著《Understanding the Living Word of God》。
　　　Gerard Damsteegt著《Interpreting the Bible》。
註6：懷愛倫著《先祖與先知》。

02 上帝

基督復臨安息日會相信……

有一上帝：父、子、聖靈，為一永恆存在之三位的結合。上帝是不死的，全能、全知、超乎一切，並無時無處不在。祂是無窮的，超乎人的理解，但是藉著祂的自我啟示，仍能為人所知。祂永遠配得全體受造之物的崇拜、敬仰及服事。

——基本信仰第二條

第2章
上帝

在髑髏地，幾乎所有的人都拒絕了耶穌。只有少數人認識祂真正是誰。……其中有臨死的強盜稱祂為主（路23：42），還有那位羅馬的兵丁說：「這人真是上帝的兒子」（可15：39）。

「祂到自己的地方來，自己的人倒不接待祂。」（約1：11）約翰寫這句話時，心中所想的不僅是十字架下的人，甚至不僅是以色列人，而是每個世代活過的人。整個人類，除了少數，像十字架下粗暴的群眾一樣，未能在耶穌的身上，認出祂是他們的上帝並他們的救主。

這是人類最重大最可悲的失敗，顯示出人類根本缺乏對上帝的認識。

一、對上帝的知識

許多理論試圖解釋上帝，也有許多贊成與反對上帝存在的爭議，這顯示出人類的智慧無法穿越神聖的領域。單靠人的智慧要想知道上帝的事，有如用放大鏡研究星座一樣。因此，上帝的智慧是一種「隱藏的智慧」（林前2：7）。對人類來說，上帝是奧祕。保羅寫道：「這智慧世上有權有位的人沒有一個知道的。他們若知道，就不把榮耀的

主，釘在十字架上了。」（林前2：8）

聖經中一個最基本的命令是：「你要盡心、盡性、盡意，愛主你的上帝。」（太22：37；申6：5）我們不可能愛一個我們完全不認識的人，但是我們又不能藉著探索而測透上帝的深奧（伯11：7）。那麼，我們如何能認識這位創造主並且愛祂呢？

1.可以認識上帝

上帝知道人的困境，憑著祂的憐憫與愛，藉著聖經與我們接觸。這顯示出「基督教並非人類追尋上帝的記錄，而是上帝啟示祂自己並祂對人類旨意的產品。」（註1）這項自我啟示，乃是為了跨越介於一個悖逆的世界，與一位愛人的上帝之間的鴻溝而設計的。

上帝最偉大之愛，藉著祂最高的啟示，和祂的兒子耶穌基督顯示出來。藉著耶穌，我們可以認識父。正如約翰所說：「上帝的兒子已經來到，且將智慧賜給我們，使我們認識那位真實的。」（約壹5：20）

耶穌也說：「認識你獨一的真神，並且認識你所差來的耶穌基督，這就是永生。」（約17：3）

這就是福音。雖然人類不可能完全認識上帝，但是聖經提供我們關於上帝的實用知識，足以讓我們進入與祂之間能使我們得救的關係中。

2.獲得有關上帝的知識

有關上帝的知識不像其他的知識，它不但關乎頭腦也關乎我們的心靈；它不僅涉及我們的智力，更關係到我們全人。必須樂於接受聖靈，並樂於遵行上帝的旨意（約7：17；參閱太11：27）。耶穌說：「清心的人有福了！因為他們必得見上帝。」（太5：8）

因此，不信的人不能了解上帝。保羅說：「智慧人在那裏？文士在那裏？這世上的辯士在那裏？上帝豈不是叫這世上的智慧變成愚拙嗎？世人憑自己的智慧，既不認識上帝，上帝就樂於用人所當作愚拙的道理，拯救那些信的人；這就是上帝的智慧了。」（林前1：20、21）

我們從聖經中學習認識上帝的方式，與我們獲得其他知識的方式有別。我們不能將自己置於上帝之上，視上帝為物體而以定性定量的

方式分析。我們在尋求上帝的知識中，必須順服在祂自我啟示的權威——聖經之下。因為聖經是它自己的解釋者，我們必須順服它所提供的原則與方法。若無聖經的指導原則，我們就無法認識上帝。

在耶穌時代，為何這麼多人未能從耶穌的身上看見上帝的自我啟示呢？因為他們拒絕聖靈藉著聖經的引導。他們誤解了上帝的信息，將他們的救主釘在十字架上。他們的問題不在於缺少智慧，是封閉的心使他們的心思昏暗，因此造成了永遠的喪亡。

二、上帝的存在

上帝存在的證據有兩個主要的來源，就是聖經及大自然。

1.創造的證據

人人都可以從大自然及人類的經驗中認識上帝。大衛寫道：「諸天述說上帝的榮耀；穹蒼傳揚祂的手段。」（詩19：1）約翰說，上帝的啟示包括大自然在內，可以照亮每一個人（約1：9）。保羅說：「自從造天地以來，上帝的永能和神性是明明可知的，雖是眼不能見，但藉著所造之物就可以曉得。」（羅1：20）

人類的行為也證明上帝的存在。在雅典所敬拜的「未識之神」中，保羅看到對上帝信仰的證據。他說：「你們所不認識而敬拜的，我現在告訴你們。」（徒17：23）保羅也說，非基督徒的行為是他們良心的見證，並且顯明上帝的律法寫在他們心上（羅2：14、15）。即使在那些沒有聖經的人中間，也有這種對上帝存在的直覺。上帝的一般性啟示，引起不少有關上帝存在的傳統理性辯論（註2）。

2.聖經的證據

聖經並未證明上帝的存在，而是認為祂已經存在。聖經開宗明義說：「起初上帝創造天地」（創1：1）。聖經描寫上帝是創造主、宇宙的維持者、一切受造之物的統治者。上帝藉創造所賜的啟示如此有力，使無神論毫無藉口。無神論的興起，不過是出於壓制上帝的真理，或是拒絕承認上帝存在之證據的心思（詩14：1；羅1：18-22、28）。

已有足夠的證據可使每一個真誠

尋求上帝真理的人信服。但是信心卻是一個先決條件，因為「人非有信，就不能得上帝的喜悅，因為到上帝面前來的人，必須信有上帝，且信祂賞賜那尋求祂的人。」（來11：6）

但是對上帝的信心卻不是盲目而有的，是從聖經及大自然的啟示中，找到足夠的證據為基礎的。

三、聖經的上帝

聖經藉著啟示上帝的名、祂的作為及屬性，啟示了上帝的基本品德。

1.上帝的名

在寫聖經的時代名字是重要的，今天在東方及近東一帶仍然如此。在那些地方，從一個人的名字可以顯出那人的品格、他的真性情與身分。上帝名字的重要性，在於顯示出祂的性情、品格及德性，全在祂所發出的命令中表露無遺：「不可妄稱耶和華你上帝的名」。（出20：7）大衛歌頌說：「歌頌耶和華至高者的名！」（詩7：17）「祂的名聖而可畏！」（詩111：9）「願這些都讚美耶和華的名，因為獨有祂的名被尊崇。」（詩148：13）

希伯來原文的名字：「EL」及「ELOHIM」（上帝），顯露了上帝神聖的大能。它們描寫上帝是強有力的一位，是創造的上帝（創1：1；出20：2；申9：4）。「ELYON」（至高者）與「EL ELYON」（至高者上帝），則注重祂崇高的地位（創14：18－20；賽14：14）。「ADONAI」（主）描寫上帝是全能的統治者（賽6：1；詩35：23）。這些名字都強調上帝的榮美及高超的品格。

一些其他的名字，顯示出上帝樂意與人建立關係：「SHADDAI」（全能者）與「EL SHADDAI」（全能者上帝），描寫了一位全能的上帝，祂是安慰與福氣的源頭（出6：3；詩91：1）。被譯為「耶和華」或「主」的「YAHWEH」（註3），強調出上帝立約的信實與恩典（出15：2、3；何12：5、6），出3：14耶和華描寫自己說「我是自有永有的」，顯示祂與祂子民之間不變的關係。有時候，上帝甚至更親密地稱自己為「父」（申32：6；賽63：16；耶31：9；瑪2：10），而稱以色列為「我的兒子，我的長子。」

（出4：22；申32：19）

除了父之外，新約聖經中上帝的名字，與舊約聖經中上帝的名字，具有同樣的意義。在新約聖經中，耶穌用「父」使我們與上帝之間，進入更親密、更個人的關係（太6：9；可14：36；羅8：15；加4：6）。

2.上帝的作為

聖經作者用在描寫上帝作為的時間，比用在描寫上帝本身的多。祂被稱為創造主（創1：1；詩24：1、2）、宇宙的維持者（來1：3），救主與救贖主（申5：6；林後5：19），肩負著人類最終命運的重擔。祂定計畫（賽46：11）、說預言（賽46：10）、賜應許（彼後3：9；申15：6）。祂赦免罪孽（出34：7），因此配受我們的崇拜（啟14：6、7）。最終聖經啟示上帝是統治者，是「不能朽壞、不能看見，永世的君王，獨一的上帝。」（提前1：17）。祂的作為，證實了祂是一位有位格的上帝。

3.上帝的屬性

聖經的作者，藉著有關上帝神聖屬性的證言，提供了更多有關上帝本質的資料。

上帝具有不可轉移的屬性，包括那未賜給受造者之神性各方面。上帝是自我存在的，因為祂「在自己有生命」（約5：26）。祂在意旨與權能上獨立（弗1：5；詩115：3）。祂無所不知，一切全都知道（伯37：16；詩139：1-18；147：5；約壹3：20）。因為祂是阿拉法，又是俄梅戞，從起初就知道末後（賽46：9-11）。

上帝超越一切空間無所不在（詩139：7-12；來4：13），但在每一處都有祂完全的臨格。祂是永活的（詩90：2；啟1：8），超越時間的限制。但每時每刻，也都有祂完全的臨格。

上帝是全能的，祂無所不能。在祂凡事都能，這向我們保證，祂的旨意祂都能成就（但4：17、25、35；太19：26；啟19：6）。祂是不改變的，因為祂是完全的。祂說：「我耶和華是不改變的」（瑪3：6；詩33：11；雅1：17）。這些屬性既為上帝下了定義，它們就是無法改變的了。

上帝的可改變的屬性，乃發自祂對人類之愛與關切。其中包括愛

（羅5：8）、恩典（羅3：24）、慈憐（詩145：9）、忍耐（彼後3：15）、聖潔（詩99：9）、公義（拉9：15；約17：25）、公正（啟22：12）、真實（約壹5：20）。這些恩賜只能隨著賜恩者而臨到。

四、上帝的統治

聖經清楚地教導關於上帝的統治，「他都憑自己的意旨行事。無人能攔住他手。」（但4：35）「你創造了萬物，並且萬物是因你的旨意被創造而有的。」（啟4：11）「耶和華在天上，在地下，在海中，……都隨自己的意旨而行。」（詩135：6）因此所羅門能說：「王的心在耶和華手中，好像隴溝的水，隨意流轉。」（箴21：1）保羅認識上帝的統治，就說：「上帝若許我，我要回到你們這裏。」（徒18：21；羅15：32）而雅各則警告說：「你們只當說，主若願意，……。」（雅4：15）

1.預定與人的自由

聖經清楚地啟示上帝完全掌管世界。但祂「預定」人要「效法他兒子的模樣」（羅8：29、30），被收納作祂的兒女，並承受產業（弗1：4、5、11）。這樣的統治下，對人的自由有何意義呢？

動詞「預定」，意為「預先決定」。有人認為這些經文教導人，上帝不管人自己的選擇而武斷地揀選了一些人得救，卻讓另一些人受刑。但是根據這些經文的上下文可知，保羅並沒有說上帝任意地排斥人。

這些經文的重點，是要將所有的人包括在內。聖經清楚地說，上帝「願意萬人得救，明白真道。」（提前2：4）祂「不願有一人沉淪，乃願人人都悔改。」（彼後3：9）沒有證據說，上帝已經命定某些人必須喪亡。這樣的命定，無疑否定了耶穌在髑髏地是為每一個人捨命的事實。「上帝愛世人，甚至將祂的獨生子賜給他們，叫一切信祂的，不至滅亡，反得永生。」經文中「一切」的意思，就是任何人都可以得救。

人的自由意志，在個人命運上是個決定性的因素。這清楚地顯明上帝不斷地講順從及悖逆的後果，又呼籲罪人選擇順從生命（申30：19；書24：15；賽1：16、20；啟22：

17）。同時也顯明信徒雖然曾領受而得恩典，但仍可能因墮落而喪亡（林前9：27；加5：4；來6：4-6，10：29）。……

「上帝可能預先見到人將要作的選擇，但是祂的預知並不決定人的選擇將如何。……聖經的預定，包括在上帝有效的旨意中，就是一切選擇相信基督的人都必得救。」（約1：12；弗1：4-10）（註4）

那麼，聖經說上帝愛雅各而惡以掃（羅9：13），並說祂曾使法老的心剛硬，又是甚麼意思呢？（羅9：15、16、17、18；出9：16；4：21）從這些經文的上下文看出，保羅在此所關心的是使命而非救恩。人人都可以獲得救恩，但是上帝揀選某些人擔任特別的任務。雅各與以掃都有同等得救的機會，但是上帝不揀選以掃而揀選雅各，作為傳給世人救恩信息的通道。上帝將祂的統治權運用在祂的聖工策略上。

當聖經說上帝使法老的心剛硬，只是說上帝所作的，只是容讓而已（參出4：21「使」後小字註為「任憑」），並非祂的命令。法老對上帝的呼召之消極回應，實際上反而顯明了上帝尊重他撰擇的自由。

2.預知與人的自由

有人相信，上帝與人建立關係時，在人尚未作選擇時，並不預先知道人會作何選擇。他們認為上帝雖然知道某些未來的事，如復臨、千禧年、地球的復興等，但是對於誰會得救卻毫無所知。他們以為，上帝若知道從永恆到永恆中所發生的每一件事，上帝與人之間活潑的關係就會危險。有人又說，祂若從起初知道末後，就必厭煩。

上帝雖然知道個人將要做的選擇，卻不會對他們實際的選擇加以干預。正如歷史家知道人過去所做的，卻不會干預他們所做的一樣。又如照相機記錄下一個景象，卻不改變實際的景象般，預知看到了未來，但並不改變它。上帝的預知絕不妨礙人的自由。

五、上帝三位間的特性

上帝只有一位嗎？基督與聖靈呢？

1.上帝的合一

與周圍的鄰國不同，以色列只有一個神（申4：35；6：4；賽45：5；亞

14：9）。新約聖經也同樣強調神為獨一的神（可12：29－32；約17：3；林前8：4－6；弗4：4－6；提前2：5）。這項對一神的強調，和認為上帝有三位——父、子、聖靈的觀念，並不互相矛盾，反而更堅持絕無多神之意。

2.上帝有多個位格

舊約聖經雖未明白地教導人說，上帝是三位，卻暗示上帝有多個位格。有時候上帝用複數代名詞講自己，如：「我們要照我們的形像、按著我們的樣式造人。」（創1：26）「那人已經與我們相似」（創3：22），「我們下去」（創11：7）。有時候，上帝的使者說是上帝。耶和華的使者向摩西顯現時說：「我是你父親的上帝，是亞伯拉罕的上帝，以撒的上帝，雅各的上帝。」（出3：6）

有些經文，將上帝與上帝的靈加以區別。在創世的故事中，「上帝的靈運行在水面上」（創1：2）。有些經文不僅講到聖靈，也提到有第三位參與上帝的救贖工作：「現在，主耶和華（父）差遣我（上帝的兒子）和他的靈（聖靈）來」（賽48：

16），「我（父）已將我的靈賜給他（彌賽亞）；他必將公理傳給外邦」（賽42：1）。

3.上帝各位格的關係

基督第一次降臨，使我們對三一真神有了更清楚的了解。約翰福音顯示，上帝包含了父上帝（見本書第3章），子上帝（第4章）與聖靈上帝（第5章）。是同時永恆存在，彼此有著獨特神祕關係之三位的聯合。

(1)愛的關係

當基督喊著說：「我的上帝！我的上帝！為甚麼離棄我？」（可15：34）祂乃是忍受因罪造成與父隔絕的痛苦。罪破壞了人與上帝間原有的關係（創3：6－10；賽59：2）。在祂臨終的時刻，這位無罪的耶穌，為我們成為罪。祂代替了我們，擔當了我們的罪，經驗了與上帝隔絕的苦楚，那本是我們的命運——結果是死亡。

罪人將永不能了解耶穌的死對上帝的意義。祂從永恆就與父並聖靈同在。祂們是在永遠共存中無私的彼此相愛。在永恆的歲月裏，祂們之間顯示了絕對、完全的彼此相愛。「上帝就是愛」（約壹4：8），

那就是說上帝三位中的每一位，都為了其他兩位而活，使祂們都經歷了完全的滿足與幸福。

林前13章中有愛的定義。有人或會奇怪，恆久忍耐如何用在上帝身上，祂們愛的關係是完美的。最先需要忍耐的是對待背叛的天使，以後則需用忍耐對待頑梗的人類。

在上帝的三位格之間沒有任何距離。三位都是神，但祂們又彼此分享祂們的權能與品德。在人的組織裡，最終的權柄落在一個人手中——總統、君王或宰相手裏。但在上帝，三位都有最終的權柄。

雖然上帝的位格不只一個，但是上帝的旨意、思想及品格卻是一位。這種合一，並不抹煞父、子、聖靈乃是不同的三位。這分開的三位格，也不會破壞聖經一神的論調：父、子、聖靈乃是一位上帝。

(2) 工作關係

在上帝裏面存著一種工作的制度。上帝並未使工作有不必要的重複。秩序是天國的第一條定律。上帝工作是有規律的。這種秩序發自上帝三位的合一，也保持了這種合一。父作為根源，子作為中間人，聖靈作為實際的行動者或應用者。

上帝成為肉身，完美地表現了上帝三位格的工作關係。父賜下祂的子，基督獻上自己，而聖靈使耶穌降生（約3：16；太1：18－20）。天使給馬利亞的證言中，清楚指出上帝成為人的奧祕中上帝三位格的活動：「聖靈要臨到你身上，至高者的能力要蔭庇你，因此所要生的聖者，必稱為上帝的兒子。」（路1：35）

基督受洗時，上帝的三位格都在場。父賜下鼓勵（太3：17）；基督獻上自己受洗作我們的榜樣（太3：3－15）；而聖靈則使耶穌有力量（路3：21、22）。

耶穌在地上生活將結束時，祂應許賜下聖靈作為導師或幫助者（約14：16）。幾個小時之後，掛在十字架上的耶穌對祂的父喊著說：「我的上帝！我的上帝！為甚麼離棄我？」（太27：46）在這救贖歷史的高潮時刻，父、子、聖靈都在這幅圖畫中。

今天，父與子藉聖靈來俯就我們。耶穌說：「我要從父那裏差保惠師來，就是從父出來真理的聖靈；他來了，就要為我作見證。」（約15：26）父與子差遣聖靈，將基

督啟示給每個人。三一真神關心的擔子，是將上帝及基督的知識帶給每一個人（約17：3），並使耶穌的實體顯現（太28：20；來13：5）。信徒蒙揀選得救，彼得說：「是照父上帝的先見……，藉著聖靈得成聖潔，以致順服耶穌基督，又蒙祂血所灑。」（彼前1：2）

在使徒的祝福中，上帝三位格都包含在內。「願主耶穌基督的恩惠、上帝的慈愛、聖靈的感動常與你們眾人同在」（林後13：14），基督列在最先。上帝與人之間的接觸，過去、現在都是藉耶穌基督──成為肉身的上帝。雖然經由三一真神的三位共同努力去拯救人，但只有耶穌曾成為人，活過、死過並成為我們的救主（約6：47；太1：21；徒4：12）。但是因為「上帝在基督裏，叫世人與自己和好」（林後5：19），上帝也可以說是我們的救主（多3：4），因為祂藉著救主基督救了我們（弗5：23；腓3：20；多3：6）。

三一真神的三位在救人的事上，各自發揮不同的成效，執行不同的工作。聖靈的工作，並未使基督十字架上的犧牲增加任何效用。贖罪的基督既藉著聖靈被帶入人的裏面，那客觀十字架的贖罪大工，就主觀地應用在人的身上了。因此保羅講到：「基督在你們心裏成了有榮耀的盼望。」（西1：27）

六、旨在拯救

早期教會使人受洗歸入父、子、聖靈（太28：19、20）。但是既然上帝藉著耶穌將愛與旨意啟示與人，聖經就以耶穌為中心。祂是舊約聖經中祭祀及節期所預表的盼望。祂是那位福音書中的主角。祂就是使徒們在講道時、著作中所宣講的好消息──那有福的指望。舊約盼望祂的降臨，新約則報告祂第一次降臨，並盼望祂的復臨。

這位在上帝與人之間作中保的基督，就將我們與上帝聯合在一起了。耶穌是「道路、真理、生命。」（約14：6）福音是以祂為中心，不只是行為。它是一種關係，不僅是規則而已──因為基督教就是基督。我們在祂裏面，找到了一切真理與生命的中心、內涵，並與之有關的一切。

仰望十字架，我們就可窺見上帝的心。在那受苦的刑具上，祂傾下

了對我們的愛。藉著基督，上帝的愛就填滿了我們痛苦空虛的心靈。耶穌掛在那裏，作為上帝的禮物，作為我們的替身。在髑髏地，上帝降卑至人間的最低點來俯就我們，而這卻是使我們能到達的最崇高之境。我們來到髑髏地，這是我們親近上帝的最高之處。

三一真神在十字架上，將無私的心展露無遺。這是上帝對我們最完全的啟示。基督成為人並為人類而捨命。祂看重無私比自我生存更寶貴。在那裏，祂成為我們的「公義、聖潔、救贖。」（林前1：30）我們所有的，並將來所能有的一切價值與意義，都是從祂在十字架上的犧牲而來。

那唯一的真神，是十字架的神。基督向宇宙啟示了上帝無窮的大愛與拯救的大能。祂啟示了三一真神，因為對叛逆的地球之無條件的愛，竟樂意經歷分離的痛苦。從這個十字架，上帝向我們發出慈愛的邀請：和好吧！「上帝所賜出人意外的平安，必在基督耶穌裏，保守你們的心懷意念。」（腓4：7）

註1：Gordon R. Lewis著：《Decide for Yourself》。

註2：有宇宙論的、本體論的、目的論的、人類學的，並宗教的理由。參見T. H. Jemison著《Christian Beliefs》；Richard Rice著《The Reign of God》。這些論據都不能證明上帝存在。只能顯明上帝存在是有極大的可能性。至終，人對上帝存在的信仰，乃是基於信心。

註3：YAHWEH是舊約中對上帝聖名猜想的音譯（出3：14、15；6：3）。希伯來原文只包括4個子音YHWH。猶太人因害怕褻瀆上帝的名，不久就拒絕高聲念上帝的名。他們在YHWH的地方，念Adonai1一字代替。在主後第七或第八世紀，希伯來文加上母音時，當時Masoretes加上了Adonai字中的母音在YHWH的子音中，這樣的結合，就造成了中文譯為耶和華的Jehovah。但一些欽定版之外的英文譯本，則仍沿用YHWH或譯為主。參見《基督復臨安息日會參考文庫》。

註4：見《基督復臨安息日會參考文庫》。

03父上帝

永在的父上帝是創造主，萬物的根源、維持者，及一切受造之物的統治者。祂公義、聖潔、恩慈、充滿憐憫、不輕易發怒、滿有信實與堅定的愛。聖子、聖靈所顯示的品德與權能，也顯明了聖父。

——基本信仰第三條

第3章
父上帝

審判大日開始了，烈火的寶座與發火焰的輪子都就位了，那亙古常在者坐上了祂的寶座，祂外貌威榮，主持審判的工作。祂的臨格使廣大法庭瀰漫著敬畏之情，許多證人站在祂的面前，審判展開了，卷冊都已打開，審查人類生活的記錄開始了（但7：9、10）。

整個宇宙一直在等候著這個時刻。父上帝要刑罰一切的邪惡。判決是：「給至高者的聖民伸冤」（但7：22）。歡樂的讚美與感恩響徹了天國，上帝的聖德顯示了其全部的榮耀，祂那奇妙的名在全宇宙前得以重光。

一、對父的各種觀點

父上帝常被人誤解。許多人知道基督到地上為人類所負的使命，也知道聖靈在人心中的工作。但是父與我們有何關係呢？祂是否與恩慈的聖子及聖靈不同，完全遠離我們的世界，一個不露面的地主、無情的創造者呢？

或者有些人誤以為祂是「舊約的上帝」，一位以權威命人「以眼還眼，以牙還牙」（太5：38；出21：24），報復的神，一位嚴格的上帝，要求完全的行為——如若不然……。一位與新約聖經所描寫的神，強調轉過另一邊臉也給人打，

並樂意走第二里路（太5：39－41）的慈愛上帝，迥然有別。

二、舊約聖經中的父上帝

新舊約聖經，及其共同的救贖計畫是一致的，乃是藉著在新舊約聖經中，為了拯救祂的子民而說話行事的同一位上帝。「上帝既在古時藉著眾先知多次多方的曉諭列祖，就在這末世藉著他兒子曉諭我們；又早已立他為承受萬有的。也曾藉著祂創造諸世界。」（來1：1、2）雖然舊約聖經暗示上帝的多位性，但卻未予以區分。可是新約聖經卻清楚地講到，上帝的兒子基督，是積極參與創造大工的一位（約1：1－3、14；西1：16）。又說祂是領導以色列人出埃及的一位（林前10：1－4；出3：14；約8：58）。新約聖經所講基督在創造與出埃及中所扮演的角色，就是提示我們，舊約聖經也常藉聖子描寫父上帝。「上帝在基督裏，叫世人與自己和好。」（林後5：19）舊約聖經曾用下面的話描寫聖父。

1.憐憫人的上帝

有罪的人沒有一個見過上帝（出33：20）。我們沒有祂的相片。上帝表現祂的聖德，是藉著祂恩慈的行動，及祂在摩西面前描述自己的話：「耶和華，耶和華，是有憐憫、有恩典的上帝，不輕易發怒，並有豐盛的慈愛和誠實，為千萬人存留慈愛，赦免罪孽、過犯和罪惡，萬不以有罪的為無罪，必追討他的罪，自父及子，直到三四代。」（出34：6、7；來10：26、27）但是憐憫並不是盲目的寬赦，而是由公義的原則所引導。拒絕祂憐憫的人，就會收割罪的刑罰。

在西乃山，上帝表示要作以色列的朋友，要與他們同在。祂對摩西說：「當為我造聖所，使我可以住在他們中間。」（出25：8）聖所既是上帝地上的居所，因此成了以色列宗教經驗的中心點。

2.立約的上帝

上帝熱切地要與人建立持久的關係，就與一些人訂立嚴肅的約，如與挪亞（創9：1－17）、亞伯拉罕（創12：1－3、7；13：14－17；15：1、5、6；17：1－8；22：15－18；參見本書第7章）。這些約顯明了一位慈愛的上帝，祂關心人且親自與人相

交。祂向挪亞保證規律的季節（創8：22），不再有普世的洪水（創9：11）。向亞伯拉罕，祂應許無數的子孫（創15：5-7；15：18；17：8），並一個他和他的子孫可以居住的地方。

3.救贖主上帝

祂是出埃及的上帝，曾施行神蹟，領導一個為奴的民族重獲自由。這項偉大的救贖行動，乃是整本舊約聖經的背景，也是一項渴望成為我們救贖主的例子。上帝並不是遙不可及、毫無關連、冷漠的神，其實祂積極參與我們人類的事務。

尤其詩篇，乃因上帝慈愛深切的參與而默示的。「我觀看你指頭所造的天，並你所陳設的月亮星宿，便說：人算甚麼，你竟顧念他！世人算甚麼，你竟眷顧他！」（詩8：3、4）「耶和華，我的力量啊，我愛你！耶和華是我的巖石，我的山寨，我的救主，我的上帝，我的磐石，我所投靠的。他是我的盾牌，是拯救我的角，是我的高臺。」（詩18：1、2）「因為他沒有藐視憎惡受苦的人」（詩22：24）。

4.避難所的上帝

大衛所看見的上帝，是一位在祂裏面能找到避難所的神。與那接納無辜逃亡者的六座以色列逃城十分相似。詩篇中重複出現「避難所」的主題，它們描寫了基督也描寫了天父。上帝是一個避難所。「因為我遭遇患難，他必暗暗的保守我；在他亭子裏，把我藏在他帳幕的隱密處，將我高舉在磐石上。」（詩27：5）「上帝是我們的避難所，是我們的力量，是我們在患難中隨時的幫助。」（詩46：1）「眾山怎樣圍繞耶路撒冷，耶和華也照樣圍繞他的百姓，從今時直到永遠。」（詩125：2）

詩人表達對上帝更渴慕之情：「上帝啊，我的心切慕你，如鹿切慕溪水。我的心渴想上帝，就是永生上帝。」（詩42：1、2）大衛從經驗作見證說：「你要把你的重擔卸給耶和華，他必撫養你；他永不叫義人動搖。」（詩55：22）「你們眾民當時時依靠他，在他面前傾心吐意，上帝是我們的避難所。……」（詩62：8）「主啊，你是有憐憫有恩典的上帝，不輕易發怒，並有豐盛的慈愛和誠實。」（詩86：15）

5.赦免的上帝

大衛犯了殺人及姦淫罪之後，急切地懇求說：「上帝啊，求你按你的慈愛憐憫我！按你豐盛的慈悲塗抹我的過犯！」（詩51：1）「不要丟棄我，使我離開你的面；不要從我收回你的聖靈。」（詩51：11）上帝慈悲的保證奇妙地安慰了他：「天離地何等的高，他的慈愛向敬畏他的人，也是何等的大！東離西有多遠，他叫我們的過犯離我們也有多遠！父親怎樣憐恤他的兒女，耶和華也怎樣憐恤敬畏他的人！因為他知道我們的本體，思念我們不過是塵土。」（詩103：11-14）

6.良善的上帝

上帝是這樣的一位：「他為受屈的伸冤，賜食物與飢餓的。耶和華釋放被囚的；耶和華開了瞎子的眼睛；耶和華扶起被壓下的人。耶和華喜愛義人。耶和華保護寄居的，扶持孤兒和寡婦。」（詩146：7-9）詩篇對上帝的描述是多麼寶貴阿！

7.信實的上帝

儘管上帝如此偉大，但以色列大多數時候都偏離上帝（利26章；申28章）。聖經描寫上帝愛以色列，如同丈夫愛妻子。何西阿書有力地描繪出在公然不忠與被拒絕的情形下，上帝的信實。上帝不斷的赦免，彰顯祂那無條件之愛的品格。

上帝雖然讓以色列民族經驗了因自己不忠所帶來的災禍——要藉此改正以色列的作為，但祂仍然以慈憐懷抱著她；祂向她保證說：「你是我的僕人；我揀選你，並不棄絕你。你不要害怕，因為我與你同在。不要驚惶，因為我是你的上帝。我必堅固你，我必幫助你；我必用我公義的右手扶持你。」（賽41：9、10）雖然他們不忠，祂仍溫柔地應許說：「他們要承認自己的罪和他們祖宗的罪，就是干犯我的那罪……他們未受割禮的心若謙卑了，他們也服了罪孽的刑罰，我就要記念我與雅各所立的約，與以撒所立的約，與亞伯拉罕所立的約。」（利26：40-42；耶3：12）

上帝要祂的百姓紀念祂救贖的態度。「以色列啊，……我……必不忘記你。我塗抹了你的過犯，像厚雲消散；我塗抹了你的罪惡，如薄雲滅沒。你當歸向我，因我救贖了

你。」（賽44：21、22）無怪乎祂能夠說：「地極的人都當仰望我，就必得救；因為我是上帝，再沒有別神。」（賽45：22）

8.拯救與報仇的上帝

舊約聖經描寫上帝是一位報仇的上帝，這必須從祂忠心的百姓被惡人殺害的角度來看這件事。眾先知用「耶和華的大日」為主題，啟示了上帝將在末日為祂子民所有的作為。對祂的子民而言，那是拯救的日子；但是對他們的仇敵而言，則是耶和華報仇的日子。「對膽怯的人說：你們要剛強，不要懼怕。看哪，你們的上帝必來報仇，必來施行極大的報應；他必來拯救你們。」（賽35：4）

9.為父的上帝

摩西對以色列人說：拯救他們的上帝是他們的父。「他豈不是你的父、將你買來的麼？」（申32：6）上帝藉著救贖，收納以色列為祂的兒女。以賽亞寫道：「耶和華啊，你仍是我們的父！」（賽64：8；63：16）上帝藉瑪拉基說：「我既為父親」（瑪1：6），又在他處

將上帝父親的身分與祂是創造主的身分相提並論，說：「我們豈不都是一位父呢？豈不是一位上帝所造的嗎？」（瑪2：10）藉著創造也藉著救贖，上帝是我們的父。這是何等榮耀的真理！

三、在新約聖經中的父上帝

舊約聖經中的上帝與新約聖經中的上帝並無不同；父上帝是萬物的根源，所有真信徒之父，並且就某種獨特的意義而言，祂也是耶穌基督的父。

1.所有受造之物的父

保羅將聖父與耶穌基督加以區別出來，他說：「我們只有一位神，就是父，萬物都本於他，我們也歸於他。並有一位主，就是耶穌基督——萬物都是藉著他有的；我們也是藉他有的。」（林前8：6；來12：9；約1：17）他見證說：「我在父面前屈膝，天上地上的各家，都是從他得名。」（弗3：14、15）

2.眾信徒的父

在新約時代，這種屬靈的父子關係，不僅存在於上帝與以色列

之間，也存於上帝與每一個信徒之間。耶穌提供了這項關係的指導原則（太5：45；6：6-15）。這種關係是藉信徒接受耶穌基督而建立的（約1：12、13）。

藉著基督所作成的救贖，信徒就蒙恩被收納為上帝的兒女。聖靈也幫助建立這項關係。基督來「要把律法以下的人贖出來，叫我們得著兒子的名分。你們既為兒子，上帝就差他兒子的靈進入你們的心，呼叫：阿爸！父！」（加4：5、6；羅8：15、16）

3.耶穌顯明天父

耶穌，子上帝，當祂作為上帝的自我啟示而成為肉身降世時，提供了對父上帝最深刻的認識（約1：1、14）。約翰說：「從來沒有人看見上帝，只有在父懷裏的獨生子將他表明出來。」（約1：18）耶穌說：「我從天上降下來」（約6：38），「人看見了我，就是看見了父。」（約14：9）認識耶穌就認識了父。

希伯來書強調了這項啟示的重要性：「上帝既在古時藉著眾先知多次多方曉諭列祖，就在這末世藉

著他兒子曉諭我們；又早已立他為承受萬有的，也曾藉著他創造諸世界。他是上帝榮耀所發的光輝，是上帝本體的真像。」（來1：1-3）

(1)給與的上帝

耶穌彰顯的父，是一位給與的上帝。我們在創造、伯利恆、髑髏地，都看見祂的給與。

在創造之時，父與子一起同工，上帝賜給我們生命，雖然祂知道如此行會導致自己兒子的死。

在伯利恆賜下自己的兒子時，也就是賜下祂自己。當祂的兒子進入我們這被罪污染的地球時，父經驗何等的痛苦啊！試想天父看見祂兒子將天使的愛與崇拜換成了罪人的仇恨；將天上的榮耀福樂換成了死亡之路的感受。

但是讓我們對父體認最深的是髑髏地。神聖的父因與祂的子分離——生與死的分離而受苦，這般痛苦比任何人所受的都更劇烈。祂與基督受同等的苦。還有甚麼能為父作更大的見證呢？沒有甚麼能像十字架那樣，將父的真實表露無遺。

(2)愛的上帝

耶穌最愛講的主題是：上帝那溫柔與豐盛的愛。「要愛你們的

仇敵，」祂說：「為那逼迫你們的禱告。這樣就可以作你們天父的兒子；因為他叫日頭照好人，也照歹人；降雨給義人，也給不義的人。」（太5：44、45）「……你們的賞賜就必大了，你們也必作至高者的兒子，因為他恩待那忘恩的和作惡的。你們要慈悲，像你們的父慈悲一樣。」（路6：35、36）

耶穌曾俯身洗出賣祂之人的腳，這顯出了父慈愛的性情（約13：5，10-14）。當我們看見基督讓飢餓的人吃飽（可6：39-44；8：1-9）、醫治聾子（可9：17-29）、叫啞巴說話（可7：32-37）、開瞎子的眼（可8：22-26）、讓癱子站起來（路5：18-26）、治好痲瘋病人（路5：12、13）、使死人復活（可5：35-43；約11：1-45）、赦免罪人（約8：3-11）、趕出污鬼（太15：22-28；17：14-21），我們就看見了父與人一起生活，祂將生命賜給他們，使他們得自由、帶給他們希望。指示他們重建的新地就要來到。基督知道顯示祂父寶貴的愛，就是帶給人悔改的鑰匙（羅2：4）。

基督的三個比喻，描寫了上帝對失喪人類關愛的心（路15章）。失羊的比喻教導我們：救恩出自上帝的主動，而不是由於我們尋求祂。正如牧人愛他的羊，為一隻失落的羊甘冒生命的危險，上帝為每一個失喪的人所表達的難捨之愛甚至更大。

這個比喻也具有宇宙性的意義。失喪的羊代表我們這個悖逆的世界，在浩瀚宇宙中只不過是滄海一粟。上帝賜下貴重的禮物——祂的兒子，將我們這個星球重新帶回羊圈。對祂來說，我們這墮落的世界，與其他受造物同樣貴重。

失錢的比喻強調：上帝將何等巨大的價值放在罪人身上。浪子的比喻，則顯出父親的偉大之愛，祂歡迎悔改的兒女回家。如果一個罪人悔改，天上如此歡喜快樂（路15：7），試想我們的主復臨時，全宇宙將經歷何等的喜樂啊！

新約聖經清楚地講到天父密切地參與祂兒子的復臨。基督復臨時，惡人會對山和岩石喊著說：「倒在我們身上罷！把我們藏起來，躲避坐寶座者的面目和羔羊的忿怒。」（啟6：16）耶穌說：「人子要在他父的榮耀裏，同著眾使者降臨。」（太16：27）又說：「你們要看見人

子坐在那權能者的右邊，駕著天上的雲降臨。」（太26：64）

父以渴望的心預期著基督復臨。那時蒙贖的人終將被帶進永恆的家鄉。那時「上帝差他獨生子到世間來，使我們藉著他得生」（約壹4：9），就顯然沒有白費了。唯有不可測度的無私之愛，才能解釋這是為甚麼。雖然我們曾是仇敵，但「藉著上帝兒子的死，得與上帝和好」（羅5：10）。我們怎能輕看這樣深厚的愛，不承認祂是我們的父呢？

基督復臨安息日會相信……

永在的子上帝，已在耶穌基督裏成為肉身。藉著祂，萬物得以造成。上帝的聖德因而彰顯，人類的救贖大工得以完成，這世界也受了審判。耶穌基督永遠是真實的神，也成了真實的人。祂是由聖靈成孕，為處女馬利亞所生。祂作為人，度過人的生活並遭受試探，完美地表現了上帝的愛與公義。祂所行的神蹟彰顯了上帝的大能，證明祂是所應許的彌賽亞。祂在十字架上，自願擔當我們的罪，代我們受苦、受死。祂已從死裏復活、升天，在天上聖所裏為我們服務。祂將在榮耀中復臨，最後一次拯救祂的百姓，並使萬物復興。

——基本信仰第四條

第4章
子上帝

曠野已變成了一場毒蛇的惡夢。蛇在各處蠕動，在各帳幕橛子處盤踞。它們藏匿在孩子的玩具之間，守候在床褥之中。牠們的毒牙深入皮肉，注入致命的毒液。

那曾經一度是以色列避難所的曠野，已變成他們的墳場。成百上千的人倒在地上奄奄一息。恐懼的父母們認清了他們的險境，急忙來到摩西的帳幕求助，「摩西就為百姓禱告」。

上帝的回答呢？鑄造一條銅蛇，高高地舉起來——使凡仰望牠的就能存活。「摩西便製造一條銅蛇，掛在杆子上；凡被蛇咬的，一望這銅蛇就活了。」（民21：9）

蛇一向是撒但的表徵（創3章；啟12章），代表罪。以色列營已落入撒但手中，上帝的救治之道呢？不

是仰望聖所祭台上的羔羊，而是仰望一條銅蛇。

這是預表基督的一個古怪的象徵。正如高舉在杆子上的蛇的形狀一樣，耶穌也「成為罪身的形狀」，（羅8：3）高舉在羞辱的十字架上。祂成為罪，將每個曾經活在世上及將要活在世上之人的罪，放在祂自己身上。「上帝使那無罪的，替我們成為罪，好叫我們在他裏面成為上帝的義。」（林後5：21）那本來無望的人類，藉著仰望基督，就能尋得生命。

上帝成為肉身，如何能將救恩帶給人呢？這對於聖子有何影響？上帝如何能成為人？為何有此必要呢？

一、道成肉身：預言及應驗

為拯救那些偏離祂全智教導之人，上帝的計畫（約3：16；約壹4：9）展現出祂的愛。在這項計畫中，祂的兒子，是「在創世以前預先揀選」的（彼前1：19、20），為罪犧牲作為贖罪祭，成為人類的希望。祂要帶我們歸回上帝。藉著除去魔鬼的作為，使人獲得拯救（彼前3：18；太1：21；約壹3：8）。

罪使亞當和夏娃與生命的源頭隔絕了，其結果應該是立刻死亡。但是依創世以前已作好的計畫（彼前1：20、21），為要「籌定和平」（亞6：13），子上帝就居於上帝的公義和他們之間，在鴻溝上搭起橋樑，並抑制了死亡。這樣，甚至在耶穌釘十字架之前，祂的恩典使罪人得以存活，祂也向他們保證了祂的救恩。然而為要完全恢復我們成為上帝的兒女，祂必須成為人。

亞當夏娃犯罪之後，上帝立刻給了他們盼望，應許在蛇與女人之間，在蛇的後裔與女人的後裔之間，要產生一種超自然的敵對。創3:15那段神祕的陳述中，蛇及其後裔代表撒但與他的跟從者；女人與她的後裔，代表上帝的子民與世人的救主。這項陳述第一次保證了善惡之爭的結果，上帝的兒子會得勝。

但是這勝利卻是痛苦的：「女人的後裔（救主）要傷你（撒但）的頭；你（撒但）要傷他（救主）的腳跟」（創3：15），沒有誰能安然無恙。

從那時刻起，人類就在尋找所應許的這一位。舊約聖經讓我們看見

這樣的尋求。多項預言預先說，當所應許的這一位來到時，世人必有憑據可以認識祂。

1.一齣戲劇式的救贖預言

罪惡進入之後，上帝就設立了用動物獻祭的制度，以說明要來的救主之使命（創4：4）。這項象徵性的制度，將子上帝來根除罪惡的方式戲劇化了。

因為犯罪——違背上帝的律法，人類就面臨死亡（創2：17；3：19；約壹3：4；羅6：23）。上帝的律法要求罪人死亡。但是上帝以祂無窮的愛，賜下祂的兒子，「叫一切信他的，不至滅亡，反得永生。」（約3：16）一個多麼不可思議的屈尊行動啊！永在的聖子上帝，親自為罪代受刑罰，好使我們獲得赦免，能與上帝和好。

以色列人出埃及後，各項獻祭都在聖幕中進行，以構成上帝與祂百姓立約的一部分。摩西依照天上的樣式建造聖幕及其中的崇事，都是為了說明救贖計畫（出25：8、9、40；來8：1-5）。

要得著赦罪，悔改的罪人必須帶來一頭沒有瑕疵的祭牲，代表無罪

的救主。然後罪人將手放在那無辜祭牲的頭上，承認自己的罪（利1：3、4）。這項行動代表了將罪轉移至無辜的祭牲身上，描寫出獻祭的替代性。

因為「若不流血，罪就不得赦免」（來9：22），因此罪人就殺死那頭祭牲，讓罪的致命性顯明。這是一種以悲劇表達希望的方式，但卻是罪人表達信心的唯一方法。

在祭司工作完畢之後（利4-7章），罪人藉著他對祭牲所預表那要來之救主替死的信心，就領受了罪的赦免（利4：26、31、35）。新約聖經承認耶穌基督——上帝的兒子，是「上帝的羔羊，除去世人罪孽的。」（約1：29）藉著祂的寶血，「如同無瑕疵、無玷污的羔羊之血」（彼前1：19），祂救贖人類脫離了罪的最終刑罰。

2.關於救主的預言

上帝應許救主彌賽亞——受膏者，會從亞伯拉罕的後裔降生：「萬國都必因你的後裔得福」（創22：18；12：3）。

以賽亞預言說，救主會以一個男孩的形態出生，並具有神人兩

性：「因有一嬰孩為我們而生；有一子賜給我們。政權必擔在他的肩頭上；他名稱為「奇、策士、全能的上帝、永在的父、和平的君。」（賽9：6）伯利恆是祂的出生地（彌5：2）。

這位神人的降生是超自然的。新約聖經引用賽7：14的話說：「必有童女懷孕生子，人要稱他的名為以馬內利（以馬內利翻出來，就是「上帝與我們同在」）。」（太1：23；賽7：14）

救主的使命描寫如下：「主耶和華的靈在我身上，因為耶和華用膏膏我，叫我傳好信息給謙卑的人。差遣我醫好傷心的人。報告被擄的得釋放，被囚的出監牢，報告耶和華的恩年。」（賽61：1、2；路4：18、19）

使人驚奇的是，這位彌賽亞會遭人拒絕。人會覺得祂「像根出於乾地」，「他無佳形美容：我們看見他的時候，也無美貌使我們羨慕他。他被藐視，被人厭棄；多受痛苦，常經憂患。」（賽53：2-4）

一個親密的朋友會以30塊銀子（亞11：12）出賣祂（詩41：9）。祂在受審時被吐唾沫、受鞭打（**賽**

50：6）。釘祂十字架的人，會為祂身上的衣服打賭（詩22：18），祂的骨頭一根也不會折斷（詩34：20），但祂的肋旁卻要被刺透（亞12：10）。祂受苦並不抵抗，但「像羊在剪毛的人手下無聲，他也是這樣不開口。」（賽53：7）

這位無辜的救主，會為罪人忍受極大的痛苦。「他誠然擔當我們的憂患，背負我們的痛苦；……哪知他為我們的過犯受害，為我們的罪孽壓傷。因他受的刑罰我們得平安，因他受的鞭傷我們得醫治。……耶和華使我們眾人的罪孽都歸在他身上，……誰想他受鞭打，從活人之地被剪除，是因我百姓的罪過呢？」（賽53：4-8）

3.認識救主

只有耶穌基督應驗了這些預言。聖經追溯祂的家譜至亞伯拉罕，稱祂為亞伯拉罕的後裔（太1：1）。保羅說賜給亞伯拉罕的應許，已在基督身上應驗了（加3：16）。那彌賽亞的稱謂：「大衛的子孫」，已被廣泛應用在祂身上（太21：9）。祂被認出正是所應許，將要登上大衛寶座的彌賽亞（徒2：29、30）。

耶穌誕生是一個神蹟。處女馬利亞「就從聖靈懷了孕」（太1：18－23）。羅馬政府的命令把她帶到了伯利恆，那預言的誕生之地（路2：4－7）。

耶穌的一個名字是以馬內利，或「上帝與我們同在」。它反映出祂的神性與人性，並說明上帝認同了人的立場（太1：23）。祂常被稱為「耶穌」，強調祂救贖的使命：「你要給他起名叫耶穌，因他要將自己的百姓從罪惡裏救出來。」（太1：21）

耶穌指出祂的使命，就是記載在賽61：1－2的預言。「今天這經應驗在你們耳中了」（路4：17－21）。

祂雖然曾在祂的百姓中間造成深遠的影響，但祂的信息一般說來卻遭受拒絕（約1：11；路23：18）。除了少數例外，祂並未被承認是世人救主。祂非但未為人接納，反而遭遇到生命的威脅（約5：16；7：19；11：53）。

在耶穌公開傳道3年半將盡之時，祂的一個門徒加略人猶大，為了30塊錢（太26：14、15）出賣了祂（約13：18；18：2）。祂不但沒有抵抗，反而責備設法保護祂的人（約18：4－11）。

雖然祂沒有犯任何罪，但在被捉拿不到24小時之中，祂被鞭打、受人吐唾沫在臉上、受審判、被定死罪釘在十字架上（太26：67；約19：1－16；路23：24、25）。兵丁為祂的衣裳打賭（約19：23、24）。祂被釘十字架時，沒有一根骨頭折斷（約19：32、33、36）。祂斷氣之後，兵丁用槍扎祂的肋旁（約19：34、37）。

基督的門徒認出祂的死是罪人唯一有效的祭物。「唯有基督在我們還作罪人的時候為我們死，上帝的愛就在此向我們顯明了。」（羅5：8）「也要憑愛心行事，」保羅寫道：「正如基督愛我們，為我們捨了自己，當作馨香的供物和祭物，獻與上帝。」（弗5：2）

4.祂工作與死亡的時期

聖經明示上帝差遣祂的兒子到地上來，是在「時候滿足」之時（加4：4）。當基督開始祂地上的工作時，祂宣告說：「日期滿了」（可1：15），這些提到時間的話，表明救主的任務是詳細依照預言的計畫

進行的。

早在500多年前，藉著但以理，上帝曾經預言基督開始工作與死亡的精確時間（註1）。

以色列被擄到巴比倫70年將盡之時，上帝告訴但以理，祂已經為猶太人及耶路撒冷劃定了七十個七的恩典時期。

在此時期中，猶太國藉著悔改，並為救主的來臨準備好自己，就能成就上帝為他們所定的旨意。

但以理也寫著說，「止住罪過」，「引進永義」，是此時期的標誌。這些彌賽亞的活動，顯示彌賽亞要在此時期降臨（但9：24）。

但以理的預言清楚說到，彌賽亞會在「從出令重新建造耶路撒冷」之後的「七個七和六十二個七」，或總共六十九個七時顯現（但9：25）。在六十九個七之後，彌賽亞

要被剪除（但9：26），……祂的替死，祂要在第七十個七的中間去世，「使祭祀與供獻止息」（但9：27）。

了解時間預言的關鍵，在於預言時間中，一天等於一年的聖經原則（民14：34；結4：6）（註2）。依照這項一日頂一年的原則，七十個七（或490預言日）就代表490年。（表1）

但以理說，這段時期是以「從出令重新建造耶路撒冷」（但9：25）為開始。這項賦予猶太人充分自治權的命令，是在波斯王亞達薛西第七年頒布，而在主前457年生效（拉7：8，12－26；9：9）（註3）。依照這項預言，這項命令之後的483年（六十九個七），「受膏君」（但9：25）會出現。主前457年之後483年，就到了主後27年秋天。那

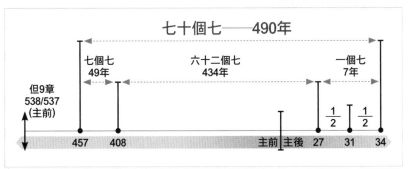

表1

時耶穌受洗，開始祂的公眾傳道工作（註4）。艾奇（Gleason Archer）接受了主前457年到主後27年七十個七的預言解釋之後，發表評論說：「如此古老的預言，其應驗精確得出奇。只有上帝能如此精確地預言祂兒子的降臨。沒有推理能解釋這件事。」（註5）

耶穌在約但河受洗時，曾為聖靈所膏，並為上帝承認是「彌賽亞」（希伯來文）或「基督」（希臘文），……二者都是「受膏者」之意（路3：21、22；徒10：38；約1：41）。耶穌宣告「日期滿了」（可1：15）的話，就是指這項預言的應驗。

在最後一個七的中間，也就是主後31年的春天，亦即基督受洗之後剛好3年半之時，這位彌賽亞藉著捨去自己的性命，使獻祭的制度止息了。在祂斷氣之時，聖殿的幔子神奇地「從上到下裂為兩半」（太27：51），顯示出上帝廢止了一切聖殿的崇事。

過去一切獻祭與祭物，都是指向彌賽亞全備的犧牲。當耶穌基督——那真實的上帝羔羊，在髑髏地獻為祭牲，作為我們罪的贖價之

時（彼前1：19），表號就遇見了實體，影兒就融合在真體之中，地上聖所的各種崇事就不再有必要了。

逾越節期中，正好在所預言的時刻，祂斷氣了。保羅說：「我們逾越節的羔羊基督已經被殺獻祭了」（林前5：7），這項驚人準確的時間預言，為基督是長久以來所預言之世人救主的基本歷史性真理，提供了一個最有力的證據。

5.救主的復活

聖經不僅預言基督的死，更預言了祂的復活。大衛預言說：「他的靈魂不撇在陰間；他的肉身也不見朽壞。」（徒2：31；詩16：10）雖然基督曾使他人從死裏復活（可5：35-42；路7：11-17；約11章），但祂自己從死裏復活，展現出祂稱自己是世人救主的權能。「復活在我，生命也在我，信我的人雖然死了，也必復活；凡活著信我的人必永遠不死。」（約11：25、26）

祂復活之後宣告說：「不要懼怕！我是首先的，我是末後的，又是那存活的；我曾死過，現在又活了，直活到永永遠遠；並且拿著死亡和陰間的鑰匙。」（啟1：

17、18）

二、耶穌基督的神性與人性

約翰講「道成了肉身，住在我們中間」（約1：14）時，說出了一個深奧的真理。子上帝成為肉身是一項奧祕。聖經稱上帝在肉身顯現為「敬虔的奧祕」（提前3：16）。

諸世界的創造主，在祂裏面有上帝完全的豐盛，卻成為一個在馬槽中無助的嬰兒。祂遠超過任何天使，祂的權威、榮耀與父同等，但祂竟虛己而穿上人類的身子！

人僅能稍微理解這神聖奧祕的意義，且在嘗試了解神成為肉身時，必須尋求聖靈的光照。最好記住：「隱祕的事是屬耶和華我們上帝的；唯有明顯的事是永遠屬我們和我們子孫的。（申29：29）

1.耶穌基督是真實的神

有甚麼證據說耶穌基督是神？祂的自我意識如何？人承認祂是神嗎？

(1)祂的神性

基督具有神性。祂是全能的。祂說，父已將天上地下所有的權柄都賜給祂了（太28：18；約17：2）。

祂是無所不知的。保羅說：「所積蓄的一切智慧知識，都在他裏面藏著。」（西2：3）

耶穌有把握的說，祂是無所不在。「我就常與你們同在，直到世界的末了。」（太28：20）又說：「無論在哪裏，有兩三個人奉我的名聚會，那裏就有我在他們中間。」（太18：20）

雖然祂的神性具有自然無所不在的能力。成為肉身的基督，卻自願在這方面讓自己受到限制。祂選擇了藉著聖靈的工作而無所不在（約14：16-18）。

希伯來書見證祂的不變時說：「耶穌基督昨日、今日、一直到永遠，是一樣的。」（來13：8）

當祂說生命在祂自己裏面時（約5：26），就證明祂是自我存在的。約翰作見證說：「生命在他裏頭，這生命就是人的光。」（約1：4）基督的宣告：「復活在我，生命也在我」（約11：25），堅定的表示在祂裏面的生命，是「祂自己的，不是借來的，也不是得來的。」（註6）

聖潔是祂性情的一部分。在宣告祂誕生時，天使對馬利亞說：「聖靈要臨到你身上，至高者的能力要

蔭庇你，因此所要生的聖者必稱為上帝的兒子。」（路1：35），魔鬼看見耶穌就喊著說：「我們與你有甚麼相干？……我知道你是誰，乃是上帝的聖者。」（可1：24）

祂就是愛。約翰寫道：「主為我們捨命，我們從此就知道何為愛。」（約壹3：16）

祂是永在的。以賽亞稱祂是：「永在的父」（賽9：6）。彌迦論到祂說：「他的根源從亙古，從太初就有。」（彌5：2）保羅講到祂的存在時說：「他在萬有之先」（西1：17），約翰也同意說：「這道太初與上帝同在。萬物是藉著他造的；凡被造的，沒有一樣不是藉著他造的。」（約1：2、3）（註7）

(2) 祂的神能與特權

上帝的作為被視為耶穌的作為。祂被人認為是創造主，也是維持者。……「萬有也靠他而立」（西1：17，來1：3）。祂能用聲音使死人復活（約5：28、29），祂要在末時審判世界（太25：31、32）。祂又赦免罪孽（太9：6；可2：5-7）。

(3) 祂的聖名

祂的聖名顯出了祂的神性。以馬內利譯為「上帝與我們同在」（太1：23）。信徒與污鬼都稱祂為上帝的兒子（可1：1；太8：29；可5：7）。舊約聖經中上帝的名字、耶和華或Yahweh，也用在耶穌身上。馬太引用賽40：3的話：「預備耶和華的路」（賽40：3），描寫為基督使命所作的準備工作（太3：3）。而約翰指出耶穌就是那坐在寶座上的萬軍之耶和華（賽6：1-3；約12：41）。

(4) 祂的神性被承認

約翰描寫耶穌是上帝的道「成為肉身」（約1：1、14）。多馬承認復活的基督是「我的主！我的上帝！」（約20：28）保羅講到基督說：「他是在萬有之上，永遠可稱頌的上帝。」（羅9：5）希伯來書則稱祂為上帝及創造主（來1：8、10）（註8）。

(5) 祂親口的證言

耶穌親口說祂與上帝同等。祂說祂自己就是舊約聖經中的上帝——「自有永有的」（約8：58），祂稱上帝為「我的父」，不說我們的父（約20：17）。祂說：「我與父原為一」（約10：30），這就是說，祂與父為一體，具有同樣的神性（註9）。

(6)祂被認為與上帝同等

在洗禮儀式中（太28：19），在使徒完備的祝詞中（林後13：14），在祂離別的訓勉中（約14－16章），以及保羅對屬靈恩賜的解釋中（林前12：4－6），祂與父上帝同等，被視為當然的事。聖經描寫耶穌，是「上帝榮耀所發的光輝，是上帝本體的真像。」（來1：3）請祂將父上帝顯出來時，耶穌回答說：「人看見了我，就是看見了父。」（約14：9）

(7)祂被視為上帝崇拜

人拜祂（太28：17；路14：33）。「上帝的使者都要拜他」（來1：6）。保羅寫道：「一切在天上的、地上的、和地底下的，因耶穌的名無不屈膝，無不口稱耶穌基督為主。」（腓2：10、11）好幾處讚美基督說：「願榮耀歸給他，直到永永遠遠。」（提後4：18；來13：21；彼後3：18）

(8)祂神性的必要性

基督使人與上帝和好。人需要上帝品格的完全啟示，才能與上帝建立個人的關係，。基督藉著顯示上帝的榮耀而滿足了這項需要（約1：14）。「從來沒有人看見上帝，只有在父懷裏的獨生子將他表明出來。」（約1：18；17：6）耶穌作見證說：「人看見了我，就是看見了父。」（約14：9）

在完全依靠上帝中（約5：30），基督曾以上帝的能力彰顯祂的愛。祂以上帝的能力醫病、重建並赦罪（路6：19；約2：11；5：1－15、36；11：41－45；14：11；8：3－11），以顯明自己是那位父所差來的慈愛救主。可是祂從來沒有像其他人在類似情況下，會行一個神蹟救自己脫離艱難與痛苦。

耶穌基督與父上帝，「在性情、品格、目標上，都是一致的」（註10），祂確實是神。

2.耶穌是真正的人

聖經作見證說，基督除了神性之外，還具有人性。接受此項教義頗為重要。「凡靈認耶穌基督是成了肉身來的，就是出於上帝的；……凡靈不認耶穌，就不是出於上帝。」（約壹4：2、3）基督成為人誕生，祂的成長、性情及個人的見證，便是祂擁有人性的憑據。

(1)祂誕生為人

「道成了肉身，住在我們中

間。」（約1：14）此處「肉身」是指次於祂天上性情的「人性」。保羅用淺顯的話說：「上帝就差遣他的兒子，為女子所生。」（加4：4；創3：15）基督「成為人的樣式」與「人的樣子」（腓2：7、8），這上帝在人性中顯現，乃是「敬虔的奧祕」（提前3：16）。

基督的家譜上指出，祂是大衛的子孫，亞伯拉罕的後裔（太1：1）。祂「按肉體說，是從大衛後裔生的」（羅1：3；9：5），是「馬利亞的兒子」（可6：3）。祂雖然像其他每個嬰孩一樣為女子所生，但祂的出生卻有差別極大的獨特之處。馬利亞是處女，這個嬰孩是由聖靈成孕（太1：20-23；路1：31-37）。祂從母親身上獲得真實的人性。

(2) 祂成為人的成長

耶穌依從人發育的規律，祂「漸漸長大，強健起來，充滿智慧。」（路2：40、52）祂在十二歲時，就已感知祂有神聖的使命（路2：46-49），祂在整個童年時期，都順從祂的父母（路2：51）。

十字架的路是一條藉著受苦而不斷成長的路。在祂的成長中，苦難扮演著重要的角色。「他雖然為兒子，還是因所受的苦難學了順從。他既得以完全，就為凡順從他的人，成了永遠得救的根源。」（來5：8、9；2：10、18）然而祂雖然經歷了成長的過程，卻沒有犯罪。

(3) 祂被稱為人

施洗約翰、彼得都稱祂為人（約1：30；徒2：22）。保羅講到「上帝的恩典，與那因耶穌基督一人恩典中的賞賜，……」（羅5：15）。祂是那使死人復活的「人」（林前15：21）。「因為只有一位上帝，在上帝和人中間，只有一位中保，乃是降世為人的基督耶穌。」（提前2：5）基督向仇敵講到祂自己，說：「我將在上帝那裏所聽見的真理，告訴了你們，現在你們卻想要殺我，……。」（約8：40）

耶穌喜歡用的自我稱呼，一個祂用過77次的稱呼是「人子」（太8：20；26：2）。「上帝的兒子」，是將注意力集中在祂與上帝之間的關係。「人子」，則著重在祂藉著成為肉身，與人類有的緊密關係。

(4) 祂的人性特點

上帝使人「比天使微小一點」（詩8：5）。聖經同樣的也講到耶穌「比天使小一點」（來2：9）。祂的

人性是被造的，沒有超人的能力。

基督要成為真正的人，這是祂使命的一部分。既要求祂具有人性的主要特點，祂就成了「血肉之體」（來2：14），基督「凡事」皆與其他的人「相同」（來2：17）。祂的人性具有其他人類同樣的生理與心理的感受力：飢餓、口渴、疲倦與焦慮（太4：2；約19：28；4：6；太26：21；8：24）。

祂為人服務時，曾表露同情、義怒與悲哀（太9：36；可3：5）。祂有時感到煩惱、悲傷，甚至還哭過（太26：38；約12：27；11：33、35；路19：41）。祂禱告時曾哭泣流淚，有一次甚至血從汗中滲出（來5：7；路22：44）。祂的禱告生活表現出祂完全依靠上帝（太26：39-44；可1：35；6：46；路5：16；6：12）。

耶穌曾經歷死亡（約19：30、34）。祂復活了，但並不是鬼魂，而是帶著身體（路24：36-43）。

(5)祂人性的範圍

聖經說，基督是第二個亞當。祂以「罪身的形狀，或罪人的形狀」生活過（羅8：3）。祂與墮落的人類相像到何種程度呢？特別重要的是，對罪身形狀的正確了解。不正

確的觀點，曾在基督教會歷史中引起不和與紛爭。

a. 成為罪身的形狀

前面提到的曠野中舉起的蛇，供給我們對基督人性的一些了解。正如毒蛇的銅像舉起來使人得醫治一樣，上帝的兒子也成為罪身的形像，而成為世人的救主。

耶穌成為肉身之前，本有上帝的形像，那就是說從太初祂就具有神性（約1：1；腓2：6、7）。祂取了奴僕的形像時，就放下了上帝的特權。祂成了祂父的僕人（賽42：1），遵行父的旨意（約6：38；太26：39、42）。祂用人性遮蔽祂的神性。祂「成為罪身的形狀」，或「有罪的人性」，或「墮落的人性」（參看羅8：3）（註11）。但這絕不表示耶穌基督有罪，或有分於罪的思想和行為。祂雖然成為罪身的形狀，但祂卻是無罪的。並且祂的無罪是毫無疑問的。

b. 祂是第二個亞當

聖經將亞當與基督相提並論。稱亞當為「首先的人」，稱基督為「末後的亞當」或「第二個

人」（林前15：45、47）。但是亞當
比基督的地位更優越。墮落時他
住在樂園裏。他有完美的人性，
擁有身體與心靈充足的能力。

耶穌卻不是這樣。當耶穌取了
人性時，人類已經在這受罪惡咒
詛的地球上生活了四千年，人的
各方面都因罪而更為退化。故此
基督所取的人性比起亞當未墮落
的人性，在心智與身體的能力上
都已減低。雖然如此，祂並未犯
罪。這樣，祂就可以拯救那墮落
到最深處的人（註12）。

當基督取了已承受罪惡後果的
人性時，祂就要遭受人人都要經
歷的軟弱了。祂的人性「為軟弱
所困」（來5：2；太8：17；賽53：
4），祂感受到祂的軟弱。祂必須
「大聲哀哭，流淚禱告，懇求那
能救他免死的主。」（來5：7）如
此，祂使自己具有人類共同具有
的軟弱與欠缺。

「基督的人性並非亞當的人
性，即亞當墮落之前的人性；也
不是人類墮落後的人性，即不是
都如亞當墮落後各方面的人性。
不是亞當的，因其墮落具有無辜
的軟弱；不是墮落的，因其從未

陷入心靈不純潔之境。因此，最
正確的說法是：有我們的人性，
但是沒有罪。」（註13）

c. 祂經歷試探

試探曾如何影響基督呢？祂
抗拒試探容易或是困難呢？祂經
歷試探的方式，證明祂是真正的
人。

①凡事受過試探與我們一樣

基督「凡事受過試探，與我
們一樣」（來4：15），顯出祂
具有人性。試探與犯罪的可能
性，對基督而言是真實的。祂
若不可能犯罪，那麼祂就不是
人，或說不是我們的榜樣了。
基督取了人性以及人性中的一
切弱點，包括了屈從試探的可
能性。

祂如何「凡事」受試探與我
們一樣？

顯然「凡事」並非指祂所遭
遇的試探，與我們今天遭遇到
的完全一樣。祂未受試探去看
敗壞道德的電視節目，或超速
駕車。

一切試探的基本問題乃是：
我們是否順從上帝的旨意。耶
穌面對試探時，總是保持祂對

上帝的忠心。祂雖然是人，但祂不斷地依靠上帝的大能，成功地抗拒最強烈的試探。

基督勝過試探，使祂能同情人的軟弱。我們要勝過試探，必須保持對祂的依靠。「上帝是信實的，必不叫你們受試探過於所能受的；在受試探的時候，總要給你們開一條出路，叫你們能忍受得住。」（林前10：13）

但最終我們必須承認，「對必死的人說，基督可以凡事受試探與我們一樣，但卻沒有犯罪，乃是一個待解釋的奧祕。」（註14）

②被試探而受苦

基督被試探而受苦（來2：18），祂「因受苦難得以完全」（來2：10）。因為祂自己曾面對試探的權勢，因此我們可以曉得，祂知道如何幫助受試探的人。在因人性會遭受的試探上，祂與人類是相同的。基督在試探之下如何受苦？雖然祂有「罪身的形狀」，祂屬靈的官能卻未受任何罪的玷污，因此祂聖潔的性情就極為敏銳。與罪惡的任何接觸都使祂感到痛苦。因此，因為祂的受苦與祂聖潔的完全成正比，試探帶給耶穌的痛苦，就比任何人的都多。」（註15）

若問基督曾受多少苦？祂在曠野、客西馬尼、髑髏地的經驗，顯示祂抗拒試探到了流血的地步（來12：4）。

基督不僅因祂的聖潔受了更多的苦，祂更面臨比人所必須面臨的更強烈的試探。B. F. Wescott說：對試煉中的罪人給予同情，不是靠賴犯罪的經驗，而是靠賴受罪之強烈試探的經驗，其劇烈的程度，只有無罪的那一位才能知道。跌倒的人，在最後爭戰臨到之前，就已屈從試探了。」（註16）F. F. Bruce同意說：「但祂勝利地忍受了人所能忍受的每一種試驗，而未絲毫減弱祂對上帝的信心，或鬆弛祂對上帝的順從。此種堅忍，會比普通人受更多而非更少的苦。」（註17）

此外，基督又面臨了永不會臨到人的強烈試探——為祂自己使用祂的神能之試探。懷

愛倫說：「祂曾在天庭接受尊榮，並熟識那絕對的權能。祂難於將自己保持在人的水平，正如人難於超越其墮落人性的水平，要與上帝的性情有分一樣。」（註18）

d. 基督可能犯罪嗎？

對基督是否能犯罪的問題，基督徒們有不同的意見。我們同意 Philip Schaff 的話：「若是祂（基督）從起始就賦有絕對不能犯罪的能力，或根本不可能犯罪，祂就不可能是一個真正的人，祂的聖潔也不是我們效法的榜樣。這不僅不是祂自己獲得的作為和與生俱來的優點，反而會成為一種偶然的或外來的恩賜。祂的試探也就成了一項虛偽的表演了。」（註19）Karl Ullmann 加上說：「那受試探的歷史記載，無論如何解釋，都會毫無意義。並且希伯來書中所說：『祂也曾凡事受過試探，與我們一樣』就毫無意義了。」（來4：15）」（註20）

(6) 耶穌基督無罪的人性

耶穌基督的神性沒有罪是十分清楚的。但祂的人性呢？

聖經描寫耶穌的人性是無罪的。

祂的出生不是自然的，……祂是藉著聖靈成孕（太1：20）。祂還是新生兒的時候，就有話描寫祂是「聖者」（路1：35）。祂取了墮落後的人性，承受了罪的後果，但不是罪。祂與人類結合為一，但不包括罪在內。

耶穌「曾凡事受過試探，與我們一樣，只是他沒有犯罪」（來4：15），祂是「這樣聖潔、無邪惡、無玷污，遠離罪人」（來7：26），保羅說祂是「無罪的」（林後5：21），彼得作見證說：「他並沒有犯罪，口裏也沒有詭詐」（彼前2：22），又將祂比作「無瑕疵、無玷污的羔羊」（彼前1：19；來9：24）。約翰說：「在他並沒有罪。……主是義的。」（約壹3：5-7）

耶穌取了我們的人性及其一切的軟弱，但祂卻得免從遺傳而來的敗壞或邪惡以及實際的罪。祂曾向祂的反對者挑戰：「你們中間誰能指證我有罪呢？」（約8：46）當祂面臨最嚴厲的試探時，祂說：「這世界的王將到。他在我裏面是毫無所有。」（約14：30）耶穌沒有罪的傾向或甚至於罪惡的感情。在眾多試探之中，沒有一樣能破壞祂對上帝

的忠誠。

耶穌從未認過罪，或獻過贖罪祭。祂未曾禱告說：「父啊，赦免我！」但禱告說「父啊，赦免他們。」（路23：34）耶穌既然總是尋求遵行祂父的旨意，不照祂自己的意思，祂就經常保持了對上帝的信賴（約5：30）。

耶穌的「靈性」，不像墮落之人的靈性，乃是純淨聖潔的，「未受任何罪的污染」（註21）。若認為祂與我們一樣「完全是人」，那就錯了。祂是第二個亞當。是上帝獨一的兒子。我們也不該認為祂「像人具有犯罪的傾向」。雖然祂的人性在各方面都受試探，但祂從未跌倒，從未犯過罪。在祂裏面從未有過任何罪惡的傾向（註22）。

誠然，耶穌是人類最崇高、最聖潔的榜樣。祂是無罪的。祂一切所行表現了完全，祂誠然是無罪之人類完美的榜樣。

(7)基督取人性的必要性

聖經提供了一些不同的理由，說明基督為甚麼必須取有人性。

a. 為人類作大祭司

作為彌賽亞，耶穌必須具有大祭司的職位，或在上帝與人之間作中保（亞6：13；來4：14-16），這項職分需要人性。基督具備了這些資格：①「他能體諒那愚蒙的和失迷的人，因為他自己也是被軟弱所困。」（來5：2）②因為「他凡事該與他的弟兄相同」，他就會成為「慈悲忠信的大祭司」（來2：17）。③「他自己既然被試探而受苦，就能搭救被試探的人。」（來2：18）④他同情軟弱，因為「他也曾凡事受過試探，與我們一樣，只是他沒有犯罪。」（來4：15）

b. 為了拯救墮落最深的人

為了到達人所在之境，拯救那最無望的人，於是祂降卑至僕人的地步（腓2：7）。

c. 為世人的罪捨命

基督的神性不可能死。因此，為了要死，基督必須具有人性。祂成為人，付上了罪價，就是死（羅6：23；林前15：3）。作為人，祂為人人嘗了死味（來2：9）。

d. 作我們的榜樣

為了立下人應當如何生活的榜樣，基督必須作為人，並過無罪的生活。作為第二個亞當的祂，

驅散了那說人無法遵守上帝的律法、不能得勝罪惡的謬論。祂證明了人忠於上帝旨意是可能的。在第一個亞當跌倒之處，第二個亞當得勝了罪惡與撒但，成了我們的救主與完全的榜樣。依賴祂的力量，祂的勝利也可以成為我們的（約16：33）。

藉著仰望祂，人「就變成主的形狀，榮上加榮」（林後3：18），「仰望為我們信心創始成終的耶穌，……那忍受罪人這樣頂撞的，你們要思想，免得疲倦灰心。」（來12：2、3）誠然，「基督為你們受過苦，給你們留下榜樣，叫你們跟隨他的腳蹤行。」（彼前2：21；約13：15）

三、神性與人性的聯合

耶穌基督有神性與人性。祂是神人。但是請注意，道成肉身是指永恆的神子耶穌取得人性，而非耶穌原本是人而獲取神性。這是從神而成為人，非從人成為神。

在耶穌裏面，這神人二性結合成為一個人。請注意下列的聖經證據：

1.基督是神人二性的聯合

三位一體真神的複數情形，並不存在於基督裏面。聖經描寫耶穌是一位，非二位。不同的經文提到祂的神性與人性，所說的只是一位。保羅描述耶穌基督是上帝的兒子（神性），由女子所生（人性，加4：4）。這樣，耶穌雖然「本有上帝的形像，不以自己與上帝同等為強奪的（神性）；反倒虛己，取了奴僕的形像，成為人的樣式（人性）。」（腓2：6、7）

基督神人二性之形成，並不是在祂的人性上再連結一種抽象的神能或神聖的影響力。約翰說：「道成了肉身，住在我們中間，充充滿滿的有恩典有真理。我們也見過他的榮光，正是父獨生子的榮光。」（約1：14）保羅寫道：「上帝就差遣自己的兒子，成為罪身的形狀」（羅8：3），「上帝在肉身顯現」（提前3：16；約壹4：2）。

2.二性的融和

有時聖經用祂人性的角度描寫上帝的兒子。上帝用祂自己的寶血買了祂的教會（徒2：28；西1：13、14）。另外的情形下，又用祂的神

性描寫人子（約3：13；6：62；羅9：5）。

當基督到這世上來的時候，就為祂預備了「身體」（來10：5）。當祂取了人性之時，祂的人性就覆蓋住神性。但這並不是藉著將人性改變成神性，或將神性改變成人性而完成的。祂並非出離自己的本性而進入另一種性情，而是將人性帶入祂的裏面。神性與人性就這樣結合了。

當基督道成肉身時，祂仍然是神，祂的神性並沒有降到人性的水平。祂的神性與人性都保持著。保羅說：「上帝本性一切的豐盛都有形有體的居住在基督裏面。」（西2：9）當祂被釘在十字架上時，死的是祂的人性而非神性，因為祂的神性是不可能死的。

3.二性聯合的必要性

了解基督神人二性彼此之間的關係，使我們能更透徹地明白基督的使命，以及對我們極為重要的救恩。

(1)使人與上帝和好

只有神人二性的救主能帶來救恩。基督在道成肉身時，為了讓信徒有分於祂的神性，就吸取了人性到祂裏面。藉著這位神人寶血的功勞，信徒就能有分於祂的神性了（彼後1：4）。

那在雅各夢中出現的梯子預表基督，一直到達我們所在的位置。祂取了人性並且得勝了，好讓我們藉著吸取祂的性情也能得勝。祂神性的臂膀握住上帝的寶座，而祂的人性則擁抱著人類，將上帝與我們，天與地連結了起來。

神人二性的聯合，使基督的贖罪犧牲產生功效。一個無罪人類的生命，甚或天使的生命，都不能贖人類的罪孽，唯有那位具神性和人性的創造主能贖回人類。

(2)用人性遮掩神性

基督用祂人性的形體遮掩了祂的神性。祂放下了天上的榮華，好讓罪人能存活在祂面前不至滅亡。祂雖仍然是上帝，但卻不以上帝的形像出現（腓2：6-8）。

(3)過得勝的生活

單單基督的人性，決受不了撒但那強烈的欺騙。祂能得勝罪惡，「因為上帝本性一切的豐盛，都有形有體的居住在基督裏面。」（西2：9）祂完全靠賴父（約5：19、30；

8：28），「祂的人性與上帝的力量結合，就為人類獲得了無窮的勝利。」（註23）

基督得勝生活的經驗，並非祂專有的特權。祂所使用的一切能力，沒有一樣是人不能使用的。我們也可以被充滿上帝的一切所充滿（弗3：19）。藉著基督的大能，我們可以獲得「一切關乎生命和虔敬的事」（彼後1：3）。

獲得這項經驗的鑰匙，是相信那「又寶貴又極大的應許」。藉著它，我們就可以「脫離世上從情慾來的敗壞，就得與上帝的性情有分。」（彼後1：3、4）祂要將祂藉以得勝的能力賜給所有的人，使人人都可以忠心順從，並度得勝的生活。

基督那安慰人的應許，乃是一個得勝的應許：「得勝的，我要賜他在我寶座上與我同坐。就如我得了勝，在我父的寶座上與他同坐一般。」（啟3：21）

四、耶穌基督的職分

先知、君王、祭司的職分都是獨特的，通常需要舉行受膏的奉獻儀式（王上19：16；出30：30；撒下

5：3）。諸般預言均指出，這位要來的彌賽亞、受膏者，要身兼此三職。基督藉著先知、君王、祭司的職分，從事祂在上帝和我們中間中保的工作。基督作先知，將上帝的旨意宣示給我們；基督作祭司，在上帝面前代表我們，或在我們面前代表上帝；基督作君王，則揮著上帝恩惠的權杖，統治祂的百姓。

1.基督作先知

上帝曾將基督先知的職分啟示給摩西：「我必在他們弟兄中間給他們興起一位先知，像你。我要將當說的話傳給他。他要將我一切所吩咐的，都傳給他們。」（申18：18）基督同時代的人認識到這個預言應驗了（約6：14；7：40；徒3：22、23）。

耶穌曾講自己是「先知」（路13：33）。祂以先知的權柄，宣講上帝國度的諸般原則（太7：29；5—7章；22：36—40），並啟示未來（太24：1—51；路19：41—44）。

基督在道成肉身之前，曾將祂的靈充滿聖經的作者們。賜給他們有關祂的受苦及以後得榮耀的預言（彼前1：11）。祂升天之後，繼續

74

將自己啟示給祂的子民。聖經說，祂賜下祂的「見證」——「預言之靈」——給祂的餘民（啟12：17；19：10；參見本書第18章）。

2.基督作祭司

上帝的誓言，堅固地設立了彌賽亞的祭司職分：「耶和華起了誓，決不後悔，說：你是照著麥基洗德的等次永遠為祭司。」（詩110：4）基督不是亞倫的子孫。祂作祭司的權利如同麥基洗德，得自上帝的指派（來5：6、10見本書第7章）。祂在地上也在天上，作中保的祭司工作。

(1)基督地上的祭司工作

祭司在燔祭壇的工作，象徵耶穌在地上祭司的工作。耶穌完全有資格作祭司，祂是真正的人。祂是「蒙上帝所召」、「辦理屬上帝的事」、「獻上禮物和贖罪祭」（來5：1、4、10）。

祭司是要藉著那代表贖罪恩典的獻祭制度，使崇拜的人與上帝和好（利1：4；4：29、31、35；5：10；16：6；17：11）。這樣那常獻的馨香祭，就象徵人可經常得著贖罪。

這些祭仍然不夠。它們不能使獻祭的人完全、除罪，或使人得著清潔的良心（來10：1-4；9：9）。它們只是將來美事的影兒（來10：1；9：9、23、24）。舊約聖經說：彌賽亞自己會代替這些牲畜的祭（詩40：6-8；來10：5-9）。這樣，這些祭都是指向救主基督代我們受苦及贖罪的死。祂——上帝的羔羊，為我們成為罪，為我們受了咒詛。祂的血就洗淨我們一切的罪（林後5：21；加3：13；約壹1：7；林前15：3）。

這樣，基督在地上工作時，既是祭司也是祭物。祂在十字架上的死，乃是祂祭司工作的一部分。在髑髏地獻祭之後，祂的代求工作，就集中在天上的聖所裏。

(2)基督天上的祭司工作

耶穌在地上開始的祭司工作，將在天上完成。祂在地上作上帝受苦的僕人，所受的羞辱，使祂有資格作我們在天上的大祭司（來2：17、18；4：15：5：2）。預言顯明，彌賽亞要在上帝的寶座上為祭司（亞6：13）。在復活之後，那位受羞辱的基督就被高舉了。如今我們的大祭司「已經坐在天上至大者寶座的右邊」，在天上聖所中作執事（來8：1、2；1：3；9：24）。

基督在升天之後，立刻開始了祂代求的工作。聖殿的聖所中燒香上升的煙雲，預表基督的功勞、禱告與公義，使我們的崇拜與禱告蒙上帝悅納。燒香只能用燔祭壇上取下的紅炭，顯明了在代求與贖罪祭壇之間，有密切的關連。這樣，基督的代求工作，是建造在祂已經完成的贖罪祭的功勞之上。

基督的代求讓祂的子民得著鼓勵：「凡靠著他進到上帝面前的人，他都能拯救到底；因為他是長遠活著，替他們祈求。」（來7：25）因為基督為祂的子民作中保，撒但的一切控告就失去了法律的基礎（約壹2：1；亞3：1）。保羅問道：「誰能定他們的罪」後，他提出保證說，基督親自在上帝的右邊為我們代求（羅8：34）。基督強調祂作中保的工作說：「我實實在在地告訴你們，你們若向父求甚麼，他必因我的名賜給你們。」（約16：23）

3.基督作君王

上帝「在天上立定寶座；祂的權柄統轄萬有」（詩103：19），顯然上帝的兒子既是上帝中的一員，就必分享對整個宇宙的神聖統治。

基督既是神人，就對那些接受祂為主為救主的人施行王的統治。「上帝啊，」經上有話說：「你的寶座是永永遠遠的；你的國權是正直的。」（詩45：6；來1：8、9）

但是基督國度並不是輕而易舉建立起來的，因為「世上的君王一齊起來，臣宰一同商議，要敵擋耶和華並他的受膏者（彌賽亞）。」（詩2：1）但是他們的計謀失敗了。上帝要立彌賽亞在祂的寶座上，發令說：「我已經立我的君王在錫安我的聖山上了。」祂曾宣告說：「你是我的兒子，我今日生你。」（詩2：6、7；來1：5）那要坐大衛寶座之君王的名字是：「耶和華我們的義」（耶23：5、6）。祂的統治是獨特的，因為祂要在天上的寶座上，既作祭司又作君王（亞6：13）。

天使對馬利亞宣告，耶穌要成為受膏的統治者：「他要作雅各家的王，直到永遠；他的國也沒有窮盡。」（路1：33）祂的王權是用兩個寶座來表示祂的兩個國度。「施恩的寶座」（來4：16）代表恩典的國度；「榮耀的寶座」（太25：31）代表榮耀的國度。

76

(1)恩典的國度

第一個人犯罪之後，恩典的國度就立刻設立了。它因上帝的應許而存在。人藉著信心，就能成為它的國民。但直到基督的死，它才完全被建立。當祂在十字架上喊著說：「成了」時，救贖計畫的要求已達到，新約就批准生效了（來9：15-18）。

耶穌宣告「日期滿了，上帝的國近了」（可1：15），直接提到恩典的國度不久要藉著祂的死而建立。這個國度是建立在救贖上，而非建立在創造上。它接納重生──新生的人，成為它的國民。耶穌肯定說：「人若不是從水和聖靈生的，就不能進上帝的國。」（約3：5；3：3）祂將這國的成長，比喻為芥菜種那樣驚人的生長，和麵粉中酵的作用一樣（可4：22-31；太13：33）。

恩典的國度不在於外在的表現，而在乎它對信徒心靈的影響。這個國，耶穌教導說：「不是眼所能見的。人也不得說：『看哪，在這裏！看哪，在那裏！』因為上帝的國就在你們心裏。」（路17：20-21）祂說，它不是一個世上的國，而是一個真理的國度。「我是王。

我為此而生，也為此來到世間，特為給真理作見證。凡屬真理的人就聽我的話。」（約18：37）保羅說，這個國度，就是信徒所遷入的那「公義、和平，並聖靈中的喜樂」的國度（羅14：17；西1：13）。

這個國度的建立，是一項極痛苦的經驗，證明了若無十字架就無冠冕。在祂公眾服務即將結束時，耶穌──這位神人、彌賽亞，以大衛寶座合法繼承人的身分來到耶路撒冷。祂按猶太人帝王的習俗騎著一頭驢進城（亞9：9），祂接受了群眾熱烈自發的擁戴。當祂得勝地進入京城時，許多人將他們的衣服鋪為地毯，又砍下棕樹枝歡呼說：「和散那歸於大衛的子孫！奉主名來的是應當稱頌的！」（太21：8、9），這就應驗了撒迦利亞的預言。如今基督介紹自己如受膏的君王。

不幸的是，祂作王的聲名受到反對。撒但對這「無罪的一位」已恨之入骨。在十二個小時之內，那些信仰的保衛者──猶太議會，祕密地逮捕祂、審判祂、並定祂死罪。

耶穌受審時曾公開見證說，祂是上帝的兒子，是祂百姓的王（路23：3；約18：33-37）。他們就以譏諷的

方式回應，讓祂穿上王袍，戴上冠冕，不是金冠冕，而是一頂荊棘冠冕（約19：2）。讓祂成為王的方式全是諷刺。兵丁先鞭打祂，再譏笑祂說：「恭喜，猶太人的王啊！」（約19：3）。當羅馬巡撫彼拉多介紹祂給猶太人說：「看哪，這是你們的王！」時，祂自己的百姓卻一致棄絕祂，喊著說：「除掉他！除掉他！釘他在十字架上！」（約19：14、15）

藉著忍受最大的羞辱——死在十字架上，基督建立了祂恩典的國度。不久，祂被高舉，祂的羞辱於焉結束。祂一升天，就登上了天上的寶座，作祭司、作君王，分享祂父的寶座（詩2：7、8；來1：3-5；腓2：9-11；弗1：20-23）。這次登基，並沒有給上帝的聖子，獲得不屬於祂的權能。然而現在，祂身為神人之間的中保，祂的人性第一次有了天上的榮耀與權能。

(2)榮耀的國度

在基督登山變像時，那榮耀國度的景象就已賜下。那時，基督在山上、在榮耀中顯現，「臉面明亮如日頭，衣裳潔白放光。」（太17：2）摩西與以利亞代表得贖的人：摩西代表在基督裏死去復活的人；以利亞則代表那些未經歷死亡、在基督再來時被接升天的人。

這榮耀的國度，將隨著基督再來時地球上的各種大變動而建立（太24：27、30、31；25：31、32）。在審判之後，當人子在天上的聖所作中保的工作結束時，那位「亙古常在者」——父上帝，會將「權柄、榮耀、國度」賜給祂（但7：9、10、14）。那時「國度、權柄，和天下諸國的大權必賜給至高者的聖民。他的國是永遠的；一切掌權的都必事奉他，順從他。」（但7：27）

在那一千年結束時，榮耀的國終必在地上建立。那時新耶路撒冷將從天降下（啟20、21章）。藉著接受耶穌基督作我們的救主，我們今天就是恩典國度的子民；並要在祂降臨時，成為祂榮耀國度的子民。我們未來的人生有著無限的可能性。基督要賜給我們的人性，並非一個充滿失敗及破碎夢想的人生，而是一個與救主同行、成長的美滿人生。這種人生會愈來愈多地表現出真實的仁愛、喜樂、平安、忍耐、恩慈、良善、信實、溫柔及節制（加5：22、23）。……所有將生命獻

給祂之人，耶穌要賜給他們因與祂

相交而結的果子。誰能拒絕這樣的

賞賜呢？

註1：論七十個七的預言，可參考Frank B. Holbrook著《七十個七，利未記，與預言的性質》。

註2：有關預言一日頂一年的聖經根據，參閱William H. Shea著《預言解釋之研究》。

註3：亞達薛西統治年代，已由奧林匹克年代，多利曼經典（Ptolemy's Canon），以利凡丁卷頁（Elephantine Papyri），並巴比倫的楔形文字泥板所確定。

註4：參閱C. Mervyn Maxwell《上帝顧念你》（God Cares）卷一第216－218頁。

註5：參閱Gleason L. Archer著《聖經疑難百科全書》291頁。

註6：懷愛倫著《歷代願望》535頁。

註7：聖經雖講到耶穌是獨生的、首生的，說到祂出生的日子，但這並不否認祂的神性與祂的永存性。「獨生」一詞（約1：14；1：18；3：16；約壹4：9），譯自希臘文Monogenes，聖經對此字的用法，其意義從「唯一」、「獨一無二」，至描寫一種特別的關係，而非指時間中所發生的事。例如以撒，他雖不是亞伯拉罕的獨生子，卻被稱為亞伯拉罕的獨生子，他甚至不是亞伯拉罕首生的（創16：16；21：1－21；25：1－6）。但以撒是個獨特的兒子，這類兒子，只有他這一個，是蒙揀選繼承亞伯拉罕的。「耶穌基督，這位先存的上帝、創造時的道，在祂成為肉身時，以某種獨特的意義說，上帝兒子——是獨生的，意義即在此。此類之中，只有祂一個。祂的存在、祂的生命，在許多方面都是獨特的。人間沒有一個孩子像祂那樣，能與上帝有那樣深的關係，或有祂那樣的作為。因此「獨生」一詞，描寫了父上帝與子耶穌基督是上帝的兩個不同的位格。這是在救贖計畫中，屬於基督神人的複合位格的（聖經翻譯難題委員會編《聖經翻譯難題》202頁）。同樣的，當耶穌被稱為「首生的」時（來1：6；羅8：29；西1：15、18；啟1：5），也不是指時間。它乃是強調重要性或優先性（參閱來12：23）。在希伯來文化中，長子領受家中的特權。這樣，耶穌，作為人類的長子，就贏回人類所失去的一切特權。祂成為新的亞當、新的長子，或人類的頭。聖經講到耶穌的生日，是基於「獨生」及「首生」同樣的觀念。那彌賽亞的預言：「你是我的兒子，我今日生你。」（詩2：7）乃是指耶穌成為肉身（來1：6）、復活（徒13：33、30），或登基（來1：3、5）。

註8：在希臘文法書上可找到更多的證據：①「主」前無定冠詞。七十士譯本翻YHWH為「主」，但無定冠詞。在新約聖經中常常會發現，無定冠詞的「主」是指上帝（例：太7：21；8：2、6、25）。②單數冠詞形容兩個名詞，如在下面的經文中，描寫基督也是上帝：「等候至大的上帝，和我們救主耶穌基督的榮耀顯現」（多2：13）「因我們的上帝和救主耶穌基督之義」（彼後1：1）③當有兩個名詞，第二個為所有格而無定冠詞時，其一的素質可歸於另一個。這樣，以同樣的方式，羅1：17、18講到「上帝的義」與「上帝的忿怒」，所以耶穌被描寫為「上帝的兒子」（路1：35）。

04 子上帝

79

註9：懷愛倫著：「真實的羊會答應牧人的呼聲」（1893《時兆》54頁）。

註10：懷愛倫著：《先祖與先知》2頁。

註11：這些話常為基督復臨安息日會所引用，以描寫耶穌對人類的認同。但是他們從未以此表示，祂在任何方面有罪。自始至終教會的立場，都是高舉主耶穌基督是絕對無罪的。

註12：基督取了祂同時代人「身心雙方面同樣脆弱的性質」（懷愛倫1885年2月10日版《評閱宣報》81頁），一種在體力、智力及道德價值上都減弱了的心性。但是並非道德敗壞，而是完全無罪。（懷愛倫文，1902，12，3版《時兆》，參閱《歷代願望》45頁）。

註13：Henry Melvill在其證道詞中用「無邪的軟弱」一詞，指飢餓、疼痛、悲哀等。他稱這種墮落前及墮落後對基督人性的看法為正統的看法（Sermons by Henry Melvill）。

註14：《基督復臨安息日會參考文庫》卷7第426頁，卷5第1128、1129頁，懷氏簡報1895年第8號。

註15：《基督復臨安息日會參考文庫》卷7第927頁，懷愛倫註。

註16：Brooke F. Wescott著《希伯來書》86頁。

註17：F. F. Bruce著《希伯來書註釋》85、86頁。

註18：懷愛倫著「基督的試探」（《評閱宣報》1875，4，1）。

註19：Philip Schaff著《The Person of Christ》35、36頁。

註20：Kar Ulmann著《An Apoloaetic View of the Sinless Character of Jesus》。

註21：懷愛倫著「在客西馬尼園中」（1897，12，9《時兆》，參閱《歷代願望》262、263頁）。

註22：《基督復臨安息日會參考文庫》卷5第1128、1129頁。在懷氏時代，「傾向」一詞具有以下定義：自然的喜好、偏愛。懷愛倫喜愛的作家Henry Melvill寫道：「祂雖然取了人性及其無邪的軟弱，但未取其罪惡的傾向。在此神施行干預。聖靈蔭庇了這位處女。讓軟弱可以從她而得，但惡被禁止。這樣就造成雖然可以有憂傷與受苦的人性，但仍然無瑕疵、無玷污；雖有淚痕，但無污點；雖不能免於受苦，但不願使他人不舒服。經常在人為的貧困之中，卻與造成貧困的原因毫無關聯。」見Tim Poirier著《懷愛倫的基督論及其參考書之比較》。

註23：懷愛倫著「基督的試探」（1887，10，13《評閱宣報》，《基督復臨安息日會參考文庫》卷7第904頁）。

05 聖靈上帝

基督復臨安息日會相信……

永在的聖靈上帝，在創造、上帝成為肉身及救贖上，都曾積極參與。祂曾感動聖經的作者們。祂曾以能力充滿基督的生命。祂吸引人、感動人，那回應祂感動的人，祂就更新，變化為上帝的形像。祂為父及子差遣，常與上帝的兒女同在。祂賜下屬靈的恩賜給教會，使其有能力為基督作見證，並與聖經相和地引領教會進入一切真理。

——基本信仰第五條

第5章
聖靈上帝

雖然耶穌釘十字架使門徒們惶惑、痛苦、恐懼，但基督的復活，再將黎明的希望帶入他們的人生。當基督打破死亡的捆鎖時，上帝的國度就在他們的心裏閃現出曙光來。

如今無法撲滅的火燃燒在他們心靈裏，將幾週前豎立起的歧見融化了。他們彼此認錯，敞開胸懷，更充分地接受了耶穌——他們升天的君王。

當他們天天禱告時，這一度分散的羊群，就愈來愈合而為一。在一個無法忘記的日子，當他們正在讚美上帝時，有怒吼的狂風吹入他們中間。火燄落在各人頭上，他們心中燃燒著猶如看得見的火。聖靈如同野火降在他們身上。

門徒們既被聖靈充滿，他們心中新鮮強烈的愛，與在耶穌裏的喜樂，就再也含忍不住了。他們開始公開、熱切地宣講救恩的好消息。由於巨大的響聲，許多當地的人並許多外國的旅客，都蜂擁來到這座建築物。他們充滿驚異與惶惑，聽見那些沒有學問的加利利人，用他

們自己的語言，講說上帝大能之作為的見證。

「我不明白，」有人說：「這是怎麼一回事？」另外的人則以平常的態度說：「不，他們喝醉了。」彼得把聲音提高，超過群眾的喧嚷說：「現在的時候才是早上九點。你們之所以看見與聽見這些，乃是因為復活的基督，已被高舉到上帝的右邊，現在賜下聖靈給我們。」（徒2章）

一、聖靈是誰？

聖經啟示說，聖靈不是一種沒有位格的力量，而是具有位格的神。這類的話：「聖靈和我們定意……」（徒15：28），顯示早期信徒看祂是一位神。基督也說到祂是有位格的神。祂說：「他要榮耀我，因為他要將受於我的告訴你們。」（約16：14）聖經提到三一真神，描寫聖靈是其中的一位（太28：19；林後13：14）。

聖靈具有位格。祂統治審判（創6：3——中文譯為住在）、教導（路12：12）、定罪（約16：8）、領導教會工作（徒13：2）、幫助及代求（羅8：26）、感動（彼後1：21）及使

人成聖（彼前1：2）。這些都並非只是一種能力、影響力，或上帝的一種特性能夠做，只有有位格的神才能。

二、聖靈是真神

聖經看聖靈為神。彼得告訴亞拿尼亞說他欺哄聖靈時，「不是欺哄人，是欺哄上帝了。」（徒5：3、4）耶穌說，褻瀆聖靈的罪不可赦免。祂說：「凡說話干犯人子的，還可得赦免；惟獨說話干犯聖靈的，今世來世總不得赦免。」（太12：32）只有聖靈是上帝時，這話才可能是正確的。

聖經將上帝的特質用在聖靈身上。祂是生命，保羅講到聖靈是「生命聖靈」（羅8：2）；祂是真理，耶穌稱祂為「真理的聖靈」（約16：13）。一些如「聖靈的愛」（羅15：30），「上帝的聖靈」（弗4：30）的話，表明愛與聖潔乃是祂性情的一部分。

聖靈無所不能。祂賜屬靈的恩賜，「隨己意分給各人」（林前12：11）。祂無所不在。祂會與祂的子民永遠同在（約14：16），沒有人能逃避祂的影響（詩139：7—

10）。祂也是無所不知的。「因為聖靈參透萬事，就是上帝深奧的事也參透了。」並且「除了上帝的靈，也沒有人知道上帝的事。」（林前2：10、11）

上帝的作為也與聖靈有關。創造與復活都包括了祂。約伯說：「上帝的靈造我；全能者的氣使我得生。」（伯33：4）詩人說：「你發出你的靈，他們便受造。」（詩104：30）保羅說：「那叫耶穌從死裏復活的，也必藉著住在你們心裏的聖靈，使你們必死的身體又活過來。」（羅8：11）

能把神聖的基督帶給馬利亞的，絕不是一種無位格的影響力，或一個受造者所能做得到的，唯有一位無所不在有位格的上帝，才能行此神蹟。在五旬節時，聖靈使「神人」耶穌與宇宙間一切願意接受的人同在。

在洗禮的儀式中（太28：19），在使徒的祝福中（林後13：14），在論屬靈恩賜的講論中（林前12：4-6），聖靈都被認為與父及子同等。

三、上帝與聖靈

自永恆開始，聖靈就是在上帝裏面上帝的第三位。父、子、聖靈，都是同等的自我存在。祂們雖然彼此同等，卻在三一真神裏，各自進行著不同任務（參見本書第2章）。

藉著耶穌，便能對聖靈上帝的真理獲得最清楚的了解。聖靈臨到信徒時，是以「基督的靈」降臨——祂不是只憑自己而來，或是證明祂自己。祂在歷史中的活動，集中在基督救人的任務上。聖靈積極參與了基督的出生（路1：35）。在基督受洗時，證實了祂的公眾佈道工作（太3：16、17），並將基督贖罪犧牲及復活的效益帶給人類（羅8：11）。

在上帝裏，聖靈似乎承擔著執行者的角色。父將子賜給世人時（約3：16），基督是藉著聖靈成孕（太1：18-20）。聖靈完成計畫，使其實現。

聖靈在創造時的運行，顯示了祂也密切地參與創造大功（創1：2）。生命的發源與保持，靠賴祂的工作。聖經說若是上帝「將靈和氣收歸自己，凡有血氣的就必一同死亡；世人必仍歸塵土。」（伯34：14、15；33：4）從聖靈在每一個向上帝敞開之心所作的再造之工

上，我們看見聖靈的創造大工。上帝藉創造主聖靈，在各人裏面進行祂的工作。這樣，在上帝成為肉身、創造與再造上，聖靈都使上帝的心願成就。

四、所應許的聖靈

我們都要作聖靈的居所（林前3：16）。亞當與夏娃的罪，使他們與伊甸園分離，也與住在裏面的聖靈分離。這項分離一直持續著——洪水前罪惡極大，於是上帝宣布說：「我的靈就不永遠住在他裏面」（創6：3）。

在舊約時代，聖靈裝備某些人從事某些特別的任務（民24：2；士6：34；撒上10：6）。有時候，祂「在」人的裏面（出31：3；賽63：11）。無疑的，真實的信徒總能感受到祂的同在。但預言已經宣告，聖靈將傾降在「凡有血氣的」身上（珥2：28）——那時聖靈更大的彰顯，必會引進一個新時代。

當這世界還留在那位篡奪者的手裏時，聖靈的沛降必須等待。在聖靈能夠澆灌凡有血氣的之前，基督必須完成祂在地上的工作，並獻上贖罪的犧牲。施洗約翰曾指出，

基督的工作即聖靈的工作，他說：「我是用水給你們施洗」，但是「他要用聖靈與火給你們施洗」（太3：11）。然而福音書並沒有提到耶穌用聖靈施洗。就在祂將要離世之前，耶穌應許祂的門徒說：「我要求父，父就另外賜給你們一位保惠師，叫他永遠與你們同在。就是真理的聖靈。」（約14：16、17）在主釘十字架時，領受了所應許的聖靈嗎？在主被釘十字架的那個星期五，並無鴿子出現——只有黑暗、閃電、雷轟。

直到耶穌復活之後，祂才將聖靈吹在門徒身上（約20：22）。祂說：「我要將我父所應許的降在你們身上。你們要在城裏等候，直到你們領受從上頭來的能力。」（路24：49）當「聖靈降臨在你們身上」時，他們得著了這能力，才能直到地極作祂的見證（徒1：8）。

約翰寫道：「那時還沒有賜下聖靈來，因為耶穌尚未得著榮耀。」（約7：39）父悅納基督的犧牲，乃是聖靈傾降的先決條件。

到我們得勝的主登上天上寶座時，這新時代才來到。只有那時，祂才能差遣聖靈沛降。彼得說：

「他既被上帝的右手高舉」，就澆灌聖靈在祂的門徒身上（徒2：33）。那時他們正熱切地期待著這事，聚在一處，「同心合意恆切禱告」（徒1：5、14）。在五旬節，髑髏地之後的第50日，這新時代在聖靈同在的能力中展開。「忽然，從天上有響聲下來，好像一陣大風吹過，充滿了他們所坐的屋子，……他們就都被聖靈充滿。」（徒2：2-4）

耶穌與聖靈的使命，兩者完全是相輔相成的。耶穌未完成祂的使命之前，聖靈不可能沛降。但是反過來說，耶穌也是由聖靈成孕（太1：8-21），並受聖靈的洗（可1：9、10）。祂被聖靈引導（路4：1），藉著聖靈行神蹟（太12：24-32）。在髑髏地藉聖靈獻上自己（來9：14、15），並且在某種程度上藉著聖靈復活（羅8：11）。

耶穌是第一個經驗聖靈充滿的人。那令人驚訝的真理是，我們的主樂意將聖靈傾注給所有熱切渴望祂的人。

五、聖靈的使命

耶穌受死前一天晚上，祂說祂

很快就要離開，而使門徒們大感憂愁。祂立刻向他們保證，他們將會領受代表祂的聖靈，他們不會被撇下為孤兒（約14：18）。

1.使命的根源

新約聖經用一種獨特的方式啟示聖靈。祂被稱為「耶穌的靈」（徒16：7）、「祂兒子的靈」（加4：6）、「上帝的靈」（羅8：9）、「基督的靈」（羅8：9；彼前1：11），並「耶穌基督之靈」（腓1：19），聖靈的使命發自誰呢？——耶穌基督或父上帝？

當基督將聖靈使命的根源，啟示給失喪的世人時，祂提到兩個源頭：祂先講到父。「我要求父，父就另外賜給你們一位保惠師。」（約14：16；參閱15：26中所說「從父出來」）祂稱聖靈的洗為「父所應許的」（徒1：4）。其次基督提到祂自己：「我……就差他（聖靈）來」。（約16：7）這樣，聖靈是從父與子二者而來。

2.祂對世人的使命

只有藉著聖靈的感化，我們才能承認基督是主。保羅說：「若不是

86

被聖靈感動的，也沒有能說耶穌是主的。」（林前12：3）

我們獲得保證，藉著聖靈、基督，那「真光」會「照亮一切生在世上的人」（約1：9）。祂的使命是：「要叫世人為罪、為義、為審判，自己責備自己。」（約16：8）

第一，聖靈使我們深覺有罪，尤其是不接受基督的罪（約16：9）；第二，聖靈敦促所有人接受基督的義；第三，聖靈以審判來警告世人，這是激動那些昏暗心靈覺醒的有力工具，讓他們知道必需悔改與重生。

當我們悔改時，我們可以藉著水與聖靈的洗而重生（約3：5）。那時，我們的生命就是新的生命，因為我們已經成為基督的靈居住之處。

3.祂對信徒的使命

有關聖靈的經文，大多是論到祂與上帝子民的關係。祂聖潔的感化力引領人順服（彼前1：2），人若未達到某些條件，就無法持續地經驗祂的臨格。彼得說，上帝已將祂的靈賜給不斷順從祂的人（徒5：32）（註1）。對信徒的警告是，不可抗拒聖靈、使聖靈擔憂，或消滅聖靈的感動（徒7：51；弗4：30；帖前5：19）。

聖靈為信徒作些甚麼？

(1)祂幫助信徒

當基督介紹聖靈時，稱祂為「另一個Parakletos」（約14：16）。這個希臘字被譯為，「幫助者」（新英文雅各王欽定版）、「安慰者」（英文雅各王欽定版）、「策士」（英文修訂標準版）、（「慰助者」，（現代中文譯本），也有「代求者」、「中間人」或「中保」的意思。

聖經中講到唯一的另一個Parakletos是基督自己。祂是我們在父面前的中保或代求者。「我小子們哪，我將這些話寫給你們，是要叫你們不犯罪。若有人犯罪，在父那裏我們有一位中保，就是那義者耶穌基督。」（約壹2：1）

基督是幫助者、中保、代求者，將我們帶到上帝面前，並將上帝啟示給我們。同樣的，聖靈領我們到基督跟前，將基督的恩典顯明給我們。這解釋了為甚麼聖靈被稱為「施恩的聖靈」（來10：29），祂最偉大的貢獻之一，是將基督救贖的恩典施行在人身上（見林前15：10；林

後9：4；約4：5、6）。

(2)祂帶來基督的真理

基督稱聖靈為「真理的聖靈」（約14：17；15：26；16：13），祂的工作包括：「要叫你們想起我對你們所說一切話」（約14：26），「領導你們明白一切的真理」（約16：13），祂的信息見證耶穌基督（約15：26），耶穌說：「因為他不是憑自己說的，乃是把他所聽見的都說出來，並要把將來的事告訴你們。」（約16：13）「他要榮耀我，因為他要將受於我的告訴你們。」（約16：14）

(3)祂帶來基督的臨格

祂不僅帶來關乎基督的信息，祂更帶來基督的臨格。耶穌說：「我去是與你們有益的；我若不去，保惠師（聖靈──約14：16、17）就不到你們這裏來；我若去，就差他來。」（約16：7）

道成肉身的耶穌為人性所累，不是無所不在的，這就是祂離開反而有益的原因。但藉著聖靈，祂可以隨時無所不在。耶穌說：「我要求父，父就另外賜給你們一位保惠師，叫他永遠與你們同在。就是真理的聖靈。」祂賜下保證說，聖靈

要「常與你們同在，也要在你們裏面。我不撇下你們為孤兒，我必到你們這裏來。」（約14：17、18）「聖靈乃是基督的代表，但祂沒有人類的形體，因此，祂是不受限制的。」（註2）

在基督成為肉身時，聖靈將基督的臨格帶給一個人──馬利亞。五旬節時，聖靈將得勝的基督帶給世人。基督的應許：「我總不撇下你，也不丟棄你」（來13：5），以及「我就常與你們同在，直到世界的末了」（太28：20），乃是藉著聖靈而得實現。因此之故，新約聖經給聖靈一個舊約聖經中從未用過的稱號：「耶穌基督之靈」（腓1：19）。

正如父與子都是藉著聖靈以信徒作為祂們的居處（約14：23），信徒能住在基督裏的唯一途徑，也是藉著聖靈。

(4)祂領導教會的運作

聖靈帶來基督的臨格，祂就是基督在地上真正的代表。作為信仰與教義的權威中心，祂領導教會的方式，與聖經完全一致。「基督教的特徵，──少了此項特徵，就沒有基督教──乃是聖靈，即基督在

地上的真實代表或繼承者。倚靠組織、領袖、或人的智慧，就是以人代替上帝了。」（註3）

聖靈曾親自參與了使徒時代的教會管理工作。在揀選傳道人的事上，教會曾藉著禁食禱告獲得祂的引導（徒13：1-4）。蒙揀選的人，是大家知道樂於接受聖靈引導的人。使徒行傳描寫他們都是「被聖靈充滿」（徒13：9、52）的人。他們的活動，都在祂的控制之下（徒16：6、7）。保羅曾提醒教會的長老們，將他們放在職位上的，乃是聖靈（徒20：28）。

聖靈在解決那威脅教會合一的重大困難上，曾扮演重要的角色。聖經用這樣的話，介紹了第一次教會會議所作的結論：「因為聖靈和我們定意……」（徒15：28）。

(5)祂以特殊的恩賜裝備教會

聖靈曾將特別的恩賜賜給上帝的子民。在舊約時代，耶和華的靈曾降在一些人身上，賜給他們非常的能力，拯救及領導以色列人（士3：10；6：34；11：29），並有能力說預言（民11：17、25、26；撒下23：2）。掃羅與大衛受膏作上帝子民的統治者時，聖靈曾降在他們身上（撒

上10：6、10；16：13）。對一些人來說，聖靈充滿會帶給他們特殊的精巧技能（出28：3；31：3；35：30-35）。

在早期教會中，基督也是藉著聖靈將恩賜賜給教會。聖靈按著祂的美意，將這些屬靈的恩賜分給信徒，使整個教會得益（徒2：38；林前12：7-11）。祂提供他們必要而特殊的能力，將福音傳到地極（徒1：8；參閱本書第17章）。

(6)祂充滿信徒的心

保羅問以弗所信徒：「你們信的時候受了聖靈沒有？」（徒19：2），這對每一個信徒而言，都是個十分重要的問題。

當保羅得到否定的回答時，他就按手在那些門徒們身上，他們就都受了聖靈的洗（徒19：6）。

從這件事可知，由聖靈光照而有的知罪感，與聖靈內住的生命，乃是兩個截然不同的經驗。

耶穌指出，由水與聖靈重生的必要性（約3：5）。祂在升天之前吩咐說，要「奉父子聖靈的名，給他們施洗」（太28：19），依照這項吩咐，彼得講道時說：受洗時會「領受所賜的聖靈」（徒2：38），保羅

也以迫切的呼籲，叫信徒「要被聖靈充滿」（弗5：18）。這證實了受聖靈洗的重要性（參見本書第15章）。

充滿聖靈，會使我們變化成為上帝的形像，繼續那在重生時開始的成聖工作。上帝照祂的憐憫救了我們，「藉著重生的洗和聖靈的更新。聖靈就是上帝藉著耶穌基督、我們的救主厚厚澆灌在我們身上的。」（多3：5、6）

「使福音工作如此軟弱的，乃是因為缺少了聖靈。學問、才幹、口才，每一樣天生及培植的稟賦可能都有，但若缺少上帝的靈，人心就不會受感動，也不會有罪人歸向基督。但在另一方面，他們若是與基督相連結，有了聖靈的恩賜，祂那最卑微、最無知的門徒，也必有感動人心的能力。上帝會將他們造成湧流出宇宙中最高感化力的渠道。」（註4）

聖靈極為重要。耶穌基督在我們身上所做的一切改變，都是藉著聖靈的工作而實現的。我們作信徒的人應該經常警覺，若缺少了聖靈，我們甚麼都作不成（約15：5）。

今天，聖靈領我們注意到，這乃是上帝在祂兒子裏面，給我們最大之愛的恩賜。祂懇請我們不要拒絕祂的邀請，接受那唯一的道路，使我們可以與慈愛的天父和好。

註1：見Arnold V. Wallenkampf著：《New by the Spirit》49、50頁。
註2：《歷代願望》679頁。
註3：LeRoy E. Froom著：《The Coming of the Comforter》66、67頁。
註4：懷愛倫著：《教會證言》卷八第21、22頁。

06創造

基督復臨安息日會相信……

> **上**帝是萬物的創造主，並且祂創造過程的真實記錄，已在聖經中啟示出來。六日之內耶和華造了「天地」及地上一切的活物，並在那第一週的第七日安息。祂設立了安息日，作為祂完成創造大功的永久紀念。那作為上帝創造之頂尖傑作的第一個男人和第一個女人，蒙賜予這世界的管理權，並負責照顧這個世界。這世界創造完成時，乃以「甚好」來稱頌上帝的榮耀。
>
> ──基本信仰第六條

第6章
創造

聖經的記載既簡單又明瞭。在上帝創造的命令下，「天、地、海，和其中的萬物」（出20：11）立即出現。只不過是六日的時間，一個原來「空虛混沌」的大地，變為綠意盎然的星球，其上充滿各類成長的動植物。我們的星球裝飾了清澈、純淨、亮麗的色彩，各種形狀及各樣的香氣。它們依照高超的品味，精確的細節及功能而組成。

然後上帝「安息」了，停下來欣賞、慶賀。因為祂的安息，那六天的榮美，就會永遠被紀念。讓我們快速地窺視一下聖經對起初的記載吧！

「起初上帝創造天地」（創1：1），那時地是被水與黑暗所包圍。在第一天，上帝將光明與黑暗分開了。稱光為「晝」，稱暗為「夜」。

第二天，上帝「將水分為上下」，將大氣與地上的水分開了，使環境適合生命。第三天，上帝將

水聚在一處，建立地與海。然後上帝覆蓋了赤裸的海岸、山嶺與山谷。「於是地發生了青草和結種子的菜蔬，各從其類；並結果子的樹木，各從其類；果子都包著核。」（創1：12）

第四天，上帝設立日月星辰，「作記號，定節令、日子、年歲」。日頭管晝，月亮管夜（創1：14－16）。

上帝在第五天創造鳥及水族。祂創造牠們「各從其類」（創1：21），顯明祂所造的生物，會各從其類地持續繁衍。

第六天，上帝造了較高等的動物。祂說：「地要生出活物來，各從其類；牲畜、昆蟲、野獸，各從其類（創1：24）。

接著到了創造工作的高峰。「上帝就照著自己的形像造人，乃是照著他的形像造男造女」（創1：27），「上帝看著一切所造的都甚好」（創1：31）。

一、上帝具有創造力的話

詩人說：「諸天藉耶和華的命而造；萬象藉他口中的氣而成」（詩33：6），祂這具有創造力的話，是

如何發生作用的呢？

1.具有創造力的話與預先存在的物質

創世記中的話：「上帝說」，介紹了那負責六日創造大工的上帝充滿能力的命令（創1：3、6、11、14、20、24）。每發出一個命令，就有創造的大能，將空虛混沌的地球化成樂園。「他說有，就有；命立，就立。」（詩33：9）誠然，「諸世界是藉上帝話造成的」（來11：3）。

這具有創造力的話，並不靠賴預先存在的物質。「我們因著信，就知道諸世界是藉上帝話造成的；這樣，所看見的，並不是從顯然之物造出來的。」（來11：3）雖然有時上帝使用預先存在的物質——亞當與野獸是用塵土造的，夏娃是用亞當的肋骨造的（創2：7、19、22），……其實，所有物質都是上帝造的。

二、創造的故事

人們對於創世記中創世的記載，曾提出許多問題。聖經頭一卷書中的兩段創世記載，是否有彼此矛盾的內容？創造的日數是實實在在

的六天，或是代表一長段時期？諸天——日、月，甚至星辰——都是六千年前才創造的嗎？

1.創世記載

聖經中有兩段創世的報導，其一記在創1：1－2：3。另一段記在創2：4－25，兩者是彼此和諧的。

第一段是按照時間的次序敘述萬物的受造。

第二段起始處，英文雅各王欽定本的譯文是這樣的：「……的後代記在下面」。這是創世記中用來介紹家族歷史的用語（參閱創5：1；6：9；10：1）。這段敘述描寫出人在創造中的地位。它不是完全依照時間的次序，但顯示出每樣東西都是為人的生存而準備的環境（註1）。這一段比前一段更詳細地描寫了亞當夏娃的受造，以及上帝在伊甸園中所預備的環境。此外它又讓我們知道，人的本性以及上帝政權的性質。這兩處創世的記載，唯有按照字義及歷史來接受，才能與聖經其餘的部分相和諧。

2.創造週的日子

聖經創世記載中的一日，明顯

地是24小時的時間。「有晚上、有早晨」是舊約時代上帝子民量度時間的典型用語（創1：5、8、13、19、23、31），是以晚上或日落開始的每一天（見利23：32；申16：6）。如此說來，如果在利未記中是指一天，那麼在創世記中，指數千或數百萬年，乃是毫無理由的。

在創世記中譯為「日」的希伯來文是「yom」。當「yom」與一個確定的數目放在一起時，它總是指24小時的一天（例如創7：11；出16：1）。這是另一個憑據，顯明創世記載中所講的，是實在的24小時的日子。

十條誡命提供了另一個證據，證明創世記中的創世記載，指的是實在的日子。在第四條誡命中，上帝說：「當記念安息日，守為聖日。六日要勞碌做你一切的工，但第七日是向耶和華——你上帝當守的安息日。……因為六日之內，耶和華造天、地、海，和其中的萬物，第七日便安息，所以耶和華賜福與安息日，定為聖日。」（出20：8－11）

上帝再次簡略地講到創世的故事。每一天（yom）都有創造的行

動，然後便是創造週的頂點，安息日。因此用24小時的安息日，來紀念創世時實際的一週。若是每一天延伸至千千萬萬年，第四條誡命就會變成毫無意義了（註2）。

一些引用彼後3：8「主看一日如千年」這話的人，想要證明創世的日子，不是實際的24小時的日子。但他們忽略了，同一節經文結束時也說，主看「千年如一日」。那些要將創世記的日子解釋為千萬年，或長遠不定期的百萬年或億萬年的人，乃是在質疑上帝聖言的正確性——正如那蛇試探夏娃所作的。

3.「諸天」是指甚麼？

有人因為經文說「起初上帝創造天地」（創1：1；2：1；出20：11），並說祂在六千年前創造週的第四日造了日、月、星辰（創1：14－19）而感到惶惑，其實這並不足為怪。一切星體是否都是在那時造成的呢？

創造週並不包括上帝自永恆就已居住的天在內。創世記第1章與第2章所說的天，僅指最接近地球的行星與恆星。

誠然，地球不僅不是基督最先的

創造，且極可能是最後的創造。聖經描繪上帝的眾子，可能是一切未墮落的諸世界所有的亞當，在宇宙某個遙遠的角落與上帝相聚（伯1：6－12）。但至今太空探索還未發現其他有生物的星球。它們顯然位於浩瀚的太空裏——遠在我們這為罪污染的太陽系不能到達之處，以防止受到罪惡的污染。

三、創造的上帝

我們的創造主是甚麼樣的神呢？如此無限的一位大能者，竟會關心我們——在祂宇宙中遙遠角落裏的一粒生命微塵？祂創造了宇宙之後，是否繼續創造更偉大更美好的東西呢？

1.關懷的上帝

聖經的創世記載從上帝開始，隨即轉到人類身上。這顯示上帝創造天地，乃是為人類準備完美的環境。人類，無論男女，都是上帝榮耀的傑作。

這項記載顯示，上帝是一位細心的計畫者，祂關心受造之物。祂為人栽植了一個特別的花園為家，並給他們培植這園子的責任。祂創造

人類，使人類與祂有一種關係，這種關係不是強迫的、不自然的。祂創造他們，使之具有選擇的自由，並有愛祂及事奉祂的能力。

2.創造主上帝是誰？

三位一體上帝中的每一位，都參與了創造之工（創1：2、26）。而那積極從事創造的一位，乃是上帝的兒子，先存的基督。摩西在他創世記載的開始寫道：「起初上帝創造天地。」（創1：1）約翰想起這些話，特別提到基督在創世中的角色，說：「太初有道，道與上帝同在，道就是上帝。……萬物是藉著他造的，凡被造的，沒有一樣不是藉著他造的。」（約1：1-3）約翰接著在同一段中，十分清楚地說明他所寫的這一位：「道成了肉身，住在我們中間。」（約1：14）耶穌是創造主，祂說要有地，就有了地（參見弗3：9；來1：2）。

3.上帝大愛的展示

上帝的愛何等深厚！當基督懷著關愛的心俯首在亞當身上，塑造這第一個人的手時，祂必定知道，人的手有一天會被濫用，甚至會將

祂釘在十字架上。在某種意義中，創造與十字架已融合為一，創造主基督從創世以來就已被殺（啟13：8）。但祂神聖的預知（註3）並未阻止祂。就在髑髏地的陰影之下，基督將生命的氣息吹進亞當的鼻孔裏，知道這項創造的行動，會剝奪祂生命的氣息。那無法測度的愛，乃是創造的基礎。

四、創造的目的

上帝所行的一切都是出於愛，因為祂就是愛（約壹4：8）。祂創造我們，不僅我們可以愛祂，也為了祂可以愛我們。祂的愛使祂在創造中，分享祂所能賦與的最大恩賜——存在。那麼聖經是否已經指出，宇宙與其中居民存在的目的呢？

1.為了彰顯上帝的榮耀

藉著祂的創造大工，上帝彰顯出祂的榮耀。「諸天述說上帝的榮耀；穹蒼傳揚他的手段。這日到那日發出言語；這夜到那夜傳出知識，無言無語，也無聲音可聽，它的量帶通遍天下，它的言語傳到地極。」（詩19：1-4）

為何要如此顯明上帝的榮耀呢？

大自然發揮了為上帝作見證的功能。祂計畫以創造之工領人到他們的創造主跟前。保羅說：「自從造天地以來，上帝的永能和神性是明明可知的，雖是眼不能見，但藉著所造之物就可以曉得，叫人無可推諉。」（羅1：20）

當我們被大自然吸引來到上帝跟前時，我們會學到更多上帝的品德，一些我們可以吸收到自己生命中的品德。並且藉著反映上帝的聖德，我們會將榮耀歸給祂，這就實現了我們被造的目的。

2.為了使人遍滿地面

創造主不是要讓地成為一個孤寂、空虛的星球，它要成為有人居住之處（賽45：8）。當第一個人覺得需要伴侶時，上帝創造了女人（創2：20；林前11：9）。如此祂設立了婚姻制度（創2：22-25）。創造主不僅將這新造世界的管理權賜給這對夫婦，並說：「要生養眾多」（創1：28）。祂賜給他們特權來參與創造這個世界。

五、創造的意義

人想要忽略創造的教義。他們說：「誰在乎上帝如何造這地球呢？我們需要知道的是如何進入天國。」但上帝創造的教義，卻「構成了基督教與聖經神學不可少的根基」（註4）。一些基本的聖經觀念，植根於上帝的創造中（註5）。誠然，上帝如何「創造天地」的知識，最終能幫助人進入啟示錄的作者約翰所說的新天新地。那麼，創造的教義究竟有甚麼意義呢？

1.拜偶像的抗毒劑

上帝是創造主的身分，將祂與其他的神祇區別出來（代上16：24-27；詩96：5、6；賽40：18-26；42：5-9、44）。我們應當崇拜那造我們的神，而非拜我們所造的神。因為祂是創造主，祂就配得我們全心全意的效忠。任何妨礙這種效忠的關係，就是偶像崇拜，必須受上帝的審判。這樣，忠於創造主，乃是一件攸關生死的事。

2.真崇拜的根基

我們崇拜上帝，乃是因為祂是我們的創造主，我們是祂所造的（詩95：6）。這個主題的重要性，表現

在基督回來之前所發出的呼召中：「應當敬拜那創造天地海和眾水泉源的」（啟14：7）。

3.安息日——創造的紀念

上帝設立了第七日作安息日，每週提醒我們，我們是祂所造的。安息日乃是一項恩典的禮物，不是講我們所行的，而是講上帝已經為我們作的。祂特別賜福這一天，將它定為聖日，讓我們永遠不要忘記，除了工作之外，生活還應包括與創造主交通、休息，以及慶祝上帝奇妙的創造大工（創2：2、3）。為了強調它的重要性，創造主便將這叫人紀念祂創造大能的紀念日，放在道德律法的中心，作為祂創造的永恆標記（出20：8－11；31：13－17；結20：20；參閱本第20章）。

4.婚姻——神聖的制度

在創造週裏，上帝設立神聖的婚姻制度。祂要這種二人之間神聖的結合永不分開：男人要「離開父母與妻子連合」，他們要「成為一體」（創2：24；可10：9；參見本書第23章）。

98

5.真實的自我價值之基礎

創世的記載說，我們是照上帝的形像造的。這項了解提供了人真實價值的觀念，使我們無法輕看自己。我們的確在創造中蒙賜獨特的地位，享有特權經常與創造主交通，並有機會變得更加像祂。

6.真實相交的基礎

由於上帝是創造主，因此祂也是父親（瑪2：10），並啟示了全人類的兄弟關係。祂是我們的父，我們是祂的兒女。不論種族、性別、地位，都是照上帝的形像造的。人了解並應用這項觀念，就會消除種族、信仰，及其他各種偏見與歧視。

7.人的管家責任

既然上帝創造我們，我們就屬乎祂。這項事實表示，在我們靈、智、體的各項功能上，使我們有作忠心管家之神聖的責任。行事為人若離開上帝而一意孤行，就顯明我們是忘恩負義了（見本書第20章）。

8.對環境的責任

在創造時，上帝將第一對男女

放在一個園中（創2：8）。他們要培植地上的植物，管理所有的動物（創1：28）。因此，我們有上帝所賜保存並維護我們環境的責任。

9.勞力的尊嚴

創造主要亞當「修理看守」伊甸園（創2：15）。在那完美的世界中，祂指定人類這項有用的職業，顯明勞力的尊嚴。

10.物質世界的價值

在創造的每一階段，上帝都說祂所造的是「好」的（創1：10、12、17、20、21、25）。祂宣稱祂完成的創造都「甚好」（創1：31），因此受造之物的本質都不是惡的，乃是善的。

11.悲觀、孤獨的救藥

創世的記錄顯示，各樣東西並非偶然進化而成，而是為了某項目的而受造。人類被設計要與創造主有一永恆的關係。當我們明白我們受造是有一個理由時，人生就會豐盛、充滿意義。許多人所說的痛苦、空虛與不滿便會消失，代之以上帝的愛。

12.上帝律法的神聖性

上帝的律法在人類墮落之前就已存在。人類在未墮落前就已遵守它。它乃是要表明人自由的限度，警告人免於自我毀滅（創2：17），並要保護上帝國度子民的幸福與平安（創3；22－24，參見本書第19章）。

13.生命的神聖性

生命的創造主仍繼續參與塑造人的生命，使生命具有神聖性。大衛因上帝參與他的出生而讚美上帝，「我的肺腑是你所造的；我在母腹中，你已覆庇我。我要稱謝你。因我受造，奇妙可畏；……我在暗中受造，在地的深處被聯絡；那時，我的形體並不向你隱藏。我未成形的體質，你的眼早已看見了；你所定的日子，我尚未度一日，你都寫在你的冊子上了。」（詩139：13－16）以賽亞書中，主說祂是：「從你出胎，造就你的。」（賽44：24）因為生命是上帝所賜，我們必須尊重它。實際說來，尊重生命是我們該有的道德責任。

六、上帝創造的大工繼續進行

1.上帝已經完成了祂的創造大工嗎？

創世的記載以這樣的話結束：「天地萬物都造齊了」（創2：1）。新約聖經說：「其實造物之工，從創世以來已經成全了。」（來4：3）這是否說基督的創造大能，已不再發揮作用呢？斷乎不是。那具創造力的話，仍然以不同的方式運行著。

(1)基督及其具有創造力的話

創世四千年之後，一個百夫長對耶穌說：「只要你說一句話，我的僕人就必好了。」（太8：8）耶穌正如祂在創造時所行的，說話——將生命帶給亞當無生命軀體的創造能力，也使那僕人得了醫治。藉著耶穌在地上的傳道工作，叫死人復活，又將新生命帶給那些求祂幫助的受苦者。

(2)今天仍具有創造力的話

這個世界或這個宇宙，都不是靠它們內在的能力而運轉。是創造它們的上帝保守並維持著它們。「他用雲遮天，為地降雨，使草生長在山上。他賜食給走獸和啼叫的小鳥。」（詩147：8、9；伯26：7－14）祂用祂的話托住萬有，並且「萬有也靠他而立」（西1：17；來1：3）。

我們身上每一個細胞的功能都靠賴上帝。每一次呼吸，每一次心跳，每一次眨眼，都是在講述慈愛創造主的照顧。「我們生活、動作、存留，都在乎他」（徒17：28）。

上帝的創造能力，不僅參與創造，也參與救贖與重建。上帝重造人心（賽44：21－28；詩51：10）。保羅說：「我們原是他的工作，在基督耶穌裏造成的，為要叫我們行善。」（弗2：10）「若有人在基督裏，他就是新造的人。」（林後5：17）那將許多銀河拋在宇宙中的上帝，正使用著同一能力，將那最敗壞的罪人變成祂自己的形像。

這項救贖與重建的大能，並不僅止於改變人的生命。就是那原先創造天地的同一能力，在末日審判後，將重造天地——將它們造成新而壯麗的世界——新天和新地（賽65：17－19，啟21、22章）。

七、創造與救贖

這樣，創造與救贖在耶穌基督裏

會合了。祂曾創造一個宏偉的宇宙與一個完美的世界。不論介於創造與救贖之間的異同如何，它們都具有深長的意義。

1.創造持續的時間

在創造時，基督發出命令，便立刻成就。創造並未經歷藉漫長時期的變化而成，而是靠著祂大能的聖言。在六日之內，祂創齊了萬物。但是為甚麼還需要六天的時間呢？祂不是只要說話，萬物在剎那間就造成了嗎？

或者祂喜歡用那六天的時間逐步展示我們的星球；或者這段「延長的」時間，乃是和祂賦與每一樣受造物的價值有關；或者是由於祂要啟示人七日一週的模式，以此作為活動的週期以及祂要人享有的安息。

但是基督成就的救贖大工，並非說一句話即成。救人的過程跨越數千年之久。它關係到舊約與新約，基督地上三十三年半的生活，以及之後在天上將近兩千年的代求。這是個悠長的時期──依照聖經年代，自創世至今約有六千年，人仍未回到伊甸園。

將創造需要的時間與重造所需時間對比之下，顯示出上帝的作為總是為了人的最高利益。創造的時間短暫，顯示出祂熱切要造出完全成熟而且能欣賞祂創造的人。若創造必須經過長時期的逐漸發展，而使完工的時間遲延，那麼就與一位慈愛上帝的品格相反。再造時所容許的一長段時間，顯示出上帝要儘可能拯救更多人的慈愛願望（彼後3：9）。

2.基督的創造大工

在伊甸園中，基督講了具有創造力的話。在伯利恆，「道成了肉身，住在我們中間。」（約1：14）創造主變成了創造的一部分。何等徹底的虛己啊！雖然沒有人看見基督創造世界，但許多人見證那大能使瞎子的眼開了（約9：6、7）、啞巴說話了（太9：32、33）、大痲瘋得醫治（太8：2、3）、死人復活（約11：14－45）。

基督來成為第二個亞當，人類新的開始（羅5章）。在伊甸園，祂賜給人生命樹，而人竟在髑髏地將祂掛在樹上。在伊甸園裏，人滿有上帝的形像屹立著，而在髑髏地，人

子卻以罪犯的形狀掛著。在創造的星期五，與釘十字架的星期五，二者都說「成了」，意指創造的大工完成了（創2：2；約19：30）——前者是基督以神的身分完成，後者則是基督以人的身分完成；前者在迅速的大能中，後者在人的受苦中；前者只是暫時，後者卻是為了永恆；前者遭受墮落所制，後者則勝了撒但。

最初將生命賜給人的，是基督那雙完美神聖的手；那將永生賜給人的，則是基督那雙被釘而流血的手。人不僅受造，他還可被再造。這兩種創造都同樣是基督的工作——二者都不是藉裏面的進化自然達成的。

我們按上帝的形像而受造，蒙召要榮耀上帝。我們是上帝的傑作，祂邀請我們每一位與祂相交，天天尋求基督更新的大能，好使我們能更充分反照祂的形像而榮耀祂。

註1：L. Berkhof 著《系統神學》182頁。

註2：即使認為創造的每一日僅一千年之長，也會造成問題。依這樣的算法，到了第六日晚，——他生命的第一天，亞當就會比聖經記載的他的總歲數還大。（創5：5）見Jemison著《基督徒的信仰》116、117頁。

註3：見本書第4章。

註4：《基督復臨安息日會參考文庫》「Creation」。

註5：同上；1986年10月9日號《評閱宣報》11－13頁Arthur J. Ferch著「What Creation Means to Me」。

07 人的性質

基督復臨安息日會相信……

男女受造都是依上帝的形像並具有個性，有思想、行動的能力與自由。雖然受造為自由的生靈，但各人都是身、心、靈不可分之整體。生命、氣息及一切，都需依靠上帝。當我們的始祖違背上帝時，他們拒絕依靠祂，就從上帝之下的崇高地位上墮落了。他們身上的上帝形像已被破壞，而且必須死亡。他們的後裔承受了這種墮落的性情與後果。他們出生時就有軟弱，並傾向罪惡。但是上帝在基督裏叫世人與祂和好，並藉著聖靈，在悔改的人身上恢復創造主的形像。他們受造了為了榮耀上帝，蒙召愛祂和彼此相愛，並要看顧他們的環境。

——基本信仰第七條

第7章
人的性質

上帝說：「我們要照著我們的形像，按著我們的樣式造人。」（創1：26）但並不是上帝一說話，祂的傑作就出現。而是祂慈愛地俯身，用地上的塵土，作成這個新受造之物的形像。

地上最有創造力的雕刻家，也無法雕刻出如此高貴的生靈來。米開朗基羅或者可以創造出驚人的外表，但是解剖生理部分，豈能精心設計到既美麗而又具有功能呢？

這完美的雕刻完成了，每一根頭髮、睫毛和指甲都已安放妥當，但是上帝還沒有完工。這個人不是要積聚灰塵，乃是要生活、思想、創新，並要不斷地生長，榮上加榮。

創造主俯身在這高貴的形體之上，「將生氣吹在他鼻孔裏，他就成了有靈的活人」（創2：7；參閱1：26），上帝知道人需要伴侶，就

「造一個配偶幫助他」。上帝使亞當沉睡。亞當沉睡之時，上帝取了亞當的一根肋骨，將它造成一個女人（創2：18、21、22）。「上帝就照著自己的形像造人，乃是照著他的形像造男造女。」（創1：27）然後上帝賜福給他們。上帝對他們說：「要生養眾多，遍滿地面，治理這地，也要管理海裏的魚、空中的鳥，和地上各樣行動的活物。」（創1：28）一個比今日最精美的花園華廈更美麗的家園，賜給了亞當和夏娃。其中有山嶺、有幽谷，花木扶疏，都是由那位大師親自裝飾。園中有兩棵特別的樹：生命樹與分別善惡樹。除了分別善惡樹以外，上帝准許亞當夏娃隨意吃一切樹上的果子（創2：8、9、17）。

這樣，創造週頂峰的大事就完成了。「上帝看著一切所造的都甚好。」（創1：31）

一、人的來源

雖然今天有許多人相信人是由低等動物演化而來，並且是經過億萬年自然演化的結果。但這樣的觀點是與聖經記載不符的。聖經對人性重要的觀點是，人經歷了一種退化的過程（註1）。

1.上帝造人

人類的來源可以在一次神聖的會議中找到。上帝說：「我們要……造人」（創1：26）。「我們」是指上帝的三位，父上帝、子上帝及聖靈上帝（見本書第2章）。由於一個目標，上帝便開始造第一個人（創1：27）。

2.用地上的塵土創造

上帝用地上的塵土造人（創2：7），用的是已有的物質，而不是別種生物，如地上或水中的動物。祂造好了每一樣器官，將它們安置在各部位之後，祂才吹進生氣，使人成為一個活人。

3.照上帝的形像而造

上帝創造其它每一種動物——魚、鳥、爬蟲、昆蟲、哺乳動物等……都是「各從其類」（創1：21、24、25）。每一種生物都有自己典型的樣式，並有能力繁殖其各別的種類。但是人卻不是按照動物的種類，乃是依照上帝的形像而造的。上帝說：「我們要照著我們

的形像，按著我們的樣式造人。」
（創1：26）人類與動物之間有清楚
的分界。路加福音的族譜記載描寫
出人類的源頭，簡單但也深奧地表
明了這項差異：「亞當是上帝的兒
子」。（路3；38）

4.人受抬舉的地位

人的受造是一切創造的頂峰。
人既是按照至高上帝的形像而被造
的，祂就派他管理地球及一切動
物。柏浩夫（L. Berkhof）論到亞當
說：「他的責任和權利，是使所有
置於他管轄之下的大自然及受造的
生靈，均順服於他的意志及目標，
好使他與他榮耀統治的全部，可以
尊榮全能的創造主及宇宙的主宰
為大為尊。」（創1；28；詩8：4-9）
（註2）

5.人類的合一

創世記中的族譜，顯明亞當夏
娃之後的世代，都是這第一對男女
的後裔。我們人類都承受了相同的
本性，這構成了遺傳或家族的一致
性。保羅說：「他從一本造出萬族
的人，住在全地上。」（徒17：26）

還有，從聖經上說，亞當犯罪
就將罪與死帶給眾人，並藉著基督
為眾人預備了救恩，就可預見我們
人類本是一體的（羅5：12、19；林前
15：21、22）。

二、人性的合一

人類有哪些獨特性呢？它們是
否由某些獨立的分子組成，如靈、
魂、體？

1.生氣

上帝「用地上的塵土造人，將生
氣吹在他鼻孔裏，他就成了有靈的
活人。」（創2：7）

上帝將地上的元素變成活人時，
祂將「生氣」吹進亞當無生命的鼻
孔裏。這生氣乃是賜生命的「全能
者的氣」（伯33：4）——生命的火
花。我們可以將之比擬為電流。當
我們打開電視的開關時，它們流經
各種電器零件，就使那灰色寂靜的
螢光幕箱子閃爍著繽紛的色彩與動
作。那電流使原來死寂的零件，變
成了動作與聲音。

2.人——活的生靈

生氣作了甚麼呢？上帝用地上
的元素造成人時，一切器官全備：

心、肺、腎、肝、胰、腦等——它們都盡善盡美，卻無生命。然後上帝將生氣吹進這無生命的物質中，「他就成為有生命的人」（聖經現代中文譯本創2：8）。

聖經的方程式簡單明瞭：地上的塵土（地上的元素）＋生氣＝活的人或活的生靈。地上的元素與生氣結合後，結果就成了一個活人或活的生靈。

這「生氣」不限於人，每一活物都有。比如聖經說：那進入方舟與不進入方舟的動物，都有生氣（創7：15、22）。

創2：7中被譯為「活人」或「有生命的人」之希伯來原文是nephesh chayyah。這詞語不只是專用在人身上，也用在水中的動物、昆蟲、爬蟲及野獸身上（創1：20、24；2：19）。

譯為「生靈」或「魂」的Nephesh其字根是Naphash，其意為吸氣或呼吸。新約聖經中與之相當的希臘文為psuche。「既然呼吸是最明顯的生命證據，nephesh主要的是指一個活的生靈，一個個體。」（註3）用在動物身上時，如在創世記中，乃是描寫它們是上帝創造的活物。

注意，聖經說，人成了一個活的人。這極為重要。創世的記載中並沒有顯示，人領受了一個靈魂——在創世時，某種分開的本質與人體結合。

3.不可分割的整體

創世的記載對正確了解人性的重要性，無論如何強調也不過分。藉著強調人在組成上的合一，聖經描寫人是一個整體。那麼，靈、魂與人性的關係又如何呢？

(1)聖經中靈魂（soul）的意思

我們已經說過，舊約聖經中的「靈」、「魂」，是希伯來文nephesh的譯文，創2：7中，這字是指在生氣進入由地上元素形成的人體之後，人才成為一個活人。同樣的，何時一個嬰兒出生，就有一個新的生靈。各個生靈都是一個新生命個體，與其他類似的個體有別，並且與眾不同。那在每一個生靈裏面構成其獨特實體的個別素質，似乎就是這希伯來字nephesh所強調的觀念。以這樣的意義使用nephesh時，不是指人的一部分，而是指那人。並且在許多情形下，

它被直接譯為「人」（見創14：21；民5：6；申10：22；詩3：2）或「自己」（利11：43；王上19：4；賽46：2等）……。

另一方面，英文聖經在稱呼「我」、「你」、「他」時，通常也用「我的靈」（my soul）、「你的靈」（your soul）、「他的靈」（his soul）來表示（參看創12：13；利11：43、44；19：8；書23：11；詩3：2；耶37：9等）。「在舊約聖經中，nephesh出現755次，英文雅各王欽定本將之譯為生命（life）超過100次（創9：4、5；撒上19：5；伯2：4、6；詩31：13等）。

nephesh這個字常指慾望、食慾或情慾（參見申23：24；箴23：2；傳6：7）。它可能指愛情發生之處（創34：3；歌1：7），有時它也代表人的意志部分，在申23：24；詩105：22；耶34：16中譯為「隨意」。在民31：19，nephesh譯為被殺。在士16：30譯為死去。而在民5：2中，nephesh指死屍（參閱利19：28；民9：7、10）。

「在新約聖經中，希臘文psuche的用法，與舊約聖經中nephesh的情形相似。它用於人的生命，也用於動物的生命（啟16：3）。在英文雅各王欽定本裡，40次被直接譯為生命（見太2：20；6：25；16：25）。有些情形下，它直接指人（見徒7；14；27：37；羅13：1；彼前3：20）。在其他地方，它相當於人的代名詞（見太12：18；林後12：15）。有時它指感情（可14：34；路2：35）、指心思（徒14：2；腓1：27），或指心（弗6：6）（註4）。

psuche不是不死的，而是會死的（啟16：3）。它可以被除滅（太10：28）。

聖經的證據顯明，有時nephesh與psuche指整個人，而在其他方面，則指人的某一特定方面，如愛情、感情、食慾、感覺等。但是這種用法絕不是說，一個生靈是由兩個分開的不同部分所組成。身體與靈魂一起存在，它們共同形成了不可分割的整體。靈魂離開身體之後，再沒有知覺存在。沒有任何經文顯示，靈魂在人體死後，仍然繼續以有知覺的個體存在。

(2)聖經中靈（spirit）的意思

希伯來文nephesh譯為靈魂，指個性或個體。而舊約聖經中譯為靈的希伯來文ruach，則指個體存在

不可少的生命能力的火花。它代表上帝的能力，或使人有活力的生命原則。

「ruach」在舊約聖經中出現377次。大多數譯為「靈」、「風」、「氣」（創8：1等）。它也用為指生命力或精神（士15：19）、勇氣（書2：11）、脾氣或怒氣（士8：3）、性情（賽54：6）、品德（結11：19）、感情生發之處（撒上1：15）。

「以氣的意義說，人的氣息與動物的氣息完全一樣（傳3：19）。人的氣息在死亡時離開身體（詩146：4），回到上帝那裏（傳12：7；伯34：14）。ruach常用在上帝的靈身上，如賽63：10。舊約聖經講到人，ruach從未代表一個在身體之外能夠感覺存在的有智慧的個體。

「新約聖經中與ruach（靈）相當的字，是pneuma，『靈』的字根為pneo——『吹』或呼吸之意。正如ruach一樣，pneuma並無任何東西顯明，在人裏面有一種可以離開身體仍能有知覺存在的實體。新約聖經該字的用法用在人的身上時，亦未以任何方式表示含有此種觀念。在一些經文如羅8：15、林前4：21、提後1：7、約壹4：6，

pneuma表示心態、態度或感覺狀態。它也用以指人的不同性格，如在加6：1、羅12：11。正如 ruach 一樣，死亡時pneuma也回歸到主那裏（路23：46；徒7：59）。亦如ruach一般，pneuma用以指上帝的靈（林前2：11、14；弗4：30；來2：4；彼前1：12；彼後1：21）」（註5）。

(3)靈、魂、體的合一

靈、魂、體之間存在著甚麼關係呢？這種關係對人的整體性有何影響？

■a.雙重結合

雖然聖經對人的看法是一個整體，但未精確地說明靈、魂、體之間的關係。有時候靈、魂二字可以互用。請注意馬利亞在天使宣告基督要降生之後，表達喜樂的話：「我心（心原文為psuche）尊主為大；我靈以上帝我的救主為樂。」（路1：46、47）

有一次，耶穌舉出人的二大特性為身體與靈魂（soul）（太10：28）。另一次保羅也提出身體與靈魂（spirit）（林前7：34）。前者的希臘字原文是psuche，而後者是pneuma。二者都是指人藉之與上帝交通的較高的官能，——心

靈。二者所說的身體，則都包括人肉體與情感雙方面。（註：中文聖經中，很多時候兩字均譯成靈魂）

b.三重結合

一般來說，人是二重結合的說法有一個例外。那說人是身體與靈魂二重結合的保羅，也說過一種三重結合。「願賜平安的上帝親自使你們全然成聖！又願你們的靈、與魂與身子得蒙保守，在我主耶穌基督降臨的時候，完全無可指摘！」（帖前5：23）這段經文傳達出，保羅盼望人的這些方面，不可有任一部分未經過成聖的過程。

110

在此，靈是天生被賦與的，智慧及思想較高原則。上帝聖靈藉之可與個人交通的（見羅8：16）。人變化而成基督的樣式，乃是藉著聖靈的工作使心意更新（見羅12：1、2）。

「『魂』（soul）這個字……當它與靈分別時，可以了解為人性中的本能、感情及慾望的部分。人性的這一部分也可以成聖。當聖靈的工作使心靈與上帝的心意相和時，那成聖的理性管治了較卑劣的性情，那本要反抗上帝的衝動，就

順服上帝的旨意了。」（註6）

體就是那受較高人性控制，或受較低人性控制的身體的組織——血、肉、骨。

保羅先提到靈，再提到魂，最後提到體，這樣的次序並非偶然。當靈成聖，心靈就在上帝的控制之下。而那成聖的心靈，就會對魂，就是對慾望、感覺、各種情緒等，產生一種成聖的影響。成聖的人不會虐待他的身體，因此他身體的健康會增強。這樣，身體成為成聖的工具，基督徒使用以事奉他的救主。保羅呼籲人性整體成聖的觀念上，清楚地顯示出，為了有效預備基督復臨，我們需要準備我們的全人——靈、魂、體。

c.一個不可分開，彼此相連的整體

顯然每個人都是一個不可分開的整體。靈、魂、體，在彼此密切配合下發揮功能，它顯示出在一個人的靈、魂、體之間，有著強烈相連的關係。若其中之一有所缺欠，將會使其他兩方面受到阻礙。一個病態、不純潔、惶惑的心靈或思想，也會對一個人的心理及身體的健康產生不良

影響。反過來說也相同。一個軟弱、有病、受苦的身體，通常也會破壞人心理及屬靈的健康。這些官能彼此互相衝擊，顯示出人人都有上帝所賦予保持各種官能在最好境況中的責任。如此行，乃是恢復成為創造主形像的一個重要部分。

三、有上帝形像的人

上帝於創造週的第六日創造的活生靈，是「依上帝的形像」造的（創1：27）。依照上帝的形像而造是甚麼意思呢？

1.依上帝的形像及樣式而造

常常有人說，人的道德及靈性顯示了某些上帝的德性與靈性。但是聖經教導我們說，人是一個靈、魂、體不可分割的整體，那麼人的體態也必定在某些方面，反映出上帝的形像。可是上帝不是個靈嗎？靈如何能與形狀、形像相提並論呢？

簡略研究一下天使，他們像上帝一樣，也是個靈（來1：7、14），然而他們總是以人的樣式顯現（創18：1-19、22；但9：21；路1：11-

38；徒12：5-10）。是否一個屬靈的生靈，具有一個「靈體」，也有著形狀與面貌呢？（參閱林前15：44）

聖經指出，有人看過上帝的某些部位。摩西、亞倫、拿達、亞比戶與七十個長老，曾見過祂的腳（出24：9-11）。雖然祂拒絕顯示祂的臉，但在用祂的手遮掩摩西之後，上帝讓摩西在祂經過時看到祂的背（出33：20-23）。上帝曾在審判的異象中，以坐寶座的瓦古常在者的形像向但以理顯現（但7：9、10）。基督被描寫為「那不能看見之上帝的像」（西1：15）。「是上帝本體的真像」（來1：1-3）。這些經文似乎指出，上帝是一個有形體的神，有祂自己的樣式。這種想法不應該使我們驚奇，因為人是按照上帝的形像造的。

人受造「比天使微小一點」（來2：7），顯示他必定蒙賜與心智與屬靈的恩賜。雖然亞當缺少經驗、洞察力及品格成長，但他受造原是「正直」（傳7：29）。這是指他道德的正直（註7）。他既然有上帝道德的形像，他就不僅是聖潔的，也是公義的（參閱弗4：24）。是上帝宣布「甚好」的創造大工之一部分

（創1：31）。

既然人是照著上帝的道德形像而造，他就受賜有機會表示他對創造主的愛與忠誠。他像上帝一樣，有選擇的能力——依照道德命令思想與行動的自由。這樣，他享有自由去愛與順從，或不信與悖逆。上帝冒了人選擇錯誤的危險，因為只有人有選擇的自由，他才能發展出一種能充分顯示上帝本質之愛的原則的品格（約壹4：8）。他的目標是達到上帝形像的最高表現：盡心、盡性、盡意、愛上帝，並愛人如己（太22：36-40）。

2.受造為與他人相交

上帝說：「那人獨居不好」（創2：18），祂就造了夏娃。正如上帝的三位結合在一種愛的關係中，我們受造也是為了在友情與婚姻中交通（創2：18）。在這些關係中，我們有機會為他人而活。真正的人性，是以人際關係為前題的。上帝形像這方面的發展，乃是上帝國度和諧興盛不可少的部分。

3.受造作環境的管家

上帝說：「我們要照著我們的形像、按著我們的樣式造人，使他們管理海裏的魚、空中的鳥、地上的牲畜，和全地，並地上所爬的一切昆蟲。」（創1：26）在此，上帝同時提到人的神聖形像，和他對較低受造之物的管理權。將人置於較低的受造物之上，乃是因為人被視為上帝的代表。動物不能了解上帝的統治，但許多動物能夠愛人、服事人。

大衛講到人施行統治的情形時說：「你派他管理你手所造的，使萬物，就是一切的牛羊、田野的獸、空中的鳥、海裏的魚，凡經行海道的，都服在他的腳下。」（詩8：6-8）人被高抬的地位，就是說明他冠冕的尊貴與榮耀（詩8：5）。他的責任是恩慈地管理這個世界，反照出上帝對宇宙聖善統治的形像。所以我們並不是環境的犧牲品，受環境的力量所控制，而是上帝已指派我們將每一種情況當作機會，藉著整理環境而積極地貢獻，以完成上帝的旨意。

在這個關係破碎的世界中，這些高見乃是改善人際關係的關鍵。它也對自私的使用地上資源，以及任意污染空氣與水源所導致生活品

質愈加退化的難題，提出了解決之道。接納聖經對人性的透視，提供了未來成功之唯一保證。

4.受造效法上帝

作為人，我們舉止要像上帝，因為我們受造就是要像上帝。雖然我們是人不是神，但我們要在我們可能的範圍內，以各種方式反映出我們的創造主。第四條誡命乃呼籲履行這項義務：我們要效法創造主的榜樣，在一週的前六天工作，而在第七日休息（出20：8-1）。

5.受造具有有條件的永生

創造之初，我們的始祖享有永生，但是他們之所以享有永生，是以順從為條件的。他們既能隨時到生命樹那裏，就命定可以永遠活著。唯一可以危害他們永生狀態的，是違背禁令，吃分別善惡樹的果子。不順從就會導致死亡（創2：17；3：22）。

四、墮落

亞當、夏娃，雖然受造完全，有上帝的形像，又安置在一個完美的環境裏，卻變成了犯罪的人。這種根本的、可怕的改變，是如何發生的呢？

1.罪的起源

若上帝所造的是一個完美的世界，罪又如何發生呢？

(1)上帝與罪的起源

創造主上帝是否也是罪的創始者呢？聖經說，上帝的本性是聖潔的（賽6：3），在祂毫無不義。「他的作為完全；他所行的無不公平，是誠實無偽的上帝，又公義，又正直。」（申32：4）聖經說：「上帝斷不致行惡；全能者斷不致作孽。」（伯34：10）「上帝不能被惡試探，他也不試探人。」（雅1：13）祂恨惡罪（詩5：4；11：5），上帝原先的創造乃是「甚好」（創1：31），祂不但不是罪的創始者，祂「為凡順從他的人成了永遠得救的根源。」（來5：9）

(2)罪的創始者

上帝可以創造全宇宙都是機器人，只能依照預先定好之程式行動，以便防止罪惡。但是上帝的愛要祂所造的生靈，自由地反應祂的愛——唯有那些有選擇能力的生靈，才可能有這種反應。

但是，給受造之物這種自由，意味著上帝必須冒險，一些祂所創造的生靈可能會離棄祂。不幸的是，路錫甫，天使中一位居高位的生靈驕傲起來（結28：17；提前3：6）。他不滿在上帝政權中的地位（猶6），開始妄想得到上帝的地位（賽14：12-14）。在一次想控制宇宙的企圖中，這墮落的天使在天使中散佈不滿的種子，贏得了許多天使的效忠。當路錫甫——現今被稱為仇敵的撒但，與他的使者被逐出天庭時，天上的戰爭就結束了（啟12：4、7-9；參閱本書8章）。

(3) 人類罪的起源

114

撒但未因他被逐出天庭而放棄悖逆的企圖，反而決心要誘惑別人來與他一起對抗上帝的政權。他注意到新造的人類。他要如何引領亞當夏娃背叛呢？他們住在一個完美的世界之中，一切需要都由他們的創造主供給。如何能使他們不滿足、不信賴那原是他們幸福之源的那一位呢？第一項罪的記載回答了這個問題。

在他對第一個人的攻擊上，撒但決定找他們沒有防備的機會。當夏娃靠近分別善惡樹時，撒但就化裝為蛇，以上帝不准吃那棵果子的禁令質問她。夏娃回答上帝曾說他們若吃那棵樹上的果子就會死時，撒但向上帝的禁令發出挑戰說：「你們不一定死。」他指出，上帝乃是不要讓她獲得一種像上帝那樣奇妙的新經驗，藉以挑起她的好奇心（創3：4、5）。對上帝之話的疑心立刻就扎了根。夏娃被那果子可能給與的諸多可能性的說法迷惑住了。這項試探開始使她成聖的心思混亂，相信上帝的話現在變成相信撒但的話了。她忽然之間見「那棵樹的果子好作食物，也悅人的眼目，且是可喜愛的，能使人有智慧。」（創3：6）頓時，夏娃不滿於她的地位，就屈從了能像上帝一樣的試探。她「摘下果子來吃了，又給她丈夫，她丈夫也吃了。」（創3：6）

夏娃相信她的感官，而不相信上帝的話，就使自己不再信靠上帝，從她崇高的地位墮落，落入罪中。因此人類的墮落，那首先與最主要的特徵乃是：對上帝與祂的話信心破滅。這種不信導致不順從，其結果造成關係破壞，終使神人分離。

2.罪的影響

罪之立即及長期的後果是甚麼？它對人性有何影響？消除罪及改變人性的可能性如何？

(1)立即的影響

罪的第一個後果是人性的改變，它影響了神人關係，也影響了人與人之間的關係。這眼睛明亮的新奇經驗，只使亞當夏娃感到羞恥（創3：7）。不但未像撒但所應許的與上帝同等，他們變得害怕想要躲藏（創3：8-10）。

上帝問亞當夏娃有關他們的罪時，他們不但不承認自己的過錯，反而想把責任推給別人。亞當說：「你所賜給我、與我同居的女人，他把那樹上的果子給我，我就吃了。」（創3：12）他的話表示，夏娃──間接的還有上帝，都要為他的罪負責。這清楚的表明，他的罪如何破壞了他與妻子之間的關係，也破壞了他與上帝之間的關係。夏娃則責怪那蛇（創3：13）。

從罪而來的可怕後果，顯露出他們犯罪的嚴重性。上帝咒詛了撒但的媒介──那蛇，判定牠用肚腹行走，作為這次墮落的永久紀念（創3：14）。對那個女人，上帝說：「我必多多加增你懷胎的苦楚；你生產兒女必多受苦楚。你必戀慕你丈夫，你丈夫必管轄你。」（創3：16）因為亞當聽了他妻子的話，不聽上帝的話，地也受了咒詛，增加他勞動的焦慮與辛苦。「地必為你的緣故受咒詛；你必終身勞苦才能從地裏得吃的。地必給你長出荊棘與蒺藜來；你也要吃田間的菜蔬。你必汗流滿面才得餬口，直到你歸了土。因為你是從土而出的。」（創3：17-19）

上帝在重申祂律法的不變性，一切違背都會導致死亡時，說：「你本是塵土，仍要歸於塵土。」（創3：19）祂執行了這項判決，將這兩個罪人趕出伊甸園，斷絕了他們與上帝的直接交通（創3：8），並防止他們吃永生源頭之生命樹的果子。這樣，亞當、夏娃就成了必死的人（創3：22）。

(2)罪的特質

許多經文，特別包括墮落的記載，清楚說明了罪是一種道德上的邪惡，是一個擁有自由的道德行為者，選擇違背上帝旨意的結果（創3：1-6；羅1：18-22）。

a.罪的定義

聖經對罪的定義包括「違背律法」（約壹3：4），任何人「若知道行善而不去行」（雅4：17），以及「凡不出於信心的」行為（羅14：23）。一個將所有的罪都包括在內的廣闊定義是：「任何偏離已知的上帝旨意，無論是未遵行上帝所特定命令的，或行了祂特別禁止的事。」（註8）

罪是不能妥協的。基督說：「不與我相合的，就是敵我的。」（太12：30）不相信祂就是罪（約16：9）。罪的特質是絕對的，因為它就是違背上帝與祂的旨意。任何罪無論大小，都會造成有罪的判決。「因為凡遵守全律法的，只在一條上跌倒，他就是犯了眾條。」（雅2：10）

b.罪牽涉的思想與行為

我們經常所講的罪只是實際可見的犯法行為。但是基督說向人動怒，就是犯了十誡的第六誡：「不可殺人」（出20：13）。起了淫念，就是犯了「不可姦淫」的誡命（出20：14）。因此罪不僅關係外在不順從的行為，也關係到思想與慾望。

c.罪與罪疚

罪產生罪疚。聖經的觀點是，犯罪的人必須受罰。因為世人都犯了罪，普世的人都伏在上帝的審判之下（羅3：19）。

若處理不當，罪行會損壞靈、智、體的官能。若不解決，最終將造成死亡。——因為「罪的工價乃是死」（羅6：23）。

除去罪疚的良方乃是赦免（太6：12）。赦免就會導致清潔的良心及心靈的平安。上帝急於要將這項赦免賜給悔改的罪人。對背負罪擔、為罪行所苦的人類，基督恩慈地呼召說：「凡勞苦擔重擔的人可以到我這裏來，我就使你們得安息。」（太11：28）

d.罪的控制中心

罪發生之處，就是聖經稱為心之處——我們則稱之為心思。「一生的果效是由心發出。」（箴4：23）基督說，那污穢人的是人的思想。「因為從心裏發出來的，有惡念、兇殺、姦淫、苟合、偷盜、妄證、謗讟。」（太15：19）心影響整個人……智力、意志、愛心、感情及身體。因為「人心比萬物都詭詐，壞到極

處」（耶17：9），因此人性可以描寫為腐敗、墮落，完全充滿了罪惡。

(3)罪對人類的影響

也許有人覺得，吃了禁果就被宣判死刑，懲罰未免過重。但是我們必須了解亞當的罪對整個人類的影響，才能判斷其嚴重程度。

亞當與夏娃的第一個兒子犯殺人罪。他們的子孫不久以多妻的方式，破壞了神聖的婚姻。不久地上充滿了罪惡與強暴（創4：8、23；6：1－5、11－13）。上帝叫人悔改，卻無人留意這呼召。只有八個人從那除滅不肯悔改之人的洪水中得救。洪水之後的人類史，是一篇悲慘的人性罪惡發展記錄，只有少數人例外。

a.人類充滿了罪

歷史顯示出，亞當的子孫承受了他罪惡的本性。大衛在禱告中說：「在你面前，凡活著的人沒有一個是義的。」（詩143：2；14：3）「世上沒有不犯罪的人」（王上8：46）。所羅門也說：「誰能說，我潔淨了我的心，我脫淨了我的罪？」（箴20：9）「時常行善而不犯罪的義人，世上實在沒

有。」（傳7：20）新約也同樣清楚地講到：「世人都犯了罪，虧缺了上帝的榮耀。」（羅3：23）又說：「我們若說自己無罪，便是自欺，真理不在我們心裏了。」（約壹1：8）

b.罪性得自先天或後天？

保羅說：「在亞當裏，眾人都死了。」（林前15：22）他在另外一處說：「這就如罪是從一人入了世界，死又是從罪來的。於是死就臨到眾人，因為眾人都犯了罪。」（羅5：12）

人心的腐敗影響全人。約伯因此而感嘆說：「誰能使潔淨之物出於污穢之中呢？無論誰也不能！」（伯14：4）大衛說：「我是在罪孽裏生的，在我母親懷胎的時候就有了罪。」（詩51：5）保羅說：「體貼肉體的，就是與上帝為仇；因為不服上帝的律法，也是不能服，而且屬肉體的人不能得上帝的喜歡。」（羅8：7、8）他指出，信徒悔改之前，「本為可怒之子」（弗2：3），像其他的人一樣。

雖然像孩子一樣，我們藉著摹仿而學會罪惡的行為，但上面

的經文說，我們是從遺傳承受了基本的罪性。人類普遍的罪性，證明了人的本性不是向善而是向惡。

c.根除罪的品行

人從生活中、社會中除去罪惡，其成功的情況如何？

每一個想藉自己力量過公義生活的努力，註定會失敗。基督說：「所有犯罪的人，就是罪的奴僕。」（約8：34）只有上帝的大能，能救我們脫離這項奴役。但是基督已向我們保證：「天父的兒子若叫你們自由，你們就真自由了。」（約8：36）他說：「你們要常在我裏面」，才能結出公義的果子，因為「離了我，你們就不能作甚麼。」（約15：4、5）

甚至使徒保羅也不能靠自己的力量過公義的生活。他知道上帝律法的完全標準，但是他卻無法達到。講到他的努力時，他說：「我所做的，我自己不明白，我所願意的，我並不作，我所恨惡的，我倒去做。」「我所願意的善，我反不做，我所不願意的惡，我倒去做。」然後他指

出罪在他生活中的衝擊說：「若我去做所不願意做的，就不是我做的，乃是住在我裏面的罪做的。」他雖然失敗了，他仍然欽佩上帝完全的標準。他說：「按著我裏面的意思，我是喜歡上帝的律；但我覺得肢體中另有個律和我心中的律交戰，把我擄去，叫我附從那肢體中犯罪的律。我真是苦啊！誰能救我脫離這取死的身體呢？」（羅7：15、19、20、22-24）

保羅最後承認說，他需要上帝的大能才能得勝。藉著基督，他棄絕了體貼肉體的生活，而開始度一種體貼聖靈的新生活（羅7：25；8：1）。

這種在聖靈裏的新生活，乃是上帝改變人的恩賜。藉著上帝的恩典，我們這「死在過犯罪惡中」的人，就成為得勝的了（弗2：1、3、8-10）。這屬靈的重生（約1：13；3：5），使生命變化得如此之大，我們可以說，那是個新造的人。「舊事已過，都變成新的了。」（林後5：17）但是這新的生命，並未排除再犯罪的可能（約壹2：1）。

⑷ 進化論與人的墮落

自創世以來，撒但藉著削弱人對聖經中人的來源與人墮落記載的信心，使許多人惶惑。進化論稱為對人的「自然」看法，它假設生命是偶然的開始，人經過長久的進化過程後，從較低等的生物進化而成。藉著適者生存的競爭過程，他們達到現在的狀態，而他們最大的潛能尚未達到，進化正在進行中。

愈來愈多的基督徒接納了有神進化論，說上帝用進化完成創世記中的創造。接受有神進化論的人，認為創世記的前幾章，只是比喻或神話，不是確實的記載。

a.聖經對人與進化論的看法

相信創造論的基督徒，關心進化論對基督徒信仰造成的影響。俄詹姆斯（James Orr）寫道：「基督教今天所面臨的，不是教義上的小攻擊，……而是積極孕育出一種相反的世界觀，宣稱以科學為根基，作強有力的建立及辯護，但其基本觀念卻打擊基督教信仰的根本。」（註9）

聖經不接受解釋創世記為比喻或神話的說法。聖經作者們親自解釋創1-11章為真確的歷史。亞當、夏娃、那蛇——撒但，都被視為善惡之爭戲劇中的歷史人物（見伯31：33；傳7：29；太19：4、5；約8：44；羅5：12、18、19；林後11：3；提前2：14；啟12：9）。

b.髑髏地與進化論

任何形式的進化論，都會與基督教的主要根基相抵觸。正如費杜文（Leonard Verduin）所說：「已有高升的故事代替墮落的故事。」（註10）基督教與進化論乃是完全相反的。我們的始祖原是照上帝的形像所造，並曾墮落而陷入罪中，這是真有其事？或是沒有的事？若沒有這回事，為何要作基督徒呢？

髑髏地對進化論提出了根本的質疑。若是人沒有墮落，上帝為何要代我們受死呢？這不是一般的死，基督代我們受死，是宣布人類有問題。若是不管我們，我們就會繼續退化，直到人類完全滅絕。

我們的盼望是在那掛在十字架上的人身上。只有他的死才打開了那永無窮盡的豐盛之生命的可能性。髑髏地宣告，我們需要一位代替者使我們得自由。

c.道成肉身與進化論

關於創造論與進化論的問題，讓我們從上帝成為肉身的角度來看人的創造，便能獲得最圓滿的解答。上帝將第二個亞當基督帶入人類的歷史時，祂是在施行創造的工作。倘若上帝能行這至大的神蹟，就不必懷疑，祂絕對有能力創造第一個亞當。

d.人是時間的產物

進化論者常以過去幾個世紀中科學的突飛猛進，來證明人似乎能夠控制自己的命運。既有科學供給人的各種需要，只要時間足夠，世上的一切問題人類可以解決。

然而科技扮演救主的角色，正面對愈來愈多的懷疑——因為科技已將地球帶入毀滅的邊緣。人類已完全不能克服或控制滿是罪惡的心靈。科學的一切進步結果，只是使這世界更危險罷了。

愈來愈多人信服虛無主義與絕望的哲學。英國詩人溥朴（Alexander Pope）的名言「希望在人心湧出永恆」，今天聽來已覺空洞。約伯更能把握現實——時間吃力地向前，「都消耗在無指望之中」（伯7:6）。人類的世界正在崩潰，必須有人從人類歷史之外加入，引進新的現實。

3. 希望之光

人類墮落得有多深？在十字架上，人殺了他的創造主——弒父的滔天大罪！但是上帝並未將人留在絕望之中。

大衛曾思想人在創造中的地位，他起先有感於宇宙的浩瀚，認為人算不得甚麼。以後他察覺到人的真實地位。他說：「你叫他比天使微小一點，並賜他榮耀尊貴為冠冕。你派他管理　你手所造的。」（詩8:5、6；來2:7）

人雖然墮落了，尊嚴仍然存留。上帝的形像雖然破壞了，並未完全消失。雖然墮落、腐敗、罪惡深重，人在地上仍是上帝的代表。他的資質次於上帝，他擁有管理上帝地上創造物的尊貴地位。當大衛認識到這一點時，他就回應出讚美感恩來：「耶和華——我們的主啊，你的名在全地何其美！」（詩8:9）

五、恩典的約

因為犯罪，人類第一對夫婦已經

成為充滿罪惡的人。他們既不能再抗拒撒但，他們還能自由嗎？或者他們將要滅亡？還有任何希望嗎？

憎惡罪惡，必使他們與撒但作戰時得勝。藉著信，他們就分享了救主在髑髏地的勝利。

1.墮落時所賜下的約

在宣判那對墮落夫婦犯罪的刑罰之前，上帝藉恩典的約賜給他們盼望。祂說：「我又要你和女人彼此為仇；你的後裔和女人的後裔也彼此為仇。女人的後裔要傷你的頭；你要傷他的腳跟。」（創3：15）

上帝的信息帶來鼓勵。因為它宣告說，雖然撒但已將人類置於他罪惡的迷惑之下，但他終必失敗。這是上帝與人立的約。首先，上帝應許藉著祂的恩典，築起一個抵抗罪惡的保障。祂要在蛇與女人之間，在跟隨撒但的人與上帝的子民之間，製造出彼此憎恨之心。這就會損毀人與撒但之間的關係，並為人與上帝重新建立關係而開路。

長久以來，上帝的教會與撒但之間的戰爭，在不斷進行著。這戰爭在所預言的女人的後裔耶穌基督死時達到了最高峰。撒但在髑髏地失敗了。女人的後裔雖然受了傷，但那罪惡的創始者失敗了。

凡接受上帝恩典的人，一定曉得

2.創世之前所立的約

恩典的約並不是在人墮落之後才擬定的。聖經說遠在創世之前，上帝就在祂們之間立約，人一旦墮入罪中，祂們便施行拯救。保羅說：「上帝從創立世界以前，在基督裏揀選了我們，使我們在祂面前成為聖潔，無有瑕疵；又因愛我們，就按著自己意旨所喜悅的，預定我們藉著耶穌基督得兒子的名分。使他榮耀的恩典得著稱讚。」（弗1：4-6；提後1：9）彼得講到基督的贖罪犧牲時說：「基督在創世以前是預先被上帝知道的。」（彼前1：20）

這約是立在一個不能動搖的根基上：上帝親自的應許與誓約（來6：18）。耶穌基督作了這約的中保（來7：22）。中保就是在另一個人不履約之時負起債務與義務的人。基督作中保，就是說人類若墮入罪中，祂願意承擔他們的懲罰；祂願意付上他們的贖價。祂願意為他們贖罪，祂願意滿足上帝律法

的要求。人或天使都不能負起這項責任，只有創造主基督——人類的元首，能擔起這樣責任（羅5：12－21；林前15：22）。

上帝的兒子不僅是這約的中保，祂也是這約的中間人或執行者。祂描述自己成為肉身的人子任務時，便顯明了這個角色。祂說：「因為我從天上降下來，不是要按自己的意思行，乃是要按那差我來者的意思行。」（約6：38；5：30、43）而父的旨意是：「叫一切見子而信的人得永生」（約6：40）。祂又說：「認識你獨一的真神，並且認識你所差來的耶穌基督，這就是永生。」（約17：3）祂在工作結束時，見證祂已完成了父的使命說：「我在地上已經榮耀你，你所托付我的事，我已成全了。」（約17：4）

在十字架上，耶穌成全了立約時祂作人類中保的誓言。祂喊著說「成了！」（約19：30）就是祂工作完成時所畫上的句點。祂用自己的生命付上了違犯上帝律法所應受的刑罰，保證悔罪之人的得救。就在那時刻，基督的血使恩典的約生效了。藉著信靠祂救贖的寶血，悔改

的罪人就被收納，成為上帝的兒女而擁有永生。

這恩典的約，表達了上帝對人類無限的愛。這在創世以前所立的約，在墮落之後啟示給人。那時，以一種特別的意義來說，神與人成了合夥人。

3.約的更新

不幸的是，在洪水前後，人都拒絕了這偉大的恩典之約（創6：1－8；11：1－9）。上帝藉亞伯拉罕，曾重申救贖應許：「地上萬國都必因你的後裔得福，因為你聽從了我的話。」（創22：18；12：3；18：18）

聖經特別強調亞伯拉罕信守這約的條件。亞伯拉罕信上帝，上帝「就以此為他的義」（創15：6）。亞伯拉罕分享那約的福分，雖然是以上帝恩典為基礎，但也是由於他的順從。這表示那約高舉上帝律法的權威（創17：1；26：5）。

由於亞伯拉罕無比的信心，使他被稱為「一切……信之人的父。」（羅4：11）他是上帝所指因信稱義的榜樣，而這榜樣表現在順從上（羅4：2、3；雅2：23、24）。這恩典

的約，並不自動地將福分賜給亞伯拉罕肉體的後裔，而是賜給那些效法亞伯拉罕信心之人。「所以你們要知道那以信為本的人，就是亞伯拉罕的子孫。」（加3：7）地上每一個人，都能藉著達到約的條件，經驗這約所應許的拯救。「你們既屬乎基督，就是亞伯拉罕的後裔，是照著應許承受產業的了。」（加3：29）從上帝方面說，西乃山的約（也稱為前約），乃是亞伯拉罕恩典之約的更新（來9：1），但是以色列竟將其誤用為行為之約了（加4：22-31）。

4.新約

以後聖經有些經文講到「新約」或「更美的約」（註11）。它們如此說，並非那永約有了改變，而是因為：⑴.由於以色列不忠，上帝的永約已經變成靠自己行為的制度；⑵.它關連到耶穌基督成為肉身降世，其生、死、復活、中保工作等所新啟示的上帝之愛；⑶.直

到十字架，基督的寶血才批准這約，使之生效（但9：27；路22：20；羅15：8；來9：11-22）（註12）。

這約對接受之人的賜與極大。藉著上帝的恩典，它應許他們罪得赦免，聖靈要將十條誡命寫在心上，並在悔改的罪人身上恢復創造主的形像（耶31：33）。這種新約、新生的經驗，帶來基督的義及因信稱義的經驗。

這心靈更新會使人改變，結出聖靈的果子：「仁愛、喜樂、和平、忍耐、恩慈、良善、信實、溫柔、節制。」（加5：22、33）藉著基督救贖恩典的大能，人可以像基督那樣行事為人，天天享受上帝所喜悅的事物（約8：29）。墮落的人類唯一有的希望，就是接受上帝的邀請，進入祂恩典的約中。藉著相信耶穌基督，我們可以經驗這項關係，而這關係保證我們被上帝收納為祂的兒女，並與基督一同承受上帝的國。

07
人的性質

123

註1：人的教義，久已是神學名詞，用來討論構成人的部分，包括男人與女人。
註2：Berhof著《系統神學》183頁。
註3：見《基督復臨安息日會參考文庫》卷十「soul」，1361頁。
註4：見《基督復臨安息日會參考文庫》卷八「soul」，1061頁。

註5：同上，1064頁。

註6：《基督復臨安息日會參考文庫》卷七第257頁。

註7：同上，卷三，第1090頁。

註8：《基督復臨安息日會參考文庫》卷八：「sin,1」，1042頁。

註9：James Orr著《God's Image in Man》3、4頁。

註10：Leonard Verduin著《Somewhat Less Than God:The Biblical View of Man》第69頁。

註11：新約聖經常將西乃山的經驗與舊約相提並論（加4：24、25）。在西乃山，上帝與祂得解救的子民更新祂的永約（代上16：14－17；詩105：8－11；加3：15－17）。上帝應許他們：「如今你們若實在聽從我的話，遵守我的約，就要在萬民中作屬我的子民，因為全地都是我的。你們要歸我作祭司的國度，為聖潔的國民。」（出19：5、6；參閱創17：7、9、19）這約以因信稱義為基礎（羅10：6－8；申30：11－14）。律法是要寫在他們的心上（申6：4－6；30：14）。

恩典的約，總是會被信徒將其化為靠行為得救的系統，而為人所敗壞。保羅引用亞伯拉罕未能信靠上帝——靠賴自己的行為解決問題，藉以說明舊約（創16章；12：10－20；加4：22－25）。實際說來，自從罪進入世界及永約被破壞之後，因行為稱義的經驗就一直存在。

在以色列的全部歷史中，多數人是要藉著行律法建立他們自己的義（羅9：30－10：4）。他們依照字面而活，而非依照精義（林後3：6）。他們企圖以行律法來使自己稱義，於是就活在律法的定罪之下。是為奴的身，未得自由（加4：21－23）。他們就這樣敗壞了西乃之約。

希伯來書將前約或稱舊約，應用在以色列人自西乃之後的歷史上，以顯明其暫時性。它指出利未制度的祭司職分只是暫時性的，執行的是預表性的工作，直到在基督裏的實體來到（來9、10章）。可悲的是，許多人不明白儀式本身並無價值（來10：1）。在預表與實體、影兒與實體相遇之後，仍然持守這項影兒系統，就是歪曲了基督的真實使命。因此，希伯來書用了十分強烈的字眼，強調那更美之約——新約超乎西乃之約的優越性。

因此，舊約可以用積極與消極兩方面的話去描寫。消極方面說，它是指百姓敗壞了上帝的永約。積極方面說，它是代表為了應付因人的失敗造成的危急，上帝設計了地上臨時的服務。參閱懷愛倫著《先祖與先知》32章。

註12：參閱Hasel著《Covenant in Blood》。

08善惡之爭

基督復臨安息日會相信……

為了上帝的聖德，祂的律法，以及祂對宇宙的統治，整個人類都參與了基督與撒但之間的善惡大鬥爭。這項爭戰始於天庭。那時，一個受造能作自由選擇的生靈，因高抬自我，變成了撒但，成了上帝的仇敵。他領導部分天使參與反叛，又領亞當夏娃犯罪，使背叛的靈進入了這個世界。人類的罪，導致上帝在人身上的形像遭到扭曲，受造世界的秩序被破壞，終於導致洪水滅世。受造的全宇宙都在觀看，這個世界已經成為宇宙爭戰的舞台。從這爭戰中，上帝的愛終會清楚地彰顯。為了在這戰爭中幫助祂的子民，基督差遣聖靈及忠誠的天使，在他們得救的路上一路引導、保護及支持他們。

——基本信仰第八條

第8章
善惡之爭

聖經描寫一個宇宙性的上帝與撒但之間的善惡大戰爭。了解這是整個宇宙都牽涉在內的戰爭，可以回答耶穌為何要來到地球的問題。

一、宇宙性的大爭戰

善惡之間的大爭戰竟在天上開始，這真是深奧難解的事。罪如何能在一個完美的環境中產生？

天使，受造時高人一等（詩8：5），受造原是要享受與上帝親密的交通（啟1：1；3：5；5：11）。他們具有優越的能力，但要聽從上帝的話（詩103：20）。他們的工作是僕人或「服役的靈」（來1：14），他們通常是肉眼看不見的，但常常以人的形體顯現（創18：19；來13：2）。罪就是由其中一位天使帶進

宇宙的。

1.大爭戰的起源

聖經用推羅王與巴比倫王為表號描寫的路錫甫，說明了這宇宙性的爭戰是如何開始的。「明亮之星（直譯為路錫甫），早晨之子啊，」「你是那受膏遮掩約櫃的噠嚧啪；我將你安置在上帝的聖山上。」（賽14：12；結28：14）（註1）聖經又說：「你無所不備，智慧充足，全然美麗，……你從受造之日所行的都完全，後來在你中間又察出不義。」（結28：12、15）

雖然罪的出現既無法解釋，也毫無道理。但仍可從路錫甫的驕傲中尋得其根源；「你因美麗心中高傲，又因榮光敗壞智慧。」（結28：17）路錫甫不肯滿足於創造主所賜給他的高位，他自私地貪求與上帝平等：「你心裏曾說，『我要升到天上；我要高舉我的寶座在上帝眾星以上，……我要與至上者同等。』」（賽14：12-14）他想望上帝的地位，卻不要上帝的品德。他要抓住上帝的權柄，但不是祂的愛。路錫甫對上帝政權的反叛，是他變為撒但「仇敵」的第一步。

路錫甫的隱祕行動，使許多天使看不見上帝的愛。於是對上帝政權的不忠與不滿蔓延開來，直到三分之一的天使加入他的反叛（啟12：4）。上帝國度的平安破壞了。「在天上就有了戰爭」（啟12：7），這天上的戰爭發自撒但，聖經描寫他是：「大龍就是那古蛇，名叫魔鬼，……牠被摔在地上。牠的使者也一同被摔下去。」（啟12：9）

2.人如何受牽累？

撒但被逐出天庭，就將反叛帶到地上。他化裝為一條會說話的蛇，再用那使他墮落的相同謬論，有效地破壞了亞當夏娃對創造主的信心（創3：5）。撒但在夏娃心裏挑起了對她自己地位的不滿，便瘋狂地希望與上帝同等，就輕易相信了那試探者的話……懷疑上帝的話。她違背上帝的命令，吃了禁果，並影響她丈夫也吃。他們相信蛇的話過於相信創造他們的主，不信與不忠於焉產生。可悲的是，這在天上開始的善惡之爭的種子，竟在地上生了根（見創世記第3章）。

撒但引誘我們始祖犯罪時，靈巧地從他們手中奪得了地上的統治

權。如今撒但自稱為「這世界的王」，就從他新的首府——地球，向上帝、向上帝的政權、向全宇宙的和平挑戰。

3.對人類的衝擊

當罪使上帝在人身上的形像被扭曲時，基督與撒但之間的爭戰就已昭然若揭。雖然上帝藉著亞當夏娃將恩典之約賜給人類（創3：15，見本書第7章），但他們第一個孩子該隱，殺死了他的兄弟（創4：8）。罪惡繼續增加，直到有一天，上帝論到人時說：「終日所思想的盡都是惡」（創6：5）。

上帝以一次大洪水除滅了地上不肯悔改的罪人，潔淨了地球，給予人類一個新的開始（創7：17－20）。但是不久之後，忠心的挪亞的後裔偏離了上帝的約。雖然上帝應許不再用洪水滅世，他們卻無恥地將他們對祂的不信賴化為具體行動，建造巴別塔，想要藉之通天，好在以後再有任何洪水時能有逃生之路。這一次上帝混亂了人類的普世性語言，敉平了人類的背叛（創9：1；11：1－9）。

過了不久，當世人幾乎又全部背

道之時，上帝將祂的約賜給亞伯拉罕。上帝計畫要藉著亞伯拉罕使世上萬國得福（創12：1－3；22：15－18）。但是亞伯拉罕的後代子孫，卻不忠於上帝恩典的約。他們為罪所纏累，幫助撒但達成了善惡大爭戰中的目標，將這約的創始者及保人釘死在十字架上。

4.地球是宇宙的舞台

約伯記中記載了一次宇宙性的會議，有宇宙各處的代表參加，使我們更了解善惡的大戰爭。這項記載開始的話是：「有一天，上帝的眾子來侍立在耶和華面前，撒但也來在其中。耶和華問撒但說：「你從哪裏來？」撒但回答說：「我從地上走來走去，往返而來。」（伯1：6、7；參閱2：1－7）

實際上，耶和華曾說：「撒但，看約伯罷，他忠心地遵守我的律法，他是完全人。」（見伯1：8）

當撒但回答說，「是的，他之所以完全，豈不是因為他事奉你，你在保護著他嗎？」基督的回應是：容許撒但以任何方式試驗約伯，只要不傷害他的性命（見伯1：9－2：7）。

約伯記所給予的宇宙的透視，為基督與撒但之間的大鬥爭，提供了強有力的證據。這個地球乃是舞台，這善惡之間的戲劇性戰爭正在演出。正如聖經所說：「我們成了一臺戲，給世人和天使觀看。」（林前4：9）

罪使神人之間的關係斷絕了，並且「凡不出於信心的都是罪」（羅14：23）。違犯上帝的誡命或律法，乃是缺乏信心的直接結果，是關係破裂的證據。上帝藉救贖的計畫意欲恢復人對創造主的信心，以致顯現在順從之愛的關係中。正如基督所說的，愛導致順從（約14：15）。

在我們這個法紀廢弛的時代，那些絕對的標準已變得模稜兩可，不誠實受讚揚，賄賂成了生活方式，淫亂猖獗，個人與國際盟約都遭到破壞。將眼睛轉離這絕望的世界，仰望一位關心我們而全能的上帝，乃是我們的特權。這更寬廣的視野，顯示出要結束這場宇宙性爭戰的救主，祂為我們贖罪的重要性。

二、宇宙的問題

在這生死的搏鬥中，它的中心問題是甚麼？

1.上帝的約與律法

上帝的道德律法之於宇宙存在的重要性，正如物理的規律之於宇宙持續發揮其功能是一樣的。罪是「違背律法」（約壹3：4），或像希臘原文anomia所指的「目無法紀」。目無法紀乃是拒絕上帝及其政權的結果。

撒但非但不對世上不法的事負起責任，反而責怪上帝。他說，上帝的律法專橫，侵犯了個人的自由。他更進一步控告說，既然不可能遵守這律法，它就妨礙了受造生靈的最高利益。撒但如此陰險的破壞律法，乃是企圖推翻上帝的政權，甚至要推翻上帝。

2.基督與順從的問題

基督在地上工作時所面臨的試探，顯示出順服上帝旨意的重要性。在面對試探時，祂獨自與頑敵相戰，這便造就祂成為「慈悲忠信的大祭司」（來2：17）。基督在曠野禁食了40日之後，撒但試探祂，要祂將石頭變成餅，以證明祂真是上帝的兒子（太4：3）。撒但曾在

伊甸園試探夏娃，使她懷疑上帝的話，現在他也試圖使基督懷疑上帝在祂受洗時所說的話：「這是我的愛子，我所喜悅的。」（太3：17）基督若靠自己來解決問題，將石頭變成餅，以證明祂是上帝的兒子，那麼祂就會像夏娃一樣，表現出不信任上帝的態度。這樣，祂的使命就必以失敗收場。

但是，基督的首要乃是靠祂父的話而活。雖然祂十分飢餓，祂回答撒但的試探說：「人活著不是單靠食物，乃是靠上帝口裏所出的一切話。」（太4：4）

撒但在另一次企圖擊敗基督的嘗試中，讓基督看世上萬國榮華的全貌，應許祂說：「你若俯伏拜我，我就把這一切都賜給你。」（太4：9）他暗示基督如此行就能免受髑髏地的痛苦，完成祂地使命，重新得回世界。在對上帝絕對的忠誠中，耶穌毫不猶疑的命令說：「撒但，退去罷！」然後，祂便用聖經作為這場大爭戰中最有效的武器，祂說：「當拜主你的上帝，單要事奉他。」（太4：10）祂的話結束了這場戰爭。基督完全信靠父，擊敗了撒但。

3.髑髏地的決戰

髑髏地成了這宇宙大爭戰的焦點。耶穌的使命將近結束時，撒但更加努力要讓耶穌的使命落空。撒但成功地利用當時的宗教領袖，他們因基督為眾人所愛而生的妒嫉，引起了軒然大波，使祂不得不結束祂的公眾佈道（約11：45－54）。由於一位門徒的出賣及捏造的假見證，耶穌被捉拿、受審判、被定死罪（太26：63、64；約19：7），耶穌在絕對順從上帝的旨意之下，保持忠誠以至於死。

基督的生與死所帶來的益處，不只限於人類這個世界而已。論到十字架，基督說：「現在……這世界的王（撒但）要被趕出去」（約12：31）。「這世界的王受了審判」（約16：11）。

這宇宙的大爭戰在十字架達到頂點。基督在撒但的殘酷之前所顯示的愛與忠心的順從，破壞了他的地位，確定他終必敗亡。

三、對耶穌的真理之戰

在今天猛烈攻擊基督權威的爭戰中，不僅針對祂的律法，更針對祂的話——聖經。有些釋經法甚至發

展到不容許上帝的啟示有任何地位（註2）。看待聖經一如其他古代文件，並以相同的批判法分析。愈來愈多的基督徒，包括神學家們，不再奉聖經為上帝的話，為上帝啟示的無誤旨意。結果，他們置疑聖經對耶穌基督的觀點，人們爭辯祂的神性、為童女所生、各種神蹟以及復活（註3）。

1.最重要的問題

當基督問，「人說我──人子是誰？」時，門徒回答說：「有人說是施洗的約翰；有人說是以利亞，又有人說是耶利米或是先知裏的一位。」（太16：13、14）換句話說，大多數與耶穌同時代的人，都認為祂只是一個人。聖經的記載繼續說，耶穌問祂的十二門徒說，「你們說我是誰？」

「西門彼得回答說：『你是基督，是永生上帝的兒子。』」（太16：16）

「耶穌對他說：『西門・巴・約拿，你是有福的！因為這不是屬血肉的指示你的，乃是我在天上的父指示的。』」（太16：17）

今天，每一個人都要面對基督問門徒的這個問題。人對這攸關生死問題的回答，則有賴於對上帝聖言見證的信心。

2.聖經要道的中心

基督是聖經的焦點。上帝邀請我們明白在耶穌裏的真理（弗4：21），因為祂就是真理（約14：5）。在這宇宙性大鬥爭中，撒但的一個策略，是讓人相信他們離開耶穌也可以明白真理。因此一些真理的中心被個別性或結合性的提了出來。如：①人，②大自然或能見的宇宙，③聖經，④教會。

雖然在啟示的真理上都有它們的部分，但聖經說基督是這一切的創造主，同時也超越了這一切。唯有在其源頭的那一位裏面，才能找到它們真實的意義。將聖經要道與基督分開，就會誤解「道路、真理、生命」（約14：6）。將基督之外的真理當作中心真理，既適合那敵基督者的本性，也適合他的目標（在希臘原文「敵基督者」，不僅意味著反對基督，更意味著代替基督。）在教會的教義上，以某些其他的代替基督，撒但便達到了他的目標，將人的注意力轉離唯一使人有盼望的那一位。

3.基督教神學的功能

這宇宙性的觀點揭露了撒但的企圖，他要將基督在宇宙中與在真理中應有的地位挪開。神學的目的，是為了研究上帝及其與受造物之間的關係，它必須以基督為準則來闡明一切教義。基督教神學的使命，乃是要激動人對上帝聖言之權威的信心，並以基督為中心來代替一切基督之外的其他真理。當其如此行時，這真正的基督教神學，就為教會作了美好的服務，因為它直達暴露宇宙大爭戰的根源，並以那唯一不容置疑的道理——聖經所啟示的基督去應付。以這個觀點來說，上帝可以用神學作為有效的工具，幫助人反抗撒但在地上的惡行。

四、教義中的意義

善惡之爭的教義，使我們知道這大爭戰影響著世上的每一個人，事實上，觸及宇宙每一個角落。聖經說：「我們並不是與屬血氣的爭戰，乃是與那些執政的、掌權的、管轄這幽暗世界的，以及天空屬靈氣的惡魔爭戰。」（弗6：12）

1.這教義使人經常儆醒

了解了這項教義後，使人深信需要與罪惡爭戰。得勝的唯一途徑，是藉著信靠耶穌基督——那位萬軍的元帥，就是「有力有能的耶和華，在戰場上有能的耶和華！」（詩24：8）如保羅所說，接受基督拯救的策略，就是要「拿起上帝所賜的全副軍裝，好在磨難的日子，抵擋仇敵，並且成就了一切，還能站立得住。所以要站穩了，用真理當作帶子束腰，用公義當作護心鏡遮胸，又用平安的福音當作預備走路的鞋穿在腳上。此外，又拿著信德當作藤牌，可以滅盡那惡者一切的火箭；並戴上救恩的頭盔，拿著聖靈的寶劍，就是上帝的道；靠著聖靈，隨時多方禱告祈求；並要在此儆醒不倦，為眾聖徒祈求。」（弗6：13－18）真實的基督徒具有何等的特權，他們是以忍耐、忠信為生活的特徵，並隨時準備好爭戰，時時依靠使我們「得勝有餘」（羅8：37）的那一位。

2.它解釋受苦的奧祕

罪惡不是來自上帝。祂既「喜愛公義，恨惡罪惡」（來1：9），就

不能因世上的不幸而埋怨祂。那墮落的天使撒但，才應該為殘酷與受苦負責。當我們以善惡之爭的架構看盜竊、殺人、葬禮、罪惡、意外——何等令人心碎，我們才能更了解事情的真相。

十字架一面證明了罪帶來的毀壞，一面也證明了上帝對罪人之愛的深度。這樣，善惡之爭的主題，便在教導我們要恨惡罪但愛罪人。

3.它顯示目前基督對世人之愛的關懷

基督回到天上時，並未撇下祂的子民為孤兒。祂在深厚的同情中，為我們與罪惡對抗預備了每一樣可能的幫助。聖靈被差遣來「代替」基督，作我們忠誠的同伴直到基督再回來（約14：16；太28：20），天使也奉差遣參與祂救靈的工作（來

1：14）。我們保證會得到勝利。我們在面對未來時，可以擁有希望與勇氣，因為一切都在我們的主掌握之中。我們的口可以讚美祂救贖的大工。

4.它顯示十字架宇宙性的意義

基督的服事與受死，在在關係著人類的得救，因為祂來是要捨命，使我們的罪得赦。祂如此行時，將撒但為攻擊祂父的品德、律法與管理而散佈的謠言澄清了。

基督的生活闡明了上帝的公義與良善，並顯明上帝的律法與政府的公正。基督顯明撒但對上帝的攻擊是無理的，並表明了悔改的信徒，只要完全靠賴上帝的大能與恩典，就能超越每日的試探和挫折，過得勝罪惡的生活。

註1：「路錫甫」，譯自拉丁文Lucifer，意為擎光者。「早晨之子」為通行的用語，意為「晨星」——venus。「明亮之星，早晨之子」希伯來原文若直譯出來，就是：「發光的一位，黎明之子。」用最高、最明亮的行星——金星（venus），形容未墮落前的撒但最適當不過，因它將路錫甫從何等崇高的地位墮落描繪了出來（《基督復臨安息日會參考文庫》「Lucifer」）。

註2：見基督復臨安息日會全球總會執委會1986年文件「聖經研究法」Hasel著「Biblical Interpretation Today」。

註3：見K. Runia著《The Present-Day Christological Debate》，G. C. Berkouwer《The Person of Christ》14－56頁。

09基督的生、死與復活

基督復臨安息日會相信……

> **在**基督完全順從上帝旨意的生活中，祂的受苦、受死與復活，是上帝為人贖罪的唯一方法。使凡因信而接受這項贖罪的人能得永生，並使全體受造之物更明白創造主無窮聖潔的愛。這項完全的贖罪，闡明了上帝律法的公義及祂品德的恩慈，因其一面定我們的罪，一面又為我們準備了赦免。基督的死是替代，也是贖罪，使人改變，也使人與神和好。基督的復活宣告上帝勝過了罪惡的勢力，並保證那些接受救贖的人，最後會戰勝罪惡與死亡。它宣告耶穌基督是主。一切在天上的、地上的，在祂面前無不屈膝。
>
> ——基本信仰第九條

第9章

基督的生、死與復活

一扇開著的門領人進入宇宙天庭的中心。有聲音喊著說：「進來看這裏所發生的事。」使徒約翰被聖靈感動，窺見上帝寶座所在的聖殿。

一條眩人眼目似綠寶石的彩虹，圍繞著位於中央的寶座。從其中有閃電、雷轟的聲音發出。一些尊貴的人物穿著白袍戴著金冠冕，坐在次要的寶座上。當頌讚充滿在空氣中時，長老們就俯伏敬拜，又把冠冕放在寶座前。

一位天使拿著一個被七印封嚴的書卷，喊著說：「有誰配展開那書卷，揭開那七印呢？」（啟5：2）約翰驚奇地看見，天上地上竟沒有一位配打開那書卷的。他的驚駭轉為哀哭，直到一位長老來安慰他說：「不要哭！看哪，猶大支派中的獅子，大衛的根，他已得勝，

能以展開那書卷，揭開那七印」。
（啟5：5）

約翰再看那榮耀的寶座，他看見那曾經被殺如今仍然存活，擁有聖靈大能的羔羊。當這位謙卑的羔羊拿起那書卷時，眾長老就發出新的讚美來：「你配拿書卷，配揭開七印；因為你曾被殺，用自己的血從各族、各方、各民、各國中買了人來，叫他們歸於上帝，又叫他們成為國民，作祭司歸於上帝，在地上執掌王權。」（啟5：9、10）天上地上每一個受造之物都加入了他們的歌頌：「但願頌讚、尊貴、榮耀、權勢都歸給坐寶座的和羔羊，直到永永遠遠。」（啟5：13）

這書卷為何如此重要呢？因為它記載了人類從撒但的奴役中獲得拯救，並描寫了上帝對罪惡的最終勝利。它彰顯出一項如此完美的拯救，那些作罪之奴僕的人，只要藉著他們的選擇，就能從絕望的監牢中得釋放。遠在祂出生在伯利恆之前，羔羊就喊著說：「那時我說，看哪，我來了！我的事在經卷上已經記載了。我的上帝啊，我樂意照你的旨意行；你的律法在我心裏。」（詩40：7、8；參閱來10：7）從

創世以來被殺的羔羊來了，才使人類的救贖實現（啟13：8）。

一、上帝拯救的恩典

聖經啟示一位上帝，祂全心關懷人類的得救。三位一體的真神聯合一致地工作，要將人帶回，與他們的創造主重新聯合。耶穌強調上帝拯救的大愛說：「上帝愛世人，甚至將他的獨生子賜給他們，叫一切信他的，不至滅亡，反得永生。」（約3：16）

聖經宣稱：「上帝就是愛」（約壹4：8）。祂以永遠的愛俯就人類（耶31：3）。這位邀請人得救恩的上帝，乃是一位全能的上帝，只是祂的愛使人人都有選擇如何回應的自由（啟3：20、21）。強迫是與祂品格相反的手段，是在祂的計畫中不會使用的。

1.上帝主動

亞當夏娃犯罪時，是上帝主動地尋找他們。那對犯罪的夫婦，聽見創造主的聲音，並未像從前一樣歡喜地跑去迎接祂，反而躲藏起來。但上帝並未丟棄他們，祂更堅持地呼喚著：「你在那裏？」

上帝帶著深切的悲傷，列舉了他們悖逆的後果——他們將會遭遇痛苦與艱難。在他們完全無望的情形下，祂卻啟示他們一個奇妙的計畫，應許他們最終將戰勝罪惡與死亡（創3：15）。

2.恩典或公義

後來，以色列人在西乃背道之後，主向摩西啟示了祂仁慈而公義的品格：「耶和華，耶和華，是有憐憫有恩典的上帝，不輕易發怒，並有豐盛的慈愛和誠實。為千萬人存留慈愛，赦免罪孽、過犯，和罪惡。萬不以有罪的為無罪，必追討他的罪，自父及子，直到三、四代。」（出34：6、7）

上帝的品德顯出一種恩典與公義，樂於赦免，但又不肯以有罪的為無罪之獨特的混合。只有在基督裏，我們才能了解，這些品格的素質如何能彼此和諧。

3.赦免或懲罰

在以色列人背道時期，上帝常常殷切地呼求祂的子民承認他們的罪孽，回轉歸向祂（耶3：12－14）。但是他們藐視了祂恩慈的邀請（耶

5：3）。那種諷嘲赦罪之恩不悔改的態度，以致懲罰不可避免（詩7：12）。

雖然上帝是恩慈的，但祂不能赦免那些不肯離棄罪的人（耶5：7）。赦罪有一個目的。上帝要將罪人改變為聖徒：「惡人當離棄自己的道路；不義的人當除掉自己的意念。歸向耶和華，耶和華就必憐恤他；當歸向我們的上帝，因為上帝必廣行赦免。」（賽55：7）祂救恩的信息清楚地響遍全世界：「地極的人都當仰望我，就必得救；因為我是上帝，再沒有別神。」（賽45：22）

4.上帝對罪的義憤

原先的罪過，在人心裏造成了一種敵對上帝的性情（西1：21）。因此，對罪是「烈火」的上帝（來12：29；參閱谷1：13）不喜悅我們，是我們該得的。嚴肅的真理是，「世人都犯了罪」。（羅3：23）人人「本為可怒之子」（弗2：3；參閱5：6），都要死，「因為罪的工價乃是死」（羅6：23）。

聖經稱上帝的忿怒為上帝對罪與不義的反應（羅1：18）。故意拒絕

上帝已啟示的旨意——祂的律法，就會惹動祂的忿怒或義怒（王下17：16－18；代下36：16）。賴德（G. E. Ladd）寫道：「人在道德上是充滿罪惡的；上帝數算他們的罪惡，祂必定視他們為罪人、為敵人，為祂神聖忿怒的對象；因為在道德上與宗教上，上帝的聖潔都必須向它表示忿怒。」（註1）但同時，上帝渴望拯救叛逆的世人。祂雖然恨惡每一樣罪，卻以慈愛關心著每一個罪人。

5.人的回應

上帝對待以色列人，在耶穌基督的工作中達於頂點。基督讓我們清楚地看見上帝「極豐富的恩典」（弗2：7）。約翰說：「充充滿滿的有恩典有真理，我們也見過他的榮光，正是父獨生子的榮光。」（約1：14）保羅寫道：「上帝又使他（基督）成為我們的智慧、公義、聖潔、救贖。如經上所記：誇口的，當指著主誇口。」（林前1：30、31）因此，誰能「藐視他豐富的恩慈、寬容、忍耐？」怪不得保羅指出，領我們悔改的是「祂的恩慈」（羅2：4）。

甚至人對救恩的回應，也不是出於人自己，而是出於上帝。我們的信心正如我們的悔改一樣，都是上帝所賜（羅12：3，徒5：31）。我們的愛是回應上帝的愛而產生的（約壹4：19）。我們無法救自己脫離撒但、罪惡、受苦與死亡。我們自己的義，如同污穢的衣服（賽64：6）。「然而，上帝既有豐富的憐憫，因他愛我們的大愛，當我們死在過犯中的時候，便叫我們與基督一同活過來。……你們得救是本乎恩，也因著信；這並不是出於自己，乃是上帝所賜的。也不是出於行動，免得有人自誇。」（弗2：4、5、8、9）

二、基督使人和好的工作

好消息是「上帝在基督裏，叫世人與自己和好。」（林後5：19）祂的和好恢復了上帝與人類之間的關係。這個經文指出，這項過程是使罪人與上帝和好，而非使上帝與罪人和好。那引領罪人歸向上帝的鑰匙，乃是耶穌基督。上帝和好的計畫，乃是上帝虛己的作為。祂有足夠的理由讓人類滅亡。

我們已經說過，在恢復人類與祂

之間破裂的關係上，採取主動的乃是上帝。保羅說：「因為我們作仇敵的時候，且藉著上帝兒子的死，得與上帝和好。」（羅5：10），因此，「不但如此，我們既藉著我主耶穌基督得與上帝和好，也就藉著他以上帝為樂。」（羅5：11）

這和好的過程，常與「贖罪」一詞相提並論。「英文的『贖罪』一詞是『atonement』，其原意為『合一』（at-one-ment）或意見一致。這樣，『贖罪』就表示和諧的關係。何時曾有過隔閡，這項和諧就是經過和解的結果。了解了這詞的原意，『贖罪』一詞，就適當地指出那使隔閡結束而和好的狀態。」（註2）

許多基督徒，將贖罪一詞只限於基督的成為肉身、受苦、受死的救贖效果。但是在聖所的崇祀中，贖罪祭不止於是殺死獻祭的羔羊，還包括祭司將羔羊所流的血帶入聖所中的工作。（參閱利4：20、26、35；16：15－18、32、33）因此，依照此處聖經的用法，贖罪可以指基督的死，以及祂在天上聖所中代求的工作。祂在天上以大祭司的身分，應用祂那完美贖罪祭的功勞，使人與上帝和好（註3）。

泰勒文西（Vincent Taylor）也說，贖罪的教義有兩方面：「①基督拯救的作為。②個人及團體藉著信，領受祂救贖工作的果效。這兩方面一起構成贖罪。」從這個觀點，他作結論說：「贖罪是為我們作成，也是在我們裏面作成。」（註4）

本章焦點放在贖罪工作中基督受死的一方面。有關贖罪工作中基督大祭司的工作，容後討論（見本書24章）。

三、基督的贖罪祭

基督在髑髏地的贖罪祭，是上帝與人關係的轉捩點。雖然人有犯罪的記錄，但由於和好的結果，上帝就不追討他們的罪（林後5：19）。這並不是說上帝不施行懲罰，或罪不再惹起祂的忿怒，而是說，上帝已找到一個辦法，在祂仍然高舉永恆律法的公義時，還可以赦免悔改的罪人。

1.基督的死乃為必要

為了一位慈愛的上帝可以維護祂的公正與公義，耶穌基督贖罪的死，已成為一種「道德與法律上的

必要」。上帝的「公義」，要求罪必須接受審判。所以上帝必須懲罰罪，也必須懲罰罪人。在執行這項懲罰時，依照上帝的旨意，祂的兒子取了我們的地位，就是罪人的地位。贖罪是必要的，因為人已置身在上帝的義怒之下，這就是赦罪福音的核心，及基督十字架的奧祕。基督完全的義充分滿足了上帝的公義。上帝樂意接受基督的自我犧牲來代替人的死（註5）。

不肯接受基督贖罪寶血的人，就不能領受罪的赦免，仍然在上帝的忿怒下。「信子的人有永生；不信子的人得不著永生，上帝的震怒常在他身上。」（約3：36）

因此，十字架乃是上帝慈憐與公義的雙重表現，「上帝設立耶穌作挽回祭，是憑著耶穌的血，藉著人的信，要顯明上帝的義，因為他用忍耐的心寬容人先時所犯的罪，好在今時顯明他的義，使人知道他自己為義，也稱信耶穌的人為義。」（羅3：25、26）

2.贖罪祭成就了甚麼

天父自己設立了祂兒子為贖罪祭（羅3：25）。贖罪祭希臘原文hilasterion，在新約中使用時，沒有絲毫異教「平息神怒」，或「安撫凶神」的觀念（註6）。這個經文顯示，「上帝依祂慈憐的旨意，設立基督作為祂對人的罪孽之聖怒的挽回祭，因為祂接受基督為人的代表，並視祂為代罪受刑的聖者。」（註7）

由此觀察，人就能了解為何保羅描寫基督的死是：「當作馨香的供物和祭物，獻與上帝。」（弗5：2；參閱創8：21；利1：9）「基督的自我犧牲，是上帝所喜悅的，因為這項犧牲的奉獻，挪除了上帝與罪人之間的障礙，因基督完全承受了上帝對人之罪的忿怒。上帝的忿怒，並未藉著基督變成愛，而是從人轉至由祂自己承擔。」（註8）

羅3：25也顯示，藉著基督的犧牲，罪已除掉或潔淨。除罪的焦點是在贖罪的血對悔改的罪人所發揮的功效。他經驗到赦免、個人罪疚的除去及罪的潔淨（註9）。

3.基督代負罪擔

聖經指出基督是人類的「擔罪者」。以賽亞用深奧的預言說：「哪知他為我們的過犯受害，為

我們的罪孽壓傷。……耶和華使我們眾人的罪孽都歸在他身上……耶和華卻定意將他壓傷，使他受痛苦。……以他為贖罪祭，……他卻擔當多人的罪。」（賽53：5、6、10、12；參閱加1：4）保羅心中想到的，就是這節經文，所以他說：「基督照聖經所說，為我們的罪死了。」（林前15：3）

這些經文，指出了救恩計畫中的一個重要觀念：那玷汙我們的罪與罪疚，可以轉移到那位擔罪者身上，使我們得著潔淨（詩51：10）。舊約聖所獻祭的儀式，啟示了基督這個角色。聖所裏罪由悔改的罪人轉移到那無辜的羔羊身上，就是預表罪轉移到擔罪者基督的身上（見本書第4章）。

4.血的作用是甚麼

在聖所崇事的贖罪祭中，血扮演著主要的角色。上帝為贖罪祭作了準備，祂說：「活物的生命是在血中，我把這血賜給你們，可以在壇上為你們的生命贖罪。」（利17：11）祭牲被殺之後，在赦免之前，祭司必須先將那祭牲的血抹在壇上。

新約聖經顯示，舊約儀式中藉著代流之血獲得赦免、潔淨及和好，乃是在基督臨髑地犧牲贖罪的寶血中獲得實現。新約以與從前對比的方式說：「何況基督藉著永遠的靈，將自己無瑕無疵獻給上帝，他的血豈不更能洗淨你們的心，除去你們的死刑，使你們事奉那永生上帝嗎？」（來9：14）祂流血，完成了除罪的工作（羅3：25）。約翰說，因為愛，上帝就「差祂的兒子為我們的罪作了挽回祭（挽回祭原文hilasmos——在NIV英文譯本譯為贖罪祭）。」（約壹4：10）

總括地說，「上帝客觀的和好作為，藉著祂兒子自我犧牲所流的贖罪寶血已經完成。這樣，上帝既是和好的提供者，也是和好的接受者。」（註10）

四、基督作了贖價

當人類被罪所轄制時，他們必須受到上帝律法的定罪與咒詛（羅6：4；加3：10－13）。罪的奴僕無法逃避必須死（羅6：17）。「一個也無法贖自己的弟兄，也不能替他將贖價給上帝。」（詩49：7）唯獨上帝有救贖的大能。「我必救贖他們

脫離陰間；救贖他們脫離死亡。」（何13：14）上帝如何救贖他們呢？

藉著耶穌，祂自己作見證說：「正如人子來，不是要受人的服事，乃是要服事人，並且要捨命，作多人的贖價」（太20：28；參見提前2：6），上帝用「祂自己的寶血」「買了」教會（徒20：28）。在基督裏「我們藉這愛子的血得蒙救贖，過犯得以赦免。」（弗1：7；參見羅3：24）祂的死，乃是要「贖我們脫離一切罪惡，又潔淨我們，特作自己的子民，熱心為善。」（多2：14）

1.贖價完成了甚麼

基督的死，使上帝對人類的所有權生效。保羅說：「你們不是自己的人，因為你們是重價買來的。」（林前6：19、20；參見林前7：23）

藉著祂的死，基督打破了罪的統治，結束了屬靈的囚禁，除去了律法的定罪與咒詛，並將永生帶給一切悔改的罪人。彼得說：信徒得贖，脫離了「祖宗所傳流虛妄的行為」（彼前1：18）。保羅說：「那些從罪的奴役及其惡果中得釋放的人，作了上帝的奴僕，就有成聖的

果子，那結局就是永生。」（羅6：22）

忽視或否認贖價的原則，就會「失去恩典福音的中心，並否認了我們對上帝羔羊最深的感恩。」（註11）這項原則乃是天庭頌讚的中心：「因為你曾被殺，用自己的血從各族、各方、各民、各國中買了人來。叫他們歸於上帝，又叫他們成為國民，作祭司歸於上帝，在地上執掌王權。」（啟5：9、10）

五、基督是人類的代表

亞當與基督……「末後的亞當」或「第二個人」（林前15：45、47）——都代表了所有的人類。雖然每一個人生來就擔當了亞當犯罪的後果，但每一個經驗靈性重生的人，都接受了基督完美生命及犧牲的好處。「在亞當裏眾人都死了，照樣，在基督裏眾人也都要復活。」（林前15：22）

亞當的悖逆為眾人帶來罪惡、定罪及死亡。但基督扭轉了這墮落的趨勢。因祂的大愛，祂讓自己成為人類的代表，接受上帝的審判。祂的替死，將人從罪之刑罰中拯救出來，並為悔改的罪人帶來了永生

（林後5：21；羅6：23；彼前3：18）。

聖經清楚地教導基督替死的普世性。藉著「上帝的恩典」，祂為人人嘗了死味（來2：9）。像亞當一樣，人人都犯了罪（羅5：12），因此人人都會經驗死亡——第一次的死。基督為人人嘗死味，乃是第二次的死——死的全部咒詛（啟20：6；參見本書第27章）。

六、基督的生命與救恩

「因為我們作仇敵的時候，且藉著上帝兒子的死，得與上帝和好，既已和好，就更要因祂的生得救了。」（羅5：10）跨越罪的鴻溝，不僅需要基督的死，也需要基督的生，我們得救，缺一不可。

1.基督完美的生命能為我們作甚麼

耶穌的一生是純潔、神聖、慈愛，並完全信靠上帝的。祂將這寶貴的一生作為禮物，賜給悔改的罪人。祂完美的品格被描寫為婚筵的禮服（太22：11）或義袍（賽61：10）。祂將之賜下它，用以遮蓋自義之人的污穢衣服（賽64：6）。

雖然人類極其敗壞，但當我們順服基督時，我們的心就與祂的心相連結，我們的意願消失在祂的旨意中，我們與祂的心思成為一致，我們的思想降服於祂，我們就活出祂的生命來。我們披上了祂的義袍。當上帝看那悔改的罪人時，祂所見的，不是那赤裸的罪或因罪所造成的瑕疵，而是基督對律法完全順服的義袍（註12）。除非被這義袍所遮蓋，沒有人能成為真正的義人。

在婚筵禮服的比喻中，那位穿著自己衣服來赴筵的客人被趕出去，不是因為他不信。他已接受了婚筵的邀請（太22：10），他只來赴筵是不夠的，他需要婚筵的禮服。同樣的，相信十字架仍然不夠，要能在王的面前蒙悅納，我們需要基督完美的人生，祂公義的品德。

作為罪人的我們，不僅需要被免去罪債，還需要恢復我們犯罪前的景況。我們不僅需要從被囚中得釋放，還需要被接受成為王室家裏的人。復活之基督祂中保的工作，有赦罪及穿上義袍的雙重目標——將祂的生與死，用在我們的生與我們在上帝面前的地位上。髑髏地的「成了」，完成了一個完美的人生，也完成了一個完美的獻祭，二

者都是罪人所需要的。

2.基督生平的啟示

基督在地上的生活，也為人類立下了生活的榜樣。譬如彼得推崇祂在受苦時的反應可作為我們的榜樣（彼前2：21-23）。祂凡事與我們相同，受過試探與我們一樣，就顯明了凡依靠上帝大能的人，不必繼續活在罪中。基督的生平給了我們過得勝生活的確據。保羅作見證說：「我靠著那加給我力量的，凡事都能作。」（腓4：13）

七、基督的復活與救恩

保羅說：「若基督沒有復活，我們所傳的便是枉然，你們所信的也是枉然。」「你們仍在罪裏！」（林前15：14、17）耶穌基督以肉身復活（路24：36-43）。以神人的身分升天，在父上帝的右邊作中保，開始祂重要的代求工作（來8：1、2；見本書第4章）。

基督復活賦與十字架的意義，是喪膽的門徒們在主釘十架當日所看不見的。祂的復活將這些人變成了改變歷史的強大力量。基督復活——從未與十架分離——成了他們使命的中心，他們宣講活著的、釘十架的基督。祂已經勝過了罪惡的勢力。使徒信息的力量就在於此。

「基督復活」，施迦腓（Philip Schaff）寫道：「乃是一個有力的考驗，基督教的真偽繫之於此。歷史所記載的若不是最大的神蹟，就是最大的幻想。」（註13）施密斯（Wilbur M. Smith）評註說：「基督復活乃是基督徒信仰的堡壘。那在第一世紀攪亂天下，使基督教顯著超越猶太教及地中海世界各種外邦宗教的，就是這項教義。這項教義若無問題，主耶穌基督福音中其他獨特與重要的教義也不會有問題。『基督若沒有復活，你們的信便是徒然。』（林前15：17）」（註14）

基督目前的工作源自祂的受死與復活。雖然髑髏地的贖罪祭已經足夠並已完成，但如果基督沒有復活，我們就毫無基督已經在地上完成祂神聖使命的保證。基督已經復活，證實了越過死亡之生命的真實性，並顯明了上帝應許在祂裏面有永生的信實。

八、基督拯救工作的結果

基督的贖罪工作，不僅只影響人

類，且影響到整個宇宙。

1.全宇宙的和好

保羅顯明了在教會內及藉著教會，基督救恩的廣大性：「為要藉著教會使天上執政的、掌權的，現在得知上帝百般的智慧。」（弗3：10）他更說，上帝喜歡藉著基督，「既然藉著他在十字架上所流的血成就了和平，便藉著他叫萬有──無論是地上的、天上的──都與自己和好了。」（西1：20）保羅講到這項和好之驚人的結果說：「一切在天上的、地上的、和地底下的，因耶穌的名無不屈膝，無不口稱『耶穌基督』為主，使榮耀歸於父上帝。」（腓2：10、11）

2.闡揚上帝的律法

基督完美的贖罪祭，高舉了上帝律法的公正、公義與良善，並祂恩慈的品格。基督的受死與贖價，使悔改的罪人藉上帝的恩典與慈憐稱義，同時能滿足律法的要求（**罪必須受懲罰**）。保羅說：「祂在肉體中定了罪案，使律法的義成就在我們這不隨從肉體、只隨從聖靈的人身上。」（羅8：3、4）

3.稱義

只在赦免被接受時，和好才能成立。那位浪子是在接受他父親的慈愛與赦免時，才與他的父親和好。

「凡藉著信，接受上帝已使世人在基督裏與祂自己和好，並順服於祂的人，必會從上帝領受那寶貴的稱義的恩賜，及其立即與上帝和好的果子。羅5：1說稱義的信徒，不再是上帝忿怒的目標，如今已成為上帝施恩的對象了。他們既藉著基督有充分權柄到上帝的寶座前，就領受了聖靈的大能，能拆毀一切障礙或人間一切仇視隔離的牆，如猶太人與外邦人之間的敵意所象徵的（**參見弗2：14－16**）（**註15**）。

4.靠行為得救無效

上帝的和好工作，顯示出人要藉著遵守律法，靠行為得救是毫無功效的。洞察上帝的恩典，就會領人接受那因信基督而使人稱義的公義。那些經驗赦免之人的感恩，使順從成為喜樂；那時行為就不是得救的根基，而是得救的果子了（**註16**）。

5.與上帝的新關係

經驗了上帝藉著基督順服完美的人生，祂的公義，以及祂為贖罪所作之犧牲的恩典，就會帶領我們進入與上帝更深的關係。感恩、讚美與喜樂湧現，順從變成歡喜，研讀聖言成為喜樂，而心靈成了聖靈樂於居住的所在。上帝與悔改的罪人之間產生了新關係。那是一種基於愛與崇敬的契合，而非出於恐懼與義務（參閱約15：1－10）。

我們愈從十字架來了解上帝的恩典，就會愈少自以為義，並愈加明白我們是何等地蒙福。那於基督復活時在祂裏面運行的同一位聖靈，祂的大能就會改變我們的人生。從此我們不再失敗，但會天天享有得勝罪惡的經驗。

6.佈道的動機

上帝藉耶穌基督與人和好所表現的驚人大愛，會促使我們將福音與他人分享。我們自己經驗了救恩之時，無法不告訴他人：凡接受基督贖罪犧牲的人，上帝就不算他為有罪。我們會將那感人的福音邀請轉送給別人：「我們替基督求你們與上帝和好，上帝使那無罪的，替我們成為罪，好叫我們在他裏面成為上帝的義。」（林後5：20、21）

註1：George E. Ladd著：《A Theology of the New Testmen》453頁。
註2：《基督復臨安息日會參考文庫》卷八97頁「Atonement」。
註3：欲充分討論此項聖經觀念，可參閱《Seventh-Day Adventists Answer Ouestions on Doctrine》341－355頁。
註4：Vincent Taylor著《The Cross of Christ》88、89頁。
註5：Hans K. LaRondelle著《Christ, Our Salvation》25、26頁。
註6：基督復臨安息日會聖經研究所出版《The Sanctuary and the atonement》中所載，Raoul Dederen著「Atoning Aspects in Christ's Death」295頁；他又加上說：「在異教中，贖罪是一個活動，可由崇拜者自己預備奉獻，藉以使神改變主意。他只是賄賂他的神，向他施惠而已。但聖經中的贖罪觀念不同，贖罪是出於上帝的愛。」（同上317頁）
註7：同註5，第26頁。
註8：同上26、27頁。
註9：同註6，第295頁。

註10：同註5第28頁，引句摘自《The New International Dictionary of New Testment Theology》卷3第162頁。

註11：同註5第26頁。

註12：見懷愛倫著《天路》312頁。

註13：Phillip Schaff著《History of the Christian Church》卷1第173頁。

註14：1957年4月15日版《Christianity Today》載 Wilber M. Smith撰「Twentieth-Century Scientists and the Resur rection of Christ」22面；有關基督復活歷史真實性的根據，可參閱Josh McDowell著《Evidence That Demands a Verdict》185－274頁。

註15：同註5，第32、33頁。

註16：見1986年11月6日版《Adventist Review》19頁，Hyde撰「What Christ's Life Means to Me」。

10得救的經驗

基督復臨安息日會相信……

上帝因祂無限的慈愛與憐憫，使那無罪的基督為我們成為罪，為要使我們在祂裏面成為上帝的義。我們在聖靈引導下，感覺自己的需要，承認自己的罪孽深重，悔改我們的罪愆，並相信耶穌為主、為基督、為代罪者、為我們的榜樣。這項領受救恩的信心，乃得自上帝聖言的大能，為上帝恩典所賜。藉著基督我們被稱為義，被收納為上帝的兒女，從罪的轄制中得釋放。藉聖靈我們重生，並成為聖潔。聖靈更新我們的心意，將上帝愛的律法寫在我們心上。我們蒙賜能力度聖潔的生活。我們常在祂裏面，就與祂神聖的性情有分，如今在審判、得救上都有了保證。

——基本信仰第十條

第10章
得救的經驗

數世紀之前，《黑馬牧人》（the Shepherd of Hermas）裏記載他夢見一個滿臉皺紋的長壽老婦人。在他的夢中，她開始隨時間的流逝而改變。她的身體仍然蒼老頭髮斑白，但她的臉看來年輕些了。最後，她竟然恢復了她的青春。

杜倫斯（T. F. Torrance）將這婦人比作教會（註1）。基督徒不能靜止不前。基督的靈若在他們裏面施行統治（羅8：9），他們就處在不斷改變的過程之中。

保羅說：「基督愛教會，為教會捨己。要用水藉著道把教會洗淨，成為聖潔，可以獻給自己，作個榮耀的教會，毫無玷污，皺紋等類的病。乃是聖潔沒有瑕疵的。」（弗5：25－27）這樣的潔淨乃是教

會的目標。因此，那組成教會的信徒，可以見證說：「外體雖然毀壞，內心卻一天新似一天。」（林後4：16）「我們眾人既然敞著臉得以看見主的榮光，好像從鏡子裏返照，就變成主的形狀，榮上加榮，如同從主的靈變成的。」（林後3：18）這項變化，乃是最終內在的五旬節（譯者註：意指經歷聖靈的沛降與更新）。

整本聖經形容信徒的經驗——救恩、因信稱義、成聖、潔淨和救贖——都是講到①已經成就的、②現今明白的、③將來會被了解的。明白這三方面，能抒解我們在強調因信稱義和成聖時的緊張氣氛。因此本章分為三個主要段落來討論信徒的過去、現在和將來。

一、得救的經驗與過去

僅僅具有關於上帝以及祂的愛和善舉的資料性知識，仍然不夠。離開基督，想在自己裏面發展良善，效果是剛剛相反。那達於心靈深處的得救經驗完全來自上帝。基督講到這項經驗時說：「人若不重生，就不能見上帝的國……人若不是從水和聖靈生的，就不能進上帝的國。」（約3：3、5）

只有藉著耶穌基督，人才能經驗得救。「除他以外，別無拯救；因為在天下人間，沒有賜下別的名，我們可以靠著得救。」（徒4：12）耶穌說：「我就是道路、真理、生命；若不藉著我，沒有人能到父那裏去。」（約14：6）

得救的經驗，牽涉到悔改、認罪、赦免、稱義與成聖。

1.悔改

耶穌在釘十架前不久，應許祂的門徒賜下聖靈，聖靈「要叫世人為罪、為義、為審判，自己責備自己」（約16：8），藉以啟示祂。到了五旬節，聖靈的確使人相信他們需要一位救主。他們問，他們應當如何行，彼得回答說：「要悔改」（徒2：37、38；3：19）。

(1)何謂悔改

悔改一詞，是從希伯來文nocharn譯出，意為「抱歉」或「悔改」。希臘文中的對等字是metanoeo，意為「改變心意」、「感覺悔恨」、「悔改」。真實悔改的結果是，在對上帝及對罪的態度上，有了根本的改變。上帝的靈

會使那些接受祂的人，感覺到上帝的公義以及他們自己迷失的境況，因而感知罪的嚴重性。他們經驗悲傷與有罪感。他們認識到那真理：「遮掩自己罪過的，必不亨通；承認離棄罪過的，必蒙憐恤。」（箴28：13）他們清楚承認每一樣罪。藉著使用意志力，他們完全降服在救主腳前，離棄他們的罪行。這樣的悔改就在人的轉變中達到頂點──罪人轉向上帝（希臘文epistrophe，意為「轉向」，參見徒15：3）（註2）。

大衛從他的姦淫及殺人罪中悔改是一個鮮活的實例，說明了這項經驗如何為得勝罪惡而鋪路。他被聖靈感動，就厭惡他的罪，為他的罪悲傷並祈求潔淨：「因為，我知道我的過犯；我的罪常在我面前。我向你犯罪，惟獨得罪了你。」（詩51：3、4）「上帝啊，求你按你的慈愛憐恤我，按你豐盛的慈悲塗抹我的過犯！」（詩51：1）「上帝啊，求你為我造清潔的心，使我裏面重新有正直的靈。」（詩51：10）大衛後來的經驗證明了，上帝的赦免不僅使罪得救，還能救罪人脫離罪惡。

雖然悔改在赦罪之前，但罪人不能藉著悔改，使自己配受上帝的福分。實際說來，罪人甚至不能在自己裏面造成悔改。──那是上帝的恩賜（徒5：31；羅2：4）。聖靈吸引罪人到基督的跟前，為了使他可以尋得那種刻骨銘心為罪憂傷的悔改。

(2) 悔改的動機

基督說：「我若從地上被舉起來，就要吸引萬人來歸我。」（約12：32）當我們感受到基督受死使我們稱義，救我們脫離死刑時，我們的心就會融化、降服。試想一個等候死刑的囚犯忽然得到赦免時的感覺。

悔改的罪人在基督裏不僅罪得以赦免，還被宣判無罪──被稱為義。他不配，也無法賺取這樣的待遇。正如保羅指出，當我們還是軟弱、有罪、不敬虔及與上帝為敵之時，基督就為我們稱義而死（羅5：6-10）。沒有甚麼比感受到基督赦罪之愛更能感動人心的了。當罪人思想這展現在十字架上的神聖大愛時，他們就獲得所可能有的，最強烈的悔改動機了。這就是那領我們悔改的上帝的恩慈（羅2：4）。

2.稱義

上帝因祂無限的慈愛與憐憫，使基督——就是「使那無罪的，替我們成為罪，好叫我們在他裏面成為上帝的義。」（林後5：21）藉著相信耶穌，心靈就被祂的靈所充滿。藉著這同一個信心，就是上帝恩典所賜的信心（羅12：3；弗2：8），悔改的罪人被稱為義（羅3：28）。

稱義一詞，譯自希臘文dikaioma，意為「公義的要求、行為」、「法規」、「司法判決」、「公義的行為」。Dikaiosis則表示「稱義」、「伸冤」、「宣判無罪」。動詞dikaioo，意為「宣稱為義，或待之如義」、「判為無罪」、「被稱為義」、「被釋放、被淨化」、「稱義」、「伸冤」、「行公義」等。這些都可以幫助我們更清楚地了解這個詞（註3）。

一般說來，在神學上的稱義，乃是「藉以宣稱悔改的罪人為義，或視其為義的上帝的作為。稱義為定罪的反面（羅5：16）。」（註4）這項稱義的基礎並不是我們的順從，而是基督的順從，因為「因一次的義行，眾人也就被稱義得生命了……因一人的順從，眾人也就成為義了。」（羅5：18、19）祂將這項順從賜給了那些「蒙上帝的恩典，因基督耶穌的救贖，就白白的稱義」（羅3：24）的信徒。「他便救了我們；並不是因我們自己所行的義，乃是照他的憐憫。」（多3：5）

(1)信心與行為扮演的角色

許多人錯誤地相信，他們在上帝面前的立場，是以他們的好行為或壞行為為準。保羅論到人在上帝面前如何稱義時，毫不含糊地說：「我為他已經丟棄萬事，……為要得著基督；並且得以在他裏面，不是有自己因律法而得的義，乃是有信基督的義，就是因信上帝而來的義。」（腓3：8、9）他指出亞伯拉罕因「信上帝，這就算為他的義」（羅4：3；創15：6）。他稱義是在未受割禮之前，不是因為受割禮（羅4：9、10）。

亞伯拉罕的信心是何種信心？聖經顯明，「亞伯拉罕因著信，蒙召的時候，就遵命出去……出去的時候，還不知往哪裏去。」（來11：8-10；參閱創12：4；13：18）他對上帝有一種活潑真實的信心，在他的順從上表現了出來。他被稱為義，

就是以這項活潑的信心為基礎。

使徒雅各曾警告我們另一種對因信稱義的誤解：人可以沒有相稱的行為而稱義。他指出，若無行為，就不可能有真實的信心。正如保羅一樣，雅各也用亞伯拉罕的經驗，說明他的論點。亞伯拉罕將他的兒子以撒獻為祭，以此表現出他的信心（雅2：21）。雅各說：「可見，信心是與他的行為並行，而且信心因著行為才得成全。」（雅2：22）「信心若沒有行為就是死的」（雅2：17）。

亞伯拉罕的經驗顯示出，行為是與上帝有了真實關係的證據。所以那導致稱義的信心，乃是那種有行為的活潑的信心（雅2：24）。

保羅與雅各在因信稱義上的意見是一致的。保羅論到藉行為稱義的錯謬，而雅各則論說，那沒有相稱的行為而得稱為義也同樣危險。行為與死的信心都不能導致稱義。唯有那能使人生發仁愛的真實信心（加5：6），才能使稱義得以實現。

(2) 稱義的經驗

藉著在基督裡的信心而稱義，祂的義就歸給了我們。因為基督作了我們的代罪者，我們與上帝之間的關係就正常化了。保羅說：「上帝使那無罪的，替我們成為罪，好叫我們在他裏面成為上帝的義。」（林後5：21）身為悔改罪人，我們會經驗到完全與充分的赦免。我們就與上帝和好了！

撒迦利亞所見大祭司約書亞的異象，美妙地說明了稱義的事。約書亞站在上帝的使者面前，穿著那象徵為罪所玷污的污穢衣服。他站在那裏時，撒但要求他被定罪。撒但的控告沒有錯——約書亞不配被宣判無罪。但是，上帝依祂神聖的慈憐，卻斥責撒但說：「這不是從火中抽出來的一根柴嗎？」（亞3：2）這不是我的寶貝，我用特別的辦法保存的麼？

主命令立刻脫去污穢的衣服，並宣告說：「我使你脫離罪孽，要給你穿上華美的衣服。」（亞3：4）我們慈愛滿有憐憫的上帝，將撒但的控告撇在一旁，稱那顫驚的罪人為義，將基督的義袍穿在他身上。正如約書亞污穢的衣服代表罪，那新的義袍則代表信徒在基督裏的新經驗。在稱義的過程中，那已承認及蒙赦免的罪，就轉移到那聖潔的上帝之子、擔當罪孽的羔羊身

上。「但是那不配的、悔改的信徒所穿上的，是歸給他的基督的義。這項衣服的交換，這項神聖拯救的交易，就是聖經中因信稱義的教義。」（註5）這稱義的信徒，便經驗到罪得赦免及從罪中得以潔淨。

3.結果

悔改與稱義的結果如何？

(1)成聖

「成聖」一詞是譯自希臘文hagiasmos，意為「聖潔」、「奉獻」、「成聖」。從其動詞hagiazo，則為「使聖潔」、「奉獻上」、「使成聖」、「分別出來」。希伯來文的對等字是qadash，意為「從俗用分別開來」（註6）。

真實的悔改與稱義領人成聖。稱義與成聖乃是緊密關聯的（註7），是不同的兩回事，卻是連結在一起的。它們代表救恩的兩方面：稱義是上帝為我們作成的，成聖則是上帝在我們裏面作成的。

稱義與成聖都不是出於行為或功勞。二者都是由於基督的恩典與公義。「我們所藉以稱義的，乃是白白歸於我們的；我們所藉以成聖的

義，乃是基督授與我們的。前者是我們得進天國的權利，後者是我們進入天國的資格。」（註8）

聖經所說成聖的三方面是：①信徒過去已成就的行為；②信徒如今所經驗的過程；③基督復臨時信徒所經驗的最後結果。

關於信徒的過去，在稱義的同時，信徒便「奉主耶穌基督的名，並藉著我們上帝的靈」（林前6：11）成聖了。他或她就成為一個「聖徒」。此時這新信徒就得贖，完全屬於上帝。

由於上帝的聖召（羅1：7），信徒被稱為聖徒，那是因為他們在基督裏（腓1：1；約15：1-7），不是因為他們已經達到無罪的狀態。得救乃是現在的經驗。保羅說：「他便救了我們，……乃是照他的憐憫，藉著重生的洗和聖靈的更新」（多3：5），將我們分別出來，奉獻與一個聖潔的宗旨，與基督同行。

(2)收納為上帝家裏的人

新信徒同時領受了兒子的心。上帝收納他們為祂的兒女。那就是說，信徒已是大君王的兒女。祂已立他們為祂的後嗣，「和基督同作後嗣」（羅8：15-17）。這是何等的

特權、尊榮與喜樂！

(3)得救的把握

稱義也帶來信徒已蒙悅納的保證，它帶來現今與上帝再團圓的喜樂。無論人過去的生活如何罪惡滔天，上帝赦免一切的罪，我們不再在律法的咒詛與定罪之下。救贖已成為事實：「我們藉這愛子的血得蒙救贖，過犯得以赦免，乃是照他豐富的恩典。」（弗1：7）

(4)開始得勝的新生活

認識救主的寶血遮蓋了我們有罪的過去，就會為我們的靈、魂、體三方面帶來醫治。罪疚可以消除，因為在基督裏全都獲得赦免，都是新的了。藉著祂每天賜下的恩典，基督就開始將我們改變成上帝的形像。

當我們在祂裏面信心增長時，我們所得的醫治與變化也隨之進步。祂賜給我們愈來愈多勝過黑暗權勢的勝利。祂勝過世界，就保證了我們會從罪的奴役中得釋放（約16：33）。

(5)永生的恩賜

我們與基督的新關係，就會帶來永生的恩賜。約翰肯定地說：「人有了上帝的兒子就有生命，沒有上帝的兒子就沒有生命。」（約壹5：12）我們有罪的過去已不再是問題；藉著內住的聖靈，我們可以享受救恩的福分。

二、得救的經驗與現在

藉著基督的寶血，帶來了潔淨、稱義、成聖，信徒成了「新造的人，舊事已過，都變成新的了。」（林後5：17）

1.成聖生活的呼召

得救包括度一種以基督在臞髏地的成就為基礎的成聖的生活。保羅呼召信徒度一種獻身於聖潔及道德的生活（帖前4：7）。為了使他們能經驗成聖，上帝賜給信徒「聖善的靈」（羅1：4）。保羅說：「求他按著他豐盛的榮耀，藉著他的靈，叫你們心裏的力量剛強起來，使基督因你們的信，住在你們心裏。」（弗3：16、17）

信徒既是新造的人，就有新的責任。保羅說：「你們從前怎樣將肢體獻給不潔不法作奴僕，以致於不法；現今也要照樣將肢體獻給義作奴僕，以致於成聖。」（羅6：19）現在他們要在聖靈裏生活（加5：

25）。

聖靈充滿的信徒，「不隨從肉體，只隨從聖靈。」（羅8：4）他們已經變化，因為「體貼肉體的，就是死，體貼聖靈的，乃是生命、平安。」（羅8：6）藉著聖靈上帝住在裏面，他們「就不屬肉體，乃屬聖靈了。」（羅8：9）

聖靈充滿的生命，最高的目標乃是得上帝的喜悅（帖前4：1）。保羅說：成為聖潔是上帝的旨意。所以要「遠避淫行」（帖前4：3），並且「不要一個人在這事上越分，欺負他的弟兄；……上帝召我們，本不是要我們沾染污穢，乃是要我們成為聖潔。」（帖前4：6、7）

2.內在的改變

基督復臨時，我們的身體會改變。這必朽壞的、必死的身體，會變成不死的（林前15：51-54）。但是我們的品格必須變化，準備基督復臨。

品格變化牽涉到上帝形像的心、靈兩方面，就是那天天要更新的「內心」（林後4：16；羅12：2）。這樣，像那《黑馬牧人書》故事中的老婦人一樣，教會正變得愈來愈年輕——每一個完全奉獻的基督徒，都正在榮上加榮的改變，直到基督復臨時，他或她按上帝形像的變化就會完成。

(1)基督與聖靈的參與

唯有創造主能完成改變我們生命的創造大工（帖前5：23）。但是我們若不參與，祂就不會如此行。我們必須將自己置於聖靈工作的管道中，那是我們藉仰望基督就能作成的。當我們默想基督的生平時，聖靈就會恢復我們靈智體的官能（多3：5）。聖靈的工作包括啟示基督，及恢復我們身上基督的形像（羅8：1-10）。

上帝要住在祂子民裏面，因為祂曾經應許「我要在他們中間居住」（林後6：16；參閱約壹3：24；4：12）。所以保羅能夠說：「基督在我裏面活著」（加2：20；約14：23）。創造主天天住在信徒裏面，就能有內在的復甦（林後4：16），更新其心意（羅12：2；腓2：5）。

(2)與神聖的性情有分

基督「又寶貴又極大的應許」，保證賜下祂神聖的大能，以完成我們品格的改變（彼後1：4）。這樣獲得上帝的大能，就讓我們可以殷

勤地「有了信心，又要加上德行；有了德行，又要加上知識；有了知識，又要加上節制；有了節制，又要加上忍耐；有了忍耐，又要加上虔敬；有了虔敬，又要加上愛弟兄的心；有了愛弟兄的心，又要加上愛眾人的心。」（彼後1：5-7）「你們若充充足足地有這幾樣，」彼得說：「就必使你們在認識我們的主耶穌基督上，不至於閒懶不結果子了。人若沒有這幾樣，就是眼瞎。」（彼後1：8、9）

a.只能藉著基督

那將人變化為創造主形像的，乃是披戴或分享基督（羅13：14；來3：14），「聖靈的更新」（多3：5）。這乃是上帝的愛在我們裏面得以完全（約壹4：12）。是一種類似上帝兒子成為肉身的奧秘。正如聖靈使神聖的基督能分享人性般，聖靈也使我們能有分於神性。這種神性的分享，更新我們裏面的人，在一個不同的水平上使我們像基督。基督成為人，但信徒不會成為神，只是在品格上像上帝。

b.不斷增長的過程

成聖乃是不斷進步的。藉著禱告及研讀聖經，我們便在與上帝的團契中不斷地成長。

僅僅腦子了解救恩計畫仍然不夠。基督說：「你們若不吃人子的肉，不喝人子的血，就沒有生命在你們裏面。吃我肉，喝我血的人就有永生，在末日我要叫他復活。我的肉真是可吃的，我的血真是可喝的。吃我肉，喝我血的人，常在我裏面，我也常在他裏面。」（約6：53-56）

祂話中之意生動地傳達了信徒必須吸收基督的話。耶穌說：「我對你們所說的話，就是靈，就是生命。」（約6：63；參見太4：4）

品格是由心靈吃喝進去的東西所組成。當我們消化生命的糧時，我們就會變化成為基督的形像。

(3)兩種變化

主後1517年，就是馬丁路德將他的95條論文釘在德國威登堡教堂門上的那一年，拉飛爾（Rafacl）在羅馬開始畫他那幅基督變像的名畫。這兩件事有一些共同點。路德的行動產生了基督教。拉飛爾的畫，雖然無意，但卻表現了宗教改革的精

神。

在這幅畫中，基督站在山上，那被鬼附的人在山谷期待地仰望著祂（可9：2-29）。兩組門徒——一組在山上，一組在山谷中，描寫出兩種類型的基督徒。

山上的門徒要留在基督身邊，似乎對山谷下的需要漠不關心。好多世紀以來，許多人在山上建造，遠離世人的需要。他們的經驗是只有禱告而無工作。

在另一方面，山谷中的門徒們則是有工作而無禱告——他們趕鬼的努力沒有成功。許多人都是落在為他人工作而無禱告，或是落在禱告甚多但未為他人工作的陷阱中。這種基督徒都需要在他們身上恢復上帝的形像。

a.真實的變化

上帝盼望將墮落的人改變成祂的形像，是藉著改變他們意志、心思、慾望及品格。聖靈帶給信徒一個完全不同的展望。聖靈的果子：「仁愛、喜樂、和平、忍耐、恩慈、良善、信實、溫柔、節制。」（加5：22、23）如今構成了他們的生活方式——即或他們在基督復臨之前仍然是必朽壞、

必死的人。

我們若不拒絕祂，基督「必能使我們的思想和目的與祂一致，使我們的心志與意念也合乎祂的旨意，以致在我們順從祂的時候，無非是在履行自己的意願而已。這樣，我們受了鍛鍊而成為聖潔的意志，就必以從事祂的工作為最大的喜樂。」（註9）

b.兩個目標

基督登山變像，顯示了另一個強烈的對比。基督變了像，但是以某種意義說，山谷中的男孩子也變了像。那個男孩子變成了魔鬼的形像（見可：9：1-29）。從此我們清楚看見兩個相反的計畫——上帝恢復我們的計畫與撒但毀壞我們的計畫。聖經說，上帝能「保守我們不失腳」（猶24）。但在另一方面，撒但則盡一切所能，保持我們在墮落的狀態之中。

生命關係到經常的改變，無中立地帶。我們若不是更高貴，就是更墮落；我們不是義的奴僕，就是罪的奴僕（羅6：17、18）。誰佔有了我們的心靈，誰就佔有了我們。若是藉著聖靈，基督佔有

了我們的心靈，我們就必變成為像基督的人……聖靈充滿的生命會「將人所有的心意奪回，使他都順服基督。」（林後10：4、5）但若是沒有基督，就會使我們與生命的源頭及改變斷絕，使我們無法避免最終的毀滅。

3.基督的完全

聖經中所說的完全是甚麼？如何才能獲得？

(1)聖經所說的完全

聖經中譯為完全的原文，希伯來文是tam或tamim，意為「完全」、「正當」、「平安」、「健康」、「健全」、「無可指責」。希臘文是teleios，一般的意思為「完全」、「完美」、「完全長大」、「成熟」、「完全發展」、「已達目的」（註10）。

舊約用在人身上時，這個詞是相對的意思。挪亞、亞伯拉罕、約伯，都曾被描寫是完全、無可指責的人（創6：9；17：1；22：18；伯1：1、8），但他們都有不完全之處（創9：21；20章；伯40：2-5）。

在新約中，「完全」常描寫那些成熟的人，曾依他們所有的最大亮光而生活，他們靈、智、體三方面的力量，都達到了最大的潛能（參閱林前14：20；腓3：15；來5：14）。基督說，正如上帝在祂無限、絕對的領域中完全一樣，信徒也要在他們有限的領域中完全（太5：48）。在上帝眼中，一個完全的人，是一個將心靈與生命完全奉獻的人。他們為崇拜上帝、服事上帝，在上帝的知識上不斷增長，並且藉著上帝的恩典，完全依照他領受的亮光生活，而同時在得勝的生活中喜樂（參閱西4：12；雅3：2）。

(2)基督裏充分的完全

我們如何能成為完全？聖靈將基督的完全帶給我們。藉著信心，基督完美的品格就成為我們的。人永遠不能說他憑自己有這種完全，而視其為與生俱來或屬乎他們自己的。完全乃是上帝的恩賜。

離了基督，人無法獲得公義。祂說：「常在我裏面的，我也常在他裏面，這人就多結果子；因為離了我，你們就不能作甚麼。」（約15：5）上帝使基督「成為我們的智慧、公義、聖潔、救贖」（林前1：30）。

在基督裏，這些資質就構成我們的完全。祂一次就永遠完成了

我們的成聖與救贖。沒有人能在祂所完成的工作上再加添甚麼。我們赴婚筵的禮服或義袍，是由基督的生、死與復活製作的。如今聖靈將那已經完工的產品，在基督徒的生活中顯露出來。如此，「上帝一切所充滿的」，就能充滿我們（弗3：19）。

(3)邁向完全

在這些事情上，身為信徒的我們，扮演甚麼角色呢？藉著內住的基督，我們長大，在靈性上成熟。藉著上帝賜給教會的各種恩賜，我們可以發展「長大成人，滿有基督長成的身量。」（弗4：13）我們需要長大，超越我們屬靈孩童時代的經驗（弗4：14），超越基督徒經驗的基本真理，邁向為成熟基督徒所預備的「乾糧」（來5：14）。保羅說：「所以，我們應當離開基督道理的開端，竭力進到完全的地步。」（來6：1）他說：「我所禱告的，就是要你們的愛心在知識和各樣見識上多而又多。使你們能分別是非，作誠實無過的人，直到基督的日子；並靠著耶穌基督結滿了仁義的果子，叫榮耀稱讚歸與上帝。」（腓1：9-11）

成聖的生活並非一種沒有困難與障礙的生活。保羅勉勵信徒說：「當恐懼戰兢，作成你們得救的工夫。」但是他也加上鼓勵的話說：「因為你們立志行事都是上帝在你們心裏運行，為要成就他的美意。」（腓2：12、13）

他說，你們要：「天天彼此相勸，免得你們中間有人被罪迷惑，心裏就剛硬了。我們若將起初確實的信心堅持到底，就在基督裏有分了。」（來3：13、14；太24：13）

聖經警告說：「我們得知真道以後，若故意犯罪，贖罪的祭就再沒有了；唯有恐懼戰驚等候審判。」（來10：26、27）

這些教訓清楚地顯明，「基督徒需要的不僅是法律觀點上的稱義與成聖。雖然得救總是藉著信心，但他們還需要品格的聖潔。進入天國的權利全靠基督的義。但上帝的救恩計畫除了稱義之外，這項權利還提供了藉著基督住在裏面而有的進入天國的資格。這項資格必須在人的道德品格上顯明，證明拯救已經發生。」（註11）

以人的說法，這是甚麼意義呢？要在每一個發展的階段都過完全

成聖的生活，一定要不斷的禱告。「因此，我們……為你們不住的禱告祈求，……好叫你們行事為人對得起主，凡事蒙他喜悅，在一切善事上結果子。漸漸地多知道上帝。」（西1：9、10）

4.每日稱義

聖靈充滿、度成聖生活（由基督佔有）的每一信徒，有每天不斷稱義（由基督賦與）的需要。我們有此需要，因為我們有明知而犯的罪以及無意中犯的過錯。大衛因深知人心充滿罪惡，就為他「隱而未現的罪」祈求赦免（詩19：12，參閱耶17：9）。上帝特別講到信徒的罪時，向我們保證說：「若有人犯罪，在父那裏我們有一位中保，就是那義者耶穌基督。」（約壹2：1）

三、得救的經驗與未來

我們的得救，在我們復活或變化升天得榮耀時，便充分地完成了。藉著得榮耀，上帝將祂自己輝煌的榮耀與蒙贖之人分享。這是我們每一個上帝兒女所期待的。保羅說：「我們……歡歡喜喜盼望上帝的榮耀。」（羅5：2）

基督復臨時，當基督「向那等候他的人第二次顯現，……拯救他們」（來9：28）時，得救就完成了。

1.成聖與得榮耀

基督住在我們心內，乃是將來得救的條件之一——我們這必死的身體得榮耀。保羅說：「基督在你們心裏成了有榮耀的盼望」（西1：27），又在其他的地方解釋說：「叫耶穌從死裏復活者的靈若住在你們心裏，那叫耶穌從死裏復活的，也必藉著住在你們心裏的聖靈，使你們必死的身體又活過來。」（羅8：11）保羅向我們保證說：「他從起初揀選了你們，叫你們因信真道，又被聖靈感動，成為聖潔，……好得著我們主耶穌基督的榮光。」（帖後2：13、14）

在祂裏面，我們已經在天上寶座的殿堂裏（西3：1-4）。那些「於聖靈有分」的人，實際上就是覺悟了來世的權能（來6：4、5）。藉著思想主的榮耀及注目基督吸引人的完美品格，我們就「變成主的形狀，榮上加榮，」（林後3：18）——我們正在為基督復臨時所要經驗

的變化作準備。

我們最終的得贖與被收納為上帝的兒女，是在將來。保羅說：「受造之物切望等候上帝的眾子顯出來。」又說：「不但如此，就是我們這有聖靈初結果子的，也是自己心裏嘆息，等候得著兒子的名分。乃是我們的身體得贖。」（羅8：19、23；參閱弗4：30）

在「萬物復興的時候」（徒3：21），這件大事就發展到高潮了。基督稱之為「復興的時候」（太19：28）。那時，受造之物要「脫離敗壞的轄制，得享上帝兒女自由的榮耀。」（羅8：21）

聖經的觀點，一方面說收納為兒女及救贖……或得救……「已經」完成，但另一方面卻說，還沒有完成，這使一些人感到困惑。研究基督救主工作的全部範圍，就能找到答案。「保羅將我們現今得救，是與基督第一次的降臨有關。在那歷史性的十字架、復活及基督天上的服務中，我們的稱義、成聖，已經一次永遠的完成了。但是，對於我們將來的得救及身體得榮耀，保羅認為與基督的復臨有關。

為此之故，保羅可以同時說，以過去基督的十字架與復活而言，『我們已經得救，』但以將來基督復臨救贖我們的身體說，『我們還未得救』。」（註12）

因強調我們現今的得救以致於排斥將來的得救，會造成對基督完全的救恩之不幸的誤解。

2.完全與得榮耀

一些人錯誤的相信，將來得榮耀時所將帶來的完全，現今已經可以得著。但是保羅——那位完全獻身屬上帝的人，在他一生就要結束論到自己時，他寫到：「這不是說我已經得著了，已經完全了；我乃是竭力追求，或者可以得著基督耶穌所以得著我的。弟兄們，我不是以為自己已經得著了；我只有一件事，就是忘記背後，努力面前的，向著標竿直跑。要得上帝在基督耶穌裏從上面召我來得的獎賞。」（腓3：12—14）

成聖乃是終生的過程，如今只有在基督耶穌裏才能完全。但是基督復臨時，我們的生命終會全面變化成上帝的形像。保羅警告說：「所以，自己以為站的穩的，需要謹慎，免得跌倒。」（林前10：12）

28 SEVENTH-DAY ADVENTISTS BELIEVE...28
基本信仰28條

以色列的歷史，大衛、所羅門、彼得的生平，對一切人都是嚴重的警告。「只要生命尚存，就需要以一項堅定的宗旨，防備我們的情慾與嗜好。內心有腐化，外面有試探。上帝的工作在何處進步，撒但就會計畫安排環境，使試探帶著強烈的力量臨到人。除非我們倚靠上帝，將生命與基督一同藏在上帝裏面，就沒有一刻是安全的」（註13）。

我們最後創新性的改變，是在我們成為不朽壞和不死的時候，是在聖靈完全恢復那原先創造的時候。

四、上帝接納我們的基礎

像基督那樣的品格素質或無瑕疵的品行，都不是上帝悅納我們的基礎。拯救我們的義，來自那位義者耶穌，並藉著聖靈傳給我們。對於基督公義的恩賜，我們不能加上什麼，只能接受。除了基督之外，沒有一個義人（羅3：10），人自己的義，只是污穢的衣服（賽64：6；參見但9：7、11、20；林前1：30）（註14）。

甚至我們在回應基督拯救大愛時所行的，也不能成為上帝悅納我們的基礎。悅納是與基督的作為一致

的。聖靈將基督帶給我們時，就是將悅納帶給我們。

我們獲得悅納是基於基督使我們稱義的公義，或是基於使我們成聖的公義，或是二者都是？加爾文（John Calvin）指出，「正如基督不能分割一樣，這兩樣，我們所理解在祂裏面結合在一起的稱義與成聖，也是不可分割的。」（註15）必須以整體的角度看基督的工作。避免因試圖詳細區分稱義與成聖之間的差異，而對這兩個名詞作任何臆測，這是十分重要的，「在因信稱義這等重大的問題上，為何要比聖靈所指示的更詳細呢？」（註16）

正如太陽有光與熱不可分割，卻各自有特別的功能一樣，基督也是如此，祂既是我們的義，也是我們的聖潔（林前1：30）。我們在祂裏面不僅完全稱義，也在祂裡面完全成聖。

聖靈將髑髏地的「成了」帶進我們裏面，將上帝唯一悅納人的經驗賜給我們。這十字架上的「成了」，使其他一切人想獲得悅納的企圖有了疑問。聖靈將釘十字架的那位帶進我們裏面時，就將上帝唯

164

一悅納我們的根據帶給了我們，並
給我們真實的得救權利與資格。

註1：T. F. Torrance著《Royal Priesthood》48頁。
註2：見《基督復臨安息日會參考文庫》卷八「Conversion；Repent, Repentence」235、933頁。
註3：W. E. Vine著《An Expository Dictionary of the New Testament Words》284－286頁，William F. Arndt與F.Wilbur Gingrich合編《A Greek English Lexicon of the New Testament and Other Early Christian Literature》196頁。
註4：《基督復臨安息日會參考文庫》卷八「Justification」，635頁。
註5：La Rondelle著《Christ Our Salvation》47頁。
註6：《基督復臨安息日會參考文庫》卷八「Sanctification」，979頁。
註7：同上。
註8：懷愛倫著《告青年書》19頁。
註9：懷愛倫著《歷代願望》678頁。
註10：《基督復臨安息日會參考文庫》卷八「Perfect, Perfection」，864頁。
註11：同註5，77頁。
註12：同上89頁。
註13：《基督復臨安息日會參考文庫》卷二第1032頁懷愛倫註。
註14：懷愛倫在「基督，我們的大祭司」的評註中說：「宗教的崇祀、祈禱、讚美、悔改、罪人的認罪，如同馨香從真實信徒升到天上聖所。但是經過了敗壞的人性管道，它們受到如此的污染，除非為血潔淨，在上帝那裏就毫無價值。它們升上去時並非無玷污的純潔。除非那位在上帝右邊的代求者，用祂自己的公義潔淨與奉獻，就不會蒙上帝悅納。地上所有會幕所燒的香，都必須以基督潔淨的血滴滋潤」《Selected Messages》，卷一第344頁。
註15：Calvin著《Institute of Christian Religion》第三冊11、6。
註16：《基督復臨安息日會參考文庫》卷6第1072頁懷愛倫評註。

11 在基督裡成長

基督復臨安息日會相信……

藉著祂在十字架上的死，基督勝過了罪惡的權勢。

祂在世上工作時，就征服了邪靈粉碎了魔鬼的能力，並確定了他們最終的毀滅。當我們在基督的平安、喜樂，以及祂愛我們的保證中與祂同行時，耶穌的勝利，就使我們能勝過那些仍企圖控制我們的邪惡勢力。

聖靈現在就住在我們裏面，並賜能力給我們。當我們不斷地將自己交託與耶穌，以祂為我們的救主時，我們就從自己過去所作所為的重擔中得了釋放。我們不再生活在黑暗、懼怕邪靈、蒙昧無知，以及先前行為的虛妄中。

在基督裏的自由中，我們蒙召要長成基督的品格及樣式，日日在禱告裡與祂交通，在祂的話中得餵養，默想祂的話及祂的眷佑，唱詩讚美祂，聚在一起敬拜祂，並參與教會的佈道使命。

當我們將自己投身於對周圍之人的愛心服事、為主的救恩作見證時，聖靈便在每一時刻，每一件工作上與我們同在，將這一切昇華為一次次屬靈的經驗（詩1：1、2；23：4；77：11、12；西1：13、14；2：6、14、15；路10：17-20；弗5：19、20；6：12-18；帖前5：23；彼後2：9；3：18；林後3：17、18；腓3：7-14；帖前5：16-18；太20：25-28；約20：21；加5：22-25；羅8：38、39；約壹4：4；來10：25）。

——基本信仰第十一條

第11章
在基督裏成長

一、新生是喜樂的時刻

一粒種子發芽了，那兩片新長的葉子使園丁欣喜。一個嬰兒出生了，他發的頭一聲哭叫向世界宣

告：又一個新生命誕生了，要珍視他／她，於是作母親的忘記了她一切的疼痛，與家人一起快樂、慶祝。一個國家獲得了自由，於是整個民族都湧上街頭，擠滿了廣場，揮舞著象徵他／她們新近獲得之喜樂的標誌。

但請試想：如果那兩片葉子不再成長為四片，仍舊保持著原樣或索性凋零了；一年以後，這個小嬰兒既不會笑也不會走路，仍像他剛出生時一樣；這初獲自由的國家，不久又變為令人恐懼、折磨人和囚禁人的牢獄。那園丁的喜樂，母親的歡悅，以及未來將充滿自由的承諾，都將變成失望、憂傷和哀痛。

成長——持續不斷、日益成熟地，並結出果子的成長，是生命的根本。若不成長，生命的誕生就失去了意義、目的和方向。

成長是生命不可分割的過程，它包括身體和靈性兩方面。身體的成長需要足夠的營養、環境、栽培、運動、教育、訓練，和一種充滿人生目的的生活。但我們在這裏所思考的，是靈命的成長。作為基督徒，我們怎樣在基督裏生長並成熟呢？靈命成長有哪些標誌呢？

二、生命始於死亡

基督徒生命最基本、最獨特之處，就在於它真是從死亡開始的，其中包括了兩個死亡事件。首先，基督在十字架上的死，使我們得以擁有一個新生命——脫離了撒但的控制（西1：13、14）、脫離了定罪（羅8：1）、脫離了罪的刑罰（羅6：23），並帶來神人之間的和好。其次，是自我的死去，使我們得以接受基督所賜的生命。其產生的結果就是，第三，我們以新生的樣式來生活。

1.基督的死

十字架是上帝救贖計畫的中心。若非十字架，撒但及其鬼魔的勢力就不可能被擊敗，罪的問題就不可能被解決，死亡也就不可能被消滅。

使徒告訴我們：「他兒子耶穌的血也洗淨我們一切的罪」（約壹1：7）。聖經中最為人喜愛的經文說：「上帝愛世人」，是上帝的愛孕育了救贖計畫，而此計畫的實施，在這節經文的下半部，上帝「將祂的獨生子賜給他們」。上帝救恩的獨特之處，不在於祂把兒子

給了我們,而在於祂讓祂的兒子為我們的罪而死。如果沒有十字架,罪就不得赦免,沒有永生,也不可能勝過撒但。

藉著祂在十字架上的死,基督戰勝了撒但。從曠野受猛烈的試探開始,一直到客西馬尼園極大的痛苦,撒但殘忍地攻擊上帝的兒子,企圖削弱祂的意志,動搖祂所當走的道,引誘祂不信任祂的父,並企圖迫使祂逃避那作為罪的犧牲,為人類的罪受死的苦杯。

十字架是最後的攻擊。在那裏,「撒但和他的惡使者以人的形像,站立在十字架旁」(註1),要將他與上帝的大爭戰進行到底,希望耶穌立刻從十字架上下來,以致於無法實現上帝賜下獨生愛子為贖罪祭來拯救人類的救贖計畫(約3:16)。

但是,基督藉著在十字架上的捨命,粉碎了撒但的勢力,「既將一切執政的、掌權的擄來,明顯給人看,就仗著十字架誇勝。」(西2:15)在十字架上,「這場戰鬥打贏了。他的右手和聖臂已取得勝利。」(詩98:1)祂以勝利者的姿態,將祂的旗幟插上了永世的高

峰。……全天庭無不為救主的勝利而歡呼。撒但被擊敗了,他知道他的國度必要滅亡。」(註2)

使徒在歌羅西書中的生動描寫引人注目。首先,基督將一切執政的、掌權的擄來(西2:15)。在新約聖經原文希臘文中,「擄來」一詞字面意思為「除去」。因為十字架的緣故,只要上帝的子民們信靠主在十字架上為他們帶來的勝利,撒但在他/她們身上的鬼魔能力,就必一掃而空。

其次,十字架使撒但及他的爪牙,在全宇宙前成了「一台公開戲。」這個曾自誇「要與至上者同等」的(賽14:14),現在演了一齣充滿可恥與失敗的戲。魔鬼不再有能力控制信主之人,他們已經脫離黑暗進入光明國度了(西1:13)。

第三,十字架保證在末後戰役中得勝撒但、罪惡和死亡。

因此基督的十架,已成為上帝戰勝邪惡勢力的手段:是罪得赦免的途徑(西2:13);是向宇宙展示祂與世人和好的證據(林後5:19);是我們現在度一個得勝人生、在基督裏成長的保證。藉著它,罪惡將不能再控制我們的思想或身體(羅

6：12），並確保了我們是上帝兒女的身分（羅8：14）。

這是一個關乎末世的可靠事實，就在這個曾被撒但篡奪統治權的罪惡世界裏，罪惡存在及其權勢將被清除盡淨（啟21：1）。

在救贖與得勝之梯的每一步裡，我們都能看到基督自己的預言得蒙應驗：「我曾看見撒但從天上墜落，像閃電一樣。」（路10：18）十字架上的基督，是上帝除罪的救贖性作為。唯恐我們忘記了這個事實，耶穌說祂的血是「為多人流出來，使罪得赦。」（太26：28）

這寶血的流出，對得救的經驗與認識救恩是至關重要的。其一是它提到了罪。罪是真實的，它的代價是昂貴的。罪對人造成巨大和致命的影響，以致於若沒有基督的「寶血」（彼前1：19），罪得赦免、從罪的權勢下獲得自由，就根本不可能了。

有關罪的這一真理需要不斷地提述，因為我們生活在一個否認罪是實際存在的，或對罪麻木不仁的世界裏。在十字架上，我們看明了罪如鬼魔般的本質，這罪唯有靠著那「為多人流出來，使罪得赦」（太

26：28）的血，才能被除淨。

讓我們千萬別忘記，或是對這一事實漠不關心，就是：耶穌為我們的罪而死，並且若沒有祂的死，罪就不能得赦免。是我們的罪把耶穌釘上了十字架。

正如保羅所說：「因我們還軟弱的時候，基督就按指定的日期為罪人死。……唯有基督在我們還作罪人的時候為我們死。」（羅5：6-8）或如懷愛倫所說，「世人的罪惡都重重地壓在基督身上，上帝對罪惡的憤怒，竟摧毀了祂的生命」（註3）。我們確信並宣揚，因耶穌的死「只一次獻上」（羅6：10；來7：27；10：10）就成全了救恩的替贖性質。

我們得救，不是藉著基督這位大善人，也不是藉著基督這位神人，更非藉著基督這位偉大教師，或祂聖潔的榜樣。我們得救是藉著十架上的基督。「基督受了我們所該受的罰，使我們能得祂所該得的賞。祂為我們的罪……祂原是無分的……，被定為罪，好使我們因祂的義……我們原是無分的義，得稱為義。祂忍受我們的死，使我們能得祂的生。『因祂受的鞭傷，我們

得醫治。』」（註4）

耶穌的血保證了罪的赦免，且播下了新生命成長的種子。這新的、有生命力的種子，在基督徒的生命中，首先表現出來的特點之一，就是重新和好。

十字架是上帝用來實現人與祂和好的工具。「上帝在基督裏」，使徒保羅說，「叫世人與自己和好。」（林後5：19）因祂在十字架上所成就的，我們才可能無罪而又無懼地站在上帝的面前。那使我們與上帝疏遠隔離的罪已被拆除。「東離西有多遠，他叫我們的過犯離我們也有多遠！」（詩103：12）在十字架上的那一位，已經為我們開闢了一條通向上帝的新路。祂在十架上宣告：「成了」，然後敦促祂的跟從者們，進入一個永久與上帝交往的關係中。

與上帝和好，立刻使我們進入了成長的第二個階段：與我們周圍的人和好。

十架下的美好畫面之一就是：各樣的人都聚集在那裏。他們並不都是耶穌的仰慕者，並不都是聖徒。但看看這些人吧！那裏有為自己精明的生意頭腦而驕傲的埃及人；有

以文明與文化自誇的羅馬人；有學識超群的希臘人；有自認為是上帝選民的猶太人；自認為是選民中之選民的法利賽人；自認為擁有純正教義的撒都該人；也有正在極力爭取自由的奴隸；好逸惡勞的自由人；有男人、女人和孩子們。

但十字架不區分這一切的人。它定他/她們全是罪人。它提供給所有人和好的神聖途徑：十字架下人人平等。所有的人都被聚集在一起，再沒有任何分裂人的因素存在。新的弟兄姐妹關係被締造。新的友誼萌發出來。東與西相連，南與北相遇，白人與黑人握手相交，富人伸手牽住窮人的手。十字架邀請所有的人到寶血之源，體會生命的甜美，分享恩典的經歷，並向世人顯明一個新的生命，一個新的家庭（弗2：14－16）。如此十字架以勝過撒但和罪惡為開始，帶來了基督裏新生命的結果。

2.向自我死

基督徒的新生和成長的第二個重要方面，就是向老我死去。如果你不明白這是基督徒新生命的基礎，你就不可能理解新約。讀

加2：20、21「我已經與基督同釘十字架，現在活著的不再是我，乃是基督在我裏面活著；並且我如今在肉身活著，是因信上帝的兒子而活，他是愛我，為我捨己。」或讀羅6：11「這樣，你們向罪也當看自己是死的；向上帝在基督耶穌裏，卻當看自己是活的。」或是讀耶穌對新生命原則的闡述：「我實實在在地告訴你們，一粒麥子不落在地裏死了，仍舊是一粒，若是死了，就結出許多子粒來。」（約12：24）

因此，基督徒的生命並非從出生開始，而是從死亡開始。除非自我死去，除非自我被釘十架，否則就談不上新生命的開始。必須要根本的、刻意的、完全的割除自我。「若有人在基督裏，他就是新造的人，舊事已過，都變成新的了。」（林後5：17）「基督徒的人生不是舊生活的修整或改良，而是本質的變化。要對私心和罪惡看自己是死的，隨而代之以全新的生活。這種變化，只有靠聖靈的運行才能實現。」（註5）

使徒強調了藉著洗禮的經歷而來的，向罪死及新生命的復活：

「豈不知我們這受洗歸入基督耶穌的人是受洗歸入他的死嗎？所以，我們藉著洗禮歸入死，和他一同埋葬，原是叫我們一舉一動有新生的樣式，像基督藉著父的榮耀從死裏復活一樣。」（羅6：3，4）因此，洗禮象徵性地打開了那新生命的門，並吩咐我們要在基督裏成長。

當一個人接受耶穌為救主時，他就會發生變化。西門，這個動搖退後的人，變成了彼得，一個無所畏懼的人。掃羅，這個迫害者，變成了保羅，福音的宣揚者；多馬，這個疑惑者，變成了佈道的拓疆者。勇敢代替了膽怯，信心的火炬驅除了不信的陰霾，嫉妒被愛所淹沒。自利的心被弟兄間的關愛所融化，罪在人的心中再無滋生之地。自我被釘死了。所以保羅寫到：「因你們已經脫去舊人和舊人的行為，穿上了新人。這新人在知識上漸漸更新，正如造他主的形像。」（西3：9、10）

耶穌強調說：「若有人要跟從我，就當捨己，背起他的十字架來跟從我。」（太16：24；比較路9：23）在基督徒的生命中，自我的死

去是沒有選擇餘地的，它是一個必須。十字架及其所宣稱的——不管是當前的還是最終的——都必須觸及到基督徒作門徒的身分，並要求人作出完全的回應。潘霍華（Dietrich Bonhoffer）精湛的評論值得注意：「如果我們的基督教信仰，已經把作耶穌門徒的身分看為兒戲，如果我們將福音信息淡化為精神上的安慰，又認為它並不要求我們付出任何昂貴的代價，從而昧於將普通的人生與基督徒的人生加以區分，那麼我們就不禁要將十字架看成是日常生活中一件普通的不幸事件，或是人生中常見的磨難和試煉而已。」

當基督呼召一個人，是要他來，並且死。每一次都是同樣的死——在耶穌基督裏面的死，是那舊人在蒙召之時的死（註6）。因此，那要我們度基督徒人生的呼召，就是一個要我們來就十字架的呼召——要我們不斷放棄那隱藏在自我裏面的，總是想要讓自我作救主的意念，要我們完全持守住十字架上的這一位，好叫我們的「信不在乎人的智慧，只在乎上帝的大能。」（林前2：5）

3.過新生活

在基督裏成長的第三方面是過新生活。對基督徒人生的一個最大誤解之一，就是認為救恩是上帝白白賜下的恩惠——到此結束。不錯，在基督裏「我們藉這愛子的血得蒙救贖，過犯得以赦免，乃是照祂豐富的恩典。」（弗1：7）「你們得救是本乎恩，也因著信，這並不是出於自己，乃是上帝所賜的；也不是出於行為，免得有人自誇。」（弗2：8、9）這話也對。

恩典的確是白白賜下的。但這恩典卻是以上帝獨生子的生命換來的。白白賜下的救恩不等於廉價的救恩。什麼是廉價的救恩？潘霍華（Bonhoeffer）說：「廉價的救恩是傳講饒恕卻不要求悔改；受浸卻沒有教會的訓誡；參與聖餐而不必認罪；赦免卻無需個人的悔悟。廉價的救恩是無需做門徒的救恩，沒有十字架，沒有永活及成為肉身的耶穌基督的恩典。」（註7）

廉價的救恩與耶穌的呼召無關。當耶穌呼召人時，祂也給了他或她十字架來背負。作一個門徒就是作一個跟從者。作耶穌的跟從者是完全沒有便宜花招的。

在給哥林多人的書信裏，保羅強調了得蒙救恩之人的義務。首先，他談到了自己的經驗；「然而，我今日成了何等人，是蒙上帝的恩才成的，並且他所賜我的恩不是徒然的。我比使徒格外勞苦；這原不是我，乃是上帝的恩與我同在。」（林前15：10）這樣，保羅承認了上帝的恩典在他生命的首要地位。

接著，他進一步說明這恩典加給他不是徒然的。希臘文「徒然」直譯為「為了空虛的緣故」。也就是說，保羅獲得恩典的緣故，不是為了要過一個徒然的、空虛的人生，而是一個滿有聖靈果子的生命。即便如此，他所依靠的也不是他自己的力量，而是憑著住在他裏面之恩典的大能。照樣，他也懇求信徒「不可徒受他的恩典」（林後6：1）。

上帝的恩典不是要把我們從一種空虛中解救出來，再把我們放入另一種空虛中。上帝的恩典是叫我們與祂和好，使我們成為上帝家中的一員。在加入了這個家庭之後，我們就生活在這個家裏，並藉著祂奇妙的恩典，不斷結出上帝愛的果子來。

因此，在基督裏成長，就是不斷長大成熟，以至於日復一日，我們能反照出基督的心意，並走上基督的道路。這便引出了一個問題：這一成熟生命的特徵及不斷成長的標誌是什麼呢？我們可以來思考以下七個特徵，但特徵之多，並不止此。

三、在基督裏成長的標誌

1.屬靈的生命

耶穌告訴尼哥底母說：「人若不是從水和聖靈生的，就不能進上帝的國。」（約3：5）如果沒有聖靈重生的大能，基督徒的生命就無從開始。祂是「真理的聖靈」（約14：17），引導我們進入一切的真理（約16：13），並使我們明白顯示在聖經中上帝的旨意。祂使我們為罪、為義、為審判，自己責備自己（約16：7、8）。沒有這些，我們就無從明白我們的行為及生活方式，對我們現在及今後永遠的後果。

是聖靈改變人心的能力及其在我們生命中的臨格，使我們成為上帝的兒女（羅8：14）。正是藉著聖靈，基督才得以「住在我們裏面」（約壹3：24）。藉著聖靈住在

我們裏面，新的生命就誕生了。
「新」，是因為它丟棄了那些與上帝旨意相違背的舊思想、行為和人際關係；「新」，也是因為它使我們成為新造的人，與上帝和好，蒙救贖，脫離了罪，而在義中成長（羅8：1-16），並反照耶穌的形像，「榮上加榮」（林後3：17、18）。

「當上帝的靈住在人心裏，就能改變人的生活。罪惡的思想丟開了，不良的行為拋棄了；仁愛、謙讓及和平代替了憤怒、嫉妒與紛爭；憂愁變成了喜樂，容貌也反映出天上的光輝。雖然沒有人看到上帝的手為人卸下重擔，也沒有人見到從天上射下的光芒，但人因信將心意降服於上帝時，恩惠、福氣就臨到他了。如此，人眼所看不見的能力，就按上帝的形像造出一個新人。」（註8）

聖靈使我們成為「上帝的後嗣，和基督同作後嗣。如果我們和他一同受苦，也必和他一同得榮耀。」（羅8：17）因此屬靈的生命，是要呼召我們採取屬靈的行動：不要隨從舊的罪律，卻要在今生與基督同受苦難，好叫我們在將來能與祂同得榮耀。因此基督徒的靈性，不在

於逃避到一個虛幻的神祕世界去；而是一個呼召，要我們去受苦、去分享、去見證、去敬拜，並在世上、我們的社區裏、我們的家中，度基督曾度過的生活。

這一切要成為可能，只有藉著聖靈在我們裏面的同在。耶穌的禱告是，我們生活在這個世界上，卻不屬於這個世界（約17：15）。我們必須在這個世界上生活——這是我們的居所，也是我們佈道的場所。但我們不屬於這世界，因我們的公民身分和盼望，在於那將要來的世界（腓3：20）。

保羅描述這一被聖靈能力充滿的生命，是不斷在靈性上成長並日趨成熟的生命。這種成熟的生命會使人丟棄屬肉體的事——「姦淫、污穢、邪蕩、拜偶像、邪術、仇恨、爭競、忌恨、惱怒、結黨、紛爭、異端、嫉妒、醉酒、荒宴等類」（加5：19-21）；並結出聖靈的果子：「仁愛、喜樂、和平、忍耐、恩慈、良善、信實、溫柔、節制」（加5：22、23）。

2.愛與合一的生命

基督徒的生命是合一的生命，

一方面與上帝和好，另一方面與人和好。和好就是恢復破裂的關係。而罪就是使關係破裂的首要因素。罪已經使我們與上帝分離（賽59：2），並把整個人類撕裂成無數的群體，如種族的、民族的、性別的、國家的、膚色的、等級的等等。耶穌的福音就是要解決罪的問題，以及所有與罪有關，導致分裂的因素，並創造一個合一與和諧的新秩序。

因此保羅能夠說，上帝「藉著基督使我們與他和好」（林後5：18）。從這和好中誕生出一個新的團體，一個蒙救贖的團體。它是一個與上帝的縱向合一以及與人的橫向合一為標誌的團體。的確，這樣一個愛與合一的生命，正是福音的精髓。

耶穌難道沒有在祂大祭司的禱告中如此說嗎？——「使他們都合而為一。正如你父在我裏面，我在你裏面，使他們也在我們裏面，叫世人可以信你差了我來。」（約17：21）耶穌整個的救贖使命，以及祂福音的大能，呼籲我們有愛的見證，並擁有那能將這個得贖團體的成員們連結在一起的合一。

沒有如此的愛與合一，就談不上有基督徒的成長。這種愛與合一在哪裏盛行，一切隔斷人的牆垣就在那裏傾倒。在一個經歷了新生，成為新人的生命中，所有種族、民族、血統、性別、等級、膚色的隔閡，以及別的分裂人的因素都將被丟棄（弗2：11－16）。隨著那新造之人逐漸成長與成熟，和好、仁愛與合一的榮耀真理，就將在基督徒個人與團體的生活中發光照耀，並越照越明。

福音的獨特之處，就在於愛在基督徒成長中所起的作用。耶穌稱它為新命令（約13：34）。但這「新」所指的並非愛本身，而是指愛的條件。一般人也愛，但是愛那值得愛的——愛他們自己的人。耶穌卻引入了一個新的要素：「我怎樣愛你們，你們也要怎樣相愛。」那就是說，正如耶穌的愛是普世的、捨己的、完全的，我們的愛也當如此。這新的愛不製造任何隔閡，它是包容一切的，它甚至愛仇敵。這種愛「是律法和一切先知道理的總綱」（太22：37－40）。

愛鄰舍的命令，是沒有修正餘地的。我們不能去選擇愛誰，我們

蒙召去愛所有人。作為同一位父親的兒女，父親希望我們彼此相愛。在良善的撒馬利亞人的比喻中，基督顯明了「你們的鄰舍並不僅指同一教會或有共同信仰的人。沒有任何宗族、膚色、階級的區分。我們的鄰舍，是每一個需要我們幫助的人。我們的鄰舍，是每一顆被撒但擊傷的心靈。我們的鄰舍，是每一個屬於上帝產業的人。」（註9）

真正愛鄰舍的愛，能穿透膚色的差異，直接面對的是作為人的人；它不受等級觀念的束縛，甘願為豐富人心而做出貢獻；它將人的尊嚴，從滅絕人性的偏見中營救出來歸還給人；它將人的命運，從「人是物品」的哲學大屠殺中拯救出來。實際上，真正的愛能使人從每個人的面容上，看到上帝的形像——潛在的、隱藏的、或是真正的。一個成長著的、成熟的基督徒將具備這種愛，它實實在在是所有基督徒合一的基礎。

3.學習的生命

食物是生長的基本要素。任何有生命的生物，都需要足夠的、持續的營養供應。靈命的成長也是如此。但我們從哪裡才能找到靈糧呢？主要有兩個來源：藉著學習上帝的話，持續地與主交通，以及培養禱告的人生。

再沒有誰像耶穌那樣，清楚地教導上帝的話對屬靈生命的重要：「人活著，不是單靠食物，乃是靠上帝口裏所出的一切話。」（太4：4）耶穌向我們提供了一個完美的榜樣，讓我們知道怎樣用上帝的話去對付撒但。「耶穌用聖經上的話對付撒但，祂說，『經上記著說』。在每一次試探中，祂爭戰的武器就是上帝的話。撒但要求祂行一個神蹟來證明祂的神性。但是建立在『上帝如此說』的堅定信心，遠比任何神蹟都大；它是一個無可否認的明證。只要耶穌堅持這一立場，撒但便一無所獲。」（註10）

對我們來說也是如此。詩人說：「我將你的話藏在心裏，免得我得罪你。」（詩119：11）除此之外，還有使徒給我們的應許：「上帝的道是活潑的，是有功效的，比一切兩刃的劍更快，甚至魂與靈，骨節與骨髓，都能刺入、剖開，連心中的思念和主意都能辨明。」（來4：12）當基督徒使用這把屬靈的兩

刃利劍去對抗撒但的攻擊時，他便立於不敗之地。信徒被賦與能力，去攻克任何阻撓靈命成長的障礙，去分辨正確與錯謬，好叫他們能不斷做出正確的選擇，辨明上帝的聲音及撒但的耳語。這就是讓上帝的話成為靈命成長所不可或缺的工具。

保羅寫道「聖經都是上帝所默示的，於教訓、督責、使人歸正、教導人學義都是有益的，叫屬上帝的人得以完全，預備行各樣的善事。」（提後3：16、17）你想在明白真理和教義上成長嗎？你想知道怎樣保守你的心靈在上帝的裏面嗎？你想知道上帝今天、明天、或是後天為你所預備的嗎？天天查考聖經吧！藉著禱告來親近祂。除此之外，沒有更好的尋求上帝旨意和道路的方法。

4.禱告的生命

上帝藉著祂的道來向我們說話。明白祂的旨意，是靈命成長的一部分——是與祂相交的一部分。與上帝相交並在祂裏面成長的另一面，就是禱告。如果上帝的話是滋養我們靈命之糧的話，那麼禱告就是保持靈命存活的呼吸。禱告是與上帝說話，傾聽祂的聲音；在降服中跪下，卻在滿有上帝的能力中站起來。禱告對我們一無所求，只要求我們放棄自我，依靠上帝的能力，並等候祂。在那樣的等候中，便有能力流出，使我們能走完基督徒的旅程，並打屬靈的仗。客西馬尼園的禱告，就是這樣保證了十字架的勝利。

保羅認為禱告對基督徒生命及成長極為重要，因此他提出六個基本原則：「不住禱告」、「懇切禱告」、「靠著聖靈禱告」、「儆醒禱告」、「恆切禱告」以及「為聖徒禱告」（弗6：18）。

就像法利賽人一樣（路18：11），我們常被引誘為炫耀自己、為私利、或是例行公事而禱告。但有效的禱告卻是：放棄自我、被聖靈充滿、是代禱性的、為他人的需要而祈求，是藉著成為祂忠心的見證人，為上帝的旨意能在地上的成就而禱告。禱告是與上帝不斷地交通；它是我們靈命所需的氧氣，沒有了它，靈命就會萎縮，直至死亡。懷愛倫說「禱告是最基本的職責之一，沒有它，你就不能行走基

督徒的道路。它使我們振奮、堅強、高貴；它是人心與上帝之間的交談。」（註11）

5.結果子的生命

耶穌說：「憑著他們的果子就可以認出他們來」（太7：20）。結果子，是基督徒成長重要的一面。得救本乎恩，常被誤解為不需要順服和結果子，這種理解完全不合乎聖經的真理。是的，我們是因著相信上帝的恩典，藉著基督為我們所成就的，而白白地得救，毫無可自誇之處（弗2：7-8；約3：16）。但是我們得救，並不是為了讓我們為所欲為；我們得救，是為了要我們按照上帝的旨意而生活。有人認為遵守律法就等於是律法主義，因此沒有必要遵守律法。但律法主義與遵守律法完全是兩回事，遵守律法是上帝救恩的自然結果。因此，「信心若沒有行為是死的」（雅2：17）。

思想耶穌在約翰福音14及15章的宣稱及盼望。這宣稱是關於祂與父的關係，這盼望是關於門徒與祂的關係。首先耶穌說，「我遵守了我父的命令，常在他的愛裏。」（約15：10）耶穌對天父的順服，並不

是如律法主義般地服從，而是來自於祂常在父愛裏的自然流露。父與子之間的親密關係，是建立在愛的基礎上的。而正是這種愛，使子接受了父的旨意，去嘗那客西馬尼以及髑髏地的苦杯。

耶穌用聖父與聖子之間愛的關係，來說明門徒與祂之間應有的關係。正如耶穌與父的關係是在祂順服之前，門徒與耶穌的關係也當如此。「你們若愛我，就必遵守我的命令。」（約14：15）「父怎樣吩咐我，我就怎樣行」，「要叫世人知道我愛父」（約14：31）。

讓我們來思考耶穌對門徒的希望。祂行祂父所命令祂行的，好叫世人知道祂與父之間愛的關係。祂與父之間愛的關係，是在祂遵行天父的旨意之前。祂愛父，因此祂樂意照父的旨意行。照樣，耶穌期待祂與門徒之間，也有愛的基礎。祂說：「你們要常在我裏面，我也常在你們裏面。枝子若不常在葡萄樹上，自己就不能結果子；你們若不常在我裏面，也是這樣」（約15：4）。因此，結果子、順服、且按照上帝的旨意生活，是靈命成長的基本記號。不能結果子則表明沒有

在基督裏。

6.屬靈爭戰的生命

作基督的門徒，並不是個輕鬆的旅程。我們正參與一場真實而又危險的戰爭。保羅說：「因我們並不是與屬血氣的爭戰，乃是與那些執政的、掌權的、管轄這幽暗世界的，以及天空屬靈氣的惡魔爭戰。所以，要拿起上帝所賜的全副軍裝，好在磨難的日子抵擋仇敵，並且成就了一切，還能站立得住。」（弗6：12、13）

在這場戰爭中，天空屬靈氣的軍隊被派來攻擊我們。就如主的眾天使們正忙碌地服事跟從祂之人，救他們脫離兇惡，並在他們的屬靈成長中帶領他們一樣（詩34：7；91：11、12；徒5：19、20；來1：14；12：22），那些墮落的天使也在精心地策劃，要引誘我們遠離作門徒的命令。聖經明說，撒但及他的惡天使們，正在瘋狂地攻擊耶穌的跟從者（啟12：17），那惡者自己正「如同吼叫的獅子，遍地游行，尋找可吞吃的人。」（彼前5：8、9）

靈命成長的路上，充滿了惡者的陷阱，我們屬靈的爭戰，正是在這條路上激烈地進行著。因此保羅使用了一些語氣強烈的動詞：站住！拿起！站穩！當剛強！（弗6：12、13）「基督徒的人生，是一場爭戰和行軍。在這場戰爭中，不可有絲毫懈怠，必須一鼓作氣、堅持不懈。只有藉著不斷地努力，作為個人，我們才能在撒但的種種試探中立於不敗之地。必須以孜孜不倦的精神來捍衛基督徒的正直，並以堅定不移的意志來持守它。……所有的人都必須為他們自己而爭戰，沒有人可以為我們代勞。作為個人，我們要為自己所掙扎的問題負責。」（註12）

然而，上帝沒有讓我們獨自面對這場戰爭。祂已經在基督耶穌裏，並藉著耶穌基督得勝了（林前15：57）。祂為我們預備了打擊敵人的有效裝備。保羅描述這套軍裝，是以真理為腰帶，公義作護心鏡，平安的福音為鞋，信德作藤牌，救恩當頭盔，拿著聖靈的寶劍，隨時多方禱告祈求（弗6：13-18）。有了這樣的裝備，且完全依靠聖靈無窮的能力，我們屬靈的膽量就必增長，也必能贏得這場戰爭。

7.敬拜、作見證、盼望的生命

基督徒的成長，不是在真空的狀態中發生。一方面它在得贖的團契之內發生；另一方面它在向人作見證的過程中發生。請看使徒時代的團契。耶穌升天後不久，伴隨著聖靈的能力，早期教會不論是個人還是團契，都在敬拜、團契，學道及見證等方面，顯出了長進及成熟的記號（徒2：42-47；5：41、42；6：6、7）。

沒有集體的敬拜，我們就失去了團契的身分和場所。並且就是在這種團契及彼此的關係中，我們成長並成熟。因此保羅勸告說，「要彼此相顧，激發愛心，勉勵行善。你們不可停止聚會，好像那些停止慣了的人，倒要彼此勸勉。既知道那日子臨近，就更當如此。」（來10：24、25）

我們在敬拜、學道和團契中越多成長，就越願意事奉並作見證。基督徒的成長，必須是在事奉中的成長（太20：25-28），在見證中的成長。耶穌說：「父怎樣差遣了我，我也照樣差遣你們。」（約20：21）基督徒的生活，絕不意味著在自我的圈子裏生活，卻要始終投身於服務他人與見證中。

馬太福音28章的「大使命」，指示基督徒要成熟，以至於能將那赦罪的福音傳給普天下，好叫所有的人都認識上帝的救恩。屬靈的人生以及基督徒成長的記號，就是一個不斷擴大見證的人生——從耶路撒冷、猶太全地、撒馬利亞直到地極（徒1：8）。

我們生活、敬拜、團契，並及時地作見證。對基督徒來說，時間是指向將來的。保羅說：「我乃是竭力追求⋯⋯向著標竿直跑，要得上帝在基督耶穌裏從上面召我來得的獎賞。」（腓3：12-14）他又說，要過聖潔的生活，這樣「你們的靈與魂與身子得蒙保守，在我們主耶穌基督降臨的時候，完全無可指摘！」（帖前5：23）

因此，在基督裏成長，就是在期待與盼望中成長，知道我們得贖的經驗，要圓滿地成就在那將來的國度中。「對那謙卑、相信的人，上帝在地上的殿，就是通向天國的門。讚美的詩歌、禱告，為基督作代言者所傳講的話語，都是上帝命定的方式，為要預備一班子民，加入天上的教會，加入那更崇高且毫

無玷污的敬拜中。」（註13）

註1：懷愛倫《歷代願望》，第 78 章。
註2：同上。
註3：同上，第74章。
註4：同上，第1章。
註5：懷愛倫《歷代願望》，第17章。
註6：潘霍華著，《門徒的代價》Dietrich Bonhoeffer,《The Cost of Discipleship》，第
　　　78、79 頁。
註7：同上，第47 頁。
註8：懷愛倫《歷代願望》，第17章。
註9：同上，第17章。
註10：懷愛倫《歷代願望》，第17章。
註11：懷愛倫《教會證言》卷 2，原文第313頁。
註12：懷愛倫《服務真詮》，第 38 章。
註13：懷愛倫《教會證言》卷 5，原文第 491 頁。

基督復臨安息日會相信……

教會是承認耶穌基督為主、為救主之信徒的團體。繼舊約時代上帝的子民之後，我們蒙召從世界出來，一同聚集，為要崇拜、交通、學習上帝的聖言，舉行聖餐、服務人群及向普世宣講福音。教會是從成為肉身的道基督，與寫下的道聖經獲得權柄。教會是上帝的家庭，祂所收納的兒女，其中的分子活在新約的基礎上。教會是基督的身體，是以基督為首的信仰的團體。教會是基督的新婦，為使她潔淨與成聖而捨命。當祂凱旋復臨時，祂會獻給自己一個榮耀的教會，是祂的寶血所買來歷代忠心的信徒，沒有玷污、皺紋等類的病，是聖潔沒有瑕疵的。

——基本信仰第十二條

第12章
教會

那位老人完全為怒氣所控制，用他所帶的杖擊打磐石。他將杖抽回來後，又再揮起，並且喊著說：「你們這些背叛的人聽我說，我為你們使水從磐石中流出來麼？」

一股流水從岩石中湧出，滿足了以色列人的需要。但是摩西將得水的功勞歸給自己，而未歸給那磐石，他犯罪了。就因為那罪，他不能進入應許之地（見民20：7-12）。

那磐石乃是基督，是上帝建立祂百姓的根基，包括個人與團體。這個意象貫穿著整本聖經。

摩西向以色列人所講的最後一篇道時，可能記起了這件事，他曾用磐石的比喻，描寫上帝的不變與可靠：

「你們要將大德歸於我們的上帝

　他是磐石，他的作為完全；

　祂所行的無不公平，

　是誠實無偽的上帝，

　又公義，又正直。」

（申32：3、4）

幾百年之後，大衛回應者同一個主題……他的救主是磐石：

「我的拯救，

　我的榮耀都在乎上帝；

　我力量的磐石、

　　我的避難所都在乎上帝。」

（詩62：7）

以賽亞用同一個比喻講到要來的彌賽亞：「一塊石頭作為根基，是試驗過的石頭，是穩固的根基，寶貴的房角石；」（賽28：16）

彼得見證說，基督已經應驗了這項預言。祂不是一塊普通的石頭，而是「活石，固然是被人所棄的，卻是被上帝所揀選、所寶貴的。」（彼前2：4）保羅指出祂是唯一的穩固根基時說：「那已經立好的根基就是耶穌基督，此外沒有人能立別的根基。」（林前3：11）他講到摩西擊打的磐石說：「都喝了一樣的靈水。所喝的是，出於隨著他們的靈磐石，那磐石就是基督。」（林前10：4）

耶穌基督自己也曾直接使用這項比喻。祂說：「我要把我的教會建造在這磐石上，陰間的權柄不能勝過他。」（太16：18）祂將基督徒的教會建造在祂自己——那活石身上。祂自己的身子要為世人的罪獻而為祭，磐石要被擊打。沒有甚麼能夠勝過建造在以祂為堅固基礎的教會。那醫治的眾水就會從這磐石流向乾渴的萬國（參閱結47：1-12；約7：37、38；啟22：1-5）。

基督作此宣告時，教會何等軟弱！她只有少數疲憊的、懷疑的，相爭誰為大的門徒，幾個婦女，以及一批多變的，磐石被擊打時就不見蹤影的群眾。但是，教會卻不是建造在人軟弱的智慧聰明上，而是建造在萬古磐石上。時間會顯明沒有甚麼能摧毀祂的教會，或阻礙她榮耀上帝及引領男女來就救主的使命（參閱徒4：12、13；20-33）。

一、聖經中「教會」 一詞的意義

聖經中教會（註1）一詞，係由希臘文ekklesia一字譯成。此字原為「召出」之意。這個詞通常用在任

何由呼召聚集之會眾身上。

聖經七十士譯本，就是耶穌時代流行的希伯來文舊約聖經之希臘文譯本，使用ekklesia翻譯希伯文的qahal一字。該字意為「聚集」、「會議」、「會眾」（申9：10；18：16；撒上17：47；王上8：14；代上13：2）（註2）。

這項用法在新約中的範圍更廣。請注意教會一詞如何使用：①在某一地方聚集崇拜的信徒（林前11：18；14：19、28）；②住在某個地方的信徒（林前16：1；加1：2；帖前2：14）；③在某一信徒家中的一群信徒（林前16：19；西4：15；門2）；④在一地理區域中的一些會眾團體（徒9：31）（註3）；⑤普天下全體信徒（太16：18；林前10：32；12：28；弗4：11-16）；⑥天地間一切忠心的受造之物（弗1：20-22；腓2：9-11）。

188

二、教會的性質

聖經描寫教會為一神聖的機構，稱她為上帝的教會（徒20：28；林前1：2）。耶穌賦予教會神聖的權柄（太18：17、18）。藉著觀察舊約中教會的根源及新約中用以講說教會

的各種比喻，我們就能了解教會的性質。

1.基督教會的根源

舊約聖經描寫教會是一個上帝子民有組織的會眾。從最古的時候起，在亞當、塞特、挪亞、閃、亞伯拉罕的族系中敬畏上帝的家庭，乃是祂真理的保衛者。這些以父親為祭司的家庭，可以視為小型教會。上帝賜給亞伯拉罕豐盛的應許。藉著這應許，這個上帝的家庭要漸漸成為一個國家。以色列的使命不過是亞伯拉罕使命的延伸而已：要使萬國得福（創12：1-3），彰顯上帝對世人的愛。

上帝從埃及帶出來的民族，被稱為「曠野的教會」（徒7：38），其中的會友，被視為「祭司的國度，聖潔的國民。」（出19：5、6）上帝的「聖民」（申28：9；參閱利26：12）──祂的教會。

上帝將他們放在巴勒斯坦，世界各主要文化的中心。三大洲──歐、亞、非，在巴勒斯坦相遇。在此，猶太人要成為其他民族的僕人，邀請其他民族與他們一起成為上帝的子民。總之，上帝呼召他們

出來，為的是呼召所有的民族進來（賽56：7）。祂要藉著以色列創造出地上最大的教會——地上萬族的代表都會來到這教會中崇拜，學習認識真神上帝，並將救恩的信息帶回去給自己的同胞。

雖然上帝不斷照顧祂的子民，以色列仍然陷在偶像崇拜、孤立主義、民族主義、驕傲與以自我為中心之中。上帝的子民未能達成他們的使命。

在耶穌裏，以色列來到一轉捩點。那時上帝的子民正在尋求一位彌賽亞，來使他們的國家獲得自由，而不是使他們脫離自我的捆綁。在十字架上，以色列靈性的破產已經十分顯明。他們將基督釘在十字架上，就表現出他們內心的腐敗。當他們喊著說：「除了凱撒，我們沒有王」（約19：15）時，就是拒絕上帝統治他們。

在十字架上，兩項相反的使命都達到頂點。第一，教會的使命被歪曲了，如此以自我為中心以致瞎了眼，竟不認識那造她的。第二，基督的使命，如此以愛人為中心，以致代他們死，好使他們得著永生。

當十字架表示以色列使命的結束時，基督的復活則表示了基督教會及其使命的開始，就是宣講藉著基督寶血得救的福音。當猶太人失去了他們的使命時，他們就成了一個普通民族，不再是上帝的教會。上帝建立了一個新民族——教會，取代了他們的地位，以推進上帝在世上的使命（太21：41、43）。

與古以色列宗教社會密切關聯著的新約時代的教會（註4），是由悔改的猶太人及信耶穌基督的外邦人所組成；這樣，真正的以色列人，乃是一切因信而接受基督的人（見加3：26-29）。保羅曾用兩棵樹作比喻，說明在這些不同的人之間的活潑關係：好橄欖與野橄欖分別代表以色列人與外邦人。那不接受基督的猶太人不再是上帝的兒女（羅9：6-8），並由好橄欖樹砍下的枝子為代表；而那些接受基督的猶太人，則保持連接在好橄欖樹上。

保羅描寫那接受基督的外邦人，是野橄欖樹上的枝子接在好橄欖樹上（羅11：17-25）。他教導這些新的外邦基督徒，要尊重上帝揀選的器皿神聖的承襲，「樹根若是聖潔，樹枝也就聖潔了。若有幾根枝子被折下來，你這野橄欖得接在

其中，一同得著橄欖根的肥汁，你就不可向舊枝子誇口；若是誇口，當知道不是你托著根，乃是根托著你。」（羅11：16-18）

新約時代的教會與舊約時代的相等團體差異極大。使徒時代的教會成了一個獨立的組織，與以色列民族分開。國家的疆界廢止了，教會成為普世性的。她不但不是民族或國家的教會，更成了一個佈道性的教會，其存在是要完成上帝原有的計畫。這計畫在其創始者耶穌基督的命令中再次宣布出來：「使萬民作我的門徒」（太28：19）。

2.教會的比喻

新約教會比喻性的描寫，說明了教會的性質。

(1)教會有如身體

身體的比喻強調教會的合一，以及每一肢體在功能上與整體間的關係。十字架使所有信徒與上帝和好「歸為一體」（弗2：16）。藉著聖靈他們「受洗成了一個身體」（林前12：13）──教會。作為身體，教會正是基督的身體（弗1：23）。她是基督將祂的豐盛所充滿的組織。信徒是她身體上的肢體（弗5：30）。因

此，藉著祂的恩典與能力，祂將屬靈的生命賜給每一位真實的信徒。基督是這身體的頭（西1：18），是「教會的頭」（弗5：23）。

上帝憑祂的慈愛，已經賜給祂教會身體的每一肢體至少一種屬靈的恩賜，使它們能發揮生命的功能。正如每一器官的作用對人體都同樣重要，教會能成功地完成她的使命，也靠賴獲賜屬靈恩賜的每一位教友。身體若無心臟有何用處？缺少了一隻眼、一條腿，效率會減少多少？教友若不獻上他們的恩賜，教會就會死去或瞎眼、或至少成了瘸子。但是這些上帝所賜下特別的恩賜，其目的不在於恩賜本身（見本書第17章）。

(2)教會為聖殿

教會是「上帝所建造的房屋」、「上帝的殿」、聖靈居住的所在。基督是其根基，是主要的房角石（林前3：9-16；弗2：20）。這殿並非死的建築物，它顯露出充沛的生長力。正如基督是「活石」，彼得說，信徒也一樣是建成「靈宮」的活石（彼前2：4-6）。

這個建築物尚未完工。新的活石經常加在這殿上，「同被建造，成

為上帝藉著聖靈居住的所在」（弗2：22）。保羅鼓勵信徒在這聖殿中要使用最好的建材，好在審判大日經得住火的試驗（林前3：12-15）。

聖殿的比喻強調全教會及地方會眾的聖潔。保羅說，上帝的殿是聖的。「若有人毀壞上帝的殿，上帝必要毀壞那人。」（林前3：17）保羅說，與非信徒親密地連結，乃與其聖潔的性質相反，應該避免。「義和不義有甚麼相交呢？……上帝的殿和偶像有甚麼相同呢？」（林後6：14-16）（他的教導對婚姻關係及商業關係都適切），教會應受最高的尊重，因為她是上帝給予至大關心的對象。

(3) 教會是新婦

教會被宣稱為新婦，主為新郎。主嚴肅地保證說：「我必聘你永遠歸我為妻，以仁義、公平、慈愛、憐憫聘你歸我。」（何2：19）祂更保證說：「我作你們的丈夫。」（耶3：14）

保羅使用同一比喻：「要把你們如同貞潔的童女，獻給基督。」（林後11：2）基督對教會的愛，如此深而恆久，以致祂為教會捨己（弗5：26）。祂如此犧牲，是為了「要

用水藉著道把教會洗淨，成為聖潔。」（弗5：25-27）

藉著上帝那使人成聖的真理之道的感化力（約17：17），以及洗禮所帶來的潔淨，基督可以潔淨教會的教友，脫下他們污穢的衣服，將祂那全然公義的義袍給他們穿上。這樣，祂便預備教會作祂的新婦。……一個「榮耀的教會，毫無玷污、皺紋等類的病。乃是聖潔沒有瑕疵的。」（弗5：27）教會豐盛的榮耀與華美，要到基督復臨時才會見到。

(4) 教會是在上的耶路撒冷

聖經稱耶路撒冷為錫安。上帝在那裏與祂的子民同住（詩9：11）。救恩是從錫安而出（詩14：7；53：6）。那座城要成「為全地所喜悅」的城（詩48：2）。

新約聖經視教會為「在天上的耶路撒冷」，是與地上耶路撒冷在屬靈上相對應的（加4：26）。這個耶路撒冷城的居民，乃是天上的國民（腓3：20）。他們是「按著聖靈生的」、「應許的兒女」，享受基督釋放他們的自由（加4：28、29；5：1）。這座城中的居民已不再「行律法稱義」的捆綁之下（加4：22、26、

31；5：4）。「他們靠著聖靈」，熱切等候「因信稱義的盼望」。他們深知那使他們獲得國民資格的，乃是那在基督耶穌裏「生發仁愛的信心」（加5：5、6）。

那些屬於這榮耀隊伍的人，「來到錫安山，永生上帝的城邑，就是天上的耶路撒冷，那裏有千萬的天使，有名錄在天上諸長子之會所共聚的總會。」（來12：22、23）

(5) 教會是家

在天上及地上的教會，都被視為家（弗3：15）。有兩個比喻被用來描寫人如何加入這個家庭：收養（羅8：14-16；弗1：4-6）與重生（約3：8）。藉著在基督裏的信心，新受洗的人不再是奴僕，而是天父的兒女（加3：26-4：7），他們活在新約的基礎上。如今他們是「上帝家裏的人」（弗2：19），是「信徒一家的人」（加6：10）。

上帝家裏的人稱上帝為父（加4：6），彼此的關係是弟兄姐妹（雅2：15；林前8：11；羅16：1）。保羅因為曾帶領許多人進入教會家庭，就看自己是一位屬靈的父親。他說：「因我在基督耶穌裏用福音生了你們」（林前4：15）。他稱那些他帶進

教會的，是：「我所親愛的兒女」（林前4：14；弗5：1）。

教會是家庭，有一個特徵即彼此團契。基督徒的團契，不僅是社交，而是在福音上心意相通（腓1：5）。它關係到與聖父、聖子、聖靈的相交（約壹1：3；林前1：9；林後13：14），及與信徒的相交（約壹1：3、7）。所以家中的成員，就與任何成為家中之人「用右手行相交之禮」（加2：9）。

家的比喻，顯示出一個關心的教會，「是人被愛、受尊重、被重視的地方。是一個其中的人承認需要互相幫助的地方、是才幹得以發展的地方、是人成長的地方、是人人都獲得滿足的地方。」（註5）這也表示責任，對屬靈父母的尊敬，對屬靈弟兄姐妹的看顧。最後家中每一分子，都懷著彼此之間深厚的忠誠，而產生支持與鼓勵之愛。

作為教會家庭中的一分子，能使性情有著極大差異的每一個人，融洽相處並互相關懷，教會家庭的每一分子，能學會活在合一之中，而不失去各人的個性。

(6) 教會是真理的柱石與根基

永生上帝的教會，乃是「真理

的柱石和根基」（提前3：15），它是真理的堡壘與儲存所，保護真理不受敵人的攻擊。但是真理不是靜態的，而是動態的。若教友說得到了新亮光——一項新教義、或對聖經有了新的解釋，有經驗的人，就該用聖經去察驗這新教訓（賽8：20）。若新亮光合乎聖經，教會就必須接受。若不，就該拒絕。全體教友都應該聽從這基於聖經的判斷，因為「謀士多，民就安居」（箴11：14）。

藉著傳播真理，就是藉著為真理作見證，教會就成了「城造在山上是不能隱藏的」、「世上的光」及「世上的鹽」（太5：13-15）。

(7)教會有如軍隊——戰鬥及得勝

地上的教會有如戰場上的一隻軍隊，它被召赴戰場與屬靈的黑暗勢力爭戰。「我們並不是與屬血氣的爭戰，乃是與那些執政的、掌權的、管轄這幽暗世界的，以及天空屬靈氣的惡魔爭戰。」（弗6：12）基督徒必須「拿起上帝所賜的全副軍裝，好在磨難的日子，抵擋仇敵，並且成就了一切，還能站立得住。」（弗6：13）

許多世紀以來，教會必須與內在和外在的仇敵爭戰（見徒20：29、30；提前4：1）。它已有驚人的進展並獲得勝利，但是教會還未得勝。不幸的是，教會仍有極大的缺陷。耶穌藉著另一個比喻，解釋教會內部不完全的原因：「天國好像人撒好種在田裏，及至人睡覺的時候，有仇敵來，將稗子撒在麥子裏就走了。」（太13：24、25）當僕人要將稗子薅出來時，田主說：「恐怕薅稗子，連麥子也拔出來。容這兩樣一齊長，等著收割。」（太13：29、30）

田中的麥子與稗子都生長茂盛。上帝引領悔改的信徒到教會時，撒但將未悔改的人也帶入教會。這兩群人影響著全體——其中一群為淨化而努力，另一群則為敗壞而努力。其間的爭戰——在教會內，會繼續到基督復臨的收割之時。

教會內部的爭戰還沒有過去。患難與紛爭正擺在前面。撒但因為知道自己的時候不多，就向上帝的教會發怒（啟12：12、17），將為教會帶來「大艱難，從有國以來直到此時，沒有這樣的。」（但12：1）但是基督會為祂忠心的百姓行事，「凡名錄在冊上的，必得拯救。」

（但12：1）耶穌向我們保證說：「忍耐到底的，必然得救」（太24：13）。

在基督復臨時，得勝的教會將要出現。那時，祂就能將之「獻給自己，作個榮耀的教會」，是祂寶血所買回歷代以來忠心的百姓，「毫無玷污，皺紋等類的病，乃是聖潔沒有瑕疵的。」（5：27）

3.有形與無形的教會

「有形」與「無形」這兩個名詞，被用來區別地上教會的兩個方面。以上我們所討論的教會的比喻，特別適用在有形的教會身上。

(1)有形的教會

有形的教會是為服務而組織的上帝的教會。她要完成基督的大使命，將福音傳給世人（太28：19、20），並使人預備好迎接祂的榮臨（帖前5：23；弗5：27）。

作為基督特別揀選的見證人，她照亮這個世界，並像祂一樣服務，傳福音給貧窮的人、醫好傷心的人、報告被擄的得釋放、使瞎眼的得看見、使被欺壓的得自由、報告上帝悅納人的禧年（路4：18、19）。

(2)無形的教會

無形的教會也稱為普世性的教會，由世上所有的上帝子民所組成。她包括有形教會中的信徒，以及許多雖然不屬任何教會組織，但卻順從了基督所賜全部亮光的人（約1：9）。後者包括那些從未有機會知道有關耶穌基督的真理，但卻曾回應聖靈，「順著本性行律法上的事」的人（羅2：14）。

無形教會的存在顯示出，對上帝敬拜的最高意義是用心靈敬拜祂。耶穌說：「那真正拜父的，要用心靈和誠實拜他，因為父要這樣的人拜他。」（約4：23）由於誠實崇拜之屬靈特徵，人們無法精確地測出誰屬於上帝的教會，或誰不屬於上帝的教會。

藉著聖靈，上帝從無形的教會，領導祂的子民與祂有形的教會相聯結。「我另外有羊，不是這圈裏的；我必須領他們來，他們也要聽我的聲音，並且要合成一群，歸一個牧人了。」（約10：16）只有在有形的教會中，他們才能充分經驗上帝的真理、愛與交通，因為祂已經賜給有形教會屬靈的恩賜，藉以集體或個別造就教會的教友（弗4：4—

16）。當保羅悔改時，上帝使他與祂有形的教會相接觸，然後才指派他領導教會的佈道工作（徒9：10-22）。今天也是如此，祂要領導祂的子民進入祂有形的以忠心遵守上帝誡命和耶穌真道為特徵的教會。這樣，他們就可參與完成祂地上的聖工（啟14：12；18：4；太24：14；參見本書第13章）。

無形教會的觀念，也被認為包括天上地上的聯合教會（弗1：22、23），以及在逼迫時期躲藏的教會（啟12：6、14）。

三、教會的組織

基督傳福音給全世界的命令，也關係到對那些已接受福音之人的培訓。新教友必須在信心上生根，並受教在教會的工作中，運用上帝所賜的才幹與恩賜。「因為上帝不是叫人混亂」，「凡事都規規矩矩的按著次序行」（林前14：33、40）。故此，教會必須有一簡單有效的組織。

1.組織的性質

讓我們來考慮一下教會的教友與組織

(1) 教會的教友

當悔改的信徒具備了某些特定的資格時，就成為新約信仰社團的一員。教友資格包括了接受對其他的人、政府、上帝的新關係。

a.教友資格

盼望成為上帝教會教友的人，必須接受耶穌基督為其救主。悔改他們的罪，並接受洗禮（徒2：36-41；參見4：10-12）。他們應已經驗重生，並接受基督所說，「凡我所吩咐你們的，都教訓他們遵守」的使命（參看太28：20）。

b.平等與服務

為附合基督的宣告：「你們都是弟兄」以及「你們中間誰為大，誰就作你們的用人。」（太23：8、11）教友們應以平等為基礎，建立彼此間的關係。但是他們必須知道，效學基督榜樣的意思，就是為他人的需要而服務，引領他們到主跟前。

c.信徒都是祭司

既有基督在天上聖所中服務，利未人的祭司工作就已經結束，如今教會已成為「聖潔的祭司」（彼前2：5）。彼得說：「唯有你們是被揀選的族類，是有君尊的

祭司，是聖潔的國度，是屬上帝
的子民。要叫你們宣揚那召你們
出黑暗入奇妙光明者的美德。」
（彼前2：9）

這個新制度，所有信徒都是祭
司，並非允許個人可依他或她所
選擇的去思想、相信、教導人，
而不需對教會負任何責任。它的
意思是，每一教友都有責任奉上
帝的名為他人服務，可以直接與
上帝交通，無需任何人作中間
人。它不但強調教友的獨立性，
也強調教友之間的互相依賴。這
項祭司身分，使教牧人員與信徒
之間沒有任何資質上的分別，但
容許二者在角色與功能上不同。

d.對上帝與國家的忠誠

聖經承認政府是上帝的手所
建立的，吩咐信徒尊重及順從政
府的權威。當權的乃是「上帝的
用人，是伸冤的，刑罰那作惡
的。」（羅13：4）故此，教友必
須對「當得糧的，給他納糧；當
得稅的，給他上稅；當懼怕的，
懼怕他；當恭敬的，恭敬他。」
（羅13：7）

教友對政府的態度，必須由
基督的原則所領導：「該撒的物

當歸給該撒；上帝的物當歸給
上帝。」（太22：21）但若是政府
妨礙上帝的命令，他們至高的忠
誠是應該獻給上帝的。使徒說：
「順從上帝，不順從人，是應當
的。」（徒5：29）

(2)教會組織的主要功能

教會的組織，乃是要完成上帝的
計畫，讓這個地球充滿上帝榮耀的
知識。唯有有形的教會，能夠提供
一些重要功能來達成此項目標。

a.崇拜與訓誨

有史以來，教會都是上帝聚
集信徒在安息日崇拜創造主的機
構。基督與祂的使徒們沿用這項
崇拜的辦法。聖經也教導今日的
信徒「不可停止聚會，……倒要
彼此勸勉，既知道那日子臨近，
就更當如此。」（來10：25；參閱
3：13）集體崇拜會帶給崇拜的人
鼓勵、喜樂，並重新得力。

b.基督徒的交誼

藉著教會，教友在交誼方面
的深切需要，就能得到充分的滿
足。「你們是同心合意地興旺福
音」（腓1：5），這種團契超越了
一切其他關係，因為它不僅提供
了與其他相同信仰之人親密的關

係，也提供了與上帝之間親密的關係（約壹1：3、6、7）。

c.教導聖經

基督賜給教會「天國的鑰匙」（太16：19），這鑰匙就是基督的話——全部的聖經。說得更清楚一些，它包括如何進入天國的「知識的鑰匙」（路11：52）。耶穌的話對領受的人，就是靈，就是生命（約6：63），帶來永生（約6：68）（註6）。

當教會宣講聖經真理時，這些救恩的鑰匙就有能力去捆綁或釋放，去打開或關閉天國。因為聖經真理宣告人被接受或被拒絕，得救或失喪的標準。如此，教會的福音宣講，就會發出「活的香氣」或「死的香氣」（林後2：16）。

耶穌知道「靠上帝口裏所出的一切話」而活的重要性（太4：4）。唯有如此行，教會才能完成耶穌吩咐的命令，要教導萬民：「凡我所吩咐你們的，都教訓他們遵守」（太28：20）。

d.舉行聖禮

教會是上帝舉行洗禮的工具，那是進入教會的儀式（見本書第15章），還有洗腳禮與聖餐禮（見本書16章）。

e.向普世宣講福音

教會的組織是為了傳道，去完成以色列未完成的工作。正如在主的生平中所見的，教會能提供世人最大的服務，乃是因藉聖靈之洗所授與的能力而完全獻身，以完成「向萬民作見證」（太24：14）福音的使命。

這項使命包括宣講預備基督復臨的信息。這信息向教會本身宣講（林前1：7、8；彼後3：14；啟3：14-22；14：5），也要向其他的人宣講（啟14：6-12；18：4）。

四、教會的管理

耶穌升天之後，教會的領導就落在使徒手中。他們第一個有組織的行動，就是與其他信徒商議之後，揀選了另外一個使徒代替猶大（徒1：15-26）。

當教會漸漸增長，使徒們認識到，要在傳講福音的同時關照教會屬世的事務是不可能的。因此他們將教會的事務交給教會所指派的七個人。雖然教會將「傳道」的職事與「管理飯食」加以區別（徒6：

1-4），但卻不是要在完成教會的使命上，將教牧人員與信徒分別開來。其實在這七個人中的兩個，司提反與腓利，他們在講道與傳福音上是很有名氣的（徒7、8章）。

教會擴張到了亞洲與歐洲，在組織上就需要採取進一步的行動。由於無數新教會的設立，就在各教會按立了長老，以確保領導的穩定（徒14：23）。

當一個重大問題發生時，有關的當事人可在一個由使徒及代表各教會的長老所組成的大會上，說明他們的立場。這個會議的決定，對有關的各方當事人都具約束力，並被接受為上帝的聲音（徒15：1-29）。這件事說明了當一個問題影響到全體教會時，就需要比地方教會更廣闊層次的意見與權威。在此案件中，該次會議的決定，乃是由有關各方的代表同意而成（徒15：22、25）。

新約聖經清楚地說明在有需要的時候，上帝曾引導祂聖工的領袖。藉著上帝的領導及與教會商議，他們就形成了一個教會行政當局。如果今天我們也如此行，就會幫助保護教會免於背道，以致有能力完成

她偉大的使命。

1.教會行政管理的聖經原則
(1)基督是教會的頭

基督是教會的頭，主要是基於祂中保的工作。自從祂在十字架上勝過了撒但以來，天上地上一切的權柄都已經賜給基督（太28：18）。上帝已「將萬有服在他的腳下，使他為教會作萬有之首」（弗1：22；參閱腓2：10、11）。所以，祂是「萬主之主、萬王之王」（啟17：14）。

因為教會是基督的身體，所以基督也是教會的頭（弗1：23；西1：18）。信徒乃是「他身上的肢體，他的骨，他的肉。」（弗5：30）他們必須與祂有親密的連結，因為教會是「靠著他筋節得以相助聯絡，就因上帝大得長進。」（西2：19）

(2)基督是教會一切權柄的根源

基督顯示祂的權柄在①建立基督教會（太16：18）。②設立教會所必須舉行的聖禮（太26：26-30；28：19-20；林前11：23-29；約13：1-17）。③賜給教會神聖的權柄奉祂的名行事（太16：19；18：15-18；約20：21-23）。④差遣聖靈在祂的權柄之下領導教會（約15：26；16：

13-15）。⑤在教會內分賜特別的恩賜，使個人能擔任使徒、先知、傳福音的、牧師和教師的職分，以裝備教友去服務，並建造基督的身體，直到全體教友經驗了在真道上同歸於一，反映出基督的豐盛（弗4：7-13）。

(3) 聖經帶著基督的權柄

雖然基督藉著聖靈領導祂的教會，但上帝的聖言乃是教會運作的唯一準則。全體教友都應該順從那聖言，因為它就是絕對的法律。一切人類的遺傳、風俗及文化的作為，都應順服於聖經的權威之下（提後3：15-17）。

(4) 基督的權威與教會的各種職分

基督是藉著祂的教會及祂所特別指派的僕人，施行祂的權柄。但祂從未移轉祂的權能。沒有人在基督與祂的話之外，能有獨立的權柄。

基督復臨安息日會的會眾推選他們的教會職員。這些職員雖然作為教友的代表，但他們的權柄乃得自基督。他們被選為教會職員，無疑是證實了主對他們的呼召。教會職員的基本責任，乃是使教會遵從與聖經有關的崇拜、教義、管教及宣講福音的教訓。既然教會是基督的身體，他們在決定與行動上就應該尋求教會的意見。

2.新約聖經中教會的職員

新約聖經提到兩種教會職員——長老與執事。這些職務的重要性，可在所列出擔任該項職務之人應具備之崇高道德標準及靈性的條件上看出來。教會則藉著按立的儀式、按手禮，承認蒙召作為領袖的神聖性（徒6：6；13：2、3；提前4：14；5：22）。

(1) 長老

a.甚麼是長老

長老（希臘文presbuteros）或監督（episkopos），是教會中最重要的職員。長老一詞意為年長者，含有尊嚴恭敬之意。他的地位與猶太會堂的監督相似。監督一詞意為「監工者」。保羅交換地使用這些名詞，長老就是監督（徒20：17、18；多1：5、7）。

擔任此項職位的人監督新成立的教會。長老是指這職位的地位或階級；監督則指這職位的職責——「監工者」（註7）因為使徒們也稱他們自己為長老（彼前5：1；約貳1；約參1），顯然有地方教

會的長老，也有遊行佈道的長老或眾教會的長老。但這兩種長老，都作牧養會眾的工作。

b.長老的資格

一個人要有資格作長老，就必須「無可指責，只作一個婦人的丈夫，有節制，自守，端莊，樂意接待遠人，善於教導；不因酒滋事，不打人，只要溫和，不爭競，不貪財，好好管理自己的家，使兒女凡事端莊順服，人若不知道管理自己的家，焉能照管上帝的教會呢？初入教的不可作監督，恐怕他自高自大，就落在魔鬼所受的刑罰裏。監督也必須在教外有好名聲，恐怕被人毀謗，落在魔鬼的網羅裏。」（提前3：2-7；參見多1：5-9）

因此在委任該項職位之前，候選人必須先在家中表現出領導的能力。「被提名擔任該項職務之人的家庭必須加以考慮。他們順服嗎？這個人治理他的家時能受到尊敬嗎？他孩子的品格如何？他們是否因父親的感化，在人面前獲得讚揚？如果他在管理自己的家時缺乏機智、智慧、及敬虔，毫無疑問同樣的缺點必被帶

進教會，而且那同樣未成聖的管理也必將出現。」（註8），這位候選人若是已婚，在受託於上帝家中（提前3：15）負起領導責任之前，先應在自己家中表現出領導的能力。

由於這項職位的重要，保羅教訓說：「給人行按手的禮，不可急促。」（提前5：22）

c.長老的責任與權柄

長老是第一個，也是最重要的屬靈領袖。他蒙揀選「牧養上帝的教會」（徒20：28），他的職責包括扶助軟弱的教友（徒20：35），勸誡偏離正道的（帖前5：12），並時時留心提防那會造成分裂的任何教訓（徒20：29-31）。長老必須在基督徒的生活方式上作模範（來13：7；彼前5：3），並在慷慨上作榜樣（徒20：35）。

d.對長老的態度

教會領袖的效能，大部分要靠賴教友的忠心。保羅鼓勵信徒要尊敬他們的領袖。「又因他們所作的工，用愛心格外尊重他們。」（帖前5：13）「那善於管理教會的長老，當以為配受加倍的敬奉；那勞苦傳道教導人的，更

當如此。」（提前5：17）

聖經清楚講到對教會領袖恭敬的必要。「你們要依從那些領導你們的，且要順服，因他們為你們的靈魂時刻儆醒，好像那將來交賬的人。」（來13：17；參閱彼前5：5）當教友使領袖難於執行上帝指派的職務時，二者都會經驗到憂傷，並失去上帝所賜豐盛的喜樂。

聖經鼓勵信徒觀察領袖們像基督的生活方式。要「效法他們的信心，留心看他們為人的結局。」（來13：7）他們不可聽人的閒言閒語。保羅警告說：「控告長老的呈子，非有兩三個見證就不要收。」（提前5：19）

(2) 執事與女執事

執事一詞出於希臘文diakonos，意為僕人或助手。執事職分的設立，乃是要讓使徒們「專心以祈禱、傳道為事」（徒6：4）。雖然執事是要照顧教會屬世的事務，但他們也積極地參與傳道工作（徒6：8；8：5－13，26－40）。

這個名詞陰性的形式出現在羅16：1（註9）。譯者將這個名詞譯為「僕人」或「女執事」。「在這節經文中這個名詞與它的用法，顯示女執事的職分在保羅寫羅馬書的時候，可能已經設立。」（註10）

正如長老一樣，執事也是由教會根據道德與屬靈的資格揀選出來的（提前3：8－13）。

3.教會的紀律

基督授予教會權柄懲治她的教友，並備有行此事的適當原則。祂期望當教會需要保持其崇高的呼召，成為「聖潔的祭司」、「聖潔的國度」時，就執行這些原則（參閱太18：15－18；彼前2：5、9）。但是教會也要感動犯錯的教友，讓他們知道需要改變所行的道。基督誇獎以弗所的教會，是因為他們「不能容忍惡人」（啟2：2）；祂責備別迦摩與推雅推拉的教會，因為他們容忍異端及姦淫（啟2：14、15、20）。請注意以下聖經對教會紀律的教訓：

(1) 處理私下的過犯

當一個教友得罪了另外一個教友（太18：15－17）時，基督的勸導是，被得罪的人去找那得罪他的人——那偏離正道者，勸他改變他的行為。若是無效，他應該帶一、

二個公正的見證人去，再作一次努力。若這次努力失敗，就應該帶到整個教會面前。

若是那犯錯的教友拒絕基督教會的智慧與權柄，他就是使自己與教會分離。教會將這位有罪的教友除名時，教會只是證實他或她的情況而已。若是在聖靈的領導之下，教會已小心遵從了聖經的勸勉，教會的決定，天上也會承認。基督說：「凡你們在地上所捆綁的，在天上也要捆綁；凡你們在地上所釋放的，在天上也要釋放。」（太18：18）

(2) 處理公開的過犯

雖然世人都犯了罪，虧缺了上帝的榮耀（羅3：23），那會帶給教會責難的、公然的、叛逆的罪，就應該立即處置，將犯罪的人除名。

除名一方面是除去罪惡——否則就會發生像酵一樣的作用——，恢復教會的潔淨，在另一方面對犯錯的人，也是一種救贖性的醫治。保羅知道了哥林多教會的一個淫亂的個案之後，就叫他們立刻採取行動。他說：「就是你們聚會的時候，我的心也同在，奉我們主耶穌的名，並用我們主耶穌的權能，要

把這樣的人交給撒但，敗壞他的肉體，使他的靈魂在主耶穌的日子可以得救……應當把舊酵除淨，好使你們成為新團。」（林前5：4、5、7）他說：「若有稱為弟兄是行淫亂的、或貪婪的、或拜偶像的、或辱罵的、或醉酒的、或勒索的，這樣的人不可與他相交，就是與他吃飯都不可……你們應當把那惡人從你們中間趕出去。」（林前5：11、13）

(3) 對待離間的人

一個「不按規矩而行」（帖後3：11），不肯順從聖經的教訓，「離間你們、叫你們跌倒」的教友（羅16：17），應該躲避他，好叫他對自己的態度「自覺羞愧」（帖後3：14）。「但不要以他為仇人」，保羅說：「要勸他如弟兄」（帖後3：15），若這離間的人，不肯聽教會第二次的警告，就該棄絕他，「因為知道這等人已經背道，犯了罪，自己明知不是，還是去做。」（多3：10、11）

(4) 重新接納犯錯的人

教友不應該輕視、躲避或忽視已經除名的人。他們應該努力使他們藉著悔改與重生，恢復與基督的關係。已經除名的人若充分表現出真

實悔改的憑據時，就可以恢復其教友的身分（林後2：6-10）。

藉著重新接納罪人回歸教會，特別彰顯上帝的權能、榮耀與恩典。祂渴望使罪奴得自由。將他們從黑暗的國度遷到光明的國度裏。上帝的教會，這宇宙的戲台，在人的生活中展露出基督贖罪犧牲的大能。

今天基督藉著祂的教會邀請每一位成為祂家庭的一分子。祂說：「看哪，我站在門外叩門，若有聽見我聲音就開門的，我要進到他那裏去，我與他，他與我一同坐席。」（啟3：20）

註1：Berkhof論到「教會」一詞的來源時說：「教會這個字，kerk或kirche，並非從ekklesia而來，而是從kuriake而來，意為『屬乎主』。它們強調教會是上帝的產業。名詞to kuriakon或he kuriake，意為教會聚集的地方，這地方被視為屬乎主。故此，被稱為to kuriakon。」（Systematic Theology 557頁）

註2：《基督復臨安息日會參考文庫》「Church, Nature of」；《基督復臨安息日會參考文庫》「Church」。

註3：根據以Codex Sinaiticus, Alexandrinus, Vaticanus, Ephraemi Rescriptus聖經版本為基礎，接受Tisschendorf單數的讀法之現代翻譯。

註4：除了關於耶穌的教訓，早期教會的信仰與猶太教的十分相似。猶太籍與外邦的基督徒都繼續於安息日在猶太會堂裏崇拜，聽舊約聖經的解釋（徒13：42-44；15：13、14、21）。聖殿幔子的破裂，代表各種儀節的預表，已經由實體應驗。希伯來書為的是要使基督徒的思想，從預表轉到預表所代表的實體身上：耶穌贖罪的死，祂在天上的祭司工作，以及祂拯救的恩典。新約聖經時代是一個過渡時期，雖然使徒們有時參與舊約的崇祀儀節，但第一次耶路撒冷會議決定，它們不認為其中有任何拯救的效力。

註5：1086年11月10日號《評閱宣報》15頁Charles E. Bradford著「What the Church Means to Me?」。

註6：見《基督復臨安息日會參考文庫》卷5第432頁。

註7：見《基督復臨安息日會參考文庫》卷6第26、38頁。

註8：懷愛倫著《教會證言》卷5第618頁。

註9：Diakonos一字可以為陽性，也可以為陰性。因此，此處的性別乃由內容決定。因為「我們的姐妹」腓比是一個Diakonos，雖然這字為陽性形，也必屬陰性。

註10：《基督復臨安息日會參考文庫》「deaconess」。在新約聖經時代，Diakonos具有廣闊的意義。「現在仍用以描寫在教會中擔任任何職分的人。保羅雖然是一個使徒，卻常說他自己和提摩太是Diakonoi（Diakonos的複數形）（見林前3：5；林後3：6；6：4；11：23；弗3：7；西1：23；提前4：6）《基督復臨安息日會參考文庫》卷7第300頁。在這些情形下，英文聖經譯本未譯為deacon（執事），而譯為minister（中文在一些地方仍譯為執事，但取其廣義為僕人，一些地方則譯為僕人或用人）。

13餘民及其使命

普世的教會是由所有真正相信基督的人所組成。但在末日，背道廣泛蔓延之時，有一批餘民蒙召出來遵守上帝的誡命及耶穌的真道。這批餘民宣告審判的時候已經到了。宣講靠基督得救，並宣告祂復臨的日子已經臨近。這項宣告由啟示錄14章中的三位天使所預表。它與天上的審判工作同時進行，造成了地上的悔改與改革的工作。每一信徒都已蒙召親自參與此項普世的見證。

——基本信仰第十三條

第13章
餘民及其使命

那大紅龍蹲伏，準備好了。牠已經使三分之一的天使墮落（啟12：4、7－9）。如今，牠若能夠吞吃那即將誕生的嬰兒，就必贏得這場戰爭。

那站在牠面前的婦人，身披日頭、腳踏月亮、頭戴十二星的冠冕。她所要生產的男嬰，「是將來要用鐵杖轄管萬國的。」（啟12：5）

那龍撲了過去，但是牠要殺掉那男嬰的努力落空了。那男孩反而「被提到上帝寶座那裏去了」。那龍就氣忿忿的，將牠的怒氣轉向祂的母親。但她卻神奇地蒙賜翅膀，被帶到一個上帝特別預備的偏遠地方。在那裏，上帝養育她一載、二載、半載——三年半，或預言的1260日（啟12：1－6、13、14）。

在聖經預言中，純潔的婦人代表上帝忠心的教會（註1）；被描寫為淫亂的婦人，則代表背道的上帝的子民（結16章；賽57：8；耶31：4、5；何1－3章；啟17：1－5）。

那龍，「那古蛇，名叫魔鬼，又叫撒但。」正等候要吞吃那男孩，就是長久期待的彌賽亞耶穌基督。撒但與牠的大敵耶穌爭戰時，用羅馬帝國作牠的工具。沒有甚麼，甚至釘死在十字架上，也不能阻撓耶穌達成祂為人類救主的使命。

在十字架上，基督擊敗了撒但。耶穌講到十字架時說：「現在這世界受審判，這世界的王要被趕出去。」（約12：31）啟示錄描寫天上得勝的讚美歌：「我上帝的救恩、能力、國度，並他基督的權柄，現在都來到了！因為那在我們上帝面前晝夜控告我們弟兄的，已經被摔下去了……所以，諸天和住在其中的，你們都快樂吧！」（啟12：10-12）撒但被趕出天庭，就限制了他的工作，撒但再也不能在天庭的諸生靈面前控告上帝的子民了。

雖然諸天快樂，地卻要接受警告：「地與海有禍了！因為魔鬼知道自己的時候不多，就氣忿忿地下到你們那裏去了。」（啟12：12）

撒但為了洩忿，就開始逼迫那婦人──教會（啟12：13）。教會雖然受了極大的苦，但仍然存活。地上人煙稀少的地區──曠野，在那預言的1260日，或實在的1260年中，供給上帝忠心的子民避難之所（啟12：14-16；見本書第4章對年日原則的論述）（註2）。

在這曠野經驗結束時，回應基督即將復臨的兆頭，上帝的子民出現了。約翰指認這一批忠心的人是「其餘的兒女……，這兒女就是那守上帝誡命為耶穌作見證的。」（啟12：17）魔鬼特別恨惡這批餘民。

這次逼迫將在何時何地發生？如何發生呢？這餘民在何時出現？有何使命？要回答這些問題，需要溫習聖經與歷史。

一、大背道

對基督教會的逼迫先由異教的羅馬發動，以後則是由於教會內部之人的背道。這項背道並非意外，──基督、約翰與保羅都曾預言此事。

耶穌在祂最後的談話中，曾警告門徒防備要來的欺騙：「你們要謹慎，免得有人迷惑你們。」祂說：「因為假基督、假先知將要起來，顯大神蹟、大奇事，倘若能行，連選民也就迷惑了。」（太24：4、

24）祂的門徒們會經驗一個時期的「大災難」，但是他們會平安地度過（太24：21、22）。在這逼迫結束時，大自然中會出現感人的兆頭，顯示基督復臨的時候已經近了（太24：29、32、33）。

保羅也警告說：「我知道，我去之後必有兇暴的豺狼進入你們中間，也必有人起來，說悖謬的話，要引誘門徒跟從他們。」（徒20：29、30）這些「狼」會引領教會「背道」或「離道反教」。

保羅說，這離道反教的事必會在基督復臨之前發生。這事如此確實，以致此事雖未發生，就以它作為基督復臨尚未臨近的記號。「人不拘用甚麼法子，你們總不要被他誘惑」，保羅說：「因為那日子以前，必有離道反教的事，並有那大罪人，就是沉淪之子，顯露出來。他是抵擋主，高抬自己，超過一切稱為神的和一切受人敬拜的，甚至坐在上帝的殿裏，自稱是上帝。」（帖後2：3、4）

甚至在保羅時代，這項離道反教也已經有限度的進行了。他的方法是撒但式的。「行各樣的異能、神蹟，和一切虛假的奇事……行

各樣出於不義的詭詐。」（帖後2：9－10）第一世紀尚未結束，約翰就說：「世上有許多假先知已經出來了。」（約壹4：1）誠然，他說：「那敵基督者的靈」，「現在已經在世上了」（約壹4：1、3）。

這背道的系統是如何形成的呢？

1.「大罪人」的得勢

當教會離棄她「起初的愛心」時（啟2：4），她就失去了教義的純潔、個人的崇高行為標準，以及聖靈的無形團結合一。在崇拜上，形式代替了單純。聲名與個人的能力便成為揀選教會領袖的決定因素。這些領袖們先在當地教會尋求更多的權柄，然後再將他們的權柄伸展至鄰近的各教會。

「在聖靈領導下，地方教會的管理終於由教會權威主義所取代，落到獨一的教會職員、主教手中。每一教友都必須順服於他，並且自稱唯有藉著他才能獲得救恩。此後教會領袖只想統治教會，而不想服務教會。那『最大的』已不再認為他是『眾人的僕人』。這樣，那介入個人與主之間的神職貴族觀念便逐漸形成。」（註3）

由於個人及地方教會的重要性減低，羅馬的主教就起來成了基督教的最高權威。藉著皇帝的幫助，這位最高的主教或教皇（註4），被認為是普世教會可見的頭，具有至高的權柄，管轄著世界各地所有教會的領袖們。

在教皇的領導之下（註5），基督教會陷入更深的背道之中。教會愈來愈大的名聲，加速了她的衰敗。降低的標準使未悔改的人在教會中感到自在。許多對基督教知道不多的人加入了教會，但只是掛名而已。他們將異教的教義、偶像、崇拜模式、慶典、節日及表號，一起帶進了教會。

這些對異教妥協的基督教，形成「大罪人」──一個龐大的假宗教系統，真理與誤謬的混合。帖後2：2節的預言，並非定個人的罪，而是暴露出那為大背道負責的宗教系統。但是在這個系統中的許多信徒，因為依照他們所得到的一切亮光生活，故仍屬於上帝普世的教會。

2.受苦的教會

羅馬教會既然靈性衰退，就發展出一個更世俗化的形像，與帝國政府建立了更親密的關係。教會與政治有了不聖潔的聯盟。

一位最具影響力的教父奧古斯丁在他的名著《上帝之城》中，提出了天主教的理想：一個普世性教會控制著一個普世性政府。奧古斯丁的思想，立定了中世紀教皇神學的根基。

主後533年，在一封編入猶斯提念皇帝法典（Justinian Code）的信中，他宣告羅馬的主教領導所有的教會（註6），他也承認教皇消除異端的影響力（註7）。

當猶斯提念皇帝的將軍貝利沙里斯於主後538年解放羅馬時，羅馬的主教就擺脫了東哥德人（Ostrogoths）的轄制。這東哥德人的亞流派信仰，限制了天主教會的發展。現在羅馬主教可以使用猶斯提念在主後533年賜給他的特權；他可以增加教廷的權柄。如此正如聖經所預言的，開始了1260年的逼迫（但7：25；啟12：6、14；13：5－7）。

可悲的是，教會藉著政府的幫助，試圖強迫所有的基督徒遵守她的法令與教訓。許多人害怕逼迫，

就丟棄了他們的信仰，而那些忠於聖經教訓的人，就經驗了殘酷的逼迫。基督教界成了一個戰場。許多人因上帝的名受監禁、被處決。在這1260年逼迫時期中，千千萬萬忠心的信徒經歷了大苦難，許多人為了忠於基督而殉身（註8）。

所灑的每一滴血，都使上帝與耶穌基督的名受玷污。基督教所受的傷害，沒有比這次殘酷的逼迫更大的了。教會的這些行動，大大扭曲了對上帝品格的看法，煉獄與永遠受苦的教義，使許多人完全棄絕了基督教。

遠比宗教改革更久之前，天主教會裏面就有許多聲音，抗議她殘酷殺害反對者，反對她自大的說法，反對她道德的腐敗。教會不肯改革，於是產生了十六世紀新教。宗教改革的成功，對羅馬教會是一項重大的打擊。教皇藉著反改革，進行了一項血腥的鬥爭，要瓦解宗教改革運動，但終於擋不住那爭取政治與宗教自由的力量。

最後在1798年，主後538年之後的1260年，羅馬天主教會受到了一次致命的打擊（參閱啟13：3）（註9）。拿破崙在義大利輝煌的勝利，將教皇置於法國革命政府的處置之下，而法國革命政府則認為羅馬的宗教乃是共和的死敵。法國政府命令拿破崙監禁教皇。於是在拿破崙的命令之下，伯特將軍就進入羅馬，宣告教皇政治統治的終結。伯特將軍捉住教皇，將他帶到法國，他就被放逐於在那裏直到他死去（註10）。

教皇被推翻是為一連串令他衰微的事件累積發展的結果。這事的發生顯示出1260年預言時期的結束。許多基督徒將這件事解釋為預言的應驗（註11）。

二、宗教改革

基於傳統而不基於聖經的教義，對異議分子殘酷的逼迫、腐敗，以及許多神職人員靈性的腐敗，都是教會內部要求改革的主要原因。

1.教義上的問題

以下所列的例子，是助長新教徒宗教改革，並使基督教會今日仍與天主教會分離的非聖經教義。

(1)地上教會的頭是基督的代表

這項教義聲稱，只有羅馬的主教，才是基督在地上的代表及教會

有形的頭。這項教義與聖經對教會領袖的說法相反（見本書第12章），它乃是基於一項假設，認為彼得曾被立為教會有形的頭，而教皇是彼得的繼承者（註12）。

(2) 教會及教會的領袖是無誤的

那大力地使羅馬教廷獲得勢力與影響力的，就是她無誤的教義。教會宣稱她從未犯錯，並且永不會錯。這項教義乃基於以下沒有聖經支持的理論：因為教會是神聖的，其承襲的特性之一就是絕無錯誤。並且上帝是要藉著這神聖的教會，引領一切友善的人到天國。因此她在信仰與道德的教導上，必不會錯誤（註13）。基督會藉著聖靈的大能保守她不犯任何錯誤。

由不承認人類在根本上已敗壞（見本書第7章），從邏輯上推論，教會領袖也必須是不能錯誤的（註14）。這樣，天主教的著作就說，他們的領袖擁有這項特權（註15）。

(3) 遮蔽基督大祭司中保的工作

當羅馬教廷的影響力逐漸增加時，信徒的注意力，就從基督在天上作大祭司的中保工作，——那是舊約聖所崇事中，每日常獻之祭所預表的實體（見本書第4章、24章），

轉移到地上的祭司工作及羅馬的領袖。信徒不但不信靠基督以獲得赦罪及永遠的救贖（見本書第9章、第10章），反將他們的信心放在教皇、神父及主教們身上。這與新約聖經教導所有信徒都是祭司的教訓相反，神職人員的赦罪工作，現在被認為是對得救十分重要了。

當教會將彌撒代替聖餐時，在效用上就抵消了基督經常在天上，將祂贖罪祭功勞用在悔改的罪人身上的天上祭司的工作。不像主的聖餐——那是耶穌所設立紀念祂的死並預表祂的國降臨的聖禮——天主教會聲稱，彌撒乃是人作祭司，向上帝所獻基督不流血的祭。因為基督再一次像在髑髏地一樣被獻上，彌撒就被視為可以帶給信徒及已死的人特別的恩典（註16）。

由於對聖經的無知，只知道人作祭司所舉行的彌撒，就失去了直接到中保耶穌基督面前的福氣。這樣，那邀請與應許：「所以我們只管坦然無懼的，來到施恩的寶座前，為要得憐恤、蒙恩惠，作隨時的幫助。」（來4：16）就被廢棄了。

(4) 善行的功勞

一般人認為靠信心不能得救，必

須靠善行的功勞獲得救恩，這是與新約聖經的教訓相反的（見本書第9章、第10章）。天主教會教導說，恩典融入罪人心中所產生的好行為，具有功勞性。那就是說，它使個人具有合理得救的權利。而且人所行的好行為，可以比得救所必要的更多——像聖徒所行的一樣，如此累積額外的功勞。而這額外的功勞可以用在他人身上。因為教會認為罪人的稱義，是基於公義輸入他們的心中，好行為就在人的稱義上扮演了重要的角色。

功勞性的善行在煉獄的教義上，也扮演著重要的角色。這項教義宣稱，那些沒有完全潔淨的人，在未進入天堂的快樂之前，必須先在煉獄中為他們的罪忍受煉淨的暫時懲罰。活著的信徒藉著禱告與善行，便可縮短那些在煉獄中受苦的時間並減輕他們的痛苦。

(5) 告解與贖罪券的教義

告解是一種基督徒藉以使受洗之後的罪獲得赦免的聖禮。這項罪的赦免，是藉著神父赦罪而獲得。但是在獲得赦罪之前，基督徒必須審查他們的良心，悔改他們的罪，並決心不再得罪上帝。然後他們必須向神父認罪，並遵行補贖事項——神父所指派的一些任務。

但是告解並不完全使罪人得釋放。他們必須在今世或在煉獄忍受暫時的懲罰。為了解決這項懲罰，教會設立了贖罪券的制度，藉以為赦罪之後因罪而有的暫時性懲罰預備豁免。贖罪券使活人與在煉獄中的人都能獲益，是以悔罪及實行所指定善行的情況而定，通常這善行是指付錢給教會。

那使贖罪券成為可能的，乃是殉道者、聖徒、使徒，尤其是耶穌基督、馬利亞的額外的功勞。他們的功勞儲存在「功勞庫」裏，可以轉移給功勞不足的信徒。那自稱是彼得繼承者的教皇，控制著這庫房的鑰匙，可以將庫房中的功勞歸給人，以解除人暫時性的懲罰（註17）。

(6) 教會有最終的權柄

許多世紀以來，教會採用了許多異教的信仰、聖日及表號。當有聲音反對這些可憎之物時，羅馬的教會卻認為他們是唯一有權解釋聖經者。結果成了最終權威的是教會而非聖經（見本書第1章）。教會說，有兩個真理的源頭存在：a.聖經；

b.天主教會的遺傳，其中包括教父的著作、教會會議的教令、核准的信條，以及教會的禮儀。當教會的教義，有遺傳支持而沒有聖經支持時，則先以遺傳為準。上帝在聖經中所啟示的教義，信徒無權解釋，唯有天主教會才有此權柄（註18）。

2.新時代的誕生

在十四世紀，威克里夫起來要求教會改革，不僅在英國，而是要在整個基督教界。當時只有少數聖經，他卻預備了第一本全本聖經的英譯本。他那只藉相信基督就能得救，並只有聖經才無誤的教訓，奠定了新教徒宗教改革的根基。他是宗教改革的晨星，企圖使基督的教會擺脫一切異教無知的捆綁。他發動了一項運動，藉以釋放個人的思想，並要使整個國家擺脫宗教錯誤的箝制。威克里夫的著作感動了胡斯、耶柔米、路德及許多人的心靈。

路德馬丁——熱情、衝動、不妥協，也許是宗教改革中最強有力的人物。他一面攻擊靠行為得救的道理，一面比別人更強有力的領人回歸聖經，及因信稱義的偉大福音真理。

路德聲稱信徒不應該接受任何聖經之外的權威，他使人的眼睛轉向天上，從人的行為、神父、告解轉向基督，那唯一的中保與救主。他說藉著人的行為減少罪疚及避免罪的刑罰是不可能的。唯有向上帝悔改及相信耶穌，才能拯救罪人。因為它是一項禮物，是白白賜下的，祂的恩典絕不能被購買。所以人有盼望，不是因為贖罪券，而是因為一位被釘十字架的救贖主所流的血。

好像挖掘古物的考古學家，從埋藏在許多世紀的廢物中掘出寶物一樣，宗教改革發現了一些長久被遺忘的真理；因信稱義這偉大的福音原則重新被人發現；耶穌基督只一次獻上的贖罪祭，並祂全然充足之祭司工作重新受到重視。許多非聖經的教訓，如為死人禱告、敬拜聖徒與聖物、彌撒的舉行、敬拜馬利亞、煉獄、告解、聖水、神父獨身、念珠、異端裁判、變質說、臨終抹油禮以及依靠傳統，都不予以承認而予以棄絕。

新教徒的改革者，幾乎一致地指出，教皇制度就是那「大罪人」、

「不法的隱意」、及但以理書中的「小角」，是那在啟示錄12：6、14及13：5中所說，在基督復臨之前逼迫上帝真實子民的團體（註19）。

聖經教義以及唯有聖經，是信仰與道德的標準，成了基督新教的基本原則。宗教改革家們認為，所有人的遺傳，都必須順服於聖經而為最終的權威。至於宗教信仰，沒有任何權威——教皇、會議、教父、帝王與學者，能統治人的良心。誠然，基督教界開始從沉睡中覺醒了，最後，許多地方宣告了宗教自由。

三、停滯的改革

基督教的改革本不應該在十六世紀結束。宗教改革家們的成就相當可觀，但卻沒有將在背道時期所失落的一切亮光重新發現。他們雖使基督教脫離完全的黑暗，但仍然處於陰影之中。他們雖然已經打破了中世紀教會的鐵腕，將聖經給了世人，並恢復了基本的福音，但是他們未能發現其他重要的真理。全身入水的浸禮、義人復活時基督賜下不朽的生命、第七日為聖經的安息日並其他的真理等（請參本書第7、15、20及26章），仍然失落在陰影之中。

繼承他們的人未在改革上繼續向前，但鞏固已有的成就。他們因為將注意力集中在改革家們的話及意見上，以致忽視了聖經。少數人發現了新真理，但大多數不肯前進到超過早期改革家們的信仰。結果基督教會的信仰退而成為形式主義及學術主義。那些本該廢除的錯誤反而奉為神聖，改革的火焰逐漸熄滅。基督教會本身也就變成冷漠、形式化，需要改革了。

宗教改革之後的時代忙於神學活動，在靈性上少有進展。法雷（Frederic W. Farrar）論到這時期，寫道：「自由換成了奴役，普世性原則換成了乞憐式的原理，真理換成了教條主義，自主換成了遺傳，宗教變成了制度。對聖經的話敬畏卻被默示的死理論所代替。愉快的正統讓位給死板的一致，對立的辯證取代了活潑的思想。」（註20）雖然「宗教改革打破了舊經院哲學派的鉛製的權杖」，但改革派基督教會引進了「一種新的經院哲學，其權杖卻是鐵的」（註21）。格藍特

（Robert. M. Grant）說這新經院哲學「像中世紀的神學結構同樣僵硬」（註22）。「改革派基督教會實際上以他們現行的信條，限制、束縛了他們自己。」（註23）

爭論爆發了。「沒有甚麼時期像那時一樣，人專心於發現他人的錯誤，彼此污蔑。」（註24）這樣，福音成了言詞的論戰。「聖經不再向心靈說話，而是向吹毛求疵的腦子說話。」（註25）「各種學理是正統的，但是靈性卻蕩然無存。神學得了勝，但是愛卻熄滅了。」（註26）

四、餘民

雖然有背道及1260年的逼迫，一些信徒仍然反映出使徒教會的純潔。當1260年的壓迫在主後1798年結束時，那龍未能完全根除上帝忠心的子民。撒但繼續將他毀壞的努力指向這些人。約翰說：「龍向婦人發怒，去與她其餘的兒女爭戰，這兒女就是那守上帝誡命、為耶穌作見證的。」（啟12：17）

1.何謂餘民

在約翰描寫那龍與婦人的兒女爭戰時，他用以描寫的話是：「她其餘的兒女」（啟12：17），這意思是「剩餘的」或「餘民」。聖經描寫餘民是一小群上帝的子民，經過了災難、戰爭、背道，仍然對上帝保持忠心的人。這忠心的餘民，乃是上帝用以繁衍祂地上有形教會的根（代下30：6；拉9：14、15；賽10：20－22；耶42：2；結6：8；14：22）。

上帝曾差遣餘民宣揚祂的榮耀，引導祂分散在世上各地的百姓，到祂的「聖山耶路撒冷」、「錫安山」（賽37：31、32；66：20；參閱啟14：1）。論到如此聚集的人，聖經說：「羔羊無論往哪裏去，他們都跟隨他。」（啟14：4）

啟12：17包含了對上帝所揀選忠心信徒中最後餘民的描述——在基督復臨之前祂忠心的見證人。餘民有那些特徵呢？

2.餘民的特徵

末時的餘民是不容易被錯認的，約翰用特別的措詞描寫這一群人。他們是在1260年的逼迫之後出現，由一批「守上帝誡命、有耶穌基督見證的」人所組成（啟12：17依原文譯）。

他們負有責任，要在基督復臨之前，向全世界宣講上帝最後的警告，就是啟14章三天使的信息（啟14：6-12）。這些信息本身就包括了對餘民的描寫。他們是：「守上帝誡命和耶穌信心的」（啟14：12依原文譯）。讓我們更仔細地考慮一下這些特徵吧。

(1)耶穌的信心

上帝餘民的特徵是，他們有類似耶穌的信心。他們反映出對上帝、對聖經毫不動搖的信心。他們相信耶穌基督是所預言的彌賽亞，是上帝的兒子，並降世而為世人的救主。他們的信心包括了聖經所有的真理——那些耶穌所相信並教導人的真理。

這樣，上帝的餘民會宣講信基督得救的永遠福音。他們會警告世人，上帝審判的時候已經到了，並會預備他人迎見即將復臨的主。他們會從事普世的聖工，完成對人類神聖的見證（啟14：6、7；10：11；太24：14）。

(2)上帝的誡命

在耶穌裏真實的信心，使餘民獻身效法主的榜樣。約翰說：「人若說他住在主裏面，就該自己照主所行的去行。」（約壹2：6）耶穌既然遵守了祂父的命令，他們也要遵守上帝的誡命（約15：10）。

尤其因為他們是餘民，他們的行為必須與他們所承認的信仰相合——否則就毫無價值。耶穌說：「凡稱呼我主啊，主啊的人不能都進天國；惟獨遵行我天父旨意的人才能進去。」（太7：21）藉著基督所賜給他們的力量，他們順從上帝的要求，包括上帝那不改變的道德律，全部十條誡命（出20：1-17；太5：17-19；19：17；腓4：13）。

(3)耶穌的見證

約翰說：「耶穌的見證」就是「預言之靈」（啟19：10）。餘民被預言恩賜傳達的耶穌的見證所領導。

聖靈的恩賜要在整個教會歷史中發揮其功能，直到「我們眾人在真道上同歸於一，認識上帝的兒子，得以長大成人，滿有基督長成的身量。」（弗4：13）所以，這乃是餘民的一大特點。

這樣的預言領導，使餘民成了宣講預言信息的預言之民。他們會明白預言並教導預言。那臨到餘民的真理的啟示，會幫助他們完成預備

世人迎接基督復臨的使命（見本書第18章）。

3.末時餘民的出現

聖經指出，餘民出現在世界的舞台，是在大逼迫時期之後（啟12：14-17）。那造成教皇在1260年時期結束時（主後1798年）被俘的驚天動地的法國革命，以及三個宇宙性的大兆頭——日、月、星、地球，都見證基督復臨已經臨近（見本書第25章），因此導致了一次對預言研究的大奮興。到處出現了耶穌即將復臨的盼望。世界各地的許多基督徒都認識到，「末時」已經來到（但12：4）（註27）。

18世紀後半及19世紀前半，聖經預言的應驗，造成了一個強有力的，以盼望基督復臨為中心的超教派運動。在各教會都可找到盼望基督即將回來的信徒正在禱告、工作，期待著這歷史性頂尖的大事。

基督復臨的盼望，在有此盼望的人之間，帶來深切的合一。許多信徒聯合起來警告世人，基督就要回來了。復臨運動誠然是一個以上帝的話及基督復臨的盼望為中心的超教派運動。

他們愈研究聖經，愈相信上帝正呼召一批餘民，去繼續基督教會已停滯的改革。他們已親自在自己的教會裏經驗到缺乏改革的精神，及缺少為基督復臨去研究及作準備的熱心。他們研究聖經發現，上帝引領他們所經歷的試煉與失望，構成了深刻的屬靈與潔淨的經驗，已使他們一起成為上帝的餘民。上帝已命令他們繼續那曾帶給教會如此多快樂與能力的宗教改革。他們以謙卑與感恩的心接受了這個使命，知道上帝的使命臨到他們，不是因為他們天生優越，並知道唯有藉著基督的憐憫與大能，他們才能成功。

五、餘民的使命

啟示錄中的預言，清楚地列出了餘民的使命，啟14：6-12三位天使的信息，顯明了餘民的宣講，會導致福音的真理最終並完全的恢復（註28）。這三個信息包括上帝對撒但那難予抵抗、在基督降臨之前橫掃世界的欺騙之對策（啟13：3、8、14-16）。緊接著上帝對世人最後的呼籲之後，基督就要回來收割莊稼（啟14：14-20）。

1.第一位天使的信息

「我又看見另有一位天使飛在空中，有永遠的福音要傳給住在地上的人，就是各國、各族、各方、各民。他大聲說：『應當敬畏上帝，將榮耀歸給他！因他施行審判的時候已經到了。應當敬拜那創造天地海和眾水泉源的。』」（啟14：6、7）

第一位天使的信息，代表上帝的餘民將永遠的福音傳給世人。這福音是上帝無窮大愛的好消息，與古時眾先知及使徒所宣講的是一樣的（來4：2）。餘民不會宣講一個不同的福音——他們從審判的角度重申罪人可以因信稱義，領受基督公義永遠的福音。

這信息呼召世人悔改。它召請所有的人「敬畏」上帝，將「榮耀」或將尊榮歸給祂。我們受造是為此目的。我們可以用我們的言語行動，將榮耀或尊榮歸給祂。「你們多結果子，我父就因此得榮耀。」（約15：8）

約翰預言的這項迎接基督復臨的運動，將會使人重新重視聖經對榮耀上帝的關切。它將會前所未有的提及新約對我們的呼召，要我們注重自己生命的神聖管家責任。「你們的身子就是聖靈的殿」，我們對自己身體、道德、屬靈的能力，沒有獨享的權利。基督已在贖體地用祂的血買了這些。「因為你們是重價買來的。所以，要在你們的身子上榮耀上帝。」（林前6：19、20）「所以你們或吃或喝，無論做甚麼，都要為榮耀上帝而行。」（林前10：31）

「祂施行審判的時候已經到了。」使這項悔改的呼召更為迫切（見本書第24章）。在啟14：7中，「審判」一詞譯自希臘文Krisis，係指審判的行動而非判決（krima）。它指全部審判過程，包括人被帶到審判台前、生活記錄的調查、有罪或定罪的判決、永生的賜與或死亡的判定（見太16：27；羅6：23；啟22：12）。審判時候的信息，也宣講上帝對一切背道的審判（但7：9-11、26；啟17、18章）。

審判時辰的信息，特別指基督在天上聖所任大祭司工作的最後階段。基督已進入祂審判的工作（參看本書24章）。

這個信息也呼召所有的人敬拜創造主。上帝的敬拜呼召，必須與叫

人敬拜獸和獸像的命令相對照（啟13：3、8、15）。不久各人都必須選擇真敬拜或假敬拜，——選擇敬拜上帝時依上帝的條件（因信稱義），或依人的條件（因行為稱義）。藉著命令，我們「敬拜那創造天地海和眾水泉源的」（啟14：7；出20：11）。這個命令也叫我們注意第四條誡命。它領導人進入對創造主的真敬拜，一個關係到尊重祂創造的紀念，主耶和華在創造時所設立，在十誡中重申的第七日聖安息日（見本書第20章）的經驗。因此第一位天使的信息，是要在世人面前推崇基督為創造主及聖經安息日的主。安息日是上帝創造的記號——一個被祂廣大受造生靈所忽視的記號。

由於上帝恩典的安排，開始傳講這項叫人注意創造主上帝的信息時，正是達爾文出版「物種原始」（1859），進化論大獲進展之時。宣講第一位天使的信息，構成了阻擋進化論進展的最堅強堡壘。

最後，這項呼召意味著，恢復那為不法之人踐踏的上帝神聖律法的尊榮（帖後2：3）。只有在恢復真實崇拜、信徒按照上帝之國的原則生活時，才能將榮耀歸給上帝。

2.第二位天使的信息

「叫萬民喝邪淫大怒之酒的巴比倫大城傾倒了！傾倒了！」（啟14：8）

從人類早期的歷史可知，巴比倫城代表一種上帝的態度，巴別塔乃背道的紀念碑，叛逆的中心（創11：1-9）；路錫甫（撒但）乃是他暗中之王（賽14：4、12-14），他要使巴比倫成為他統治人類大計畫的工具。整本聖經中，上帝之城耶路撒冷與撒但之城巴比倫之間的爭戰，說明了善惡之間的大鬥爭。

在基督教的早期，羅馬人逼迫猶太人也逼迫基督徒時，猶太人與基督徒的文學中，都稱呼羅馬城為巴比倫（註29）。許多人相信，彼得曾用巴比倫作為羅馬的假名（彼前5：13）。因為它的背道與逼迫，大多數宗教改革時代及宗教改革之後的基督徒，都曾稱羅馬的天主教會為屬靈的巴比倫（啟17章），是上帝子民的仇敵（註30）。

在啟示錄中，巴比倫被稱為壞女人，是淫婦及她不純潔女兒之母（啟17：5）。她代表一切背道的宗

教團體及其領袖。但她特別是指那造成「啟13：15－17節」所描寫，最後危機的獸與獸像大背道的宗教聯盟。

第二位天使的信息，揭露了巴比倫具有宇宙性背道及強制權勢的本質，她「叫萬民喝邪淫大怒之酒」。巴比倫的酒代表她的各種異端教訓。巴比倫會對政治權勢施壓，並迫使全地實施她虛假的宗教教訓與命令。

所說的邪淫，代表她與萬國之間——背道的教會與政治權力之間的非法關係。教會應該與她的主有婚姻關係。但她為了尋求政治上的支持，就脫離了她的丈夫，犯屬靈的姦淫（結16：15；雅4：4）。

這非法的關係造成悲劇。約翰看見地上的居民「喝醉」了她虛假的教訓，巴比倫自己則「喝醉了聖徒的血，和為耶穌作見證之人的血。」就是那不肯接受她非聖經教義，屈服於她權威之人的血（啟17：2、6）。

巴比倫傾倒了，因為她拒絕第一位天使的信息——在創造主裏因信稱義的福音。正如教會歷史前幾個世紀中羅馬教會背道一樣，今天許多基督教會也偏離了宗教改革時期的偉大聖經真理。這項巴比倫傾倒了的預言，尤其在一般基督教會獲得了應驗。因為他們偏離了曾一度強有力推動的宗教改革之單純因信稱義的永遠福音。

第二位天使的信息，在愈靠近末日時便愈顯中肯。在拒絕第一位天使信息的宗教團體聯盟上，它將得著完全的應驗。在「啟18：2－4」中，再次重複宣告了巴比倫的完全傾倒，並呼召那些仍然留在巴比倫的各宗教團體裏的上帝子民離開她們。那位天使說：「我的民哪，你們要從那城出來，免得與她一同有罪，受她所受的災殃。」（啟18：4）（註31）

3.第三位天使的信息

「若有人拜獸和獸像，在額上或在手上受了印記，這人也必喝上帝大怒的酒；此酒斟在上帝忿怒的杯中純一不雜。他要在聖天使和羔羊面前，在火與硫磺之中受痛苦，他受痛苦的煙往上冒，直到永永遠遠。那些拜獸和獸像，受牠名之印記的，晝夜不得安寧。聖徒的忍耐就在此；他們是守上帝誡命和耶穌

真道的。」（啟14：9－12）

第一位天使的信息，宣講永遠的福音，叫人恢復對創造主上帝的真敬拜，因為審判的時候已經到了。第二位天使警告人要防備一切出於人的敬拜形式。最後第三位天使宣講上帝最嚴肅的警告，叫人不要拜獸和獸像——那是凡拒絕因信稱義之福音的人最後必要行的。

在啟13：1－10中所描寫的那獸，乃是許多世紀以來橫行在基督教界的教會與政治的聯合；保羅的形容詞是「大罪人」（帖後2：2－4）；但以理形容他是「小角」（但7：8、20－25；8：9－12）；獸像代表教會失去了真實的宗教改革精神後與政治聯合，強迫他人接受他的教訓及背道的宗教形式。政教的聯合，將使他們完全成為獸的像——那獸就是在1260年施行逼迫的背道的教會，稱為獸像。

第三位天使的信息，宣講聖經中最嚴肅、最可怕的警告。它顯明那些在地上最後危機之中順服人之權威者，必會敬拜獸與獸像，而不敬拜上帝。在此最後的爭戰中，將發展出兩類人，一類倡導人發明的福音，並敬拜獸與獸像，帶給自己

最悲慘的刑罰。另一類在強烈的對比中，依靠真實的福音而活，並且「他們是守上帝誡命和耶穌真道的。」（啟14：9、12）最後的問題關係到真假的敬拜與真假的福音。當這個問題清楚地帶到世人面前時，凡拒絕上帝創造的紀念——聖經的安息日，在充分地知道星期日並非上帝所指定的敬拜日之後，仍然選擇尊重星期日，並在星期日敬拜的人，他們將會受「獸的印記」。這個印記是叛逆的印記。那獸說他改變了敬拜的日子，表明他的權柄已在上帝的律法之上（註32）。

第三位天使的信息，將世人的注意力轉到拒絕接受永遠的福音及上帝恢復真敬拜信息的後果上。它清楚地描繪出人在敬拜上所作選擇的最後結果。這不是一項容易的選擇，因為無論你選擇甚麼，都會受苦。順從上帝的人會經驗龍的忿怒（啟12：17），最後將遭受死亡的威脅（啟13：15）；而那些選擇拜獸與獸像的人，則會遭遇最後的七災及最終的「火湖」（啟15、16章；20：14、15）。

雖然兩種選擇都會受苦，但它

們的結果不同。選擇敬拜創造主的人，必會逃脫龍的忿怒，並與羔羊一同站立在錫安山上（啟14：1；7：2、4）；但那拜獸與獸像的人，則會得到上帝完全的忿怒，在羔羊與眾天使面前滅亡（啟14：9、10；20：14）。

人人都必須選擇敬拜誰。人或是選擇因信稱義，他就被顯明是參與上帝所認可的敬拜方式；人或選擇實際靠行為稱義，就被顯明是參與上帝所禁止的敬拜方式，這是在拜獸與獸像所命令的人為敬拜。上帝不能接受後者的敬拜，因為它以人的命令為優先，不以上帝的命令為優先。它尋求靠人的行為稱義，而不靠賴那以上帝為創造主、救贖主、再造主，完全降服於祂而得的信心。從這項意義說，第三位天使的信息，就是因信稱義的信息。

在所有的教會中上帝都有祂的兒女，但是祂藉著餘民教會，宣講一個呼召祂子民離開背道，準備迎接基督復臨，恢復真崇拜的信息。餘民教會深知許多上帝的子民還沒有加入他們當中，當他們努力去完成這嚴肅的使命時，就感到自己的軟弱與無能。他們知道，只有藉著

上帝的恩典，才能完成這重大的任務。

鑒於基督即將復臨，以及需要準備好迎見祂，上帝那迫切的、慈憐的呼召，臨到我們每一個人：「我的民哪，你們要從那城出來，免得與她一同有罪，受她所受的災殃；因她的罪惡滔天；她的不義，上帝已經想起來了。」（啟18：4、5）

註1：那圍繞著純潔婦人的日頭眩目的光輝，依照不同評經家的說法，代表新約福音的亮光。它使早期教會有能力、有聖靈的恩膏。月亮、反射日頭的光線，合適地象徵舊約藉預言及禮儀，預表十字架及那要來的一位，反照出福音的亮光。十二星的冠冕則代表教會的根，舊約時代是十二支派的先祖，延伸為新約的十二使徒。

註2：計算預言時間一日頂一年的原則，在但以理書第9章關於彌賽亞的預言中已經提及。見本書第4章。

註3：《基督復臨安息日會參考文庫》卷4第835頁。

註4：「教皇」（英文為Pope）之名，實際是來自拉丁文papa，希臘文papas，譯為「父親」、「監督」或「主教」。教皇是「羅馬的主教、羅馬天主教會的頭。」《Webster's New Universal Unabridged Dictionary第2版》。

註5：教皇制度可以解釋為：其最高權柄在教皇身上的教會行政管理制度。

註6：猶斯提念皇帝寫給教皇約翰的信，被引述在教皇約翰給猶斯提念皇帝的信中。收入《猶斯提念法典》第一卷，《基督復臨安息日會參考文庫》資料書684、685頁。

註7：主後533年3月26日猶斯提念寫給康士坦丁堡的艾匹番尼斯大主教的信，收入《猶斯提念法典》第一卷，《基督復臨安息日會參考文庫》資料書685頁。

註8：見James Hastings著《Encyclopaedia of Religion and Ethics》卷9第749至757頁；John Dowling著《The History of Romanism:From the Earliest Corruptions of Christianity to the Present Time》第十版237至616頁。

註9：這項打擊嚴重地損害了教皇的聲譽，但並未結束她的影響力。啟13：3講到這死傷得了醫治，指明教皇影響力的復甦。在末日，她要成為最強有力的宗教影響力。

註10：George Trevor著《Rome:From the Fall of the Western Empire》439、440頁；John Adolphus著《The History of Frawnce From the Year1790 to the Peace Concluded at Amiens in1802》卷2第364至369面，見《基督復臨安息日會參考文庫》資料書701、702頁。

註11：Leroy E. Froom著《The Prophetic Faith of our Fathers》卷2第765至182頁。

註12：Peter Geiermann著《The Converts Catechism of Catholic Doctrine》27、28頁。

註13：同上27頁。

註14：後來，教皇不可能錯誤的教義係根據以下假設。(1)「因是完全的頭，上帝教會必然有不能錯誤的特性。」(2)彼得在教導信仰與道德上未曾有錯，(3)教皇已從彼得承襲這上帝教會的特性。故此所得的結論是：從教皇的座位上說話，「教皇乃是信仰與道德無誤的教師。」（Geiermann第29頁）。「從教皇的座位上」（拉丁文、ex cathedra）指教皇對天主教會所作官方的宣佈而言。

註15：關於教皇擁有的權力，可參閱《基督復臨安息日會參考文庫》資料書680頁所引述Lucius Ferrais著《Prompta Bibliotheca》中Papa第2條，關於教皇自稱擁有權力，見《The Great Encyclical Letters of Pope Leo XⅢ》193、304頁教皇Leo八世1890年1月10日及1894年6月20日教諭，亦可參見《基督復臨安息日會參考文庫》資料書683、684頁。

註16：John A. McHugh與Charles J. Callen合譯（法譯英）《Catechism of the Council of Trent for Paris Priests》258、259頁，見《基督復臨安息日會參考文庫》資料書614頁。

註17：《基督復臨安息日會參考文庫》卷七第47、48頁。

註18：見Philip Schaff編《The Creeds of Christendom》卷二第79至83頁所引述council of Trent, Session IV.參見《基督復臨安息日會參考文庫》資料書1041至1043頁。

註19：Froom著《Prophetic Faith of our Fathers》卷二第528至531頁。

註20：同上。

註22：同上。

註22：Robert M. Grant著《A Short History of Interpretation of the Bible》97頁。

註23：Farrar，361頁。

註24：同上363頁。

註25：同註22，97頁。

註26：Farrar，365頁。

註27：關於餘民的起源，見Leroy E.Froom著《Prophetic Faith of our Fathers》卷四；Gerard Damsteegt著《Foundation of the Seventh-Day Adventist message nad mission》。

註28：參閱Gerard Damsteegt著《A Theology of Restoration》。

註29：見「Midrash Rabbah on Canticles」I. 6,4；特土良Tertullian著《Against Marcion》Ⅲ,13；特土良箸《Answer to the Jews》9。

註30：同註19，第531、787頁。

註31：《基督復臨安息日會參考文庫》卷七第828－831頁。

註32：天主教會稱有權柄改變崇拜的日子。「問：安息日何日？答：星期六是安息日。問：為何我們守星期日不守星期六？答：我們守星期日不守星期六，是因為天主教會將星期六的嚴肅性轉移到星期日的緣故。」（《Geiermann》，50頁）參見《基督復臨安息日會參考文庫》資料書886頁。這教理問答收錄在1910年1月25日教皇Pius X的《使徒降福》裡。

224

14基督身體的合一

基督復臨安息日會相信……

> **教**會是由許多肢體合成的一個身體。這些肢體是從各國各族各方各民選召出來的。在基督裏我們是新造的人。種族、文化、學識、國籍的不同,以及地位、貧富、性別的差異,都不可在我們中間造成分裂。我們在基督裏都是平等的。藉著一位聖靈,基督使我們與祂並我們彼此之間都合而為一。我們要毫無保留地服事人與接受人的服事。藉著耶穌基督在聖經中的啟示,我們有同一的信仰與指望,並向所有的人作出同一的見證。這種合一源自三一真神的合一。祂已收納我們為祂的兒女。
>
> ——本會基本信仰第十四條

第14章
基督身體的合一

耶穌完成了祂在地上的工作之後,仍然繼續為祂門徒的情況而心中憂苦,即使在祂臨終的前夕也是如此。

嫉妒在門徒中間引起了誰為大的爭論,誰在基督的國裏獲得最高的地位。耶穌所說謙卑是祂國度的品質,祂真正的門徒願意作僕人,樂意獻上自己,甚至不期望回報,但門徒似乎聽不進去(路17:10)。當他們不知替人洗腳的含意而沒有人肯作時,祂卻俯身洗了他們的腳,祂所立的榜樣似乎也是枉然(見本書第16章)。

耶穌就是愛,那保持大批群眾跟隨祂的,乃是祂的同情。祂的門徒不明白這項無私的愛,他們對非猶太人、婦女、「罪人」及窮人充滿強烈的偏見,因必而使他們無法看見基督那包容一切的愛。當門徒們

發現祂與一惡名昭彰的撒馬利亞婦人談話時，他們還不知道莊稼已經成熟，可以收割了，這包括各種不同的穀粒，全都可以收割。

但基督卻不為傳統、公眾輿論，甚或家人的控制所左右。祂的愛傾降而出，使頹喪的人類復原。這樣的愛使他們從冷漠的大眾中分別出來，成了他們是真門徒的憑據。如同祂愛世人一樣，他們也要愛。世人因此就能認出基督徒來——不是由於他們口頭的信仰，而是由於他們所表現之基督的愛（參見約13：34、35）。

所以即使身在客西馬尼園，在基督心中所記掛的事，乃是教會的合一——就是那些從世界出來之人的合一（約17：6）。祂求祂的父使教會合一，正像三一真神之間的合一一樣。「我……祈求，使他們都合而為一。正如你父在我裏面，我在你裏面，使他們也在我們裏面，叫世人可以信你差了我來。」（約17：20、21）

這樣的合一是教會最強有力的見證，因它是基督對人類無私之愛的憑據。祂說：「我在他們裏面，你在我裏面，使他們完完全全的合

而為一，叫世人知道你差了我來，也知道你愛他們如同愛我一樣。」（約17：23）

一、聖經中的合一與教會

對於今日有形的教會，基督心中的合一是那一種合一呢？這樣的愛與合一可能嗎？它的基礎是甚麼？有哪些構成的條件？它要求全體一致或容許個別差異？合一如何發揮功能？

1.聖靈的合一

聖靈是教會合一後面的推動力。藉著聖靈，信徒被領至教會。他們「都從一位聖靈受洗，成了一個身體」（林前12：13），這受洗肢體的合一，保羅稱之為「聖靈所賜合而為一的心」（弗4：3）。

這位使徒列出聖靈合一的基本要件：「身體只有一個，聖靈只有一個，正如你們蒙召同有一個指望。一主，一信，一洗，一上帝，就是眾人的父，超乎眾人之上，貫乎眾人之中，也住在眾人之內。」（弗4：4-6）這裏一字重複七次，強調了保羅所稱完全的合一。

他們蒙召從各國各族而來，聖

靈給他們施洗,歸於一個身體——基督的身體、教會。當他們在基督裏生長之時,文化差異不再使他們分裂。聖靈打破了階級、貧窮、男女之間的障礙。他們既知道他們在上帝眼中是平等的,就彼此互相尊重。

這項合一,也在團體的層面上發揮其功能。那就是說,各處的地方教會也是平等的,即使有些教會接受從其他教會來的金錢與傳道士的幫助亦然。這樣屬靈的聯合,沒有任何階級存在。本國人與外國佈道士在上帝面前都是平等的。

這合一的教會有同一的指望——就是那「至大的上帝和我們救主耶穌基督的榮耀顯現」(多2:13)時,將要實現之得救的指望。這項指望乃是平安與喜樂的源頭,並給予聯合見證強大的動力(太24:14)。它引導人改變,因為「凡向他有這指望的,就潔淨自己,像他潔淨一樣。」(約壹3:3)

凡成為這身體一部分的,那象徵基督的死與復活的同一洗禮,都是藉著同一信心——個人對耶穌基督贖罪犧牲的信心(羅6:3-6)。充分表現了這項信心,見證了基督身

體的合一。

最後,聖經教導只有一位靈、一位主、一位上帝、一位父。教會合一的每一方面,都植根於三一真神的合一。「恩賜原有分別,聖靈卻是一位;職事也有分別,主卻是一位;功用也有分別,上帝卻是一位,在眾人裏面運行一切的事。」(林前12:4-6)

2.合一的範圍

信徒經驗心思與判斷的合一。請留心以下的教訓:「但願賜忍耐安慰的上帝叫你們彼此同心,效法基督耶穌,一心一口榮耀上帝——我們主耶穌基督的父!」(羅15:5、6)「弟兄們,我藉我們的主耶穌基督的名勸你們都說一樣的話。你們中間也不可分黨,只要一心一意,彼此相合。」(林前1:10)「要受安慰;要同心合意;要彼此和睦。如此,仁愛和平的上帝必常與你們同在。」(林後13:11)

這樣,上帝的教會應該表現出感情、思想及行動的合一。這是不是說,教友們都應該有同樣的感情、思想與行動呢?聖經所說的合一,是否意指人人都一樣呢?

3.多元的合一

聖經的合一，並非指人人都一樣。聖經裏人體的比喻，顯明教會的合一是多元中的合一，或異中求同。

身體有許多器官，所有器官都為了使身體發揮最好的功能。每一器官都完成一個重要但各有不同的工作，沒有一樣是無用的。

教會也是這樣的原則。上帝將祂的恩賜「隨己意分給各人」（林前12：11），造成一種能使會眾蒙福之健康的差異。不是所有教友的想法都一樣，也不是他們都有資格從事一樣的工作。他們卻都在同一聖靈的領導之下，最有效地使用上帝所賜的能力建造教會。

為了達成使命，教會需要所有恩賜的貢獻。它們一起使佈道的工作能全面推動。教會的成功並不是靠每一教友都變成一樣，作同樣的工，而是靠每一教友作上帝分派給他們的工。

在大自然中，葡萄樹與枝子可以說明這多元差異中的合一。耶穌曾用葡萄樹的比喻，來說明信徒與祂的聯合（約15：1-6）。那枝子就是信徒，乃是真葡萄樹——耶穌的延伸。每一基督徒與每一根枝子、每一片葉子一樣，它們彼此各不相同，卻有一種合一的存在。因為它們都從同一的源頭——葡萄樹獲取營養。葡萄樹的枝子各自分離，彼此並不混合；但每一枝子若都連在樹幹上，就必與其他的枝子有著合一的關係。它們都從同一源頭獲取營養：吸收同一賜生命者的屬性。

所以基督徒的合一，是靠教友將自己連接在基督身上。從祂那裏有能力可使基督徒有生命的活力。祂是完成教會工作所必須的才幹與能力的源頭。與祂相連接，就會塑造基督徒的喜好、習慣及生活方式。藉著祂，所有教友也彼此連結在一起，連結在一個共同的使命中。教友住在祂裏面時，自私就會除去，基督徒的合一就會建立，使他們有能力完成祂的使命。

因此，雖然在教會中有各種不同性情的人，但都在一個元首的領導之下工作。雖然恩賜有許多，但聖靈只有一位。雖然恩賜各有不同，但行動和諧。「上帝卻是一位，在眾人裏面運行一切的事。」（林前12：6）

4.信仰的合一

　　但是不同的恩賜，並不代表信仰不同。在末日組成上帝教會的人，是共同傳講永遠福音的人——他們生活的特徵，是遵守上帝的誡命和耶穌的真道（啟14：12），一起向世人宣講上帝救恩的邀請。

二、教會合一有多重要

　　合一是教會不可少的。缺少了合一，教會就無法完成她神聖的使命。

1.合一使教會的工作有效率

　　在一個被紛歧的意見及衝突弄得四分五裂的世界之中，各種不同的個性、脾氣、性情之教友間的愛與合一，是教會信息最強而有力的見證。這樣的合一提供了無庸置辯的證據，證明他們與上帝有連結，真是基督的門徒（約13：35）。它也證明了上帝聖言的大能。

　　自稱為基督徒的人他們之間的衝突，會引起不信之人的厭惡，並構成他們接受基督教信仰的最大障礙。信徒之間真正的合一，會消除這種態度。基督說，這是在世人的面前證明祂是他們救主的一大憑據

230

（約17：23）。

2.合一顯示上帝國度的真實

　　地上真正合一的教會，表明其教友認真盼望到天國共同生活。地上的合一，顯示出上帝永恆國度的實在。對那些如此生活的人，聖經的話就會應驗：「看哪，弟兄和睦同居，是何等地善，何等地美！」（詩133：1）

3.合一顯示出教會的力量

　　合一帶來力量，紛爭造成軟弱。當教會中的教友都與基督聯合，並彼此和諧地為世人的得救而努力時，教會確會興旺。那時，也只有那時，他們才是真正「與上帝同工的」（林前3：9）。

　　基督徒的合一正向我們這被冷酷、自私所撕裂，愈來愈支離破碎的世界挑戰。合一的教會對這被文化、種族、性別、國籍所分裂的社會，展示了解決的辦法。合一的教會能抵制撒但的攻擊。誠然，對一個教友彼此相愛如同基督愛他們一樣的教會，黑暗的權勢是無能為力的。

　　合一的教會之積極美好的效果，

可以與一個交響樂團的演奏相比。在指揮未出現、各音樂家在為他們的樂器調音作暖身試奏時，他們製造一堆不和諧的噪音。但是當指揮出現時，那混亂的噪音停止了。所有的眼睛都盯在他身上。交響樂團的每一團員都坐好，準備要跟著指揮演奏。隨著指揮者的指揮，這個交響樂團就奏出美妙和諧的音樂來。

「基督身體中的合一，意為在那神聖指揮的指揮棒下，將我生命的樂器與蒙召出來之人的交響樂團相混合。在祂的指揮棒下，依照創造原有的樂譜，我們有榮幸為人類演奏上帝之愛的交響樂。」（註1）

三、合一的成就

教會若是要經驗合一，上帝與信徒都必須參與才能達成。合一的源頭在那裏？能得到嗎？信徒在其中扮演何種角色呢？

1.合一的源頭

聖經指出合一的源頭在於：
(1).天父保守的大能（約17：11），
(2).基督將父的榮耀賜給門徒（約17：22），(3).基督住在信徒之內

（約17：23）。聖靈，那在基督身體之中「基督」的靈，乃是使每一肢體聯合在祂的臨格與黏合力之中。

如同輪子的軸心與軸輻，教友（軸輻）愈接近基督（軸心），他們彼此也更加接近。「在教會與家庭中真正合一的祕訣，並不是權謀、不是操縱、也不是超人的克服困難的努力，——雖然必有不少這一類的行動，但為的是與基督聯合。」（註2）

2.聖靈是統一者

聖靈既是「基督的靈」，又是「真理的聖靈」，就會帶來合一。

(1)合一的中心

當聖靈進入信徒裏面時，祂使他們超越人類文化、種族、性別、膚色、國籍及地位等所造成的偏見（見加3：26－28）。祂藉著將基督帶進人的心中而成就此事。那些有基督住在心中的人，會以耶穌為中心，而不以他們自己為中心。他們與基督的聯合，也建立了祂們之間合一的連結——聖靈內住的果子。那時他們會將他們的差異減至最低，在聖工上聯合，榮耀耶穌。

(2)聖靈恩賜在合一上所扮演的角色

教會合一的目標容易達成嗎？當基督在天上神父的右邊開始中保的工作時，祂已確使那讓祂子民合一的目標不會成為幻想。藉著聖靈，祂賜下特別的恩賜，為的是要使信徒「在真道上同歸於一」。

保羅在討論這些恩賜時說：「他所賜的，有使徒，有先知，有傳福音的，有牧師和教師，」將這些恩賜賜與教會，「為要成全聖徒，各盡其職，建立基督的身體。直等到我們眾人在真道上同歸於一，認識上帝的兒子，得以長大成人，滿有基督長成的身量。」（弗4：11-13）

這些特別恩賜的設計，是為了要使「聖靈所賜合而為一的心」，發展成「在真道上同歸於一」（弗4：3、13），好使信徒成熟、堅定，以及「使我們不再作小孩子，中了人的詭計和欺騙的法術，被一切異教之風搖動，飄來飄去，就隨從各樣的異端。」（弗4：14，參見本書第17章）

藉著這些恩賜，信徒就憑愛心說實話，並在教會的元首基督裏生長——發展出一種充滿活力之愛的合一。保羅說：「全身都靠他聯絡得合式，百節各按各職，照著各體的功用彼此相助，便叫身體漸漸增長，在愛中建立自己。」（弗4：16）

(3)合一的基礎

聖靈是以「真理的聖靈」（約15：26）的身分作工，以成全基督的應許。祂的工作是領導信徒明白一切的真理（約16：13）。這樣，以基督為中心的真理，就是合一的基礎。

聖靈的工作，是領導信徒進入「耶穌裏的真理」。這樣的學習會有合一的效果，但是獨自學習卻不足以造成真正的合一。唯有相信真理、活出真理及在耶穌裏傳講真理，才會帶來真實的合一。交通、屬靈的恩賜、愛，都十分重要，但它們的豐盛，卻是藉著那說：「我就是道路、真理、生命。」（約14：6）的那位而得著。基督曾禱告說：「求你用真理使他們成聖；你的道就是真理。」（約17：17）因此，信徒要經驗合一，就必須領受從聖言所照射出來的亮光。

當耶穌裏的真理常存在心中時，它就會鍛鍊、提升、潔淨生命，除去一切偏見及爭執。

3.基督的新命令

　　像人的受造一樣，教會有上帝的形像。正如上帝的三位彼此相愛，教會中的教友也要彼此相愛。基督已命令信徒藉著愛人如己，表達他們對上帝的愛（太22：39）。

　　在髑髏地，耶穌親自將這愛的原則發揮到了極至。在去世之前，祂延伸了從前立下的訓誨，賜給祂的門徒一條新命令：「你們要彼此相愛，像我愛你們一樣。」（約15：12；參閱13：34）正如祂對他們說：「我要求你們，不要為了自己的權利極力爭取；若得不到就控告。我要求你在必要時，為了愛人，脫下衣服讓別人鞭打你的背，轉過另外一邊臉讓別人打，接受誣告、嘲笑、譏諷、受創傷、遭壓碎、被釘在十字架上、被埋葬。因為那就是愛別人如同我愛你們一樣。」

(1)不可能的可能

　　我們如何能像基督那樣去愛？不可能！基督的要求是不可能的。但是祂可以達成那不可能。祂應許說：「我若從地上被舉起來，就要吸引萬人來歸我。」（約12：32）因為基督身體的合一，是道成肉身的，是藉著那成為肉身的道。它也

是關係式的，信徒的合一是藉著他們有那葡萄樹作他們共同的根。最後，它是植根於十字架：在信徒心中出現的髑髏地的愛。

(2)十字架下的合一

　　教會的合一發生在十字架下。唯有當我們明白我們不能、也沒有耶穌那樣的愛，我們才會承認我們需要祂的同在，並相信祂所說：「離了我，你們就不能作甚麼。」（約15：5）在十字架下，我們認識到祂捨命不只是為我們，而是為地上每一個人。這就是說，祂愛所有國家、種族、膚色、階級的人。不論他們有何差異，祂同等地愛每一個人。這就是為何合一是在上帝裏面扎根。人狹窄的眼光喜歡區別人，而十字架卻破除了人的盲目，以上帝的標準來衡量人的價值。如此便顯示出，沒有任何人是沒有價值的，人人都是寶貴的。上帝若愛他們，我們也應該愛他們。

　　當基督預言祂被釘十字架會吸引萬人來歸祂時，祂的意思是，祂自己——這最偉大的受苦者，會將合一帶給祂的身體，就是教會。基督已經跨過了天國與我們之間廣大的深淵，因此我們必須跨過的一小步

到城市、街上的一個弟兄那裏。

髑髏地代表「你們各人的重擔要互相擔當」（加6：2）。祂曾擔當人類的全部重擔。這重擔使祂的生命迸裂出來，以致可以賜生命給我們，並使我們得自由而彼此幫助。

4. 合一的步驟

合一不會自動來到，信徒必須努力去得著它。

(1) 家中的合一

教會合一的理想訓練場所乃是家（見本書第23章）。我們若以十字架為中心來學習明智的管理，學習仁慈、溫柔、忍耐、愛心，我們就能在教會中實行這些原則。

(2) 合一的目標

我們若不認真地為合一努力就無法得著。我們也不可自滿地認為自己已經得著。我們必須天天為合一禱告，並小心地培植合一。

我們應該儘量減少各種差異，避免為小事爭論。我們不要將注意力放在那使我們對立的事情上，但應講論許多我們所同意的寶貴真理。要講論合一，並祈求基督的禱告實現，如此行我們就能實現合一，以及上帝要我們擁有的和諧。

(3) 向著共同的目標齊心努力

教會若未以團體行動參與宣講耶穌基督的福音，就不會經驗合一。這樣的使命給提供了學習和諧的理想訓練。它教導信徒，讓他們知道他們都是上帝大家庭中的一分子，整體的快樂在於每一信徒的安康。

基督在祂的工作中，將身體的復原與心靈的復原融合在一起。當祂差遣的門徒完成他們的使命時，祂堅持同樣的工作重點：傳道與醫病（路9：2；10：9）。

因此基督的教會必須進行二樣傳道的工作：宣講福音的工作與醫藥佈道的工作。這些聖工不該獨立進行，也不該將一切完全投注在某一方面。正如基督的時代一樣，平衡並進應該是我們救靈工作的特徵。

那些參與教會工作的人，若想強有力地將福音傳給世人，就必須密切合作。有人覺得合一乃是指為發揮效率而聯合。但是身體的比喻告訴我們，每個器官無論大小，都是重要的。合作──不是爭競，乃是上帝為祂普世工作所作的計畫。這樣，基督身體內的合一，就顯出了基督無私之愛，這受曾藉著十字架表明出來。

（4）發展全球性的遠景

除非教會積極在各地建立上帝的工作，否則就沒有表現真實的合一。教會應盡其所能地避免民族的、文化的、或區域性的孤立主義。為了達成在判斷、目的及行動上的合一，不同國籍的信徒必須融合，一起事奉。

教會必須小心、不分別倡導單一國家中的教會權益，那會損及其普世性工作的合一。教會領袖務必保持各方兼顧、團結合一的精神，在為某一地區之計畫和設備訂定經濟計畫時，切勿只顧一地而忽略世界其他地區的工作。

（5）避免分裂的態度

自私、驕傲、自信、自滿、自大、偏見、批評、斥責，信徒之間吹毛求疵的態度，都會影響教會的合一。在這些態度後面的，常常是因為基督徒失去了起初的愛心。重新注目髑髏地的基督，便能重燃對彼此的愛（約壹4：9－11）。聖靈將上帝的恩典澆灌下來，便能在人的心中克制這些影響合一的東西。

當教會發生了合一上的問題時，保羅曾勸勉說「你們當順著聖靈而行」（加5：16）。我們要藉著不斷的禱告，尋求那會領我們進入合一的聖靈的領導。順著聖靈而行，會結出聖靈的果子——仁愛、喜樂、和平、忍耐、恩慈、良善、信實、溫柔、節制。這些就是不合一的有效解毒劑（加5：22、23）。

針對我們依人的財富與社會地位對待人，雅各發言反對這個造成不合一的根源。他用強硬的話譴責這種偏待人的事：「但你們若按外貌待人，便是犯罪，被律法定為犯法的。」（雅2：9）因為上帝不偏待人（徒10：34）。我們不應該因為地位、財富或能力，就看重某些教友甚於其他教友。我們可以敬重他們，但是我們不可認為他們在天父那裏比上帝最卑微的孩子更寶貴。基督的話可以矯正我們的觀點：「這些事你們既做在我這弟兄中一個最小的身上，就是做在我身上了。」（太25：40）不但最蒙福的教友是祂的代表，那最小的也是，他們都是祂的兒女，因此在祂面前同等重要。

正如我們的主、這位人子，成了每一個亞當兒女的弟兄，所以我們作祂門徒的人，也蒙召要以合一的心思與使命，以救世的方式，到那

來自「各國、各族、各方、各民」
（啟14：6）的弟兄姐妹那裏去。

註1：1986年12月4日版《評閱宣報》20頁刊載Benjamin F. Reaves撰「What Unity Means
　　to Me？」。
註2：懷愛倫著《復臨信徒的家庭》177頁。

15 洗禮

基督復臨安息日會相信……

> **藉**著洗禮，我們公開承認對耶穌基督的死與復活的信心，並見證我們對罪已經死了，並見證我們要以新生的樣式而活。這樣我們承認基督是主、是救主，成為祂的子民，並蒙接納成為祂教會的教友。洗禮象徵我們與基督聯合、罪得赦免，並領受聖靈。它是基於對耶穌確實的信心及悔罪的憑據而全身入水。此乃依照聖經的教導，並接受聖經教訓而舉行。
>
> ——本會基本信仰第十五條

第15章
洗禮

住在非洲的楊溫娜，不認為洗禮只是一種選擇。她已研讀聖經一年多，熱望成為基督徒。

一天晚上，她將她學習的內容告訴丈夫。他勃然大怒，喊著說：「我的家中不要這種宗教，你若繼續研讀聖經，我就要殺死你！」楊溫娜雖然口頭上無法招架，但她仍然繼續研讀聖經，不久就預備受洗了。

楊溫娜在離家參加洗禮之前，恭敬地跪在她丈夫面前，告訴他，她要受洗。他拿起他那把大銼刀，喊著說：「我已經告訴你，我不要你受洗。你受洗的那一天，我就會殺你！」

但是楊溫娜決心跟隨她的主，她離家時，丈夫威脅的話仍然回響在她的耳中。

她在下水之前先認罪，並將她的生命獻給她的救主，也不知道那一天她是否要為她的主捨去生命。受洗時平安充滿著她的心。

當她回家時，她將那把刀拿到她丈夫那裏。

「你受洗了嗎？」他氣忿忿地

問。

「受洗了」，楊溫娜簡單地回答：「刀在這裏」。

「你準備讓我殺你嗎？」

「是的，我準備好了。」

丈夫驚奇於她的勇氣，就打消了想要殺她的念頭（註1）。

一、洗禮的重要性

人們值得為洗禮冒生命的危險嗎？上帝真的要求人受洗嗎？得救繫於人是否受洗嗎？

1.耶穌的榜樣

有一天，耶穌離開了祂在拿撒勒的木匠店，向家人說再見。來到祂的表哥約翰傳道的地方。祂到約翰那裏，要求受洗。約翰大吃一驚，想攔阻祂，他說：「我當受你的洗，你反倒上我這裏來嗎？」

耶穌回答說：「你暫且許我，因為我們理當這樣盡諸般的義。」（太3：13－15）耶穌受洗，使這個禮儀（註2）永遠得著上帝的認可（太3：13－17；參閱太21：25）。洗禮從公義的觀點言人人都可參與。既然那無罪者基督為了「盡諸般的義」，也受了洗，我們這些罪人也應該這樣受洗。

2.耶穌的吩咐

耶穌在傳道工作結束時，曾吩咐祂的門徒說：「所以，你們要去，使萬民作我的門徒，奉父子、聖靈的名給他們施洗。凡我所吩咐你們的，都教訓他們遵守。」（太28：18－20）

在大使命中，基督清楚地要求那些想加入祂教會的人，就是祂屬靈國度的人，接受洗禮。在門徒傳道時，當聖靈領人悔改，接受耶穌作他們的救主時，他們就要奉三一真神上帝的名為他們施洗。洗禮顯明了他們已經與基督建立了個人的關係，並已獻身度一種與祂恩典國度原則相符的生活。基督以施洗來作結論說：「我就常與你們同在，直到世界的末了。」（太28：20）

基督升天之後，使徒曾宣講受洗的必要性與迫切性（徒2：38；10：48；22：16）。回應他們的宣講，許許多多的人受了洗，構成了新約時代的教會（徒2：41、47；8：12），並領受了父子聖靈的權柄。

3.洗禮與得救

基督教導說：「信而受洗的，必然得救；不信的必被定罪。」（可16：16）在使徒的教會中，接受基督之後就自動受洗。這是驗證新信徒的信仰的方式（參閱徒8：12；16：30-34）。

彼得曾用洪水時挪亞的經驗，說明洗禮與得救的關係。在洪水前的時代，罪惡已達極深重的程度，以致上帝藉著挪亞警告世人要悔改，否則將會滅亡。當時只有八個人相信，進了方舟，並「藉著水得救」。彼得說：「這水所表明的洗禮，現在藉著耶穌基督復活也拯救你們；這洗禮本不在乎除掉肉體的污穢，只求在上帝面有無虧的良心。」（彼前3：20、21）

彼得解釋說，我們藉著洗禮得救，正如挪亞與他的家人藉著水得救一樣。當然拯救挪亞的不是洪水，而是上帝。同樣那將信徒的罪洗除的，不是洗禮的水，而是基督的寶血，「但是洗禮，如同挪亞順從地進入方舟一樣，乃是清潔良心對上帝的回應。當人藉著上帝的大能發出回應時，那藉著耶穌基督復活所提供的救恩，就發生效力。」

（註3）

洗禮雖然與得救緊密地相連，但卻不能保證得救（註4）。保羅認為以色列人出埃及的經驗，乃是象徵洗禮（註5）。「我不願意你們不曉得，我們的祖宗從前都在雲下，都從海中經過。都在雲裏、海裏受洗歸了摩西。並且都吃了一樣的靈食，也都喝了一樣的靈水。」以色列人過紅海時，全身「浸入」水中，——上面是雲，四面是水，就是象徵式地受了洗。雖然有這樣的經驗，但他們中間大半是上帝不喜歡的人（林前10：1-5）。所以今天，洗禮並不保證一定得救。以色列人的經驗「寫在經上，正是警戒我們這末世的人。所以，自己以為站得穩的，須要謹慎，免得跌倒。」（林前10：11、12）

二、「一洗」

在基督教界，洗禮的施行各不相同。有的是全身入水、有的是滴水、有的是灑水、還有倒水的。聖靈帶進上帝教會合一的性質，乃是施行「一洗」（弗4：5）（註6），聖經中關於施洗的意義、施洗的作法及其屬靈的意義，是怎樣說的呢？

1.「受洗」一詞的含義

「受洗」一詞譯自希臘文動詞 baptizo，意為浸入。因其從動詞 bapto 變化而來，意為「浸入，或浸在底下。」（註7）當受洗一詞指用水受洗時，其意為將人浸入水下（註8）。

在新約中動詞「受洗」一詞，用為⑴.用水受洗（如太3：6；可1：9；徒2：41）；⑵.比喻基督的受苦與受死（太20：22、23；可10：38、39；路12：50）；⑶.指聖靈的降臨（太3：11；可1：8；路3：16；約1：33；徒1：5；11：16）；及⑷.洗濯禮或洗手的禮儀（可7：3、4；路11：38……聖經原文中使用同一詞）。第四種用法，只是指洗除儀文上的不潔淨，不能因此說倒水或潑水的洗禮為合法（註9）。聖經用受洗指水的洗禮及基督的受死（太3：7；20：22）。

何威德（J. K. Howard）說，新約「未給予任何證據，證明灑水式是使徒的作法。證據顯明，它是後來引進的。」（註10）

2.新約中的洗禮

新約聖經所有用水施洗的記載，都是全身入水。我們讀到約翰在約但河施洗（太3：6；參閱可1：5），並且在「靠近撒冷的哀嫩也施洗；因為那裏水多」（約3：23），只有全身入水才需要「水多」。

約翰曾將耶穌全身浸入水中，他在約但河中為耶穌施洗。並且在受洗之後，耶穌曾「從水裏一上來」（可1：9、10；太3：16）（註11）。

使徒時代的教會也是用全身入水式施洗。當傳道者腓利為埃提阿伯的太監施洗時，他們兩人「同下水裏去」，並「從水裏上來」（徒8：38、39）。

3.歷史中的洗禮

基督降世以前，猶太人用全身入水式為外邦改信猶太教的人施洗。關林（Qumran）的伊神斯派（Essenes）為本身的會員及加入的信徒，也都採用全身入水式的洗禮（註12）。

從地下墓穴、教堂中的畫、地上、牆壁、天花板上的圖案、雕刻印下的圖形，以及新約古卷中的插畫，「都有力地證實全身入水是基督教會最初十至十四世紀中正常的洗禮方式。」（註13）古時的大、小教堂，在北非、土耳其、義大

利、法蘭西及其他地區的廢墟中見到的洗禮池，都見證古代這種洗禮的方式（註14）。

三、洗禮的意義

洗禮的意義與其舉行的方式有著密切的關係。溥魯枚（Alfred Plummer）說：「洗禮只在用全身入水式舉行時，才能顯明其充分的意義。」（註15）

1.基督之死與復活的表號

為水所漫過，代表難於承擔的患難與痛苦（詩42：7；69：2；124：4、5）。因此耶穌水的洗禮預表祂的受苦、受死與埋葬（可10：38；路12：50），祂從水中上來，則說明祂的復活（羅6：3-5）。

「若是使徒教會所用的洗禮是全身入水之外的洗禮式」，那麼洗禮在代表基督受苦上就毫無意義。因此「全身入水洗禮最強有力的論據，乃是神學的論據。」（註16）

2.代表向罪死向上帝活

在洗禮中，信徒進入主的受苦經驗。保羅說：「豈不知我們這受洗歸入基督耶穌的人，是受洗歸入他的死嗎？所以，我們藉著洗禮歸入死，和他一同埋葬，原是叫我們一舉一動有新生的樣式，像基督藉著父的榮耀從死裏復活一樣。」（羅6：3、4）

信徒與基督的親密關係可以從下面的話看出來：「受洗歸入基督耶穌」、「受洗歸入祂的死」及「藉著洗禮……和祂一同埋葬。」何威德說：「在洗禮象徵性的行動中，信徒進入基督的死，並且那死真正成了他的死。他又進入基督的復活，那個復活也成了他的復活。」（註17）但是信徒進入主的受苦是甚麼意思呢？

(1)向罪而死

在洗禮中，信徒「在死的形狀上與他聯合」（羅6：5），並「與基督同釘十字架」（加2：20）。這意思是「我們的舊人和他同釘十字架，使罪身滅絕，叫我們不再作罪的奴僕；因為已死的人是脫離了罪。」（羅6：6-8）

信徒已經丟棄了他們過去的生活方式。他們已向罪而死，並證實了「舊事已過」（林後5：17），他們的生命是與基督一同藏在上帝裏面。洗禮象徵舊生命已經釘

十字架，不僅僅是死，也是埋葬。我們「受洗與他一同埋葬」（西2：12），正如埋葬是在人死之後，因此當信徒下到水的墳墓時，在接受耶穌基督為救主時死去的舊生命就埋葬了。

在洗禮中，信徒丟棄了世界，受洗的人順從這命令：「你們務要從他們中間出來，與他們分別；不要沾不潔淨的物。」（林後6：17）就公開棄絕服事撒但，並公開接受基督進入他們的生命之中。

在使徒教會，悔罪的呼召也包括洗禮的呼召（徒2：38）。這樣，洗禮也表明真誠的悔改。信徒向他們違犯的律法死了，並藉著耶穌寶血的潔淨罪得赦免。洗禮的儀式是表示內心的潔淨——已認之罪的洗除。

(2)向上帝而活

基督復活的大能在我們的生命中發揮作用，它使我們有力量以新生的樣式而活（羅6：4）——現在向罪是死的，但「向上帝在基督耶穌裏，卻當看自己是活的」（羅6：11）。我們見證那能勝過舊人過得勝生活的唯一希望，是在於已升天之主的恩典。祂藉著聖靈的大能，

賜給我們一個屬靈的新生命。這新生命提升我們至人類經驗的更高境界，帶給我們新的價值、新的志向，以及新的渴望獻身給耶穌基督的欲望。我們是救主的新門徒，洗禮是我們作門徒的標記。

3.立約關係的記號

舊約時代，上帝與亞伯拉罕之間立約的記號是割禮（創17：1－7）。

上帝與亞伯拉罕所立之約，有民族及屬靈兩方面意義。割禮是民族的記號；亞伯拉罕自己以及他家中所有八歲以上的男丁都受了割禮（創17：10－14；25－27）。任何未受割禮的男丁都要從上帝的百姓中「剪除」，因為他違背了所立的約（創17：14）。

這約是上帝與一個成人亞伯拉罕所立的，顯出它屬靈的重要性。亞伯拉罕的割禮代表及證實了他已有的因信稱義的經驗。他的割禮，乃是他「未受割禮的時候因信稱義的印證」（羅4：11）。

但是單是割禮，並不能保證真正進入這約的屬靈領域。上帝的代言人經常警告，若非心靈的割禮就沒有用。「你們要將心裏的污穢除

掉，不可再硬著頸項。」（申11：16；參見30：6；耶4：4）那「心卻未受割禮的」，要與外邦人一同受罰（耶9：25、26）。

當猶太人拒絕耶穌為彌賽亞時，他們違背了與上帝立約的關係，就失去了他們是上帝選民的特殊地位（但9：24－27；見本書第4章）。雖然上帝的約與祂的應許並未改變，但祂揀選了一批新的人。屬靈的以色列人代替了猶太民族（加3：27－29；6：15、16）。

基督的死批准了新約。人藉著屬靈的割禮進入這約的關係，這是對耶穌救贖的死作信心的回應。基督徒有福音要傳給「那未受割禮的人」（加2：7）。新約要求那些願意成為屬靈的以色列人者，要有「內在的信心」而非「外在的儀文」。一個人可以藉著出生的血統而為猶太人，但一個人要成為基督徒，只能藉著重生。「原來在基督裏，受割禮不受割禮全無功效，惟獨使人生發仁愛的信心才有功效。」（加5：6）重要的是：「真割禮也是心裏的，在乎靈。」（羅2：28、29）

洗禮，這與基督之間救贖關係

的記號，代表屬靈的割禮。「你們在他裏面，也受了不是人手所行的割禮，乃是基督使你們脫去肉體情慾的割禮。你們既受洗與他一同埋葬，也就在此與他一同復活。都因信那叫他從死裏復活上帝的功用。」（西2：11、12）

「既藉著耶穌所行屬靈的割禮將『肉體情慾』脫去，受洗的人現在就『穿上基督』，進入與耶穌立約的關係。其結果是，他就可承受這約的應許。」（註18）「你們受洗歸入基督的都是披戴基督了。……你們既屬乎基督，就是亞伯拉罕的後裔，是照著應許承受產業的了。」（加3：27－29）進入這項立約關係的人，就經驗到上帝的保證：「我要作他們的上帝，他們要作我的子民。」（耶31：33）

4.獻身為基督服務的表徵

耶穌在受洗時，曾接受一次特別的聖靈傾降，代表祂的受膏，或為祂父所分派之工作的獻身（太3：13－17；徒10：38）。祂的經驗顯示，水的洗禮與聖靈的洗禮是連結在一起的。受洗而未領受聖靈乃是

不完全的。

使徒時代的教會，聖靈的傾降常在水的洗禮之後。所以今天，當我們奉父、子、聖靈的名受洗時，我們就是被奉獻歸上帝為聖，與天上三大權能相聯合，去傳那永恆的福音。

聖靈藉著潔淨我們心中的罪，預備我們去從事這項服務。施洗約翰說，耶穌「要用聖靈與火給你們施洗」（太3：11）。以賽亞啟示說，上帝會「以公義的靈和焚燒的靈」（賽4：4），潔除祂百姓的污穢。上帝說：「我必……煉淨你的渣滓，除淨你的雜質」（賽1：25）。對罪說，「上帝乃是烈火」。聖靈必潔淨凡降服於祂之人的生命，除淨他們的罪。

然後，聖靈將祂的恩賜提供給他們。祂的諸般恩賜是「一種上帝特別的賜與。在受洗時賜下，使信徒有能力服務教會，及為那些尚未接受耶穌基督的人服務。」（註19）聖靈的洗，賜給早期教會作見證的能力（徒1：5、8）。也只有同一聖靈的洗，才能使教會有能力完成宣講天國永遠福音的使命（太24：14；啟14：6）。

5.象徵進入教會

洗禮是一個人重生及更新的記號（約3：3、5），它也是一個人進入上帝屬靈國度的記號（註20）。因為它使新信徒與基督聯合，它的功能也是如教會的門。藉著洗禮，主將新門徒加入到信徒的團體——祂的身體，教會（徒2：41、47；林前12：13）。於是他們就成了上帝家中的一員。人既受洗，就非加入教會的大家庭不可。

四、受洗的資格

聖經將基督與教會的關係比喻為婚姻。在婚姻關係中，雙方都應該明確地知道有關的責任與義務。想要受洗的人，必須了解受洗的意義及受洗之後屬靈的關係，並且必須在他們的生活中，表現出信心、悔改及悔改的果子來（註21）。

1.信心

受洗的先決條件之一，是必須相信耶穌的贖罪犧牲是唯一從罪中得救的辦法。基督說：「信而受洗的，必然得救」（可16：16）。在使徒教會中，只有相信福音的人才受洗（徒8：12、36、37；18：8）。

因為「信道是從聽道來的，聽道是從基督的話來的。」（羅10：17）教導聖經是準備受洗不可少的一部分。基督的大使命，證實了教導的重要性：「所以，你們要去，使萬民作我的門徒，奉父、子、聖靈的名給他們施洗。凡我所吩咐你們的，都教訓他們遵守。」（太28：19、20）作為一個門徒，要完全領受這教導。

2.悔改

彼得說：「你們各人要悔改，奉耶穌基督的名受洗。」（徒2：38）教導上帝的話，不僅產生信心，更產生悔改重生的經驗。回應上帝的呼召，人會看見他們失喪的景況，就承認他們的罪，自己順服上帝，悔改他們的罪，接受基督的贖罪大恩，並獻上自己與祂一同度新的生活。若未悔改重生，他們就不能與耶穌基督進入個人的關係。唯有藉著悔改，他們才能經驗向罪而死——受洗的先決條件之一。

3.悔改的果子

想要受洗的人，必須口裏承認，心裏相信，並真誠悔改。但是除非

他們「結出果子來，與悔改的心相稱」（太3：8），他們就還沒有達到聖經所列受洗的漂準。他們的生活應該顯明他們已獻身於耶穌裏的真理，並藉著順從祂的誡命，向上帝表達他們的愛。在受洗的準備中，他們應該丟棄錯誤的信仰與行為。他們生活中所展露的聖靈果子，會顯示出主住在他們裏面，他們住在主裏面（約15：1-8）。除非他們顯出這些證據，不然他們就還沒有準備好加入教會（註22）。

4.對有意受洗者的考察

成為教友，與採取的屬靈步驟有關，它不只是將名字記錄在名冊上而已。主持洗禮的人，有責任判別請求受洗者是否已準備好。他們必須確定請求受洗的人了解教會的諸般原則，並有證據顯明他已是新造的人，享有在主耶穌裏面的喜樂經驗（註23）。

但是他們必須謹慎，不要審判請求受洗之人的動機。「當一個人請求成為教友時，我們要考察他的果子，而將他動機的責任留給他自己。」（註24）

有些人是在洗禮的水中活埋，

自我並沒有死去。這些人沒有領受在基督裏的新生命。以這樣的方式加入教會的人，會帶進一些軟弱與背道的種子。他們那未成聖的影響力，會使教會內外的人都感到惶惑，進而破壞教會的見證。

5.嬰兒與兒童應該受洗嗎

洗禮在重生的情況之下，將新信徒納入教會。重生使他們有受洗及作教友的資格。加入教會是在人重生之時，而非在嬰兒誕生之時。這就是信徒要受洗的原因——「連男帶女」（徒8：12、13；29－38；9：17、18；林前1：14）。巴特（Karl Barth）承認說：「新約聖經中沒有一處容許或命令嬰兒受洗。」（註25）穆瑞（G. R. Beasley-Murray）承認說：「我發現自己無法承認新約教會有嬰兒洗禮」（註26）。

因為嬰兒與小孩不能經驗重生，他們就沒有受洗的資格。這是不是說，他們不能加入這新約的共同體呢？當然不是。耶穌並未將他們排斥在恩典的國度外。祂說：「讓小孩子到我這裏來，不要禁止他們；因為在天國的，正是這樣的人。耶穌給他們按手。」（太19：14、15）

信耶穌的父母，在領他們的兒女進入與基督的關係上，扮演著重要的角色，並終會引領他們受洗。

母親們將她們的嬰兒帶到耶穌面前，請耶穌為他們祝福時，耶穌正面的回應了他們，這就是嬰孩奉獻禮的由來。獻嬰禮時，父母將孩子帶到教堂來，奉獻給上帝。

人在何種年齡才可受洗呢？如果可以達到以下幾點，人就可以受洗：(1).年齡已大到足以了解洗禮的意義；(2).降服於基督並已悔改重生；(3).了解基督教的基本原則；(4).了解作教友的意義。一個人只在到了負責任的年齡而拒絕聖靈的感化時，才會危及他自己的得救。

因為在某一特定年齡，各人靈性成熟的情形不同，故而有的人可以在較其他人更年輕的時候受洗。因此我們不能為受洗定出固定的最低年齡。當父母們同意他們的孩子在較早的年齡受洗時，他們必須負起他們靈性成長及品格發展的責任。

五、受洗的果子

受洗最顯著的果子，是為基督而活的人生。目標與追求集中在基督身上，而非自我身上。「所以，你

們若真與基督一同復活，就當求在上面的事；那裏有基督坐在上帝的右邊。你們要思念上面的事，不要思念地上的事。」（西3：1、2）洗禮不是基督徒可攀登的最高峰。當我們靈性長大時，我們就會獲得各樣恩賜，用在上帝各樣的計畫中服務他人。「願恩惠、平安，因你們認識上帝和我們主耶穌，多多的加給你們。」（彼後1：2）只要我們對洗禮的約言保持忠心，那我們奉祂名受洗的父、子、聖靈，就會保證我們能領受上帝的能力，在受洗之後可能面臨的每一樣危難裏幫助我們。

第二個果子是為基督的教會而活的人生。我們不再是孤立的個體；我們已成為基督教會的一員。我們是建造上帝聖殿的活石（彼前2：2-5），與教會的頭，基督，保持一種特別的關係。我們天天從祂領受恩典，得以長大，並在愛中建立自己（弗4：16）。我們在立約的團體中負起各種責任，作為其中的成員，我們對新受洗的人負有責任（林前12：12-16）。這些新教友為了自己的益處，也為了教會的益處，必須參與在崇拜、禱告及愛心服務的生活中（弗4：12）。

最後的果子是在世人中及為世人而活的人生。誠然我們這些受洗的人，乃是天上的公民（腓3：20）。但是我們被召離開世界，只是為了在基督身體中接受訓練，好再回到世界中作僕人，參與基督救人的工作。真門徒不會從世界退縮到教會內。我們生在基督的國度裏是作傳道的。忠於我們洗禮的約言，關係到引領他人進入恩典的國度（註27）。

今天上帝正熱切等我們進入祂以慈悲為我們預備的豐盛生命中。「現在你為甚麼耽延呢？起來，求告他的名受洗，洗去你的罪。」（徒22：16）

註1：1963年2月14日版《評閱宣報》19頁S. M. Samuel撰「A Brave African Wife」

註2：禮儀乃是一種已設立，普遍永遠遵行，表明福音中心真理的象徵性的宗教儀節。基督訂立了兩個禮儀──洗禮與聖餐禮。基督教儀禮（Ordinance）觀念，不同於天主教的聖禮（Sacrament）觀念。禮儀本身並不能賜人以恩典，使人得救。洗禮與聖餐

禮可稱為聖禮，只在其像Sacramentum的意義上。Sacramentum乃是羅馬士兵願意至死忠於長官的誓言。這些禮儀關乎完全忠於基督的誓約。見Strong著《Systematic Theology》930頁。《基督復臨安息日會參考文庫》Baptism條。

註3：Jemison著《Christian Beliefs》244頁。

註4：基督復臨安息日會自其創設以來，就與基督教的傳統一致，不接受洗禮是Opus Operatum，不認為其本身能賜人恩典使人得救。

註5：《基督復臨安息日會參考文庫》卷六第740面。

註6：有時，曾經驗全身入水洗禮的人，感到他們應該重新受洗。這樣的渴望與保羅所說「一信」（弗4：5）的話有衝突嗎？保羅實際的作法顯明並不衝突。保羅來到以弗所，遇見幾個受過施洗約翰洗禮的人。他們已經悔改了，並對要來的彌賽亞有信心（徒19：1-5）。

　　這些門徒並不了解福音。「當他們在約翰手中受洗時，他們還保有嚴重的錯誤。但是有了更清楚的亮光後，他們便歡喜地接受基督為他們的救贖主。他們向前踏進的一步，同時也帶來義務的改變。當他們接受了更純潔的信仰時，他們的生活與品格也有了相對應的改變。作為這項改變的表徵，並作為承認他們對基督的信心，他們重新奉耶穌的名受了洗。許多基督真誠的門徒，具有類似的經驗。更清楚地了解上帝的旨意，將人置於與祂的新關係之中。有了新責任的啟示，許多從前看來無邪的事，甚或受稱讚的事，現在看起來則是有罪的了……他從前的洗禮，如今已不能滿足他。他看自己為罪人、被上帝的律法定罪。他重新經驗了向罪死。他熱望再藉洗禮與基督一同埋葬，好使他依新生的樣式而活。這樣的行動和保羅為猶太信徒施洗是一致的。那件事已被聖靈記錄，作為賜給教會的教訓。」懷愛倫著《Sketches from the Life of Paul》132、133頁；亦見《基督復臨安息日會教會規程》1986年版50頁。懷愛倫著《Evangelism》372-375頁）。

　　對那些因為犯了大罪或背道而破壞了他們所立之約，但以後又經驗悔改重生，熱望重新立約的人，聖經中沒有經文禁止我們為他們重新施洗。（見《基督復臨安息日會教會規程》51、162頁；懷愛倫著《Evangelism》375頁）。

註7：見Albrecht Oepke在《Theological Dictionary of the New Testament》（編者Gerhard Kittel；譯者Geoffrey W. Bromiley）卷一；529頁為Bapto, Baptizo所作的註解。Vine說，希臘人用bapto指將衣服染色，或將一容器浸入另一容器中取水（W. E. Vine著《An Expository Dictionary of Biblical Words》50頁）。浸的原文在新約中出現三次。每次都反映出浸在下面的意思。在拉撒路與財主的比喻中，財主求亞伯拉罕讓拉撒路將指尖浸入冷水裏，帶一滴水滋潤他的舌頭（路16：24原文意）。耶穌被釘十字架的前一晚，耶穌曾蘸（浸）一點餅遞給猶大，用以指出賣他的是誰（約13：26）。當約翰在異象中，看見耶穌以天軍的元帥騎著馬來時，耶穌的衣服在約翰眼中好像曾在血裏浸過（啟19：13原文意）。

註8：1982年5月號《Ministry》20頁載George E. Rice撰「Baptism: Union With Christ1」一文。

註9：同註7，535頁為Bapto, Baptizo所作的註解。參閱Arndt and Gingrich編《Greek-English Lexicon of the New Testament》131頁。

註10：J. K. Howard著《New Testament Baptism》48頁。

註11：Italics Supplied。

註12：Matthew Black著《The scrolls and Christian Origins》96-98頁。參見《基督復臨

安息日會參考文庫》。

註13：1981年3月號《Ministry》22頁載George E. Rice撰《Baptism in the Early
Church》；參閱Henry F. Brown著《Baptism Through the Centuries》；William L.
Lampkin著《A History of Immersion》；Wolfred N. Cotte著《The Archeology of
Baptism》。

註14：Henry F. Brown著《Baptism Through the Centuries》49－90頁。

註15：《The International Critical Commentary》88頁，Alfred Plummer撰《A Critical
and Exegetical Commentary on the Gospel According to S. Luke》。

註16：《基督復臨安息日會參考文庫》。

註17：同註10，69頁。

註18：1982年5月《Ministry》21頁載George E. Rice「Baptism, Union With Christ」一
文。

註19：1980年2月《Ministry》4－7頁，載Gottfried Oosterwal撰「Every Member a
Minister? From Baptism to a Theological Base」，參見1983年8月號《Ministry》
4－6頁，載Rex D. Edwards撰「Baptism as Ordinatiom」。

註20：《基督復臨安息日會參考文庫》卷六第1075頁懷愛倫評註。

註21：若是受洗需要具備受洗的資格，人如何能「為死人受洗？」以下的解釋可與聖經信
息和諧：保羅在林前15章所強調的是從死裏復活的意義，揚棄沒有復活的觀念。他
指出，若無復活，信徒的信心便是枉然無用（林前15：14、17）。他以同樣的思路
推斷說，「不然，那些為死人受洗的，將來怎樣呢？若人總不復活，因何為他們
受洗呢？」（林前15：29）有人解釋「為死人受洗」的話，是指信徒代死人受洗。
鑑於聖經所列受洗的資格，人就無法保有此項觀點。W. Robertson Nicoll指出，保
羅所說的，是一個「正常的經驗，基督徒的死會導致活著的親人悔改歸主。他們
『為了死者』（死去的親人），盼望重新團聚，就轉向基督。」「保羅描寫這樣的
信徒是『為死人受洗』，將來得福的指望，加上家庭的親情與友誼，乃是早期基
督教傳布最有力的因素之一」。（W. Robert son Nicoll編《The Expositor's Greek
Testament》卷二，931頁。M. Raeder指出，「為死人受洗」中的「為」字，乃是
目的格的介繫詞，就是說，這項洗禮是「為了」，或「因為死者，為了在復活時與
信基督的親人團聚為目的。」（《Theologicsal Dictionary of the New Testament》
卷八，513頁；參閱J. K. Howard著《New Testament Baptism》108、109頁）。
Howard說，保羅在林前15：29上下經文的推論是：「若基督沒有復活，那在基
督裏死了的人就滅亡了，毫無希望。我們成為無望與可憐的人，尤其是為了那些
在基督裏死去，盼望與他們團聚而受洗進入基督教會的人。」（1965年7－9月號
《Evangelical Quarterly》141頁，載Howard撰「Baptism for the Dead」）。

註22：參閱1987年10月22日版《評閱宣報》15面所載Damsteegt撰「Reaping the
Harvest」。

註23：見《基督復臨安息日會教會規程》41頁。

註24：懷愛倫著《Evangelism》313頁。

註25：Karl Barth著《Church Dogmatics》卷4/4179頁。

註26：G. R. Beasley-Murray著《Baptism in the New Testament》392頁。

註27：見1983年8月號《Ministry》4－6頁載Rex D. Edwards撰《Baptism as
Ordination》。

16 聖餐禮

基督復臨安息日會相信……

> **聖**餐禮是領用耶穌的血與身體的象徵，表達我們對祂，我們的主與救主的信心。在聖餐禮的經驗中，基督臨格與祂的子民相會，並加力量給他們。我們領用時，喜樂地宣講主的死，直到祂再來。領聖餐的準備包括自省、悔改與認罪。主設立了洗腳禮，代表重新潔淨，表示樂意披帶基督的謙卑彼此服事，並讓我們的心在愛中聯合。聖餐禮是對所有相信的基督徒開放的。
>
> ——基本信仰第十六條

第16章
聖餐禮

他們來到樓房過逾越節，腳上沾滿塵土。有人必須預備一桶水、一個盆、一條毛巾，好依慣例洗腳。但是沒有人要作這僕人的工作。

耶穌知道祂的死期近了，就憂傷地說：「我很願意在受害以先和你們吃這逾越節的筵席。我告訴你們，我不再吃這筵席，直到成就在上帝的國裏。」（路22：15、16）

門徒們彼此心裏懷的嫉妒，使耶穌的心裏充滿悲傷。祂知道，他們仍然在爭論誰應在祂的國度裏最大（路22：24；太18：1；20：21）。那使門徒們不肯自卑，不肯代替僕人洗他人的腳的，乃是他們設法要得高位的驕傲與自大。他們是否願意學習在上帝的國度裏，真正的偉大是表現在謙卑與愛的服務中呢？

「吃晚飯的時候」（約13：2）（註1），耶穌安靜地站起來，將水倒進盆裏，拿起僕人的毛巾，開始洗門徒們的腳。主成了僕人！門徒們了解這無聲的譴責，都充滿羞

愧。當主完成了祂的工作，回到祂的座位上時，祂說：「我是你們的主，你們的夫子，尚且洗你們的腳，你們也當彼此洗腳。我給你們作了榜樣，叫你們照著我向你們所做的去做。我實實在在的告訴你們，僕人不能大於主人，差人也不能大於差他的人，你們既知道這事，若是去行就有福了。」（約13：14－17）

然後，耶穌就設立了那紀念祂偉大犧牲的禮節——聖餐禮，以代替逾越節。祂拿起無酵餅，祝謝了，就擘開，遞給他們，說：「你們拿著吃，這是我的身體，為你們捨的，你們也應當如此行，為的是記念我。」以後祂拿起福杯，祝謝了，遞給他們說：「你們都喝這個；因為這是我立約的血，為多人流出來，使罪得赦。」「你們每逢喝的時候，要如此行，為的是記念我。」「你們每逢吃這餅，喝這杯，是表明主的死，直等到他來。」（見太26：26－28；林前11：24－26；10：16）

洗腳禮與聖餐構成了聖餐禮。這樣，耶穌設立了這兩個禮節，幫助我們與祂相交。

一、洗腳禮

依照猶太人的習俗，在慶祝逾越節時，猶太人的家庭在無酵節七日的第一日來到之前，要從家中除去一切的酵——罪（出12：15、19、20）。因此信徒必須承認並悔改一切罪——包括驕傲、爭競、嫉妒、忿怒的感情及自私……，才能在適合的心靈中，在這最深的層面上與基督相交通。

為了這個目的，基督設立洗腳禮。祂不僅立下榜樣，要他們照樣去行，並應許賜福給他們：「你們既知道這事，若是去行就有福了。」（約13：14－17）這在聖餐之前的洗腳禮，成就了那勸各人在吃聖餐之前都應先審查自己的教訓，免得「不按理吃主的餅，喝主的杯。」（林前11：27－29）

1.洗腳禮的意義

這洗腳禮顯明了基督的使命及參與者的經驗。

(1)紀念基督的虛己

洗腳禮紀念基督成為肉身及服務生活上的謙卑（註2）。祂雖然在天父那裏擁有天上榮耀的地位，但祂「反倒虛己，取了奴僕的形像，成

為人的樣式。」（腓2：5-8）

上帝的兒子如此無私、慈愛地給予，卻被祂來拯救的大部分人所拒絕，這是何等的羞辱。撒但決心要在基督在世生活的每一件事上侮辱祂。無罪的一位竟被視為罪犯而釘在十字架上，這曾帶給祂多大的羞辱啊。

基督度過的一生，乃是無私服務的人生。祂來「不是要受人的服事，乃是要服事人」（太20：28）。祂藉著洗腳表明，為了救人，無論何等卑微的服務，祂都願意作。這樣，祂就將祂柔和服務的人生，銘刻在門徒們的心上。

基督使這項準備儀式成為一項禮儀時，是要領信徒進入溫柔慈愛的境地，感動他們為他人服務。這項禮儀鼓勵思想其中意義的人，以謙卑體貼的態度待人。藉著洗腳效基督，我們就是效法祂：「用愛心互相服事」（加5：13）。

雖然參加這項禮儀使人謙卑，但卻絕不會使人降格。有誰不會感到在基督面前下拜，洗那雙曾釘在十字架上的腳，是無上的特權呢？耶穌說：「這些事你們既做在我這弟兄中一個最小的身上，就是做在我

身上了。」（太25：40）

(2) 預表更高的潔淨

洗腳不止於將腳洗淨，它代表更高的潔淨──心靈的潔淨。當彼得求耶穌洗他的全身時，耶穌說：「凡洗過澡的人，只要把腳一洗，全身就乾淨了。」（約13：10）

洗過澡的人是乾淨的。但是那穿著無鞋面之鞋的腳，不久就沾滿塵土，需要再洗。這些門徒也是如此。他們的罪已藉著洗禮洗除，但是試探已引領他們將驕傲、嫉妒及惡念藏在心中。他們還沒有準備好與主有親密的交通，或接受祂即將要與他們訂立的新約。藉著洗腳，基督要預備他們參加聖餐。除了出賣耶穌的猶大之外，他們心中的自私與驕傲，藉著基督的恩典，都洗乾淨了。他們彼此在愛中結合。藉著耶穌無私的行動，他們都謙卑下來，成為可以接受教導的人。

正像門徒一樣，當我們接受基督並且受洗時，我們已被祂的寶血洗淨。但是當我們過基督徒的生活時，我們失敗了。我們的腳沾滿塵土。我們必須再到基督跟前，讓祂洗罪的恩典洗除我們的污穢。

但我們不必再受洗，因為「凡洗過澡的人，只要把腳一洗，全身就乾淨了。」（約13：10）（註3）以洗腳作為教會的禮節，會提醒我們需要經常潔淨，並要完全依靠基督的寶血。洗腳禮本身並不能洗淨罪，只有基督能潔淨我們。

(3) 寬恕的交誼

參加洗腳禮的人之間彼此寬恕的態度，表示這禮節所象徵的潔淨，已經發生效用。我們唯有寬恕人，才能經驗上帝的寬恕。「你們饒恕人的過犯，你們的天父也必饒恕你們的過犯；你們不饒恕人的過犯，你們的天父也必不饒恕你們的過犯。」（太6：14、15）

耶穌說：「你們也當彼此洗腳」（約13：14）。我們要樂意洗他人的腳，也要樂意讓他人洗自己的腳。後者表示我們承認自己需要屬靈的幫助。

洗腳禮舉行完之後，我們的信心向我們保證，我們已經得了潔淨。因為我們的罪已經洗除。藉著誰呢？藉著基督。但卻是藉著同道將象徵基督的服務行在我們身上。因此，這謙卑禮變成了一種寬恕的交誼（註4）。

(4) 與基督及信徒相交

這洗腳禮表明，基督對祂門徒的愛，會「愛他們到底」（約13：1）。當彼得不肯洗腳時，基督回答說：「我若不洗你，你就與我無分了。」（約13：8）沒有潔淨，就沒有交通。凡熱望繼續與基督交通的人，必會參加這項禮儀。

在同一個晚上，耶穌說：「我賜給你們一條新命令，乃是叫你們彼此相愛；我怎樣愛你們，你們也要怎樣相愛。」（約13：34）這禮儀的信息十分清楚，「用愛心互相服事」（加5：13）。有這種愛，就是說，我們要藉著看別人比自己強（腓2：3），將最高位讓給我們的鄰人。命令我們愛那些與我們不同的人。不讓我們抱著優越或歧視的感情。我們的生活方式，會反映出我們對同道的愛。跪在他們面前洗他們的腳，因將與他們在永恆中一起生活而歡樂。凡在這禮儀中效法基督榜樣的人，就必經驗到像基督那樣去愛是甚麼意思。這樣的愛乃是有力的見證。

一位佛教的和尚請一位傳道士建議一個景象代表基督教。一些藝術家要裝飾廟中的一個大廳，用壁畫

及版畫來描繪世界主要的宗教。那位傳道士想了一會兒之後，就開始以約翰福音13章的記載與他分享。「當我念的時候，那個和尚一句話也不說」，那位傳道士說：「但是當我讀到耶穌洗眾門徒的腳時，我感到一種奇怪的，令人畏懼的寂靜與能力。在那種文化中，公開談論任何有關腳的事，都被認為是不禮貌的。」

當我讀完，有片刻的寂靜。他帶著不敢置信的神情說道：「你是說，你的宗教的領袖洗祂學生的腳？」

「對！」我回答說。他那剃光的頭並恬靜如月亮的臉，在震驚中皺縮在一起。他呆著說不出話，我也一樣啞口無言。我們都已身入其境。我看他，他臉上不敢置信的表情化為敬畏。這位開創基督教的耶穌，竟摸了、洗了漁夫們骯髒的腳！過了一會兒，他恢復了自我控制，站起來說：「我現在明白基督教的本質了。」（註5）

二、聖餐禮的舉行

基督教對聖餐通用的名稱有「主的晚餐」（林前11：20），「主的筵席」（林前10：21）、擘餅聚會等（20：7；2：42）（註6），而聖餐禮——則是和感恩福惠有關的儀式。

聖餐應該是喜樂的時候，不是悲傷的時候。聖餐前的洗腳禮，已經給我們自我審查、認罪、嫌隙消解及寬恕的機會。既已得著藉救主寶血得潔淨的保證，信徒就已準備好與他們的主進入特別的交通。他們來到聖餐桌前是帶著喜樂的心，是站在十字架得救的光輝中，而非站在十字架的陰影下，已準備好可以慶祝基督救贖的勝利。

1.聖餐的意義

聖餐代替了舊約時期的逾越節。當基督——那逾越節的羔羊捨命時，逾越節所預表的就成就了。基督在去世之前親自設立了這代替的禮節，就是在新約之下，屬靈的以色列人的大節慶。這樣，主的聖餐——其預表的根源，大半來自逾越節的禮儀。

(1)紀念從罪中得救

正如逾越節紀念以色列從埃及的奴役中得救，主的聖餐也紀念從屬靈的埃及，就是從罪的捆綁中得救。

那抹在左右門框及門楣上逾越節羔羊的血，保護住在裏面的人脫離死亡；逾越節羔羊的肉所提供的營養，給他們力量逃離埃及（出12：3-8）。同樣的，基督的犧牲帶來拯救脫離死亡，信徒得救是藉著吃祂的肉並喝祂的血（約6：54）。主的聖餐宣稱基督在十字架上的受死，給我們救恩、赦免，並保證永生。

耶穌說：「你們應當如此行，為的是記念我。」（林前11：24）這項禮節強調基督贖罪之代替性。耶穌說：「這是我的身體，為你們捨的。」（林前11：24；參閱賽53：4-12）在十字架上，那無罪的代替了有罪的；公義的代替了不義的。這偉大的行動滿足了律法要罪人死的要求，向悔改的罪人，提供了赦免、平安及永生的保證。十字架除去了我們已定的罪，並給了我們基督的義袍及勝過罪惡的能力。

a.餅與葡萄汁

耶穌曾使用許多比喻教導有關祂自己的真理。祂說：「我是門」（約10：7）；「我是道路」（約14：6）；「我是真葡萄樹」（約15：1）；「我是生命的糧」（約6：35）。這些話，我們都不能按字面接受，因為祂並不是每一個門、道路或葡萄樹。它們乃是在描繪一些更深的真理。

耶穌在行神蹟餵飽五千人時，祂曾啟示有關祂的身體與血的更深的真理。關於真糧，祂說：「那從天上來的糧不是摩西賜給你們的，乃是我父將天上來的真糧賜給你們，因為上帝的糧就是那從天上降下來、賜生命給世界的。他們說：『主阿，常將這糧賜給我們！』耶穌說：『我就是生命的糧，到我這裏來的，必定不餓；信我的，永遠不渴。』」（約6：32-35）祂賜下祂的身體與血，滿足我們最深的欲望與需要的飢渴（約6：50-54）。

耶穌所吃逾越節的餅，是未發過酵的，那葡萄汁也未經發酵（註7）。那會使餅發起來膨脹的酵，被視為罪的象徵（林前5：7、8），故不適合代表那「無瑕疵、無玷污」的羔羊（彼前1：19）（註8）。只有未發酵的餅，才能代表基督無罪的身體。同樣的，只有未變壞的葡萄——未發酵的葡萄汁，才能適切地代表救主那完美

無疵能潔淨人的寶血（註9）。

b.吃與喝

「你們若不吃人子的肉，不喝人子的血，就沒有生命在你們裏面。吃我肉、喝我的血的人就有永生，在末日我要叫他復活。」（約6：53、54）

吃基督的肉、喝他的血，乃是指吸收上帝的話之象徵性的說法。藉著上帝的話，信徒就能與上帝保持交通，並能擁有屬靈的生命。祂說：「我對你們所說的話就是靈，就是生命。」（約6：63）「人活著，不是單靠食物，乃是靠上帝口裏所出的一切話。」（太4：4）

信徒藉著吸收生命之道——聖經，而吃基督——生命的糧，聖言中帶著生命的大能。在聖餐禮中，我們也是藉著聖靈吸收祂的話而吃基督時。為此之故，每一次聖餐禮均附有講道。

當我們藉著信心支取基督贖罪的效益時，主的聖餐就不僅是一個紀念而已了。參加聖餐禮，代表藉著基督支持的大能供應我們生命與喜樂，恢復我們生命的活力。總之，這些表號顯明，「我

們屬靈的生命靠賴基督，如同我們肉體的生命靠賴吃喝一樣。」（註10）

在聖餐禮中，我們「祝福」那杯（林前10：16）。這就是說，正如基督為杯祝謝（太26：27），我們也為耶穌的血表示感謝。

(2)集體與基督相交

在一個分裂與充滿紛爭的世界中，我們集體參與聖餐禮，有助於教會的合一與穩定，並表現出與基督並彼此間真正的契合。保羅強調這項契合說：「我們所祝福的杯，豈不是同領基督的血嗎？我們所擘開的餅，豈不是同領基督的身體嗎？我們雖多，仍是一個餅，一個身體。因為我們都是分受這一個餅。」（林前10：16、17）

「這顯明了一個事實，聖餐禮的餅被擘成許多片，由信徒吃下。因為所有的餅片都是出自一個餅，因此所有參加聖餐禮的信徒，就在餅所代表祂身體的那一位裏面合而為一了。基督徒藉著共同參加這個禮節，公開地表明他們已經合而為一，屬於同一個大家庭，基督是這個家庭的頭。」（註11）

所有教友都應該參加這神聖的

聖餐禮，因為在聖餐禮中，藉著聖靈，「基督必在這些祂自己所指定的約會中與祂的子民相交，並由於祂的臨格而加給他們力量。即或主持聖禮的人因心手不潔而不配，但基督依然要在那裏服侍祂的兒女。凡全心信靠祂而來參加的人，必大大蒙福。凡疏忽這些與上主親近機會的人，必要遭受損失。對於這樣的人，正可以說他們「不都是潔淨的。」（註12）

在主的聖餐中，我們經驗到最強與最深的團體感。在此我們中間的障礙都打破了，我們是在同樣的立場上相遇。在此我們體會到，雖然社會中有許多使我們分離的東西，但在基督裏，有合一所需的一切東西。耶穌將聖餐的杯遞給門徒時，祂與門徒立了新約。祂說：「你們都喝這個；因為這是我立約的血。為多人流出來，使罪得赦。」（太26：27、28；參閱路22：20）正如舊約是由動物祭牲的血所立（出24：8），新約乃是由基督的血所立。在這個聖禮中，信徒重新立約效忠他們的主，再一次體會到他們是那奇異之約的一部分。藉著這約，上帝在耶穌裏面，將祂自己

與人類綁在一起了。他們既是這約的一部分，就有值得慶賀的東西。故此，聖餐禮既是紀念，也是恩典之約完成的感恩。所領受福分的多寡，則視參與者信心的大小而定。

(3) 期待基督復臨

「你們每逢吃這餅，喝這杯，是表明主的死，直等到他來。」（林前11：26）聖餐禮將軀體地與基督再來的間隙連結了起來；它將十字架與天國相連；它將那已經過去的與那尚未來到的新約所見的世界相連結：它將救主的犧牲與祂的再來——準備好的救贖與完成的救贖放在一起。它宣稱基督現在藉著聖靈臨格，直到祂在眾目的眼光下回來。

「從今以後，我不再喝這葡萄汁，直到我在我父的國裏同你們喝新的那日子。」（太26：29）乃是基督的預言。它領我們的信心到將來在天國裏與我們的救主吃筵席的日子。那個場合是「羔羊之婚筵」（啟19：9）的大節日。

在為這大事作準備時，基督說：「你們腰裏要束上帶，燈也要點著，自己好像僕人等候主人，從婚姻的筵席上回來，他來到，叩門，就立刻給他開門，主人來了，看見

僕人警醒，那僕人就有福了。我實在告訴你們，主人必叫他們坐席，自己束上腰，進前伺候他們。」

（路12：35-37）

祂的門徒聚集在筵席桌前時，基督會主持那晚餐的宴會，像祂在耶路撒冷一樣。祂已長久等待這時候的來到。現在一切都準備好了。祂從寶座上起來，趨前侍候。人人充滿驚異，深感不配基督的服侍。他們懇求說：「讓我們來服侍吧！」但是基督安靜地堅持，要他們坐下。

基督在地上最偉大的時刻，莫過於在這可紀念的主的晚餐之前，祂虛己取了奴僕的地位之時；基督在天上最偉大的時刻，正是當祂服侍眾聖徒之時。」（註13）這就是主的聖餐向我們指出的，將來在祂國度裏，藉著親自與基督相交，享受永恆的榮耀與喜樂。

2.領聖餐的資格

為基督徒信仰服務的兩大禮節——洗禮與聖餐禮。前者是進教會的大門，後者則使教友得益（註14）。耶穌只為那自稱是門徒的人舉行聖餐。因此，聖餐禮只為相信的基督徒。除了已受洗者之外，孩子們通常不可參加這些禮節（註15）。

聖經教導信徒，應抱持著適當的尊敬態度參加這個禮節。因為「無論何人，不按理吃主的餅，喝主的杯，就是干犯主的身、主的血了。」（林前11：27）這「不按理」包括「不配的品行，或對基督贖罪的犧牲缺少積極活潑的信心。」（註16）這樣的行為對主表現出不敬，可以視為棄絕救主，因此就分擔那釘祂十字架之人的罪了。

不按理領聖餐會帶來上帝的不悅。那些不按理吃主的餅、喝主的杯的人，「若不分辨是主的身體，就是吃喝自己的罪了。」（林前11：29）他們未能分辨普通食物與主的贖罪之死的神聖象徵。「信徒不可將聖餐禮只當作一個歷史事件的紀念儀式。但更有甚者，它提醒我們，罪已使上帝付出了多少；以及人領受了基督多少的恩典。它也使信徒重新記起，他有責任向公眾見證他對上帝兒子贖罪之死的信心。」（註17）

有了這些教訓，保羅就勸勉信徒，要在領聖餐之前先「自己省

察」（林前11：28）。信徒在參與聖餐之前，應該在禱告中檢查自己的基督徒經驗、認罪，並修復斷裂的關係。

復臨信徒先鋒們的經驗，顯明了這樣的省察會帶來何等的福分。「當我們的教友人數甚少時，舉行聖餐禮成了最得益的時候。在事前的預備日，每一教友都致力於清除每一樣會使他與他的弟兄及上帝疏離的東西。心靈經過仔細地省察，熱切祈求上帝顯明隱祕之罪，商業上的不誠實，急躁不當的言詞，不肯丟棄的罪等，都承認了。主親近我們，我們都大大的得力量、得鼓勵。」（註18）

審察是一項個人的工作，別人不能代替。因為誰能看透人心，分別麥子與稗子呢？我們的楷模基督，不肯拒絕人參加主的晚餐。但是公開犯罪的人不可參加（林前5：11）。耶穌自己也曾與猶大一同吃過飯，他的外表稱為門徒，但內在卻是賊，是出賣者。

所以，有資格參加聖餐禮的，乃是心靈的情況──完全獻身基督，以及對祂犧牲的信心，而非某一教會的教友。因此，所有教會中有信心的基督徒，都可參加聖餐禮。人人都被邀請來參加這慶賀新約的大禮節，並藉著參加而見證他們接受基督作他們個人的救主。（註19）

註1：見1953年1月號《Ministry》20頁載Robert Odom撰「The First Celebration of the Ordinance of the Lord's House」；懷愛倫著《歷代願望》654－657頁。

註2：同上661頁。

註3：洗禮與聖餐禮之間有著關連。洗禮是在作教友之前，洗腳禮則是為那些已經是教友的人服務。在這項禮節中，我們默想洗禮約言乃是恰當的。

註4：見1961年6月29日版《評閱宣報》6、7頁載C. Mervyn Maxwell撰「A Fellowship of Forgiveness」一文。

註5：Jon Dybdahl著《Missions: A Two Way Street》28頁。

註6：雖然一般都認為徒20：7的話是指主的聖餐，但它並不專指這聖餐禮。在路24：35中，它是指日常的用飯。

註7：這是認為聖經時代的人，不可能在以色列溫暖氣候中，從秋季的收成至春天的逾越節這樣長時期保存葡萄汁，故而認為猶太人慶祝逾越節，當然是用發過酵的葡萄汁。但這種認定是不合理的。在古時，果汁常用各種方法以不發酵的方式長期保存。方法之一是將果汁濃縮煮成糖漿，將這濃縮的糖漿儲存在陰涼的處所，就不會發酵。只用水沖淡，就可產生無酒精的「甜葡萄汁」見William Patton著《Bible Wines-Laws of Fermentation》24－41頁。亦見1955年4月號《Ministry》34頁載C. A.Christoforides撰「More on Unfermented Wine」；Lael O. Caesar著「The Meaning of Yayin in the Old Testament」（美安得烈大學未出版之碩士論文）74－77面；懷愛倫著《歷代願望》664頁；逾越節的葡萄汁也可用葡萄乾製成（F. C. Gilbert著《Practical Lessons from the Experience of Isreal for the Church of To-day》240、241頁）

註8：從這個意義說，基督避免使用希臘文的Oinos（英文作Wine），而用「The Fruit of the Vine」（可14：25）的片語，乃是有意義的。Oinos可以指發酵的葡萄汁，也可以指未發酵的葡萄汁。但「The Fruit of the Vine」則指純粹的果汁──基督寶血適合的象徵。祂稱自己為「真葡萄樹」（約15：1）。

註9：酵也可使葡萄汁發酵。酵母藉空氣或昆蟲自會傳播。它們將自己黏附在葡萄的蠟皮上。葡萄壓碎時，它就混合在果汁中。在室內溫度下，酵繁殖甚快，使葡萄汁發酵。（見Martin S. Peterson, Arnold H. Johnson合編《Encyclopedia of Food Technology》卷二第61－69頁；《Encyclopedia of Food Science》卷三第878頁）。

註10：R. Rice著《Reign of God》303頁。

註11：《基督復臨安息日會參考文庫》卷六第746頁。

註12：懷愛倫著《歷代願望》668、669頁。

註13：1947年1月《Ministry》44、46頁載M. L. Andreason撰「The Ordinances of the Lord's House」。

註14：參閱懷愛倫著《Evangelism》273頁。

註15：見1987年2月號《Ministry》13頁載Frank Holbrook撰「For Members Only」一文。

註16：《基督復臨安息日會參考文庫》卷六第765頁。

註17：同上

註18：參閱懷愛倫著《Evangelism》274頁；《基督復臨安息日會參考文庫》卷六第765頁。

註19：聖經未指明聖餐禮應多久舉行一次（見林前11：25、26）。復臨信徒依照許多教會的作法，每年舉行聖餐禮四次。「早期復臨信徒在採用每季一次聖餐的計畫時，感到若舉行更多次，就有落於形式的危險，不能認識到聖餐禮的嚴肅性。」它似乎是一種中間路線的決定──介於舉行太多及相離太久（如一年）之間（1955年4月《Ministry》43面W. E. Read撰「Frequency of Lord's Supper」）。

17 屬靈的恩賜與職事

基督復臨安息日會相信……

> **上**帝在各世代都賜給祂教會每一位教友屬靈的恩賜，讓每一教友用在愛的服務上，使教會及人類都共同獲益。這些恩賜是由聖靈按著祂自己的意思分賜給各教友，供給了教會為完成上帝指定任務所需的一切能力與職事。依據聖經，這些恩賜包括的職事有：信心、醫病、說預言、宣講福音、教導、治理、和好、同情、自我犧牲的服務，並幫助人鼓勵人的愛心。有些教友被上帝選召，聖靈賦予能力，從事教會所承認的職務，如牧師、傳福音的、使徒、教師，以滿足信徒服務時特別的需要，以建造教會至其靈性成熟之境，培植教友對上帝的知識及信仰上的合一。當教友作上帝百般恩典的忠心管家，而使用這些屬靈的恩賜時，教會就得到保護，免受假道破壞的影響，而獲致出於上帝的增長，並在信與愛中建立自己。
>
> ——基本信仰第十七條

第17章
屬靈的恩賜與職事

耶穌就要升天之前所說的話要改變歷史。「你們往普天下去」祂命令門徒說：「傳福音給萬民聽」（可16：15）。

往普天下去？給萬民聽？門徒必定認為那是一件不可能的工作。基督感覺到他們的無助，就囑咐他們不要離開耶路撒冷，但「要等候父所應許的」。然後祂向他們保證說：「但聖靈降臨在你們身上，你們就必得著能力，並要在耶路撒冷、猶太全地和撒馬利亞，直到地極，作我的見證。」（徒1：4、8）

在耶穌升天之後，門徒們用了許

多時間在禱告上。和諧、謙卑，代替了大部分他們與耶穌同在時的不和與嫉妒。門徒們改變了。他們與耶穌親密的相交，並且合一，這乃是聖靈傾降必要的準備。

正如耶穌曾領受一次特別的聖靈恩膏，使祂能勝任祂的工作一樣（徒10：38），門徒們同樣也領受了聖靈的洗（徒1：5），使他們能作見證。其結果是立竿見影的。他們領受了聖靈的那一天，就為三千人施洗（徒2：41）。

一、聖靈的恩賜

基督曾用比喻說明聖靈的恩賜：「天國又好比一個人要往外國去，就叫了僕人來，把他的家業交給他們，按各人的才幹給他們銀子。一個給了五千，一個給了二千，一個給了一千，就往外國去了。」（太25：14、15）

那人往外國去，代表基督動身往天國去。那人的僕人就是祂的門徒，是「重價買來的」（林前6：20）──基督的寶血（彼前1：19）。基督救贖他們是叫他們服務，他們「不再為自己活，乃為替他們死而復活的主活。」（林後5：15）

基督按每一個僕人的才幹分銀子，及「分派各人當作的工」（可13：34）。在許多其它的恩賜與才幹之外（**參見本書第33章**），這些銀子代表由聖靈所賜的特別恩賜（**註1**）。

以某一特別的意義說：「基督曾將這些屬靈的恩賜，在五旬節賜給祂的教會。」保羅說：「他升上高天的時候，……將各樣的恩賜賞給人」，並且「我們各人蒙恩，都是照基督所量給各人的恩賜。」（弗4：8、7）那將這些恩賜「隨己意分給各人」（林前12：11），使教會能從事指派她的工作的，乃是聖靈。

二、屬靈恩賜的目的

聖靈將一項特別的能力賜給一個教友，使他能幫助教會完成她神聖的使命。

1.教會中的和諧

哥林多教會不缺少任何屬靈的恩賜（林前1：4、7），但不幸的是他們卻像小孩子一樣，為了那一樣恩賜最重要而爭吵不休。

保羅關心哥林多教會的分裂情況，就寫信給他們，論到這些恩

賜的真實性質，以及該如何發揮它們的功能。他解釋說，屬靈的恩賜乃是一種恩典的賜與。「恩賜原有分別，聖靈卻是一位」，這導致「職事也有分別，『與』功用也有分別」，但是保羅強調說：「上帝卻是一位，在眾人裏面運行一切的事。」（林前12：4-6）

聖靈分賜恩賜給每一位信徒是為了建造教會。按主工作的需要，聖靈決定將甚麼恩賜分賜給甚麼人，並非人人都領受同樣的恩賜。保羅說，「這人蒙聖靈賜他智慧的言語，那人也蒙這位聖靈賜他知識的言語，又有一人蒙這位聖靈賜他信心，還有一人蒙這位聖靈賜他醫病的恩賜，又叫一人能行異能，又叫一人能作先知，又叫一人能辨別諸靈，又叫一人能說方言，又叫一人能翻方言。」（林前12：8-10）「這一切都是這位聖靈所運行、隨己意分給各人的。」（林前12：11）對教會中一種恩賜的感恩，應該歸給恩賜的賜與者，不該歸給那使用這恩賜的人。因為恩賜是賜給教會的，並非賜給個人，領受恩賜的人不應該將恩賜視為他們個人的產業。

因為聖靈按照祂自己認為適當的方式分賜各項恩賜，因此任何恩賜都不可輕視或忽視。沒有任何教友有權利因為他領受特別恩賜或功用，就自高自大。任何人也不應該因為所分派的地位卑微就自卑。

(1)運作的模式

保羅用人體說明不同恩賜間的和諧關係。身體有許多肢體，每一肢體都有它獨特的貢獻。「但如今，上帝隨自己的意思把肢體俱各安排在身上了。」（林前12：18）

身體任何一個肢體不可對另一肢體說：「我用不著你」（林前12：21），它們都互相依賴，並且「身上肢體人以為軟弱的，更是不可少的。身上肢體，我們看為不體面的，越發給它加上體面；不俊美的，越發得著俊美。我們俊美的肢體，自然用不著裝飾；但上帝配搭這身子，把加倍的體面給那有缺欠的肢體。」（林前12：22-24）

任何器官的失靈都會影響整個身體。身體若沒有腦，胃就不會發揮功能。但若沒有胃，腦子也就無用。因此教會若是失去任何教友，無論他多麼不重要，教會都會因而受損。

某些在身體結構上特別軟弱的部分，需要特別的保護。一個人若缺一隻手、一條腿，還能活著，若是少了心、肝、肺，卻不能。我們通常將臉、手、暴露在外面，但身體的其他部分則為了禮貌，穿上衣服。我們不但不要輕看較小的恩賜，反而更要細心地照顧它們，因為教會靠賴它們而健康。

上帝在教會中分賜屬靈的恩賜，能防止「身體的分門別類」，並造成和諧信靠的心靈。因此，「總要肢體彼此相顧。若一個肢體受苦，所有的肢體就一同受苦；若一個肢體得榮耀，所有的肢體就一同快樂。」（林前12：25、26）因此當一個信徒受苦時，應使整個教會知道，並應幫助他減輕痛苦。唯有這受苦的人恢復了健康，才得以確保教會的健康。

保羅在討論了每一樣恩賜的價值之後，就將它們列了出來：「上帝在教會所設立的：第一是使徒，第二是先知，第三是教師，其次是行異能的，再次是得恩賜醫病的、幫助人的、治理事的、說方言的。」（林前12：28；參閱弗4：11）因為沒有一個教友擁有所有的恩賜，他就鼓勵所有教友「切切求那更大的恩賜」（林前12：31），就是那些對教會更有用的恩賜（註2）。

(2)必不可少的方面

但是擁有聖靈的恩賜仍然不夠，還有「更妙的道」（林前12：31）。聖靈的各種恩賜在基督回來時都要成為過去，但聖靈的果子卻要永遠長存。它包括永恆的愛的美德，以及仁愛所帶來的和平、良善與公義（見加5：22、23；弗5：9）。那說預言、方言及知識的恩賜都要消失，但信、望、愛卻要長存，而「其中最大的是愛」（林前13：13）（註3）。

上帝所賜的這愛（希臘文為agape），乃是一種自我犧牲及給與的愛（林前13：4－8）。它是「那較高等的愛，在其所愛的人或對象身上，認識到有價值的東西。這愛不是基於感情，而是基於原則；這愛發自對被愛者令人欽佩的品質的敬重。」（註4）單有恩賜，缺少了愛，會在教會中造成混亂與分裂。所以那更妙的道是，每一個擁有屬靈恩賜的人，也都擁有這完全無私的愛。「你們要追求愛，也要切慕屬靈的恩賜。」（林前14：1）

2.為上帝的榮耀而活

保羅在寫給羅馬人的書信裏也講到屬靈的恩賜。保羅呼召每一位信徒為榮耀上帝而活（羅11：36－12：2）。保羅再次用身體上的肢體，說明那些一起加入教會的信徒，雖然彼此不同但仍能合一的特徵（羅12：3－6）。

信徒既認識到信心與屬靈的恩賜都是源自於上帝的恩典，信徒就該保持謙卑。給予一個信徒的恩賜愈多，他屬靈的感化力亦愈大，他靠賴上帝的心也應該愈大。

在這一章中，保羅列出了下列的恩賜：說預言（受感的講說、宣講）、執事（服務）、教導（鼓勵）、施捨（分享）、治理與憐憫（同情），正如在哥林多前書12章一樣，他結束他的討論時，也講到基督教最偉大的原則——愛（羅12：9）。

彼得以「萬物的結局近了」為背景，講到屬靈恩賜的題目（彼前4：7）。因時候甚迫切，所以要求信徒必須使用這些恩賜。「各人要照所得的恩賜彼此服事，作上帝百般恩賜的好管家。」（彼前4：10）彼得像保羅一樣教導說，這些恩賜不是要榮耀自己，而是「叫上帝在凡事上……得榮耀」（彼前4：10）。他也將愛與恩賜放在一起講論（彼前4：8）。

3.教會的增長

保羅在第三次與最後一次對屬靈恩賜的講論中，鼓勵信徒「行事為人就當與蒙召的恩相稱。凡事謙卑、溫柔、忍耐，用愛心互相寬容，用和平彼此聯絡，竭力保守聖靈所賜合而為一的心。」（弗4：1－3）

聖靈的恩賜有助於培植合一，這合一能導致教會增長。每一信徒都「照基督所量給各人的恩賜」（弗1：7）蒙了恩。

基督親自所賜的，「有使徒、有先知、有傳福音的、有牧師和教師」，這些恩賜都是以服務為目的之事奉，「為要成全聖徒，各盡其職，建立基督的身體，直等到我們眾人在真道上同歸於一，認識上帝的兒子，得以長大成人，滿有基督長成的身量。」（弗4：11－13）領受屬靈恩賜的人，特為服事信徒，依照他們的恩賜，訓練他們服務。如此建造教會至成熟之境，使其滿有基督長成的身量。

這些服務會增進靈性的穩定，並增強教會防衛假道。這樣，信徒就「不再作小孩子，中了人的詭計和欺騙的法術，被一切異教之風搖動，飄來飄去，就隨從各樣的異端；惟用愛心說誠實話，凡事長進，連於元首基督。」（弗4：14、15）

最後，在基督裏，屬靈的恩賜會帶來合一與教會增長。「全身都靠他聯絡得合式，百節各按各職，照著各體的功用彼此相助，便叫身體漸漸增長，在愛中建立自己。」（弗4：16）為了使教會經驗上帝所要的增長，每一教友必須使用上帝所給的恩賜。

其結果是，教會會經驗雙重的增長——教友人數增加與個人屬靈恩賜的增加。再者，愛是這項呼召的一部分，因為只有在愛中使用這些恩賜時，教會的建造與增長才能實現。

三、屬靈恩賜的啟示

1.共同服事

聖經並不支持只有教牧人員從事聖工，而信徒們卻只是暖一下教堂的座椅，等候屬靈的餵養。教會是由教友與教牧人員組成的（彼前2：9），教會的康寧與興盛是他們共同的責任。他們蒙召各人要按基督所賜給他們各人的特別恩賜共同努力。恩賜不同帶來不同的工作及結果，但他們所有的見證都結合起來，去推展上帝的國度，預備世人迎見他們的救主（太28：18－20；啟14：6－12）。

2.教牧人員的工作

屬靈恩賜的教義，將訓練教友的責任放在傳道人肩上。上帝已賜下使徒、先知、傳福音的，牧師或教師，去裝備祂的子民從事聖工。「傳道人不可作屬於會眾的工作，致使自己疲憊，並攔阻他人盡他們的義務。他們應該教導教友，如何在教會及社會中作工。」（註5）

沒有訓練恩賜的傳道人，不屬於教牧人員的陣營，可以從事其他方面的工作（註6）。上帝對教會計畫的成功，靠賴傳道人樂意訓練教友，並訓練教友使用上帝賜給他們的恩賜。

3.恩賜與傳道

上帝賜下屬靈的恩賜，為要使

整個身體獲益，不是只有領受恩賜的人得益處而己。正如領受恩賜的人，不是為他自己領受，同樣，教會也不是為自己而領受一切恩賜。上帝賜給教會恩賜，乃是預備她去完成上帝指派她在世上的使命。

屬靈的恩賜，不是工作完美的報賞，而是將工作做得完美的工具。聖靈通常賜給人與他天生才幹相合的恩賜。但是單有天生的才幹還不算屬靈的恩賜。人要獲得聖靈的能力，需要重生。我們必須重生才能獲賜屬靈的恩賜。

4.異中合一非同中合一

某些基督徒想使每一個其他的信徒都和他們一樣。這是人的計畫，不是上帝的計畫。教會雖然有不同的屬靈恩賜，但仍保持合一，這就是恩賜互補的特性。它指出上帝教會的前進，靠賴每一位信徒。上帝要教會內的每一樣恩賜、每一樣事工、每一樣運作，都在過去教會所立的根基上的建造工作中結合在一起。在房角石耶穌基督裏，「各房靠他聯絡得合式，漸漸成為主的聖殿。」（弗2：21）

5.見證——恩賜的自由

信徒領受不同的恩賜，顯示每個人有他個人的工作。但是每一位信徒必須能夠見證他的信仰，並與人分享他的信仰，告訴他人上帝在他生命中所行的事。上帝賜下的恩賜，無論是甚麼，都是要使擁有恩賜的人為祂作見證。

6.未使用屬靈的恩賜

不肯使用屬靈恩賜的信徒，不僅會發現他們的恩賜減少，並會發現他們的永生也有了危險。耶穌在愛中嚴肅地警告說，那不使用他才幹的僕人，就是那失去永恆報賞的「又惡又懶的僕人」（太25：26－30）（註7）。這位不忠心的僕人坦然承認，他未使用恩賜乃是故意的，是預謀的。這樣，他必須承擔他不使用恩賜的責任。「在那最後審判的大日，那些隨波逐流、閃避機會、推卸責任的人，將會被那位大審判長判為與作惡的人同類。」（註8）

四、發現屬靈的恩賜

教友要成功地參與教會的聖工，他們必須了解自己的恩賜。恩賜的

功能像羅盤，可以領導擁有恩賜的人去服務，並享受豐盛的生命（約10：10）。我們如何「不選擇（或僅忽略）去認識、培植及使用我們的恩賜，『教會也就如何』不能達到她可能達到的景況，及不能達到上帝要她達到的景況了。」（註9）

發現我們屬靈恩賜的過程（註10），應有以下的特徵：

1.屬靈的準備

使徒們曾熱切禱告，求能夠用話語帶領罪人歸向基督。他們丟棄彼此之間的歧見及相爭為大的心，認罪、悔改，使他們與基督親密地相交。今天接受基督的人，需要同樣的經驗，預備接受聖靈的洗。

聖靈的洗不是一次的結果，而是我們每天的經驗（註11）。我們需要懇求主讓我們受聖靈的洗，因為它賜給教會能力作見證，宣講福音。為要如此行，我們必須不斷地將我們的生命獻給上帝，完全住在基督裏，求祂賜下智慧來發現我們的恩賜（雅1：5）。

2.研讀聖經

我們在禱告中研讀新約聖經中有關屬靈恩賜的教訓，聖靈會感動我們的心，讓我們知道祂要我們去作的特別的工。重要的是我們必須相信，上帝已經至少賜給我們一項恩賜，可以用在祂的工作上。

3.樂於接受上帝旨意領導之開明的態度

不是我們用聖靈，而是聖靈用我們，因為是上帝在祂子民裏面運行，「為要成就他的美意」（腓2：13）。樂於在上帝所安排的任何工作上盡力是一項福分。我們必須讓上帝有機會藉著在別人的心裏運行，來要求我們的幫助。所以無論何時，當教會有需要時，我們應該樂於回應教會。我們應該不怕嘗試新東西，我們也應該坦誠地將我們的才幹與經驗，告訴那請求我們幫助的人。

4.從身體來的證實

既然上帝賜下這些恩賜是為了建造教會，我們就可期待最後印證我們恩賜的，是來自基督的身體，而非我們自己的感覺。認識自己的恩賜，常常較認識他人的恩賜更難。我們不僅要願意聽他人對我們恩賜

的意見，認識上帝賜給他人的恩賜與我們認識自己的恩賜同樣重要。

沒有甚麼比清楚知道對我們正在做上帝要我們去做的工，更令人興奮、滿足的了。我們將聖靈所賜的恩賜用在基督的工作上，是何等的福分啊！基督渴望將祂的恩賜分賜給我們。我們今天便可以接受祂的邀請，去發現在一個聖靈充滿之人的生活中，祂的恩賜能成就甚麼！

註1：見懷愛倫著《天路》327、328頁。我們無法早期區別超自然的、與生俱來的，及培植的才幹。在聖靈控制之下的人，這些才幹似乎常常揉和在一起。

註2：1982年7月《Ministry》15、16頁載Richard Hammill撰「Spiritual Gifts in the Church Today」.

註3：從廣義說，愛乃是一種從上帝來的恩賜，因為美善的東西都是從祂那裏而來（約1：17）。它乃是聖靈的果子（加5：22）。但它卻不是一種恩賜，因為同樣的恩賜並非賜給所有的人，但人人都要「追求愛」（林前14：1）。

註4：《基督復臨安息日會參考文庫》卷六第778頁。

註5：Imprimerie Polyglotte編《Hisatorical Sketches of the Foreign Missions of the Seventh-day Adventists》291頁懷愛倫撰「Appeals for Our Missions」。（參閱Rex D. Edwards著《A New Frontier-Every Believer a Minister》58－73頁）。

註6：參閱J. David Newman著《Seminar in Spiritual Gifts》3頁。

註7：有關此種情況的嚴重性，可參閱1982年6月13日版《評閱宣報》第一頁懷愛倫撰「Home Discipline」一文。

註8：《基督復臨安息日會參考文庫》卷五第511頁。

註9：1986年12月25日《評閱宣報》12頁載Don Jacobsen撰「What Spiritual Gifts Mean to Me」文。

註10：見Roy C. Naden著《Discovering your Spiritual Gifts》；Mark A. Finley著《The Way to Adventist Church Growth》；C. Peter Wagner著《Your Spiritual Gifts Can Help Your Church Grow》。

註11：參閱懷愛倫著《使徒行述》36、37頁；《基督教育之研究》131頁。

18預言的恩賜

基督復臨安息日會相信……

先知是聖靈的恩賜之一。這項恩賜乃是餘民教會的一項特徵，它曾顯現在懷愛倫的工作中。她既是主的使者，她的著作乃是真理的延續，可信的資料，帶給教會安慰、引導、教訓及督責。這些著作也清楚表明，聖經是一切經驗與教訓必須接受其試驗的標準。

——基本信仰第十八條

第18章
預言的恩賜

猶大王約沙法好苦惱。敵人的軍隊步步逼近，前面的光景似乎只有絕望。「約沙法……定意尋求耶和華，在猶太全地宣告禁食。」（代下20：3）人開始陸續進入聖殿，懇求上帝的憐憫與拯救。

約沙法領導這一次祈禱會。他祈求上帝改變環境。他禱告說：「你不是天上的上帝麼，你不是萬邦萬國的主宰嗎？在你手中有大能大力，無人能抵擋你？」（代下20：6）上帝不是曾在過去特別保護過祂自己的子民麼？因此約沙法禱告說：「我們的上帝啊，你不懲罰他們嗎？因為我們無力抵擋這來攻擊我們的大軍。我們也不知道怎樣行。我們的眼目單仰望你。」（代下20：12）

當猶大眾人都站在耶和華面前時，一位叫亞哈謝的站起來。他的信息為恐懼的百姓帶來勇氣與方向。他說：「不要因這大軍恐懼驚惶；因為勝敗不在乎你們，乃在乎上帝。明日你們要下去迎敵，……因為耶華與你們同在。」（代下20：15-17）早上，約沙法王告訴他的軍隊，要他們「信耶和華——你們的上帝就必立穩；信他的先知就

必亨通。」（代下20：20）（註1）

這位國王如此絕對地相信那位默默無名的先知亞哈謝，他將他的第一線軍隊用詩班代替，頌讚耶和華和祂聖潔的榮美！當信心的讚美歌聲充滿在空中時，主就開始將混亂帶給那要攻打猶大的敵軍。殺戮如此兇殘，以致「沒有一個逃脫的」（代下20：24）。

亞哈謝在那個特別時刻是上帝的代言人。

在舊約及新約時代，先知都扮演著重要的角色。而是否在聖經寫成之後，先知的工作就停止了呢？為了尋得答案，讓我們來回溯一下先知的歷史吧。

一、聖經時代先知的恩賜

雖然罪結束了上帝與人之間面對面的交通（賽59：2），但上帝並未結束祂與人之間的親密關係。祂發展了別的途徑與人交通。祂開始藉著先知們傳達祂鼓勵、警告及責備的信息（註2）。

在聖經中，先知乃是「接受上帝的交通，將其內容傳達給祂子民的人。」（註3）先知並不自己主動說預言。「因為預言從來沒有出於人意的，乃是人被聖靈感動，說出上帝的話來。」（彼後1：21）

在舊約聖經「先知」一詞，一般是從希伯來文nabi譯出。它的意思是在出7：1－2「我使你在法老面前代替上帝。你的哥哥亞倫是替你說話的。凡我所吩咐你的，你都要說，你的哥哥亞倫要對法老說。」摩西對法老的關係，就像上帝與祂子民的關係。正如亞倫將摩西的話傳給法老，先知也要將上帝的話傳給百姓。這樣「先知」一詞，乃是指上帝所指派的代言人。希伯來文nabi的希臘文對等詞是prophetes，也是英文先知prophet的字根。

「先見」一詞譯自希伯來文roeh（賽30：10）或chozeh（撒下24：11；王下17：13），乃是另一個有先知恩賜之人的稱謂。先知、先見二詞是密切相關的。聖經解釋說：「從前以色列中，若有人去問上帝，就說：『我們問先見去吧！』現在稱為『先知』的，從前稱為『先見』。」（撒上9：9）先見一詞強調先知對上帝信息的領受，上帝開了先知的「眼睛」或思想，領受祂要傳給祂百姓的資料。

許多年來，上帝已藉著有預言恩賜的人，啟示祂旨意的啟示。「主耶和華若不將奧祕指示他的僕人眾先知，就一無所行。」（摩3：7；參閱來1：1）

1.新約中預言恩賜的功能

新約在諸般聖靈的恩賜中，給予預言恩賜一個顯著的地位。在許多對教會最有用的事工中，一次被列在第一，兩次列在第二（見羅12：6；林前12：28；弗4：11），其中還有特別鼓勵信徒要追求這項恩賜（林前14：1、39）。

新約聖經提出，先知的工作包括下列各項（註4）：

(1)他們協助建立教會

教會是建立在「使徒和先知的根基上，有基督耶穌自己為房角石。」（弗2：20、21）

(2)他們發動教會向外佈道工作

聖靈藉著先知，揀選保羅與巴拿巴第一次出外巡迴佈道，並給予佈道地區指導（徒13：1、2；16：6－10）。

(3)他們建造教會

「作先知講道」，保羅說：「是造就教會」。「作先知講道的，是對人說，要造就、安慰、勸勉人。」（林前14：4、3）上帝賜給教會先知講道，與其他恩賜一起，「為要成全聖徒，各盡其職，建立基督的身體。」（弗4：12）

(4)他們使教會合一並保護教會

先知協助實現「在真道上同歸於一」，保護教會防備假道，這樣，信徒就「不再作小孩子，中了人的詭計和欺騙的法術，被一切異教之風搖動，飄來飄去。」（弗4：14）

(5)他們警告未來的艱難

一位新約先知曾警告飢荒將至。教會回應他的警告，就發動了一次救濟計畫，幫助那些因飢荒而受苦的人（徒11：27－30）。其他的一些先知，曾警告保羅會在耶路撒冷被捉拿下監（徒20：23；21：4、10－14）。

(6)他們在爭論時堅固信徒的信心

在第一次教會會議上，聖靈曾引導教會，在一個有關外邦信徒得救的爭論性題目上達成決議。那時聖靈藉著先知，使信徒在真道上再得堅固。在將會議的決定通知教友之後，「猶大和西拉也是先知，就用許多話勸勉弟兄，堅固他們。」（徒15：32）

二、末世的預言恩賜

許多基督徒相信，先知的恩賜在使徒時代結束時就停止了。但是聖經啟示說，在末世危機之時，教會特別需要上帝的領導。它證明在使徒時代以後，仍有需要先知的恩賜，而上帝也繼續賜予。

1.屬靈恩賜的延續

沒有任何聖經證據證明，上帝賜給教會的恩賜，會在達成它們的目標之前收回。依照保羅的說法，其目的是「在真道上同歸於一，認識上帝的兒子，得以長大成人，滿有基督長成的身量。」（弗4：13）因為教會還沒有達到這個經驗，故仍然需要聖靈的全部恩賜。這些恩賜包括預言的恩賜，將會為了上帝子民的益處而繼續運行，直到基督回來。因此保羅警告信徒，「不要消滅聖靈的感動；不要藐視先知的講論。」（帖前5：19、20）並勸勉說：「要切慕屬靈的恩賜，其中更要羨慕的，是作先知講道。」（林前14：1）

這些恩賜並未在教會裏經常豐盛地彰顯出來（註5）。使徒去世之後，直到的主後三百年（註6），先知們在許多圈子中都享有他人的尊敬。然而教會靈性的衰退以及其所造成的背道（見本書第13章），導致聖靈的臨格及恩賜的減少。同時，假先知使人喪失對先知恩賜的信心（註7）。

在教會歷史的某些時期中，先知恩賜衰退了，並不是說，上帝就永久收回這項恩賜。聖經指明，末世來到時，這項恩賜會出現，並幫助教會度過那些艱難，不僅如此，聖經更指出，這項恩賜會更加活躍。

2.基督復臨前先知的恩賜

上帝曾賜給施洗約翰預言的恩賜，宣告基督第一次降臨。我們盼望祂以同樣的方式再賜下先知的恩賜，宣講基督的復臨，好使每一個人都有機會準備好迎見救主。

實際說來，基督提到假先知的興起，是祂復臨已近的兆頭之一（太25：11、24）。若是在末時沒有真先知，基督就不會警告我們防備任何聲稱有這項恩賜的人，祂對假先知的警告顯明那時也有真先知的存在。

先知約珥預言說，在基督就要復臨之前，有一次特別的預言恩賜傾

降。他說：「以後，我要將我的靈澆灌凡有血氣的。你們的兒女要說預言；你們的老人要作異夢，少年人要見異象。在那些日子，我要將我的靈澆灌我的僕人和使女。在天上地下，我要顯出奇事，有血，有火，有煙柱。日頭要變為黑暗，月亮要變為血，這都在耶和華大而可畏的日子未到以前。」（珥2：28-31）

第一個五旬節見到明顯的聖靈顯現。彼得引用約珥的預言，指出上帝已經應許這樣的福分（彼2：2-21）。但我們可以問，約珥的預言是否在五旬節已達到它最高的應驗，或是還有另一次更完全的應驗呢。我們沒有任何證據證明，約珥所說關於日月的現象，在那次聖靈傾降前後已經應驗。這些現象在許多世紀之後才應驗（見本書第25章）。

那麼五旬節乃是在基督復臨之前，聖靈沛降的預嘗。五旬節聖靈的傾降，如同巴勒斯坦莊稼種植之後不久，在秋天降下的早雨，乃是聖靈工作的開始。約珥預言之最後完全的應驗，則相當於在春天傾降，使莊稼成熟的晚雨（珥2：

23）。同樣的，上帝聖靈最後的賜下，乃在日月星辰的兆頭應驗之後，基督復臨之前（參閱太24：29；啟6：12-17；珥2：31）。這最後聖靈的傾降，正如晚雨一樣，會使地上的莊稼成熟（太13：30、39），「那時候，凡求告耶和華名的就必得救。」（珥2：32）

3.餘民教會預言的恩賜

啟示錄第12章提示了兩個大逼迫時期。從主後538年至主後1798年為第一個逼迫期（啟12：6、14；見本書第13章），那時忠心的信徒受到強烈的逼迫。其後，在基督就要復臨之前，撒但會攻擊「祂其餘的兒女」，就是那不肯對基督不忠的餘民教會。啟示錄舉出構成餘民之忠誠信徒的兩大特徵：他們「就是那守上帝誡命，有耶穌的見證的。」（啟12：7依原文譯）

此處「耶穌的見證」一語，乃是說到預言的啟示，可從以後約翰與天使的對話中清楚看出來（註8）。

接近這卷書的結尾處，天使提到他自己說：「我和你，並你那些為耶穌作見證的弟兄同是作僕人的」（啟19：10），又說「我與你

和你的弟兄眾先知，……同是作僕人的。」（啟22：9）這些平行的話語，清楚地說明有「耶穌見證的」乃是先知（註9）。這解釋了天使的話「預言之靈，乃是為耶穌作見證。」（啟19：10依原文譯）

莫發特（James Moffat）評註這節經文時寫道：「『因為預言之靈，乃是為耶穌作見證』這特別說明，那有耶穌見證的弟兄，乃是擁有預言之靈感動的人。耶穌的見證實際上等於耶穌在作見證（啟22：20）。那感動基督教先知的，是耶穌的自我啟示（依啟1：1最終出於上帝）」（註10）。

因此，「預言之靈」可以指(1).將從上帝來的啟示默示給先知的聖靈，(2).先知恩賜的運行，(3).預言本身的媒體。

預言的恩賜，就是耶穌「藉著預言的媒體賜給教會的見證」（註11），構成了餘民教會一個明顯的特徵。耶利米說這項恩賜的斷絕與沒有律法有如環節相扣。「她的君王和首領落在沒有律法的列國中；她的先知不得見耶和華的異象。」（哀2：9）啟示錄指出這兩樣為末時教會的特徵。其教友「守上帝的

誡命，並有耶穌的見證。」──預言的恩賜（啟12：17依原文譯）

上帝將預言的恩賜賜給出埃及的教會，好組織、教訓並引導祂的子民（徒7：38）。「耶和華藉先知領以色列從埃及上來；以色列也藉先知而得保存。」（何12：13）因此，在那些最後要離開這被罪污染的地球，進入天上迦南的人中發現這項恩賜，應不足為奇。在基督復臨之後的出埃及，乃是賽11：11最終完全的應驗：「當那日，主必二次伸手救回自己百姓中所剩餘的。」（賽11：11）

4.最後危機中的幫助

聖經顯明，上帝的子民在地球歷史的末時，將會經驗到撒但龍的權勢最大的忿怒，因為他正進行最後的努力來除滅他們（啟12：17）。這將是「大艱難，從有國以來直到此時，沒有這樣的。」（但12：1）為了幫助他們在這歷代以來最強烈的戰爭中活命，上帝憑祂的慈愛向祂的子民保證，他們不會孤單。耶穌的見證、預言之靈，會領導他們安全地達到最終的目標──在基督復臨時與他們

的救主聯合。

下面的說明，將解釋在聖經與聖經形成之後，預言恩賜出現的關係：「假設我們即將動身旅行。船主給我們一本指導書，告訴我們裏面包含了足夠我們整個旅程的各項指導，並說，我們若留意接受這些指導，就會平安到達目的港口。於是我們掛起帆，打開書，認真學習裏面的內容。我們發現，這書的作者訂立了一些一般原則，指導我們的旅程，並教我們一些實用的東西。他判斷在到達目的地以前可能會發生的各種狀況；他告訴我們，旅程末後的那一部分特別危險：因為流沙及暴風雨，海岸常會改變。『就為了這一部分的旅程』，他說：『我已經為你們安排了一位領航員。他會來接你們。他會給你們應付四周環境及危險所需要的指引。你們必須留意聽他。』我們帶著這些指示，來到了他所說的危險時候。而那位領航員，也依照他所應許的出現了。當他提供他的服務時，一些船員卻起來敵擋他。『我們有原版的指導書』，他們說：『那對我們就夠了。我們依靠那書，並且單單依靠那書；我們不要

你的領航。』現在是誰留意聽從那原版的指導書呢？是那不接受領航員的人，還是那些按照書上教導他們當接受領航的人呢？你們自己判斷吧。」（註12）

三、聖經之後的先知 與聖經

先知的恩賜產生了聖經，但在聖經形成之後的時代，不可用甚麼取代聖經，或在聖經上加些甚麼。因為聖經正典已經定案了。

在末世，先知恩賜的功能與使徒時代十分相同。它的工作是高舉聖經為信仰與行為的基礎，解釋聖經的教訓，並將其原則應用在日常生活上。它參與建立及建造教會，使教會能完成她從上帝所指派的使命。先知的恩賜在責備、警告、引領和鼓勵個人及教會，保護他們脫離異端，並使他們在聖經真理上同歸於一。

在聖經之後的先知們，其工作與拿單、迦得、亞薩、示瑪雅、亞撒利雅、以利以謝、亞希雅、俄備得、米利暗、底波拉、戶勒大、西面、施洗約翰、亞迦布、西拉、亞拿，並腓利的四個女兒十分相似，

他們都活在聖經時代，但他們的見證並未收在聖經裏面。而感動這些先知、女先知的，卻是那藉著聖經作者說話的同一位上帝。他們的信息並未與已經記錄的上帝的啟示相抵觸。

1.試驗先知的恩賜

因為聖經已經警告我們，在基督復臨之前，有假先知會興起，所以我們必須小心審查一切自稱擁有先知恩賜的人。「不要藐視先知的講論」，保羅說：「但要凡事察驗；善美的要持守，各樣的惡事要禁戒不作。」（帖前5：20-22；參閱約壹4：1）

聖經列出了察驗的原則，我們藉此可以區別先知恩賜的真假。

(1)信息是否與聖經相符

「人當以訓誨和法度為標準；他們所說的，若不與此相符，必不得見晨光。」（賽8：20）這個經文表示，任何先知的信息，應該與整本聖經中上帝的訓誨和法度相和。以後的先知不可與以前的先知相抵觸。聖靈絕不會反對祂先前所賜下的見證，因為上帝「沒有轉動的影兒。」（雅1：17）

(2)預言是否真的應驗？

「『耶和華所未曾吩咐話，我們怎能知道呢』？先知託耶和華的名說話，所說的若不成就，也無效驗，這就是耶和華所未曾吩咐的。是那先知擅自說的，你不要怕他。」（申18：21、22；參閱耶28：9）雖然預言只是先知信息的一小部分，但必須要展現其準確性。

(3)是否承認基督成為肉身？

「凡靈認耶穌基督是成了肉身來的，就是出於上帝的；從此你們可以認出上帝的靈來。凡靈不認耶穌，就不是出於上帝。」（約壹4：2、3）這個試驗不僅要求簡單地承認耶穌基督曾活在地上而已。真正的先知必須承認，聖經對於基督成為肉身的教訓——必需相信祂的神性及先存性。祂是由童女所生，具有真實的人性，祂無罪的生活，贖罪的犧牲，祂的復活、升天代求的服務，以及祂將要再來。

(4)先知所結的果子是好是壞？

預言是由聖靈感動聖潔的神人而來（彼後1：21）。我們可以從他們的果子認出假先知來。「好樹不能結壞果子」，耶穌說：「壞樹不能結好果子。凡不結好果子的樹就砍下

來，丟在火裏，所以，憑著他們的果子，就可以認出他們來。」（太7：16-20）

在衡量自稱為先知之人時這項忠告十分重要。它首先講到先知的生活。這並不是說，先知必須絕對完美。聖經說，以利亞「與我們是一樣性情的人」（雅5：17）。但是先知生活的特徵是聖靈的果子，而非情慾的作為（見加5：19-23）。

再說，這項原則關係到先知對他人的感化力。對那些接受先知信息的人，他們的生活有何影響？他們的信息是否裝備上帝的子民從事聖工，並使他們在真道上同歸於一（弗4：12-16）？

任何自稱擁有先知恩賜的人，都應該接受這些聖經的試驗。若他（或她）合乎這些標準，我們就有把握說，聖靈誠然賜給那人先知的恩賜。

四、基督復臨安息日會中的預言之靈

在基督復臨安息日會創始者之一懷愛倫的工作中，先知的恩賜十分活躍。她從上帝領受了賜給活在末時上帝子民的教訓。懷愛倫開始傳達上帝的信息時，正值在十九世紀初葉，當時的世界是一個男人的世界。她先知的呼召將她置於嚴厲批評的審視下。她通過了聖經的考驗，就繼續以這屬靈的恩賜傳道70年之久。從1844年她17歲時開始，直到1915年去世，她見過兩千多個異象。在此時期內，她曾在美洲、歐洲及澳洲居住，從事輔導、建立新的工作、講道並寫作。

懷愛倫從未稱自己為女先知，當他人以女先知稱呼她時，她未曾反對過。她解釋：「早在我年輕時，好幾次人問我，你是先知嗎？我總是回答說：『我是主的信使。我知道許多人稱我為先知，但我自己從未說我是先知……我為甚麼不稱自己為先知呢？——因為，在這個時候，許多大膽稱自己為先知的人，乃是基督工作受人藐視的原由；並且因為我的工作範圍，也遠超過「先知」一詞所代表的……說自己是女先知？我從未這樣說過。若別人如此稱呼我，我也不會與他們爭論。但我的工作範圍如此之廣，使我只能稱自己為主的信徒（註13）。

1.經歷先知的考驗

懷愛倫的工作與聖經先知的考驗相對照，將會如何呢？

(1)與聖經相合

她豐富的著作中，包含了成千上萬的聖經經文，並常附有詳盡的註釋。細心的研究已經證明，她的著作是前後一致、正確的，並與聖經完全相合。

(2)預言正確

懷愛倫的著作中包含著較少的預言。一些預言已在應驗中，另有一些預言還在等待著應驗。但是那些可以接受考驗的，都以驚人的準確性應驗了。下列兩件事，可證明她先知的洞見。

a.現代通靈術的興起

1850年，當通靈術——與靈界及死人交通的運動——剛剛開始興起之時，懷愛倫就指它為一種末世的欺騙，並預言它會擴展。雖然在那個時候，這項運動完全是反基督教的，但她預見這種敵意會改變，並且基督教中的有一些人會接受它（註14）。從那時候起，通靈術已散佈至全世界，使千千萬萬的人附從。它原先反基督教的立場已經改變。誠然，許多人稱自己為行通靈術的基督徒，宣稱他們有真實的基督教信仰。並說，「通靈術者是唯一使用了基督所應許的恩賜的教徒。藉著這些恩賜，他們醫治病人、預知未來，並進入更高級的存在。」（註15）他們甚至斷言，通靈術「供給你一切偉大宗教的知識，甚至能為你提供比所有聖經註釋合起來還多的有關基督教的聖經知識。聖經是一本通靈術的書。」（註16）

b.天主教與基督教密切合作

在懷愛倫有生之年，基督教與天主教之間的鴻溝，似乎排斥二者之間有任何合作的可能。基督徒中間正掀起反天主教熱潮。但她預言基督教有大改變，基督教會偏離其宗教改革的信仰。其結果就是基督教與天主教之間的差異減少，二者之間的鴻溝消除（註17）。

她去世之後的這些年，教會聯合運動興起，普世基督教協會成立，天主教召開第二次大公會議，以及基督教拒絕宗教改革運動對預言解釋的觀點（註18）。這些大改變，已經打破了基督教與

天主教之間的障礙，導致不斷增加的合作。

(3) 承認基督成為肉身

懷愛倫關於基督生平的著作甚豐。基督作為主與救主的角色，祂在十字架上的贖罪犧牲，以及祂現今代求的工作，是她絕大部分作品的主題。她所著《歷代願望》一書，曾被譽為基督生平著作中最屬靈的一本著作；而她所寫最廣為流傳的《拾級就主》（另一譯名為《喜樂的泉源》），曾引領成千上萬的人與基督建立深厚的關係。她的作品清楚地描寫基督是完全的神與完全的人。她平衡的解釋，完全與聖經的觀點一致，小心地避免了單方面過分強調神性或人性──一個在基督教歷史中造成許多爭論的問題。

她處理基督工作的整個態度，乃是實際的。不論她是處理那一方面，她主要的關心，是帶領讀者進入與救主更親密的關係。

(4) 她工作的影響

懷愛倫領受先知恩賜至今已逾一個世紀。她的教會與那些留意她勸勉之人的生活，已顯出了從她的生活與信息所造成的影響力。

「雖然她從未擔任過正式的教會職位，不是按手的牧師，並在她丈夫去世以前從未在教會領過薪水，但她的感化力在塑造基督復臨安息日會方面，除了聖經之外，無出其右者。」（註19）教會建立出版工作、學校、醫藥佈道工作，以及使基督復臨安息日會成為基督教國外佈道組織中，發展最快與最大組織之一的全球佈道工作，她乃是背後的動力。

細數她所寫的材料，超過80本書、兩百種小冊單張，4600篇雜誌的文章。講道詞、日記、特別證言及書信，構成了另外6萬頁的手稿資料。

這些資料的範圍驚人。懷愛倫的專門知識，並不限於一些狹窄的領域。主曾賜給她有關健康、教育、家庭、生活、節制、佈道、文字工作、飲食、醫藥工作，並許多其他方面的勸勉。或者，她在健康方面的著作最為使人驚奇，因為她在一個世紀之前所提出的一些洞見，如今已經被現代科學所證實。

她的著作以耶穌基督為中心，並高舉猶太教及基督教傳統中，崇高的道德與倫理價值。

雖然她許多著作都是為基督復

臨安息日會而寫，但是她大部分作品，已獲得更廣大讀者所讚賞。她的暢銷書《拾級就主》已譯成一百多種文字，行銷超過1500萬本。她最偉大的作品是大眾喜愛的5本《歷代鬥爭》叢書，它們詳細地描寫了基督與撒但之間，自罪的開始至罪從宇宙中被根除之間的大鬥爭。

她的著作對個人的影響甚為深遠。最近美國安得烈大學教會事工研究所作了一項研究，將復臨信徒中經常閱讀她的書，與不經常閱讀她的書的信徒，在基督徒的態度與行為上作一比較。他們的研究，有力地顯出她的著作對那些讀她書的人造成的影響力。這項研究作成了這樣的結論：「讀的人與基督有更密切的關係，更確知他們在上帝面前的情況，並且多半已找出他們屬靈的恩賜。他們更贊成花費金錢在公共佈道上，並為當地佈道計畫捐獻的更多。他們感到要為見證及傳道計畫有更好的準備。他們多半每日研讀聖經、為某些人代禱、參加交通聚會，並天天有家庭禮拜。他們對教會的觀感抱著更積極的態度。他們贏得悔改歸主的人也更

多。」（註20）

2.預言之靈與聖經

懷愛倫的著作不能代替聖經。它們不可被置於與聖經同等的地位。只有聖經是獨一的標準，她的著作及其他著作都必須受聖經的衡量，且必須依從聖經。

(1)聖經，至高的標準

基督復臨安息日會充分支持宗教改革之唯獨聖經的原則。聖經是它自己的解釋者，並且唯有聖經是一切教義的基礎。教會的創始人，是藉著研究聖經發展出他們的教義。他們不是從懷愛倫的異象領受這些教義。在他們發展他們的教義時，她主要的角色是領導他們明白聖經，及證實他們藉研究聖經所獲得的結論（註21）。

懷愛倫自己相信並教導，聖經是教會的最高標準。在她於1851年出版的第一本書中，她說：「親愛的讀者，我向你推薦上帝的話，作為你信心與行為的準則。我們是藉著聖言受審判。」（註22）她從未改變過這個觀點。許多年後，她寫道：「上帝已經在祂的聖言中，將有關救恩必需的知識交付與人。

人應當接受聖經，為具有權威而毫無錯誤之上帝旨意的啟示。它是品格的標準，真道的啟示者，經驗的試金石。」（註23）1909年，她最後一次在教會全球總會的大會上講道時，打開聖經，將之舉在會眾之前，說：「弟兄姐妹們，我向你們推薦這本書！」（註24）

回應一些信徒認為她的著作是聖經的增篇時，她寫道：「我拿起寶貴的聖經，將幾本賜給上帝子民的教會證言環繞著它……你們還不熟習聖經。你們若研讀聖經，熱望達到聖經的標準及基督徒的完全，你們就不需要教會證言了。這乃是因為你們忽略使自己熟識上帝所默示的書，她才設法帶給你們簡單直接的證言，叫你們去注意你們忽略去順從的默示的話，並激勵你們將你們的生活與它崇高、純潔的教訓相合。」（註25）

(2) 聖經的指導

懷愛倫視其工作為領導人歸回聖經。「人太少留意聖經」，她說：所以「主就賜下一個較小的光，領導男女去就更大的光。」（註26）「上帝的話」，她寫道：「足以光照最黑暗的心思，凡想了解聖經的人，都能了解。但是雖然如此，卻發現一些自稱研讀上帝聖言的人，其生活完全與聖經最明白的教訓相反。所以，為使人們無可推諉，上帝就賜下清楚、敏銳的證言，將他們帶回他們所忽略遵行的聖言上去。」（註27）

(3) 引導了解聖經

懷愛倫認為她的著作可以引導人更清楚了解聖經。「並未加上另外的真理，但是上帝已藉著證言，將已經賜下的偉大真理簡化；並以祂所揀選的方式，將它們放在人前，用它們去喚醒及感動人心，使人無可推諉。」「所寫下的證言，不是要賜下新的亮光，而是要將已經啟示的真理，生動地印在人的心上。」（註28）

(4) 引導應用聖經原則

她的許多著作，將聖經的勸勉應用在日常生活上。懷愛倫說，她受「引導在講論及寫作中，舉出一般的原則。同時也指出一些人的危險、錯誤及罪惡，使人人都接受警告、責備與勸勉。」（註29）基督已經應許，將這樣的先知引導賜給祂的教會。正如懷愛倫所說：「上帝雖已藉著聖經將祂的旨意啟示給

人，但這並不是說，不再需要聖靈的繼續同在與引導了。反之，我們的救主還應許賜下聖靈，向祂的僕人解釋聖經，啟發並應用聖經的教訓。」（註30）

3.對信徒的激勵

啟示錄的預言說，在地上歷史的末時，耶穌的見證會藉著預言之靈顯露出來。這應激勵每一個人不可採取冷淡或不信的態度，但「凡事察驗」、「善美的要持守」。我們可以得著或失去許多福氣，全看我們是否履行聖經所命令的這項察驗。約沙法說：「信耶和華——你們的上帝就必立穩；信他的先知就必亨通。」（代下20：20）他的話今天也同樣真實。

註1：以斜體字提供。

註2：聖經先知的例子見出15：20；士4：4；王下22：14；路2：36；徒21：9。

註3：Frank B. Holbrook著《The Biblical Basis for a Modern Prophet》第1頁；參閱 Jemison著《A Prophet Among You》第52－55頁。

註4：Frank B. Holbrook著《The Biblical Basis for a Modern Prophet》第3－5頁。

註5：不幸基督教會歷史中無完整記錄。

註6：《Theological Dictionary of New Testament》卷六第859頁載Gerhard Friedrich撰「Prophets and Prophecies in the New Testament」。

註7：同上860、861頁。

註8：此處「耶穌的見證」一詞最容易了解的文法結構是主詞所有格，而非受詞所有格。有兩種可能的翻譯：(A)關於耶穌的見證（受詞所有格）＝基督徒所作有關耶穌的見證。(B)從耶穌或由耶穌所作的見證（主詞所有格）＝從耶穌賜給教會的信息。從這項詞語在啟示錄中使用的情形看，它應視為主詞所有格（從耶穌來的或由耶穌所作的見證），並且這項見證是藉著由先知所得啟示而來（Frank B. Holbrood著《The Biblical Basis for a Modern Prophets》第7頁）。

Holbrook引用啟1：1、2「耶穌基督的啟示，就是上帝賜給他，叫他將必要快成的事指示他的眾僕人，他就差遣使者曉諭他的僕人約翰。凡自己所看見的都證明出來。」從上下經文，顯然「耶穌的啟示」是指賜給約翰，從耶穌而來或由耶穌所作的見證，約翰記錄這從耶穌而來的見證。這兩處的所有格結構作為主詞所有格，意義最清楚，並與啟示錄結尾時耶穌的話相吻合：「證明這事的說：『是了，我必快來！』」（啟22：20）（同上第7、8頁）

註9：見《基督復臨安息日會參考文庫》卷七第812頁；1977年7月《Ministry》，Supplement24L頁T. H. Blincoe撰「The Prophets Were Until John」；Frank B. Holbrook著《The Biblical Basis for a Modern Prophet》第8頁。

註10：W. Robertson Nicoll編《Expositor's Greek Testament》卷五第465頁James Moffatt註。

註11：《基督復臨安息日會參考文庫》「Spirit of Prophecy」。保羅說，尋求基督復臨的人，有基督的見證證實，他們在恩賜上沒有一樣不及人的（林前1：6、7）。

註12：1863年1月13日《評閱宣報》52頁Uriah Smith撰「Do We Discard The Bible by Endorsing the Visions？」1977年12月1日版《評閱宣報》13頁引述。

註13：1906年7月26日《評閱宣報》第8頁懷愛倫撰「A Messenger」「主的使女」的稱謂，乃是由聖靈默示（同上）。

註14：懷愛倫著《早期著作》59頁。

註15：1948年美國通靈者協會出版《Centennial Book of Modern Spiritualism in America》34面J. M. Peebles所撰「The Word Spiritualism Misunderstood」。

註16：1948年美國通靈者協會出版《Centennial Book of Modern Spiritualism in America》44面B. F. Austin撰「A Few Helpful Thoughts」。

註17：懷愛倫著《善惡之爭》第35章。

註18：自宗教改革至19世紀基督教會對但以理啟示錄預言的歷史性觀點，可參閱Froom著《Prophetic Faith of Our Fathers》第二至四卷及本書第13章。

註19：1982年7月《Ministry》17頁載Richard Hammill撰「Spiritual Gifts in the Church Today》。

註20：安得烈大學教會事工研究所1982年由Roger L Dudley及Des Cummings, Jr.合撰研究報告：「A Comparison of the Christian Attitudes and Behaviors Between Those Adventist Church Members Who Regularly Read Ellen White Books and Those Who Do Not」41、42頁；這項研究曾抽樣美國193所教會中的8200名教友作調查研究。

註21：Jemison著《A Prophet Among You》208－210頁；Froom著《Movement of Destiny》91－132頁；Damsteegt著《Foundations of the Seventh-Day Adventist Message and Mission》103－293頁。

註22：懷愛倫著《早期著作》78頁。

註23：懷愛倫《善惡之爭》導言第3頁。

註24：William A. Spicer著《The Spirit of Prophecy in the Advent Movement》30頁。

註25：懷愛倫著《教會證言》卷五第664、665頁。

註26：1903年1月20日版《評閱宣報》15頁載懷愛倫撰「An Open Letter」；懷愛倫著《文字佈道指南》125頁。

註27：懷愛倫著《教會證言》卷五第663頁。

註28：同上，665頁。

註29：同上，660頁。

註30：同註23。

19 上帝的律法

基督復臨安息日會相信⋯⋯

上帝律法的諸般偉大原則表達在十誡中，也表現在基督的生活裏。它們表達上帝的愛、上帝的旨意，以及上帝對人的品行及各種關係上的要求，各世代的人都要遵行。這些命令乃是上帝與祂子民立約的基礎，也是上帝審判的標準。藉著聖靈的工作，它們指出罪惡，喚起人對救主的需要感。得救全是出於恩典，不是出於行為；但其果子是遵行誡命。這種順從發展基督徒的品格，並帶給基督徒康寧感。它是我們對主的愛及對同胞關心的憑據。出於信心的順從，顯明了基督改變人生的大能，因此基督徒的見證便得以加強。

——基本信仰第十九條

第19章
上帝的律法

所有的眼睛都注視著那座山。山頂有厚雲遮蓋，愈來愈黑，向下瀰漫，直到全座山都包在神祕中。閃電劃過黑暗，雷聲隆隆不絕。「西奈全山冒煙，因為耶和華在火中降於山上。山的煙氣上騰，如燒窯一般，遍山大大的震動。角聲漸漸的高而又高。」（出19：18、19）上帝神聖的顯現是如此威嚴，以色列人全在那裏顫抖。

忽然之間，雷聲與角聲停止了，剩下令人敬畏的寂靜。那時上帝站在山上，在包圍的厚雲中說話。祂因自己對百姓的厚愛所感，就宣布了十條誡命。摩西說：「耶和華從西奈而來，⋯⋯從萬萬聖者中來臨，從他右手為百姓傳出烈火的律法。他疼愛百姓；眾聖徒都在他手中，他們坐在他的腳下，領受他的言語。」（申33：2、3）

當上帝在西乃頒賜律法時，祂不僅顯示自己為宇宙最高的權威，更是祂子民的救贖主（出20：2）。正因為祂是救主，祂不僅呼召以色列人，更呼召全人類（傳12：13）遵守十條律法。這權威的命令簡明、易懂、範圍廣大，包括人對上帝以及對同胞的責任。

上帝說：

「除了我以外，你不可有別的神。」

「不可為自己雕刻偶像，也不可作甚麼形像，彷彿上天、下地，和地底下水中的百物。不可跪拜那些像，也不可事奉它，因為我耶和華——你的上帝是忌邪的上帝。恨我的，我必追討他的罪，自父及子，直到三四代；愛我、守我誡命的，我必向他們發慈愛直到千代。」

「不可妄稱耶和華你上帝的名，因為妄稱耶和華名的，耶和華必不以他為無罪。」

「當記念安息日，守為聖日。六日要勞碌做你一切的工，但第七日是向耶和華——你上帝當守的安息日。這一日你和你的兒女、僕婢、牲畜，並你城裏寄居的客旅，無論何工都不可作；因為六日之內，耶和華造天、地、海，和其中的萬物，第七日便安息，所以耶和華賜福與安息日，定為聖日。」

「當孝敬父母，使你的日子，在耶和華——你上帝所賜你的地上得以長久。」

「不可殺人。」

「不可姦淫。」

「不可偷盜。」

「不可作假見證陷害人。」

「不可貪戀人的房屋，也不可貪戀人的妻子、僕婢、牛驢，並他一切所有。」（出20：3－17）

一、律法的性質

十條誡命的律法反映了上帝的聖德，是道德的、屬靈的、範圍無所不包的，涵蓋了完整的諸般原則。

1.反映賜律法者的品格

聖經說，在上帝的律法中，可見到祂的性情。如同上帝一樣，「耶和華的律法全備」，「耶和華的命令清潔」（詩19：7、8）。「這樣看來，律法是聖潔的，誡命也是聖潔、公義、良善的。」（羅7：12）「你一切的命令盡都真實。我因學你的法度，久已知道是你永遠立

定的。」（詩119：151、152）誠然，「你一切的命令盡都公義」（詩119：172）。

2.道德律法

十誡傳達了上帝為人設立的行為模式；定出我們與創造主與救贖主的關係，以及我們對同胞的責任。聖經稱違背律法為罪（約壹3：4）。

3.屬靈的律法

「律法是屬乎靈的」（羅7：14）。所以只有屬靈的人，有聖靈果子的，才能遵行律法（約15：4；加5：22、23）。上帝的聖靈賜給我們能力遵行上帝的旨意（徒1：8；詩51：10－12）。藉著常在基督裏，我們就能領受所需的能力，結果子，使祂得榮耀（約15：5）。

人的律法只管人的外在行為，但十誡卻「極其寬廣」（詩119：96），觸及我們最隱祕的思想、慾望及感情，如嫉妒、情慾及野心等。耶穌在山邊寶訓的講道中，強調了律法這項屬靈的層面，顯露出犯罪乃發自內心（太5：21、22、27、28；可7：21－23）。

4.積極性的律法

十誡不僅是短短的一套禁令而已，它具有諸般遠大的原則。其範圍不僅及於我們不應該作的事，也及於我們應該作的事。我們不僅不要有罪惡的思想與行為，還要學習使用上帝所賜的才幹與恩賜去行善。因此每一個消極的命令，都有它積極的層面。

譬如說，第六條誡命「不可殺人」，其積極的一面是：「要珍視生命」。上帝的旨意是要一切跟隨祂的人，促進每一個進入其影響範圍之人的康寧與幸福。以深邃的意義說，福音的使命——在耶穌基督裏得救與得永生的好消息，全包括在第六誡積極的原則中（註1）。

這十條誡命的律法，不應「只注意限制人的一面，也當重視誡命慈憐的一面。」順從禁令乃是幸福的確實保障。它既為基督所接受，就會在我們裏面造成純潔的品格，帶給我們永世的歡樂。對順從的人來說，它是一座保護的牆。我們在其中見到上帝的恩慈。祂藉著啟示人那不變的公義的原則，設法保護人脫離因違法所帶來的凶惡（註2）。

5.簡明的律法

這十條誡命在簡明寬廣中又極其深奧。它們如此極簡短，即使孩童也能快速記誦，它又如此寬廣，涵蓋了每一樣罪。

「上帝律法中沒有奧祕，人人都可了解其中所包含的真理。腦力最薄弱的人也可以把握這些規則。最無知識的人都能照這神聖的標準來管理他的生活，塑造他的品格。」（註3）

6.原則的律法

十條誡命乃是一切公義原則的總結——它們適用於各時代的每一個人。聖經說：「這些事都已聽見了，總意就是：敬畏上帝，謹守他的誡命。這是人所當盡的本分。」（傳12：13）

這十條誡命（出34：28）包括兩部分，由上帝將誡命寫在其上的兩塊石板所顯明（申4：13）。前四條是規範我們對創造主與救贖主的責任，後六條則是我們對人的責任（註4）。

這二分法源自上帝國度的兩個愛好基本大原則：「你要盡心、盡性、盡力、盡意，愛主——你的上帝；又要愛鄰舍如同自己。」（路10：27；參閱申6：4、5；利19：18）依這些原則生活的人，是與十條誡命完全相和諧的，因為十條誡命更詳細地將這些原則表達出來。

第一條誡命領人只拜獨一的真神。第二條禁止人拜偶像（註5）。第三條禁止不恭敬使用上帝的名字，或奉上帝的名發假誓。第四條呼召人守安息日，承認真神上帝是天地的創造主。

第五條誡命要求兒女順服他們的父母，視父母為上帝的代理人，將祂已啟示的旨意傳給後代（見申4：6-9；6：1-7）。第六條保護生命，視其為神聖。第七條教人純潔，並保障婚姻關係。第八條保護財產。第九條護衛誠實，斥責起假誓。第十條則深入一切人際關係的根本，禁止人對他人的東西起貪慾（註6）。

7.獨特的律法

十條誡命的獨特性是：它是唯一以色列人都聽見的上帝親自所講的話（申5：22）。上帝不信任人容易遺忘的心思，便親自用祂的指頭將這十條誡命刻在兩塊石板上，而

這兩塊石板要保存在聖所的約櫃內（出31：18；申10：2）。

為了幫助以色列人應用這十條誡命，上帝又賜給他們另外的律法，更詳細地講到祂與他們的關係，並他們彼此之間的關係。這些另外的律法中，有些集中在以色列人的民事上（民法），有些則管理聖所的崇祀與禮儀（儀文律法）。上帝另外的律法傳給人，是藉著一個中間人──摩西。摩西將它們寫在「律法書」上，放在約櫃的旁邊（申31：25、26）──不像處置上帝至高的啟示十誡那樣，放在約櫃內。這些另外的律法被稱為「摩西律法書」（書8：31；尼8：1、2；代下25：4），或簡稱為「摩西律法」（王下23：25；代下23：18）（註7）。

8.令人喜悅的律法

上帝的律法乃是心的靈感。詩人說：「我何等愛慕你的律法，終日不住的思想。」（詩119：97）「所以，我愛你的命令勝於金子，更勝於精金。」（詩119：127）甚至當「我遭遇患難愁苦，你的命令卻是我所喜愛的。」（詩119：143）對那些愛上帝的人，「祂的誡命不是難守的」（約壹5：3）。違犯律法的人，是那些認為律法是重軛的人，因為有罪的人心，「不服上帝的律法，也是不能服。」（羅8：7）

二、律法的目的

上帝賜下祂的律法，是要賜給人豐盛的福分，並引領他們進入救贖的關係中。請注意下列這些特別的目標：

1.它啟示上帝對人類的旨意

十條誡命顯示了上帝的品格及愛，啟示出祂的旨意與對人的期望。它們要求完全的順從。「因為凡遵守全律法的，只在一條上跌倒，他就是犯了眾條。」（雅2：10）順從律法既是生命的規律，對我們的得救就極為重要。基督曾親自說：「你若要進入永生，就當遵守誡命。」（太19：17）但這樣的順從，唯有藉著在人裏面的聖靈所賜的能力才有可能。

2.它是上帝立約的基礎

摩西寫下了十條誡命，並其他解釋性的律法，放在那本稱之為約書的裏面（出20：1－24：8）（註8）。

以後他稱這十條誡命為「立約的版」，以示其為永約基礎所具有的重要性（申9：9；參閱4：13。關於約之更詳盡的解釋，可參閱本書第7章）。

3.它成為審判的標準

像上帝一樣，上帝「一切的命令盡都公義」（詩119：172）。因此，律法立定了公義的標準。我們每一個人不是要接受我們良心的審判，而是要接受這些公義原則的審判。「總意就是敬畏上帝，謹守他的誡命」，聖經說：「因為人所作的事，連一切隱藏的事，無論是善是惡，上帝都必審問。」（傳12：13、14；參閱雅2：12）

人的良心各不相同。有人良心「軟弱」，有人良心「污穢」或「被熱鐵烙慣了」（林前8：7、12；多1：15；來10：22；提前4：2）。像一只手錶一樣，雖然走得很好，但若要有價值，必須有人用正確的標準去校正。我們的良心告訴我們，我們必須行得對，但它們不告訴我們甚麼是對。我們的良心若經過上帝的偉大標準——祂的律法校正過，我們就不至落入罪惡之中（註9）。

4.它指出罪

若無十條誡命，人就無法看見上帝的聖潔，自己的罪疚，或需要悔改之處。

當他們不知道已經違背了上帝的律法時，他們就不會感到自己墮落的景況，也不知道需要基督贖罪的寶血。

為了幫助人看見他們自己真實的景況，律法的功用就好像一面鏡子（見雅1：23-25）。照鏡子的人，便在上帝公義的聖德對照下，看見他們自己的品格缺點。這道德律顯明，普世的人在上帝面前都犯了罪（羅3：19），使人人都要在上帝面前交賬。

「律法本是叫人知罪」（羅3：20），因為「違背律法就是罪」（約壹3：4）。誠然，保羅說：「非因律法，我就不知何為罪」（羅7：7），它既使罪人知罪，就幫助他們認識到，他們已在上帝忿怒的審判下定了罪，並面臨永死的刑罰。

5.它幫助人悔改重生

上帝的律法是聖靈所使用的工具，幫助我們重生：「耶和華的律

法全備，能甦醒人心。」（詩19：7）在我們看見自己真實的品格之後，我們認識到自己是罪人，如同死刑犯等候被處決般毫無希望之時，我們就感到需要一位救主。於是福音的好消息，就有真實的意義了。這樣，律法將我們引向基督，祂是唯一能幫助我們逃脫絕望景況的一位（註10）。就是從這些亮光，保羅指出，道德律與儀文律都是我們的「師傅，引我們到基督那裏，使我們因信稱義。」（加3：24）（註11）

律法我們的罪顯明，卻不能救我們。好比用水洗臉一般，我們在上帝道德律的鏡子前看見了自己的需要，就要到那「洗除罪惡與污穢」的泉源去（亞13：1），為「羔羊的血」所洗淨（啟7：14）。我們必須仰望基督。「當基督被啟示給我們，……在髑髏地的十字架上，在全人類之罪的重擔下喪命時，……聖靈顯明了，……上帝對一切悔改離開罪行之人的態度。」（註12）於是希望充滿我們的心，我們就抱著信心來就那賜我們永生恩賜的救主（約3：16）。

6.它帶來真自由

基督說：「所有犯罪的就是罪的奴僕」（約8：34）。當我們違犯上帝的律法時，我們就失去了自由；但是遵守十條誡命，就保證我們真實的自由。在上帝律法的範圍之內生活，意味著不犯罪的自由。它也意味著脫離因犯罪所帶來的一切——持續的憂慮，受傷的良心，以及那耗損生命力愈見加增的罪惡感及悔恨。詩人說：「我要自由而行，因我素來考究你的訓詞。」（詩119：45）雅各稱十條誡命為「至尊的律法」，「全備使人自由之律法」（雅2：8；1：25）。

我們可以接受這項自由。耶穌邀請我們將罪擔帶到祂眼前，祂要賜給我們祂輕省的軛代替罪（太11：29、30）。軛乃是服務的工具，藉著軛將負荷分開，而使工作更為輕省。基督願與我們同負一軛，軛就是律法。「這偉大之愛的律法，就是那先在伊甸園中啟示，後在西乃山頒佈，如今在新約時代寫在心版上的律法。它使為主作工的人，服從上帝的旨意。」（註13）當我們與基督同負一軛時，祂擔起那重擔，使順從成為快樂。祂賜能力，

使我們在那原來看為不可能的事上成功。因此，律法寫在我們的心版上，就成為歡喜快樂。我們是自由的，因為我們遵祂的命令而行。

若是單提到律法而不提基督拯救的大能，便無脫離罪的自由。但是那不廢掉上帝律法的拯救恩典，帶來使人脫離罪的大能，使人脫離罪而得自由，因為「主的靈在哪裏，那裏就得以自由。」（林後3：17）

7.它抑制罪惡帶來福分

罪惡、暴力、淫亂的猖獗及氾濫於世界的邪惡，都是由於藐視上帝十誡的結果。何處接受這律法，律法就會抑制罪惡，倡導公義的作為，並成為建立公義的工具。將其原則納入其律法的國家，已體驗到了極大福分。另一方面，若丟棄這些原則，道德就會不斷的衰敗。

在舊約時代，上帝常照著順從祂律法的程度，賜福給國家及個人。公義使邦國高舉，聖經說：「國位是靠公義建立」（箴14：34；16：12）。不肯遵行上帝誡命的人，曾遭遇災難（詩89：31、32）。「耶和華咒詛惡人的家庭，賜福與義人的居所。」（箴3：33；參利26；申28）

相同的原則，在今天也同樣真實（註14）。

三、律法的永恆性

既然十條誡命的道德律反應出上帝的聖德，那麼它的諸般原則就不會是臨時性的，或可因情勢而改變，而是絕對的，不改變的，永遠有效的。歷代的基督徒都曾堅定支持上帝律法的永恆性，強調它具有持續不斷的有效性（註15）。

1.西乃山之前的律法

遠在上帝賜給以色列人律法之前，這律法就已存在。若未存在，西乃山之前就不可能有罪存在。因為「凡犯罪的就是違背律法」（約壹3：4）。路錫甫犯了罪，就證明在創世之前，律法就已存在（彼後2：4）。

當上帝按照祂自己的形像創造亞當與夏娃之時，祂曾將律法的道德原則放置在他們的心中，使他們自然去行祂的旨意。由於他們的違背，而將罪帶入了人類的家庭（羅5：12）。

以後上帝講到亞伯拉罕，說：「亞伯拉罕聽從我的話，遵守我的

吩咐和我的命令、律例、法度。」
（創26：4、5）摩西在西乃山之前，
就已教導上帝的律例與法度（出16
章；18：16）。研讀創世記，可看出
遠在西乃山之前好久，十誡就已為
人所知。書中清楚地說，在上帝頒
佈十條誡命之前，人就曉得律法所
禁止的行為是錯的（註16）。這種
對道德律的一般了解，顯明上帝必
已賜給人類十誡的知識。

2.西乃山的律法

以色列人長期住在不認識真神的
為奴之地埃及（出5：2），充斥著
偶像崇拜及各種敗壞，結果他們失
去了對上帝神聖、純潔及道德原則
的知識。他們的奴隸身分，更使他
們難以敬拜。

上帝答應他們在絕望中的呼求，
紀念祂與亞伯拉罕所立的約，決
心拯救祂的百姓脫離「鐵爐」（申
4：20），引領他們到一個地方，
「好使他們遵他的律例，守他的律
法。」（詩105：43－45）

他們得自由之後，祂領他們到
西乃山，賜給他們那作為祂政權
標準的道德律，以及教導他們得
救之路是藉著救主的贖罪犧牲。在
西乃山，上帝「為了過犯」（加3：
19），直接用清楚簡潔的話賜下律
法。「叫罪因著誡命更顯出是惡極
了」（羅7：13）。唯有用上帝的道
德律法清楚地審視，以色列人才能
察知他們的罪，發現他們的無助，
明白他們需要拯救。

3.基督復臨之前的律法

聖經啟示，上帝的律法乃是撒
但攻擊的對象，並且他攻擊律法
的爭戰，將在基督復臨之前達於
極點。預言指出，撒但會領導極大
多數人違背上帝（啟12：9）。他藉
著「獸」的能力作工，使世人注意
獸，而不注意上帝（啟13：3；有關這
些預言的資料，可參見本書第13章）。

(1)遭受攻擊的律法

但以理書第七章描寫的權勢，
以小角為代表。這一章講到四個大
獸。自基督的時代以來，解經家曾
指出這四大獸代表世上的強權：巴
比倫、瑪代波斯、希臘、與羅馬。
那第四獸的十角，則代表羅馬帝國
敗亡時帝國的分裂（主後476年）（註
17）。

但以理的異象集中在那小角身
上，一個在十角之間興起的可怕、

褻瀆上帝的權勢。代表國家帝國分裂之權勢。這個權勢會試圖改變上帝的律法（但7：25），並繼續得勢直到基督再來（見本書第20章）。這項攻擊的本身，就表示律法在救恩的計畫中意義重大。這個異象以對上帝百姓的保證作結束，保證這個權勢在廢除上帝律法上不會成功，因為上帝的審判將除滅這個小角（但7：11，26－28）。

(2) 聖民保衛律法

那等候基督再來的聖民之特徵就是順從。在最後的爭戰中，他們一起高舉上帝的律法。聖經用這樣的話描寫他們：「就是那守上帝誡命、為耶穌作見證的。」（啟12：17；14：12）他們忍耐地等候基督再來。

這些人在準備基督復臨時，宣講福音，呼召他人崇拜創造主（啟14：6、7）。那些在愛中崇拜上帝的人會順從祂。正如約翰所說：「我們遵守上帝的誡命，這就是愛他了。並且他的誡命不是難守的。」（約壹5：3）

(3) 上帝的審判與律法

上帝對不順從之人最後七大災難的懲罰，發自天上「存法櫃的殿」（啟15：5）。以色列對「存法櫃的殿」是十分熟識的。它代表摩西所建造的聖幕（民1：50、53；17：8；18：2）。它如此稱呼是因為聖幕中存有「法櫃」（出26：34），櫃中裝有兩塊法版（出31：18）。因此十條誡命乃是見證——對人見證上帝的旨意（出34：28、29）。

但是啟15：5，乃是指天上存法櫃的殿。摩西所建的只不過是天上聖殿的仿造品（出25：8、40參閱來8：1－5）。十條誡命的原版保存在那裏。最後的審判與違反上帝的十條誡命密切的關連，更證明了十條誡命的永恆性。

啟示錄也描寫天上聖殿打開，讓人看見「他的約櫃」（啟11：19）。「約櫃」是指地上聖所中放有「這約的話，就是十條誡命」的約櫃（出34：27－29；參閱民10：33；申9：9）。在天上聖所中的約櫃，是原先存放永約——原來的十條誡命的約櫃。這樣很明顯的，上帝對世人最後的審判，在時間的安排上（啟11：18），與天上聖殿的打開，以約櫃、十誡為人注意的焦點有關。這誠然是將上帝的律法放大，作為審判標準的一幅最適合的圖畫。

四、律法與福音

　　得救是一項來自恩典的禮物，藉著信，不是靠行律法（弗2：8）。「沒有任何遵行律法的行為，沒有任何努力——無論其如何配得稱讚，沒有任何好行為——無論或多或少，犧牲與否，能以任何方式使罪人稱義（多3：5；羅3：20）（註18）。

　　在全本聖經中，律法與福音之間有著完全的和諧，彼此相輔相成。

1.西乃山之前的律法與福音

　　當亞當夏娃犯罪時，他們就明白罪疚、恐懼、需要是怎麼一回事（創3：10），上帝不是藉著廢掉那定他們罪的律法來回應他們的需要，而是賜給他們福音，使他們恢復與祂的關係，並再能順從祂。

　　這福音包括藉著一位救主救贖的應許——那位女人的後裔，有一天祂會來到，勝過罪惡（創3：15）。上帝所命令他們設立的獻祭制度，乃是教導他們有關救贖的一個重要真理：唯有藉著流血——藉著救主的死，才能得赦免。他們相信動物的祭象徵了救主的代贖，他們的罪就獲得了赦免（註19）。他們乃是靠恩得救。

　　這福音的應許，乃是上帝賜給人類永約恩典的中心（創12：1-3，15：4、5；17：1-9）。它是與順從上帝的律法密切相關（創18：18、19；26：4、5）。上帝之約的擔保人是上帝的兒子。作為福音中心的祂，乃是「從創世以來……被殺之羔羊」（啟13：8）。亞當、夏娃一犯罪，上帝的恩典就開始運行。大衛說：「耶和華的慈愛歸於敬畏他的人，……就是那些遵守他的約，記念他的訓詞而遵行的人。」（詩103：17、18）

2.西乃山的律法與福音

　　十條誡命與福音密切相關。譬如律法前的序言，稱上帝為救贖主（出20：1-2），並在宣布十誡之後，上帝命令以色列人，建立一個祭壇獻祭，這顯示祂拯救的恩典。

　　上帝藉之與祂子民同居，與他們相見，賜福給他們並赦免他們罪過的聖所，有關其建造的儀文律法，大部分是上帝在西乃山賜給摩西的（出24：9-31：18）。這對那在西乃山經驗之先即已存在的簡單獻祭制度的擴充，預表了基督救贖罪人的

中保工作，並彰顯了上帝律法的聖潔及權威的工作。

上帝的居所是在地上聖所的至聖所中，在存放十誡的約櫃之施恩座上。聖所崇祀的每一方面都預表救主。那流血的獻祭指祂救贖的死，要藉之贖取人類脫離律法的定罪（參見第4與9章）。十誡是放在約櫃內，儀文律法及上帝所賜的各種民法，則是寫在「律法書」上放在約櫃旁，見證人民的不是（申31：26）。他們何時犯了罪，這「證人」，就定他們的罪，並提出與上帝和好的詳盡要求。從西乃山的經驗至基督的死，犯罪的人因著信，就在儀文律法聖所崇祀所描寫的福音中，找到了希望、赦免及潔淨。

3.十字架之後的律法與福音

正如許多基督徒已經觀察到，聖經顯明基督的死雖然廢止了儀文律法，但它同時也證實道德律繼續有效（註20）。證據如下：

(1)儀文律法

基督死時，祂使獻祭制度的預表應驗了。當預表與實體相遇，儀文律法就終止了。幾世紀前，但以理曾預言彌賽亞的死，會「使祭祀與供獻止息」（但9：29；參見本書第9章）。耶穌死時，聖殿的幔子超自然地從上到下裂為兩半（太27：51），顯明聖殿崇祀之屬靈意義的終止。

雖然儀文律法在基督去世之前扮演了重要的角色，但因為它只是「將來美事的影兒」（來10：1），就在許多方面都有缺欠。它發揮的是臨時的功能，並要求上帝的百姓遵行，只是到「振興的時候為止」（來9：10；參見加3：19），──即基督作為真正上帝的羔羊去世為止。

基督去世時，儀文律法的約束力就終止了。祂的贖罪犧牲為一切罪提供了赦免。這項行動「塗抹了在律例上所寫──攻擊我們──有礙於我們的字據，把它撤去，釘在十字架上。」（西2：14；參閱申31：26）因此就不再需要進行那在任何情形下，都不能除罪或潔淨良心的複雜儀式了（來10：4；9：9、14）。不必再擔心儀文律法的事，以及有關飲食供物、各種節期的慶祝（逾越節、五旬節等）、月朔、或儀文的安息日（西2：16；參閱來9：10）等各種複雜的規定。那些不過是「後事的影兒」（西2：17）（註21）。

有了基督的死，信徒不再需要去管那些影兒——基督實體的反映。現在他們可以直接到救主自己那裏去，因為「那形體卻是基督」（西2：17）。

正如猶太人所解釋的，儀文律法已經成為他們與其他國家之間的一種障礙。這在他們用上帝榮耀光照世界的使命上，也成了一大障礙。基督的死，廢掉了「那記在律法上的規條」，拆毀了外邦人與猶太人「中間隔斷的牆，建立一個信徒的新家庭，「藉這十字架使兩下歸為一體，與上帝和好了。」（弗2：14-16）

(2)十誡與十字架

基督的死雖然結束了儀文律法的權威，但卻建立了十條誡命的權威。基督除去了律法的咒詛，藉此使信徒擺脫了它的定罪。祂如此行，並不是說律法已經廢掉，賜我們自由去違犯它的諸般原則。聖經中充滿了有關律法永恆性的見證，駁斥了這種觀點。

加爾文說得好「我們不可妄想，基督降世已經從律法的權威之下釋放了我們，因為它乃是敬虔聖潔人生的規律，因此，它必然像上帝的

公義一樣，是不改變的。」（註22）

保羅描寫了順從與救恩福音之間的關係。他呼召信徒過聖潔的生活，激勵他們「將肢體作義的器具獻給上帝。罪必不能作你們的主；因你們不在律法之下，乃在恩典之下。」（羅6：13、14）因此，基督徒不是去遵守律法而賺得救恩——如此行的人，只會發現自己落在更深的罪的奴役中。「只要一個人還在律法之下，他就仍留在罪的統治之下，因律法既不能救人脫離定罪，也不能救人脫離罪的權勢。但是那些在恩典之下的人，不僅從定罪之中獲釋放（羅8：1），也領受了得勝的大能（羅6：4）。這樣，罪就再也不能作他們的主。」（註23）

保羅說：「律法的總結就是基督，使凡信他的都得著義。」（羅10：4）因此，凡是相信基督的人，都可以認識到基督是獲得義的途徑，乃是律法的總結。我們在自己裏面乃是罪人，但在基督裏面的，因祂算在我賬上的義，我們就是義人（註24）。

但是在恩典之下，並不是賜給信徒許可「仍在罪中叫恩典顯多」（羅6：1）。而是恩典賜下力量，

使順從及勝過罪惡成為可能。「如今，那些在基督耶穌裏的就不定罪了。」（羅8：1）他們「不隨從肉體，只隨從聖靈。」（羅8：4）

基督的死使律法為大，高舉它普世的權威。若十條誡命可以改變，祂就不必捨命了。但是因為這項律法乃是絕對的，不能改變的，它所加的刑罰就要求付上死亡為代價。基督藉著祂在十字架上的死，充分滿足了這項要求，使一切接受祂偉大犧牲的人，都能得著永生。

五、順從律法

人不能藉他們的好行為賺得救恩。順從乃是在基督裏得救的果子。藉著祂奇妙的恩典，尤其是那彰顯在十字架上的恩典，上帝已經從刑罰與罪的咒詛下釋放了祂的百姓。他們雖然是罪人，但基督捨去了祂的性命，賜給他們永生的恩賜。上帝豐盛的慈愛，在悔改罪人的心裏，喚醒了一種回應，藉那如此豐盛賜下的恩典的力量，顯現在愛的順從上。了解基督重視律法，並了解順從之福的信徒，必會渴望過像基督的生活。

1.基督與律法

基督對十條誡命的律法極為重視。祂是那偉大的「自有永有的」，是祂親自從西乃山宣布父的道德律（約8：58；出3：14；參見本書第4章）。祂在地上有部分使命是「使律法為大、為尊」（賽42：21）。新約用了一段詩篇中的經文在基督身上，清楚地說明祂對律法的態度：「我的上帝啊，我樂意照你的旨意行，你的律法在我心裏。」（詩40：8；參見來10：5、7）

祂的福音所產生的信心，會堅定地高舉十誡的有效性。保羅說，「這樣，我們因信廢了律法嗎？斷乎不是！更是堅固律法。」（羅3：31）

所以基督來不僅是要救贖人類，也要闡明上帝律法的聖潔與權威，將律法的莊嚴與榮耀放在人面前，並為人立下與律法之間關係的榜樣。作為祂的門徒，基督徒蒙召要在他們的生活中使律法為大。基督自己度過了在愛中順從的生活，祂強調祂的門徒應該是守律法的人。當問及獲得永生的條件時，祂回答說：「你若要進入永生，就當遵守誡命。」（太19：17）祂也警告人不

要違背這項原則，「凡稱呼我『主啊，主啊』的人，不能都進天國。惟獨遵行我天父旨意的人才能進去。」違法的人將不准進入天國（太7：21－23）。

基督自己成全了律法，是藉著祂順從的生活，而不是藉著廢掉它。祂說：「我實在告訴你們，就是到天地都廢去了，律法的一點一畫也不能廢去，都要成全。」（太5：18）基督曾極力地強調，上帝律法的重要目標應常放在心中：你要盡心、盡性、盡意，愛主你的上帝，並愛鄰舍如同自己（太22：37、38）。祂不要門徒們照著世人對愛的解釋去彼此相愛——自私地感情用事的去愛。為了解釋祂所說的愛，基督賜下了一條新命令（約13：34）。這條新命令不是要代替十條誡命，而是提供信徒一個例證，說明真正無私的愛是如何的。這樣的愛從未在地上見過。從這一意義說，祂的命令可以說是新的。它命令他們，不僅「要彼此相愛」，而且「你們要彼此相愛，像我愛你們一樣。」（約15：12）嚴格地說，在此我們有了基督，如何以祂父的律法為大的另一個證據。」（註25）

順從可顯明這樣的愛。耶穌說：「你們若愛我，就必遵守我的命令。」（約14：15）「你們若遵守我的命令，就常在我的愛裏，正如我遵守了我父的命令，常在他的愛裏。」（約15：10）同樣的，我們若愛上帝，就會愛上帝的子民，並遵守祂的誡命（約壹2：3）。

唯有藉著住在基督裏，我們才能從心裏順從。「枝子若不常在葡萄樹上，自己就不能結果子。你們若不常在我裏面，也是這樣……常在我裏面的，我也常在他裏面，這人就多結果子。因為離了我，你們就不能做甚麼。」（約15：4、5）要住在基督裏，我們就必須與祂同釘十字架，經驗保羅所寫的：「現在活著的不再是我，乃是基督在我裏面活著。」（加2：20）對處在這種情況中的人，基督能成全祂新的應許：「我要將我的律法放在他們裏面，寫在他們心上；我要作他們的上帝；他們要作我的子民。」（來8：10）

2.遵命之福

順從會發展基督徒的品格，並產

生一種安寧感，使信徒像新生的嬰兒一樣長大，變化成為基督的形像（見彼前2：2；林後3：18）。這種從罪人至上帝兒女的變化，有效地見證了基督的大能。

聖經宣告「遵行耶和華律法的，這人便為有福！」（詩119：1）這人「喜愛耶和華的律法，晝夜思想。」（詩1：2）遵命的福氣有許多：(1).智慧與洞察力（詩119：98、99）。(2).平安（詩119：165；賽48：18）。(3).公義（申6：25；賽48：18）。(4).純潔的道德生活（箴7：1—

5）。(5).真理的知識（約7：17）。(6).防衛疾病（出15：26）。(7).長壽（箴3：1、2；4：10、22）。(8).祈禱蒙垂聽的保證（約壹3：22；參見詩66：18）。

上帝邀請我們順從，應許我們豐盛的福分（利26：3—10；申28：1—12）。當我們積極回應時，我們就成為祂特別的寶貝——「祭司的國度，聖潔的國民」（出19：5、6；參見彼前2：5、9）、「超乎天下萬民之上」、「作首不作尾」（申28：1、13）。

註1：1987年1月15日《評閱宣報》16頁載Holbrook撰「What God's Law Means to Me」。

註2：懷愛倫著《信息選粹》卷一第235頁。

註3：同上第218頁。

註4：參閱Philip Schaff編《The Creeds of Christendom》卷三第640—644頁所載「1647年書斯敏斯德信條第19章」。

註5：見Taylor G. Bunch著《The Ten Commandments》35、36頁。

註6：《基督復臨安息日會參考文庫》「Ten Commendments」。

註7：摩西的律法也可指舊約中稱為摩西五經的部分——聖經的前五卷（路24：44；徒28：23）。

註8：在這約書中包括了某些民法與儀文律法。民法並非十條誡命外加部分。只是將其寬廣的原則作特定的應用而已。儀文律法預表福音，提供罪人獲得恩典的辦法。因此，那約的主要部分乃是十條誡命。參閱耶7：21—23；Francis D. Nichol著《Answers to Objections》62—68面。

註9：1983年4月11日《評閱宣報》第6頁Arnold V. Wallenkampf撰「Is Conscience a Safe Guide」。

註10：有人解釋保羅的話「律法的總結就是基督，使凡信他的都得著義。」（羅10：4）其意思是，律法的目的，乃是將我們帶到一種境地，使我們看見自己罪大惡極，來到基督那裏得赦免，並藉著信領受祂的義。（這種「總結」〔希臘原文為telos〕的用法，也可在帖前1：5；雅5：11；彼前1：9）參見註解第23。

19
上帝的律法

註11： 參閱《基督復臨安息日會參考文庫》卷六第961頁；懷愛倫著《信息選粹》卷一第233頁；儀文律法也是師傅，帶人到基督跟前，但卻是藉著不同的辦法。聖所的崇祀及獻祭向罪人指出，那要來的上帝羔羊耶穌基督的寶血所提供的赦罪，這就使他們了解福音的恩典。其設計是引起對上帝律法的愛，而獻祭則是將在基督裏上帝的愛表現出來。

註12： 同上第213頁。

註13： 懷愛倫著《歷代願望》332、333頁。

註14： 懷愛倫《教育論》原文173－184頁。

註15： 高舉律法之有效性的歷史性信條有「瓦典西問答A.D.1500：馬丁路德著小本基督教要學A.D.1529；安立甘信條A.D.1549及1662（改革宗）；蘇格蘭教會信條A.D.1560；海德爾堡問答A.D.1563（改革宗）；第二紇里微提信條A.D.1566（改革宗）；安立甘宗39條A.D.1571；協和信條A.D.1576（信義宗）愛爾蘭信條A.D.1615（愛爾蘭安立甘教會）；書斯敏斯德信條A.D.1647；書斯敏斯德小問答A.D.1647；瓦典西信條A.D.1655；薩伏伊宣言A.D.1658（公理會）公誼會信條A.D.1675（貴格會）非拉鐵非信條A.D.1688（浸禮宗）；循道會25條A.D.1784；新罕布什爾會議宣言A.D.1839（蘇俄希臘教會）；以上所舉均列載於Philip Schaff編David S. Schaff校訂《The Creeds of Christendom》1－3卷中。

註16： 第一、第二條誡命見創35：1－4；第四條誡命，見創2：1－3；第五條誡命見創18：29；第六條誡命，見創4：8－11；第七條誡命，見創39：7－9；19：1－10；第八條誡命，見創44：8；第九條誡命，見創12：11－20；20：1－10；第十條誡命，見創27章。

註17： Froom著《The Prophetic Faith of Our Fathers》卷一第456、894頁；卷二第528、784面；卷三第252、744頁；卷四第392、846頁。

註18： 《Questions on Doctrine》142頁。

註19： 該隱與亞伯十分熟悉獻祭制度（創4：3－5；來11：4）。亞當、夏娃所得到的第一件衣服，多半也是為他們所獻贖罪祭祭牲的獸皮。

註20： 見下列信條：書斯敏斯德信條、愛爾蘭信條、薩伏伊宣言、非拉鐵非信條，循道會25條。

註21： 《基督復臨安息日會參考文庫》卷六第204頁；懷愛倫著《先祖與先知》348頁。

註22： 加爾文著《Commenting on a Harmony of the Evangelist》卷一第277頁。

註23： 《基督復臨安息日會參考文庫》卷六第541、542頁。

註24： 其他的人曾解釋律法的總結就是基督，意思是說基督乃律法的目標（加3：24），或是律法的成全（太5：17）。但是，基督是律法作為拯救工具（參羅6：14）的終止，似乎最能配合羅10：4。保羅是將上帝因信稱義之道，與人想靠律法稱義的企圖相對比。福音的信息是，「律法的總結就是基督，使凡信他的都得著義。」（羅10：4）《基督復臨安息日會參考文庫》卷六第595頁）參閱懷愛倫著《信息選粹》卷一第394頁。

註25： Nichol著《Answers to Objections》100、101頁。

20安息日

基督復臨安息日會相信……

> **那**賜福的創造主，在六日創造大功之後，第七日便安息了，並為所有的人設立了安息日，作為創造的紀念。上帝那永不改變之律法的第四條誡命，要求人依從安息日的主——耶穌的教訓與作法，遵守這第七日的安息日，作為休息、崇拜與服務的日子。安息日是一個與上帝及彼此交通的喜樂的日子。它是我們在基督裏蒙救贖的表徵，是我們成聖的記號，是我們忠誠的標記，是在上帝之國中永恆未來的預嘗。安息日是上帝與祂子民之間所立永約之永恆的標記。喜樂地從晚上至晚上，從日落至日落，遵守這神聖的時刻，就是對上帝創造與救贖的慶賀。
>
> ——基本信仰第二十條

第20章
安息日

亞當、夏娃與上帝一同實地查看他們樂園的家。景色之美令人嘆為觀止，無法形容。當那個星期五，創造週的第六日，夕陽漸漸西沉，星辰開始出現之時，「上帝看著一切所造的都甚好」（創1：31）。這樣，上帝就完成了「天地萬物」的創造（創2：1）。

雖然祂剛造成的世界甚美，但是上帝所能賜給祂新造的一對男女最偉大的恩賜，乃是賜給他們特權，與祂建立個人的關係。因此祂賜給他們安息日，一個特別蒙福，與他們的創造主團聚及交通的日子。

一、聖經中的安息日

在我們對上帝的崇拜上，安息日處於中心的地位。它是上帝創造

的紀念，顯示了上帝接受崇拜的理由：祂是創造主，我們是祂所造的。「因此，安息日位於崇拜上帝的基礎上，因為它以一種最感人的方式，教導這偉大的真理。崇拜上帝，不僅是第七日的崇拜，而是所有的崇拜，其真實崇拜的基礎，在於創造主與受造物間的區別。這偉大的事實，永遠不會過時，並永遠不可忘記。」（註1）上帝設立安息日，就是為了將這項真理永遠放在人類的面前。

1.創造時的安息日

我們承襲安息日，得自一個無罪的世界。它是上帝特別的恩賜，使人類能在地上經驗天國。上帝的三個行動建立了安息日：

(1) 上帝在安息日安息了

在第七日，上帝「安息舒暢」（出31：17），祂安息，並不是因為祂需要安息（出40：28）。動詞「安息」（Shabath），其字面意義為「停止」工作或活動（參閱創8：22）。「上帝安息絕不是由於精疲力竭，只是終止先前的工作而已。」（註2）

上帝安息，因為祂期望人也安息。祂立下讓人效法的榜樣（出20：11）。

若上帝在第六日完成了創造大工（創2：1），聖經又說祂在第七日「歇了他一切創造的工」（創2：2）這是甚麼意思呢？上帝在六天完成了創造天地的工作，但是祂還要設立安息日。祂藉著在安息日安息而設立了安息日。安息日使祂創造大工更臻完美，而結束了祂的工作。

(2) 上帝賜福安息日

上帝不僅設立安息日，祂又賜福安息日。「第七日的賜福，表示藉此宣布它是上帝特別施恩的對象，是一個特別會帶福氣給祂受造之物的日子。」（註3）

(3) 上帝定安息日為聖日

使某樣東西成聖的意思，是使其成為聖潔，或將它分別出來成為聖潔或供作聖用。人、地（如聖所、聖殿或教堂）、時間（如聖日），都可以成聖。上帝定第七日為聖日的意思就是：這一日是聖潔的，祂已將之分別出來，作為增進神人之間的關係之用。

上帝賜福第七日，並定第七日為聖日，因為祂在這一日歇了一切的工。祂賜福這一日，定這一日為聖

日，不是為祂自己，乃是為了人。由於上帝親自臨格，而將祂的福氣帶給安息日並使其成聖。

2.西乃山的安息日

從以色列人出埃及之後所發生的事可知，他們大半已忘記安息日了。奴役中苛刻的要求，似乎使遵守安息日變得十分困難。他們一得到自由，上帝就藉著降嗎哪的神蹟及宣布十誡，極力提醒他們遵守第七日安息日的義務。

(1)安息日與嗎哪

在西乃山宣布十誡之前的一個月，上帝就應許了祂的子民，他們若殷勤留意祂的誡命，守祂一切的律例，祂就會保護他們免於疾病（出15：26；參見創26：5）。這項應許賜下之後不久，祂就提醒以色列人安息日的神聖。祂藉著嗎哪的神蹟，實際地教導他們，使他們知道祂認為他們在安息日安息的重要性。

在週間的每一日上帝賜給以色列人足夠的嗎哪，應付當日的需要，他們不可為明日多拿。他們若多收且留到第二天嗎哪就會腐壞（出16：4，16-19）。但在第六天，他們可以收取平常的雙倍，以應付當日及安息日兩天的需要。為了教導第六日是預備日，及教導應如何遵守安息日，上帝說：「明天是聖安息日，是向耶和華守的聖安息日。你們要烤的就烤了，要煮的就煮了，所剩下的都留到早晨。」（出16：23）只有留到安息日的嗎哪才不會變壞（出16：24）。摩西用類似第四條誡命的話說：「六天可以收取，第七天乃是安息日，那一天必沒有了。」（出16：26）

以色列人在曠野四十年，經過兩千多個安息日，嗎哪的神蹟——這種六日工作第七日安息的模式，一直提醒著他們。

(2)安息日與律法

上帝將安息日的誡命放在十誡的中央。它的全文如下：

「當記念安息日，守為聖日。六日要勞碌做你一切的工，但第七日是向耶和華——你上帝當守的安息日。這一日你和你的兒女、僕婢、牲畜，並你城裏寄居的客旅，無論何工都不可做，因為六日之內，耶和華造天、地、海和其中的萬物，第七日便安息，所以耶和華賜福與安息日，定為聖日。」（出20：8-

11）

十誡的每一條都重要，一條也不可忽視（雅2：10）。但是上帝將安息日的誡命與其他誡命分別出來。關於這一條，祂吩咐說：「當記念」，使人警覺到忘記其重要性的危險。

這一條誡命開始的話：「當記念安息日，守為聖日」，──顯明安息日不是在西乃山才設立的。這些話指出它早已設立。如這條誡命中的詞句所表達的，在創造之時，上帝已要我們遵守安息日，作為創造的紀念。它定出休息與崇拜的時刻，引導我們默想上帝與祂的工作。

遵守安息日作為創造的紀念，乃是敵擋拜偶像的良方。藉著提醒我們上帝創造天地，就將上帝與其他假神分別出來。所以遵守安息日，就成為我們忠於真神上帝的記號──一個承認祂是創造主、是君王之統治權之記號。

安息日的誡命發揮了上帝誡命印記的功能（註4）。一般說來，一顆印包括三個元素：印章主人的名字，他的職位，及其權力範圍。官方的印章為使重要的文件生效，蓋了印的文件就帶著該官員的權柄。印記表示官員親自批准了這法律，他職位的一切權力支持這項律法。

在十條誡命中，含有一顆印章重要元素是安息日的誡命。十條誡命中唯有這一條指出真神上帝的名字。「耶和華你上帝」，祂的職位：那施行創造的一位──創造主。祂的區域：天、地（出20：10、11）。因為十誡中只有第四條誡命表明，是藉誰的權柄賜下十誡，所以，它含有上帝的印記，加蓋在祂的律法上，顯明其真實性及約束力（註5）。

誠然，上帝設立安息日，「在一個未被罪與悖逆污染的世界中，作為祂權能的記號。它是由上帝所命令『當記念安息日，守為聖日』的教訓所定之個人永久義務的制度（出20：8）。」（註6）

這條誡命將一週分為兩部分。上帝賜給人六天「勞碌做你一切的工」，但第七日「無論何工都不可做」（出20：9、10）。「這命令說，六天是工作天，但第七天乃是休息的日子。由這命令開始的話：『當記念安息日，守為聖日』就已清楚顯明，第七日特別是上帝的安息

日。」（註7）

雖然人需要身體上的休息，使身體重新得力，但上帝命令我們在安息日休息，卻是以效法祂的榜樣為基礎。既然祂從第一週這世界的活動中休息了，所以我們也要休息。

(3)安息日與約

既然在上帝的律法在約中處於中心地位（出34：27），那麼安息日位於律法的中心點，在上帝的約中也具有顯著的地位。上帝宣稱安息日乃是「我與他們中間為證據，使他們知道我——耶和華是叫他們成為聖的。」（結20：12；參閱結20：20；出31：17）所以祂說，遵守安息日乃是一項永遠的約（出31：16）。「正如約是基於上帝對祂子民的愛，因此，作為這約記號的安息日，也是上帝之愛的記號。」（註8）

(4)每年節期的安息日

除了每週的安息日之外（利23：3），在以色列的宗教日曆中，還有七個一年一度儀文的安息日。這些一年一度的安息日，並不直接與每週循環的安息日有關。這些安息日是在「耶和華的安息日以外」（利23：38），是除酵節的第一日與最後

一日，五旬節、吹號節、贖罪日及住棚節的第一日與最後一日（參閱利23：7、8、21、24、25、27、28、35、36）。

因為這些安息日的計算，是以基於陰曆的聖年開始為基礎，因此，它們可以落在一週的任何一天。當它們剛好落在每週的安息日時，就被稱為「大日」（約19：31）。「每週的安息日是在創造週結束時為全人類設立，但一年一次的安息日，卻是在西乃山所設立的猶太人的儀文制度……指向彌賽亞的降臨。祂在十字架上的死，就使這些儀文制度的遵守終止了。」（註9）

3.安息日與基督

聖經顯明基督和天父一樣，是真實的創世主（見林前8：6；來1：1、2；約1：3）。因此，祂就是為人類將第七日分別出來作為安息日的那一位。

以後，基督將安息日與祂的創造大工，並祂的救贖大工連結在一起。作為偉大的「自有永有者」（約8：58；出3：14），將安息日納入十條誡命，作為人對創造主崇拜相會之有力的提醒。祂又加上遵守

安息日的原因：祂子民的得贖（申5：14、15）。因此，安息日將那些接受耶穌為創造主及救贖主的人標示出來。

基督為創造主、為救主的雙重角色，使我們明白祂為何說祂是人子，也是安息日的主（可2：28）。祂既有這樣的權柄，只要祂想廢掉安息日，祂就可以廢掉，但祂並未如此行。相反的，祂將其用在每一個人身上說：「安息日是為人設立的。」（可2：27）

基督在地上服務的全部時期中，立下了忠心遵守安息日的榜樣。在安息日崇拜，是祂「平常的規矩」（路4：16）。祂在安息日參加崇拜，顯明了祂支持安息日是一個崇拜的日子。

基督如此關心安息日的神聖性，因此當祂講到復活之後將要來臨的逼迫時，祂勸勉門徒說：「你們應當祈求，叫你們逃走的時候，不遇見冬天或是安息日。」（太24：20）這清楚地顯明，像Jonathan Edwards所說：「甚至在那個時候，基督徒也必須嚴格遵守安息日。」（註10）

當基督完成了祂的創造大工時——在世界的歷史中祂的第一個偉大的作為，便在第七日安息了。這項安息代表完工與成就，祂在地上服務結束時也是一樣；這是祂在世界歷史中完成祂的第二個偉大的作為（在星期五下午，一週的第六日，基督完成了祂在地上救贖人類的使命），祂最後的話是：「成了」（約19：30）。聖經強調說，當祂死時，「那日是預備日，安息日也快到了。」（路23：54）祂去世之後，在墳墓裏安息，以此象徵祂完成了人類的救贖工作（註11）。

這樣，安息日見證了基督創造與救贖的大工。祂的門徒藉著遵守安息日，也與祂一同為祂為人類所有的成就而快樂（註12）。

4.安息日與眾使徒

門徒們極尊重安息日。這在基督去世時十分明顯。當安息日來到時，他們在中途停止了埋葬的準備，「在安息日便遵著誡命安息」（路23：56），並計畫在星期日，七日的第一日，繼續做完（路23：56；24：1）。

使徒們像基督一樣，在第七日安息日崇拜。保羅在他傳道的旅

行中，曾在安息日到猶太人的會堂傳講基督（徒13：14；17：1、2；18：4）。甚至外邦人也在安息日邀請他講解上帝的話（徒13：42、44）。在沒有猶太會堂的地方，他則尋找經常作為安息日崇拜的處所（徒16：13）。正如基督參加安息日的聚會，表示祂接受第七日是特別為崇拜的日子，保羅也是如此。

這個使徒忠心遵守每週安息日的情形，與他對一年一度的儀文安息日的態度，構成了強烈的對比。他清楚說明，基督徒沒有義務遵守這些一年一度的安息日，因為基督已經將儀文律法釘在十字架上了。（見本書第19章）他說：「所以不拘在飲食上，或節期、月朔、安息日，都不可讓人論斷你們。這些原是後事的影兒，那形體卻是基督。」（西2：16、17）因為「（這段經文的）前後經文是論到儀文的事，因此這裏所講的安息日，乃是猶太人一年一度節期儀文的安息日，那是影兒或預表，將在基督裏獲得應驗。」（註13）

同樣的，在加拉太書中，保羅反對遵守儀文律法的要求。他說：「你們謹守日子、月分、節期、年

分，我為你們害怕，惟恐我在你們身上是枉費了功夫。」（加4：10、11）

當約翰說：「當主日，我被聖靈感動」（啟1：10）時，許多人以為他是指星期日。但是在聖經裏，那唯一被指為屬乎主的日子是安息日。基督說：「第七日是向耶和華——你上帝當守的安息日。」（出20：10）以後稱它為「我的聖日」（賽58：13），並且基督稱自己為「安息日的主」（可2：28）。主既然在聖經中，稱屬於祂的唯一的日子是第七日的安息日，那麼似乎可以合理地結論說，約翰所指的主日乃是安息日。無可否認的，聖經並無先例顯明，主日是指一週的第一日或星期日（註14）。

聖經沒有任何地方命令我們，要遵守安息日以外的日子。它未宣布週間的任何日子是聖日或是賜福的日子，新約聖經也沒有指出，上帝已經把安息日改變為週間的其他日子。

相反的，聖經顯明，上帝要祂的子民永遠遵守安息日。「耶和華說，我所要造的新天新地，怎樣在我面前長存；你們的後裔和你們的

名字也必照樣長存。每逢月朔、安息日，凡有血氣的必來到我面前下拜。這是耶和華說的。」（賽66：22、23）

5.安息日的意義

安息日有著寬廣的意義，在屬靈上有著豐盛與深邃的內涵。

(1)創造的永遠紀念

我們已經知道，十誡中安息日的基本意義，是紀念上帝的創造（出20：11、12）。這命令人守第七日為安息日的誡命，「是與創造的作為不可分割地連繫在一起。安息日的設立，以及遵守安息日的誡命，乃是創造行為直接所造成。而且全人類的生存，都是由於所紀念的上帝創造的行為。因此，安息日誡命作為上帝創造大能的紀念，遵行這誡命的義務，就落在全人類身上。」（註15）施川（Strong）稱安息日為「永恆的義務，是上帝所指定祂創造活動的紀念。」（註16）

凡遵守這誡命作為創造紀念的人，必會以一種感恩的方式去遵守，承認「上帝是他們的創造主，是他們當然的元首。他們是祂手的工作，是祂管轄下的子民。這樣，

這安息日的設立完全是紀念性的，是賜給全人類的。其中沒有任何陰影，限制應用在任何人身上。」（註17）只要人們崇拜上帝是因為祂是創造主，安息日就會發揮創造紀念的功能。

(2)救贖的記號

當上帝救贖以色列脫離埃及的奴役時，已是創造紀念的安息日，便成了救贖的紀念（申5：15）。「主的計畫是人若正確的遵守，這每週安息日的安息，就會經常使人從埃及的奴役中得釋放，這不是只限於某些國家或時代，而是包括每一時代與所有地方。今日的人類需要逃脫那來自貪心、財利、權勢的奴役，那來自社會不平等的奴役，那來自罪與自私的奴役。」（註18）

當我們注目十字架時，安息日就會顯明是救贖的記號。「它是在以馬內利的領導之下，從罪的捆綁中得自由的紀念。我們所擔負的最大重擔，就是我們悖逆的罪。這安息日的安息，藉著指向基督在墳墓中的安息──那勝過罪的安息，就帶給基督徒一個實際的機會，去接受和經驗基督的赦免、平安與安息。」（註19）

(3) 成聖的記號

安息日乃是上帝使人改變之大能的記號，是聖潔或成聖的記號。主宣告說：「你們務要守我的安息日，因為這是你我之間世世代代的證據，使你們知道我──耶和華是叫你們成為聖的。」（出31：13；參見結20：20）所以安息日也是一個上帝使我們成聖的記號。因為人成聖是藉著基督的血（來13：12），因此安息日也是信徒接受祂的血，使罪得赦的記號。

正如上帝為了神聖目的而將安息日分別出來，祂也為了神聖的目的將祂的子民分別出來──作祂特別的見證人。他們在那一日與祂之間的交通導致聖潔。他們學習不依靠自己的資源，但依靠那使他們成聖的上帝。

「那創造萬物的大能，就是那依祂自己形像重造人心的同一大能，對那些守安息日為聖的人，它是成聖的記號。真實的成聖，乃是與上帝相和諧，在品格上與祂合而為一。它是藉著順從那些作為祂品格寫照的諸般原則而領受的。安息日乃是順從的記號，那從心裏順從第四條誡命的人，必會順從全律法。

他是因順從而成聖。」（註20）

(4) 忠誠的記號

正如亞當與夏娃的忠誠，曾藉著那置於伊甸園中的分別善惡樹受到試驗，每一個人對上帝的忠誠，也要藉著十條誡命中的安息日誡命而受試驗。

聖經顯明出，在基督復臨之前，普世的人會分為兩類：那些忠於上帝，「守上帝誡命和耶穌真道的」的人，以及那「拜獸和獸像」的人（啟14：12、9）。那時上帝的真理要在世人面前彰顯出來，人人都會清楚地看見，那順從並遵守聖經所說第七日安息日的人，是顯明對創造主忠誠的人。

(5) 相交之時

上帝創造了動物與人作伴（創1：24、25）。為了更高一層的伴侶關係，上帝將男女賜給對方（創2：18-25）。但是在安息日之中，上帝賜給人的是最高層次的伴侶關係──與祂為伴。人的受造不是僅與動物相交，甚至也不只是與人相交，他們乃是為上帝而造。

我們能在安息日特別經驗到上帝的臨格。若無安息日，人人都會勞苦流汗永無止境，每一天都追求屬

世的事。但是安息日來到，就帶來希望、喜樂、意義與勇氣。它給我們時間，藉著崇拜、祈禱、歌頌、研讀與默想上帝的聖言，並藉著與他人分享福音，而與上帝交通。安息日是我們經驗上帝臨格的機會。

(6) 因信稱義的記號

基督徒都能看出，那些藉著蒙光照的良心之指引，誠實尋求真理的非基督徒，可以受聖靈所引導，明白上帝律法的一般原則（羅2：14－16）。這解釋了為甚麼除了第四條誡命外，其他九條，都在基督教之外為人遵行到某一程度，但安息日的誡命卻非如此。

許多人可以看見每週休息一天的理由，但他們卻難於了解，為何在週間的其他日子工作就是對的、好的，但在第七日去做就是罪？大自然並沒有任何遵守第七日的立場。行星運行在它們各自的軌道上，植物生長、陽光雨水交替、野獸繼續活動，似乎每日都一樣，那麼，為甚麼人要遵守第七日為安息日？「對基督徒來說，只有一個理由，沒有別的理由。但一個理由就足夠了：上帝曾如此說。」（註21）

只有以上帝的特別啟示為基礎，人才能了解遵守第七日的理由。因此遵守第七日的人，他們如此遵行是出於信心，及對命令他們遵行的基督全心的信靠。信徒藉著遵守安息日，表現出他們樂意在生活上接受上帝的旨意，不依靠自己的判斷。

信徒遵守第七日，不是想要使他們自己公義；他們遵守安息日，乃是他們與創造主及救贖主基督之間所有關係的結果（註22）。遵守安息日，乃是在稱義與成聖過程裏上帝公義的產品，代表他們已從罪的捆綁中得拯救，並領受了祂完全的義。

「一棵蘋果樹不是藉著結出蘋果而成為蘋果樹。它必須先是一棵蘋果樹，然後就自然結出蘋果來。所以真實的基督徒，並不為了使自己公義而遵守安息日或其他九條誡命，而是基督將公義分賜給他的結果。那些以這種方式遵守安息日的人，不是律法主義者，因為外面遵守第七日，乃是象徵罪人裏面稱義與成聖的經驗。因此真正遵守安息日的人，不是要贏得上帝的恩寵，在安息日不作所禁止的事，而是因為他愛上帝，要使安息日在與主交

往上發揮最大的效用。」（註23）

遵守安息日，顯明我們已經停止依靠我們自己的好行為。我們已經深知，只有創造主基督才能救我們。誠然，「真實遵守安息日的精神，顯示出一種對創造主、救主耶穌基督至高的愛，祂正在將我們作成新造的人。這就使以正確方式遵守正確的日子，成了因信稱義的記號。」（註24）

(7) 在基督裏得安息的表徵

安息日，紀念上帝從埃及拯救以色列人進入地上迦南的安息，將當時蒙贖的人與周圍的民族分別出來。安息日同樣是從罪中得救進入安息的記號，將蒙贖的人與世人分別出來。

凡進入上帝邀請他們進入之安息的人，「乃是歇了自己的工，正如上帝歇了祂自己的工一樣。」（來4：10）「這項安息，是一項屬靈的安息，一種歇了自己的工，停止犯罪而有的安息。上帝呼召祂的子民進入的，就是這個安息。迦南與安息日所象徵的，也都是這個安息。」（註25）

當上帝完成了祂的創造大工，在第七日安息時，祂在安息日為亞當與夏娃預備了在祂裏面的安息機會。雖然他們失敗了，但上帝原先要將那安息賜給人類的旨意並未改變。在人犯罪之後，安息日繼續提醒人這項安息。「遵守第七日安息日，不但如此見證了對上帝為萬物之創造主的信心，更見證了對祂改變生命大能的信心，相信祂能使男女有資格，進入祂原來計畫地上居民都進入的永恆的安息。」（註26）

上帝曾應許將這屬靈的安息給予以色列人。雖然他們未能進去，但上帝的邀請並未收回。「必另有一安息日的安息為上帝的子民存留。」（來4：9）所有想進入那安息的人，「必須藉著信心，先進入祂屬靈的安息，就是心靈從罪及靠自己努力得救中得釋放的安息。」（註27）

新約聖經呼召基督徒，不要遲延去經驗這恩典與信心的安息，因為今天就是進入的機會（來4：7）。凡已進入這安息的人，——在耶穌基督裏藉著信心接受了救恩，已經停止了每一樣靠好行為稱義的努力。以這樣的方式遵守第七日安息日，就是代表信徒進入了這福音的安息。

二、改變崇拜日的企圖

因為安息日在對上帝為創造主、為救贖主的崇拜上，扮演著重要的角色，無怪乎撒但已發動一次全面性的戰爭，要推翻這神聖的制度。

聖經沒有甚麼地方准許，改變上帝在伊甸所設立，在西乃所重申的崇拜的日子。遵守星期日的基督徒，他們自己已承認此點。天主教紅衣主教紀班司（James Gibbons）寫道：「你可以讀聖經，從創世記到啟示錄，但你必找不到一行經文，賦於星期日以神聖性。聖經是要求人在宗教生活上遵守星期六。」（註28）

一位新教徒林康（A. T. Lincoln）承認說：「新約本身沒有提供根據，使人可以相信，自基督復活之後，上帝已指定第一日為安息日。」（註29）他承認說：「任何人若相信十條誡命是人所當遵守的道德律，那麼成為一個守第七日為安息日的信徒，是唯一信心與行為一致的行動。」（註30）

如果聖經沒有證據，證明基督或祂的門徒將崇拜的日子從第七日改到別的日子，那麼，這麼多基督徒是如何接受星期日代替安息日的呢？

1.遵守星期日的興起

崇拜從安息日改變到星期日，是逐漸形成的。在第二世紀之前，沒有任何證據顯示，基督徒在每週的星期日崇拜。但是到了第二世紀中葉，證據顯明有一些基督徒自動將星期日當作崇拜日，但不是休息的日子（註31）。

羅馬的教會，大半是外邦信徒（羅11：13），他們在星期日崇拜的趨勢上，處於領導地位。在帝國的首都羅馬，強烈的反猶太情緒興起，愈演愈烈。羅馬城的基督徒面臨這樣的處境，就想將他們與猶太人區別開來。他們因此廢掉了一些猶太人與他們都做的事項，並演變成為一項不尊重安息日的趨勢，轉而只遵守星期日（註32）。

第二至第五世紀，雖然守星期日的影響高漲，但在羅馬帝國各地的基督徒，仍遵守第七日的安息日。第五世紀的歷史家蘇格拉底寫道：「幾乎全世界所有的教會，都在每週的安息日舉行那神聖神祕的儀式，但在羅馬及亞歷山大的基督徒，卻為了一些古代的遺傳，停止

了這種作法。」（註33）

在第四及第五世紀，許多基督徒在安息日及星期日都崇拜上帝。另一位同時代的歷史家沙卓門（Sozomen）寫道：「康斯坦丁堡的人，並幾乎各處的人，都在安息日聚會，也在星期日聚會。這在羅馬或亞歷山大是前所未曾行過的。」（註34）從這些參考資料看出，在不遵守安息日的事上，羅馬所扮演的領導角色。

為甚麼那些不在第七日崇拜的人選擇星期日，而不選擇一週中其他的日子？主要的理由是，基督在星期日復活。甚至有人說，祂已經叫人在那一日崇拜。「但是顯得奇怪的是，第二及第三世紀，沒有一個作家曾引用一節經文，作為遵守星期日代替安息日的根據。巴拿巴斯（Barnabas）、以革那提（Ignatius）、查士丁（Justin）、愛任紐（Irenaeus）、特土良（Tertullian）、羅馬的革利免（Clement of Rome）、亞歷山大的革利免（Clement of Alexandria）、俄利根（Origen）、居普良（Cyprian）、非克多納（Victorinus），或任何其他活在接近耶穌生活時代的作家，沒有

一個知道耶穌曾賜下這樣的教訓，或聖經任何部分有這樣的教訓。」（註35）

異教羅馬人的太陽崇拜所賦於星期日的流行與影響，助長了愈來愈多的人接受它為崇拜的日子。古代世界中，太陽崇拜扮演著重要的角色，它是「羅馬人宗教最古老的構成分子之一」。由於東方各種拜太陽的邪教，「從第二世紀初葉，（Sol Invictus）邪教，就在羅馬及羅馬帝國的其他部分大為流行。」（註36）

這種流行的宗教，藉著新信徒而使早期教會受到衝擊。「從異教轉信基督教的新基督徒，經常受到敬拜太陽的引誘。這不僅可從教父們經常譴責這種行為看出來，更可從基督教崇拜中反映了相當成分的太陽崇拜上看出來。」（註37）

第四世紀初次見到星期日的法律。第一次社會性的星期日法律訂定了。以後有宗教性的星期日律法。康斯坦丁皇帝在主後321年3月7日，頒布了第一個社會性的星期日法律。康斯坦丁皇帝因見到星期日在異教拜太陽的人中流行，以及許多基督徒對星期日的敬重，就盼

望藉著定星期日為聖日，來確保這兩種人支持他的政府（註38）。

康斯坦丁的星期日律法，反映出他崇拜太陽的背景。這條律法說：「在那可尊敬的太陽日（Venerabili die Solis），讓住在城中所有的官員及人民休息，並讓一切工廠關閉。但是在鄉村從事農業的人，可以自由合法的繼續他們的工作。」（註39）

幾十年之後，教會也學習他的榜樣。老底嘉會議（主後364）（非普世性，但為羅馬天主教的一次會議）頒布了第一個教會星期日的律法。在第29條教規中，教會訂定基督徒應該尊重星期日。「若是可能，就在該日停止工作」。而同時則斥責安息日休息的事，它教導說，基督徒不應該「在星期六（希臘文：安息日）閒懶，應該在那一日工作。」（註40）

主後538年，指明為1260年預言開始的那一年（見本書第13章），羅馬天主教會第三次奧林斯會議，頒布了一個甚至比康斯坦丁更嚴格的法律。那次會議的第28條教規說，在星期日，甚至「務農的工作也應擱置，免得攔阻人上教堂。」（註41）

2.已經預言有此改變

聖經顯明，遵守星期日作為基督徒的制度，發自那「不法的隱意」（帖後2：7）。這不法的隱意在保羅的時代已經發動（見本書第13章）。藉著但以理書第7章，上帝顯示了祂對改變這崇拜日子的預知。

但以理的異象描繪出一項對上帝子民及對上帝律法的攻擊。那由小角所代表的（在啟13：1－10中則為獸所代表）攻擊的勢力，在基督教會內造成了大背道（見本書第13章）。它從第四獸中興起，在羅馬帝國傾覆之後，成了主要施行逼迫的勢力（見本書第19章）。這小角想要「改變節期和律法」，這背道的勢力對大多數人的欺騙上十分成功。但他會在末後的審判中受懲治（但7：11、22、26）。在最後災難時，上帝會為祂的百姓出面干預，並拯救他們（但12：1－3）。

這個預言只適合基督教內的一個勢力。只有一個宗教團體聲稱他有改變上帝律法的特權。請你注意在歷史中，羅馬天主教會當權者們所說的話：

約在主後1400年，安迦樂（Petrus de Ancharano）說：「教皇可以改變

上帝的律法。因為他的權力不是出於人，而是出於上帝。並且他在地上作上帝的代理人。他有充分的權柄捆綁或釋放他的羊。」（註42）

這驚人的宣告，在宗教改革時期彰顯出它的衝擊。馬丁路德說，在人生中引導他的是聖經，不是教會的遺傳。他的標語是，Sola scriptura ——「聖經，只有聖經！」。天主教信仰最有力的護衛者艾克（John Eck），在這一點攻擊馬丁路德說，教會的權柄高於聖經。他以遵守星期日代替聖經安息日為例，向馬丁路德挑戰。艾克說：「聖經教導說，『當記念安息日，守為聖日。六日要勞碌做你一切的工，但第七日是向耶和華——你上帝當守的安息日』等語，但是教會已用她自己的權柄，將安息日改為星期日。在這件事上你（馬丁路德）找不到聖經的依據。」（註43）

在教皇所召集為了抵抗改革運動的天特會議上（1545－1563），雷吉歐天主教法索（Gaspare de Fosso）重提這個問題。「教會的權柄」，他說：「聖經說得最清楚，一方面，教會推荐聖經，說它們是屬乎上帝，賜給我們研讀……但在另一方面，聖經中主所教導的律法的命令，已經藉著同一權柄（教會）終止。安息日，那律法中最榮耀的日子，已經改為主日……這些，還有其他類似的事情，不是由於基督的教導而終止（因為祂說，祂來是要成全律法，不是要廢掉律法），但是它們已經為教會的權柄所改變。」（註44）

羅馬天主教會是否仍然持守同一立場？1977年版《天主教要理問答》中，有下列一系列的問答：

問：那一日是安息日？
答：星期六是安息日。
問：我們為何遵守星期日，不守星期六？
答：我們遵守星期日，不守星期六，是因為天主教會已將星期六的嚴肅性，轉移到星期日（註45）。

羅馬天主教的學者歐伯林（John A. O'Brien）在他的暢銷書《The Faith of Millions》（1974）中，作出了這有力的結論：「既然聖經所指明的是星期六，不是星期日，那些說他們的宗教不是從教會，而是直接從聖經而來的非天主教徒，遵守星期日而不是星期六，豈不怪哉？是的，當

然，這是矛盾的。」遵守星期日的習慣，他說，「是建立在天主教會的權柄上，不是建立在明確的聖經經文上。這遵守星期日的事，仍然提醒已脫離天主教會的教派思念母會。——像一個男子離家出走，仍然在口袋中放著母親的照片，或她的一束頭髮一樣。」（註46）

聲稱具有這些特權，正應驗了預言，並幫助人認出那小角所代表的勢力來。

3.安息日的恢復

在賽56、58章中，上帝呼召以色列人，在遵守安息日上從事改革。上帝啟示未來召聚外邦人進入祂羊欄的榮耀時（賽56：8），特別將這拯救的任務是與守安息為聖日的事連結在一起（賽56：1、2、6、7）。

祂仔細地列出祂子民的各項工作。雖然他們的使命是普世性的，但這項工作乃是特別指向一批自稱為信徒，但實際上卻偏離祂命令的人（賽58：1、2）。祂用下面的話來描寫這些自稱信徒之人的使命：「那些出於你的人必修造久已荒廢之處；你要建立拆毀累代的根基。你必稱為補破口的，和重修路徑與

人居住的。你若在安息日掉轉你的腳步，在我聖日不以操作為喜樂，稱安息日為可喜樂的，稱耶和華的聖日為可尊重的；而且尊敬這日，不辦自己的私事，不隨自己的私意，不說自己的私話，你就以耶和華為樂。耶和華要使你乘駕地的高處，又以你祖雅各的產業養育你。這是耶和華親口說的。」（賽58：12-14）

屬靈的以色列人的使命，與古代以色列人的使命相同。當那小角改變了安息日，上帝的律法就有了破口。正如被踐踏的安息日要在以色列被恢復一樣，在現今的時代，上帝所設立的安息日制度也要被恢復。上帝律法牆垣的破口要修補完好（註47）。

完成這項恢復及闡揚律法的工作，是藉著宣揚永遠的福音，及啟14：6-12的信息而達成。基督再來之時，上帝教會的使命乃是宣講這個信息（見本書第13章）。這個信息要喚醒世人，籲請每一個人為審判作準備。

那呼召人崇拜創造主的話：「應當敬拜那創造天地海和眾水泉源的」（啟14：6、7），乃是指上帝永

恆律法的第四條。它被包括在這最後的警告裏，證實了上帝特別的關心，要在祂復臨之前，恢復那為眾人所遺忘的安息日。

宣講這個信息，將使普世的人陷於衝突之中。中心問題是要遵守上帝的律法及遵守安息日。面對這項爭戰，每一個人都必須決定，是遵守上帝的誡命或是順從人的命令？這個信息會產生一批遵守上帝誡命和耶穌真道的人。那些拒絕的人終必接受獸的印記（啟14：9、12；見本書第13章）。

為了圓滿達成闡揚上帝律法並尊重祂那被蔑視的安息日的使命，上帝的子民必須在遵守安息日的事上，立下一個堅固的愛的榜樣。

三、安息日的遵守

要「記念安息日，守為聖日。」（出20：8）我們就必須在一週之中思想安息日，並作好必要的準備，好以上帝所喜的方式去遵守。我們應該細心，不要在一週之中將自己弄得精疲力盡，以致在安息日不能參與祂的服務。

因為安息日是一個特別與上帝交通的日子，我們已被邀請要在這一天，喜樂地慶賀祂在創造及救贖中的恩慈作為，故此要避免任何會降低其神聖氣氛的事。聖經清楚地說，我們應該在安息日停止一切世俗的工作（出20：10），避免一切謀生的工作及事務（尼1：15-22）。我們要尊榮上帝，「不辦自己的私事，不隨自己的私意，不說自己的私話。」（賽58：13）若將這一天用來取悅我們自己，參與世俗的喜好、談話及思想，或參加運動，都會使我們與創造主的交通分心，損毀安息日的神聖性（註48）。我們對安息日的關心，應該延及在我們管轄之下所有的人——我們的兒女，並為我們工作的人，甚至我們的客人與動物（出20：10），使他們也能享受安息日的福分。

安息日於星期五晚上日落開始，於星期六晚上日落結束（見創1：5；參見可1：32）（註49）。聖經稱安息日的前一日（星期五）為預備日（可15：42）——一個為安息日準備的日子，免得任何事情破壞安息日的神聖性。在這一日，家中作飯的人，應該為安息日準備食物，好讓她們在安息日神聖的時刻內，歇下她們的工（見出16：23；民11：8）。

當安息日神聖的時刻臨近時，最好讓家人或一群信徒，在星期五太陽就要下山時聚集，唱詩、禱告、讀上帝的聖言，邀請基督的靈成為受歡迎的客人。同樣的，他們也應該在星期六晚上安息日將盡時集合崇拜，祈求在未來一週上帝的臨格及引導。

主呼召祂的子民，使安息日成為可喜樂的日子（賽58：13）。他們如何作成這事呢？只有在他們學習安息日的主祂的榜樣時，他們才有希望經驗到上帝為他們在那一天所預備的真正的喜樂與滿足。

基督經常在安息日崇拜，參與崇拜節目，並給與宗教的教導（可1：21；3：1-4；路4：16-27；13：10）。祂當然不止是崇拜而已。祂更與他人相交（可1：29-31；路14：1），花時間到戶外（可2：23），並周遊各處憐恤人行善事。無論何處一有機會，祂就醫治有病及受苦的人（可1：21-31；3：1-5；路13：10-17；14：2-4；約5：1-15；9：1-

14）。

當耶穌為減輕人痛苦的工作受人批評時，祂回答說：「在安息日作善事是可以的」（太12：12）。祂醫病的活動既未違犯安息日，也未廢掉安息日。然而他們確實終止了惱人的規條，這些規矩扭曲了安息日使人得喜樂與靈性更新的意義（註50）。上帝原是要安息日提升人的靈性。凡是能增進與上帝交通的活動都是適合的。那些使人在與上帝交通時分心，將安息日變成假日的活動是不合宜的。

安息日的主邀請所有的人效法祂的榜樣。凡接受祂呼召的人，會經驗到安息日是喜樂與屬靈的筵席——天國的預嘗。他們發現，「安息日是上帝所設計，用以防止靈性的頹喪。安息日一週又一週地安慰我們的良心，向我們保證，即使我們的品格還未建造完成，但在基督裏我們卻是完全的。祂在髑髏地的成就，算為我們的救贖。我們進入了祂的安息。」（註51）

註1：John N. Andrews著《History of the Sabbath》575頁。
註2：《基督復臨安息日會參考文庫》卷一第220頁
註3：同上。

註4：J. L. Shuler著《God's Everlasting Sign》114－116頁；M. L. Andreason著《The Sabbath》248頁；Wallenkampf著《The Baptism, Seal, and Fullness of the Holy Spirit》48頁；懷愛倫著《先祖與先知》286、287頁；懷愛倫著《善惡之爭》636、664頁。

註5：懷愛倫著《先祖與先知》286、287頁。

註6：Wallenkamp著《The Baptism, Seal, and Fullness of the Holy Spirit》48頁。

註7：同註2，第605頁。

註8：《基督復臨安息日會參考文庫》1239頁「Sabbath」。

註9：同上「Sabbath, Annual」條。

註10：Jonathan Edwards著《The Works of President Edwards》卷四第622頁，清教徒認為星期日為基督徒的安息日。

註11：有趣的是，耶穌安息在墳墓的日子是個「大日」──因為那個安息日既是一週的第七日，又是七七節的第一個安息日。救贖工作的頂點是何等的日子！當那創始成終者再一次在完成中安息時，那創造時「是好的」，與救贖時的「成了」，一同出現。

註12：Samuele Bacchiocchi著《Rest for Modern Man》第8、9頁。

註13：同註8，「Sabbath」條；參見《基督復臨安息日會參考文庫》卷七第205、206頁；參閱1896年1月7日《評閱宣報》第二頁懷愛倫撰「The Australia Camp Meeting」一文。

註14：《基督復臨安息日會參考文庫》卷7第735、736頁；參閱懷愛倫著《使徒行述》483、484頁。

註15：同註8，「Sabbath」。

註16：A. H. Strong著《Systematic Theology》408頁。

註17：懷愛倫著《先祖與先知》17、18頁。

註18：同註12，第15頁。

註19：同上19頁。

註20：懷愛倫著《教會證言》卷六原文350頁。

註21：M. L. Andreason著《The Sabbath》25頁。

註22：律法主義可定義為「想要用個人的努力賺取救恩。它是依從律法及一些規定，作為在上帝面前稱義的手段。這是錯的。因為『所以凡有血氣的，沒有一個因行律法能在上帝面前稱義』（羅3：20）。（J. L. Shuler著《God's Everlasting Sign》90頁）；Shuler繼續說：「那些斥責遵守安息日是律法主義的人，需要考慮此點：若是一個重生的基督徒不崇拜假神，並依從第一條及第三條誡命持守尊敬的態度，他就是反對靠恩得救嗎？第七條、八條、九條誡命所倡導的純潔、誠實、可靠，就是反對白白的恩典嗎？這兩個問題的回答都是不。因此同樣的，一個重生的人遵守第七日，不能稱之為律法主義，也不是與單靠恩典得救相反對。實際說來，安息日的誡命，是律法中用以作為單靠恩典從罪中得救與成聖記號的唯一誡命。」（同上）

註23：同上89頁。

註24：同上94頁。

註25：同註21，105頁。

註26：同註14，420頁。

註27：同上。

註28：James Gibbons著《The Faith of Our Fathers》111、112頁；公理會的R. W. Dale說：「這是十分清楚的。不論我們如何嚴格與敬虔的遵守星期日，我們並未遵守安息日……安息日是建立在上帝一個特別的命令上。但我們卻找不著一條這樣的命令，作為人有義務遵守星期日的理由。」（R. W. Dale著《The Ten Commandmemts》100頁）。

註29： Andrew T. Lincoln撰「From Sabbath to Lord's Day」:A Biblical, Historical and Theological Perspective》引自D. A. Carson編《From Sabbath to Lord's Day; A Biblical, Historical, and Theological Investigation》386頁。

註30：同上392頁。

註31：見Justin Martyr著《First Apology, in Ante-Nicene Fathers》卷一第186頁；Maxwell著《God Cares》卷一第130頁。

註32：Kenneth A. Stand編《The Sabbath in Scripture and History》137頁Bacchiocchi撰「The Rise of Sunday Observance in Early Christianity」；Bacchiocchi著《From Sabbath to Sunday》223－232頁。

註33：Socrates著《Ecclesiastical History》卷五第22章，譯載於《Nicene and Post-Nicene Fathers, 2nd series》卷二第132頁。

註34：Sozomen著《Ecclesiastical History》卷7第19章，譯載於《Nicene and Post-Nicene Fathers, 2nd series》卷二第390頁。

註35：Maxwell著《God Cares》卷一第131頁。

註36：Gaston H. Halsberghe著《The Cult of Sol Invictus》26、44頁；見Bacchiocchi著《Rise of Sunday Observance》139頁。

註37：Bacchiocchi著《Rise of Sunday Observance》140頁；見Bacchiocchi著《From Sabbath to Sunday》252、253頁。

註38：Maxwell著《God Cares》卷一第129頁；H. G. Heggtveit著《Illustreret Kirkehistorie》202頁，譯載於《基督復臨安息日會參考文庫》1000頁。

註39：《Codex Justinianus》第三卷Title12、3，譯載於Schaff著《History of Christian Church》卷三第380頁註1。

註40：Charles J. Hefele著《A History of the Councils of the Church from the Original Documents》卷二第316頁所載「老底嘉會議第29條」，參見《基督復臨安息日會參考文庫》885頁。

註41： Maxwell著《God Cares》卷一第129頁所引。Giovanni Domenico Mansi編《Sacrorum Conciliorum》卷九第919檔；部分引述於Andrews著《History of the Sabbath and First Day of the Week》374頁。

註42：《基督復臨安息日會參考文庫》680頁。

註43：John Eck著《Enchiridion of Commonplaces Against Luther and Other Enemies of the Church》13頁。

註44：同註42，887頁載Gaspare [Ricciulli] de Fosso著「Address in the 17th Session of the Council of Trent》, Jan 18, 1562 in Mansi,《Sacrorum Conciliorum》vol. 33, 529、530頁。

註45：Peter Geiermann著《The Convert's Catechism of Catholic Doctrine》50頁。

註46：John A. O'Brien著《The Faith of Millions》400、401頁。

註47：參閱懷愛倫著《善惡之爭》470－472頁。

註48：懷愛倫著《信息選粹》卷三第258頁。

註49：在聖經中，如在創造故事中所清楚說明的，日子的界限是從日落至日落。見利23：32。

註50：基督的榜樣，是否要基督教的醫院每週七日都營業，不供給醫院職工安息日的休息呢？鑒於醫院職工的需要，懷愛倫說：「救主藉著祂的榜樣已經為我們指明，在這一天，解除痛苦是可以的。但是醫生與護士，不應從事不必要的工作。那可以等候的一般的治療與手術，應該留到第二天去做。要讓病人知道，醫生必須有一天休息。」（《醫藥服務》214頁）

在安息日所收醫藥費用應放在一旁，作為慈善工作用。懷愛倫寫道：「可能需要將聖安息日的時間用為解除人的痛苦。但是如此工作所收的費用，應放入主的府庫中。用為幫助那需要醫藥技術，但無力付醫藥費的窮人。」（同上216頁）

註51：George E. Vandeman著《When God Made Rest》21頁。

21 管家

基督復臨安息日會相信……

我們是上帝的管家。祂託付我們時間與機會、能力與錢財、地上的福分與資源，我們有責任適當地使用它們。我們由於忠心地服事祂及服事我們的同胞，藉著將什一歸還祂，為了福音的宣講，藉著支持教會及教會增長所作的奉獻，而承認上帝的主權。管家的身分，是上帝為了培育愛、勝過自私與貪心，所賜給我們的一項特權。管家因他的忠心而使他人得福時，就歡喜快樂。

——基本信仰第二十一條

第21章
管家

過基督徒的生活最重要的莫過於交出自己……，放棄自我，並接受基督。當我們看見耶穌如何為了我們交出自己，放棄自我時，我們就喊著說：「我能為你作甚麼？」

當我們以為自己已經完全獻身，完全降服於祂時，就會發生一些事情，來證明我們的獻身是何等淺薄。當我們領悟了人生中還有新的領域要獻給上帝時，我們的獻身就成長了。然後，祂溫柔地領我們進

入另一個需要自我降服的地步。生命就如此繼續下去，一連串重新的獻身，便愈來愈深地進入了真正的自我、我們的生活方式、我們的行為，以及如何回應別人的行為中。

當我們完全將我們自己和一切所有獻給上帝——那本來就該屬於祂的（林前3：21-4：2）時，祂就接受它們，然後再讓我們去管理它，使我們成為我們所「擁有」的每一樣東西的管家或照顧者。於是就在我們想要過舒服、自私生活之時，就

被我們對我們的主是赤身的、下在監裏、是客旅的理解而打斷了。祂那恆久的命令「所以你們要去，使萬民作我的門徒」，使教會的活動——分享、教導、傳道、施洗——對我們更加寶貴。因為祂，我們就追求成為忠心的管家。

一、管家是甚麼？

「豈不知你們的身子就是聖靈的殿嗎？……並且你們不是自己的人，因為你們是重價買來的。所以，要在你們的身子上榮耀上帝。」（林前6：19、20）我們是用重價買來、贖回的。我們屬於上帝。但這不過只是物歸原主而已，因為祂造了我們。從開始我們就屬於祂，因為「起初上帝創造……」（創1：1）。聖經清楚的說：「地和其中所充滿的，世界和住在其間的，都屬耶和華。」（詩24：1）

在創造時，上帝讓人分享祂的產業。並且祂仍是這世界、其中的居民及萬物真正的主人（詩24：1）。在十字架上，祂收回人在犯罪時出讓給撒但的東西（林前6：19-20）。祂現在已經指派祂的子民作祂財產的管家。

管家是一個「受託管理家業或另一個人之產業的人。」管家身分包括「作管家之人的責任、地位與服務。」（註1）對基督徒來說，管家代表「人對上帝所託付他的一切東西的使用與責任——生命、身體、時間、才幹、能力、物質上的財物、為他人服務的機會，並他對真理的知識等。」（註2）基督徒的事奉是作上帝產業的管理人，視生命為上帝所賜的機會，「學習作忠心的管家，藉此得著資格能在將來永恆的事物上作更高的管家。」（註3）

因此，以其較廣的範圍說，管家「牽涉到無私的使用生命之聰明。」（註4）

二、承認上帝主權的方式

生命可以分為四個基本領域。每一方面都是上帝的恩賜。祂賜給我們身體、能力、時間與財物。除此之外，我們必須照顧我們周圍的世界，這世界的管理權已賜給我們。

1.身體的管家

上帝的子民是他們自己的管家。我們要盡心、盡性、盡力、盡意愛

上帝（路10：27）。

基督徒有特權盡量利用機會，盡力地發展他們身體及心智的能力。如此行，他們就將榮耀歸給上帝，並向他們的同胞證明一種更大的福分（見本書第22章）。

2.才能的管家

每一個人都有他特別的才幹，一個人可能有音樂方面的才幹，另一個人則可能在手工藝方面有才幹，如縫紉、汽車、機械等，有人很容易交朋友與他人熟識，而另外的人則可能擅長於單獨從事的事業。

每一種才幹都可以用來榮耀擁有才幹的人，或是榮耀原來賜下才幹的那一位。一個人可以殷勤地追求完美的才幹榮耀上帝，或以之滿足其個人名利慾望的自私之心。

我們應該培植聖靈賜給我們每個人的恩賜，並使這些才幹增加（太25章）。好管家慷慨地使用他們的恩賜，好使主人獲得更大的利益。

3.時間的管家

作為忠心的管家，我們可以藉著明智地運用時間來榮耀上帝。「無論做甚麼，都要從心裏做，像是給主做的，不是給人做的，因你們知道從主那裏必得著基業為賞賜；你們所事奉的乃是主基督。」（西3：23、24）

聖經教導我們「不要像愚昧人，當像智慧人。要愛惜光陰，因為現今的世代邪惡。」（弗5：15、16）我們要像耶穌一樣，以父的事為念（路2：49）。因為時間是上帝的恩賜，每一刻都是寶貴的。時間的賜予，是為了永生塑造品格。在現今的時代作忠心的管家，就是說，要用時間去認識我們的主，去幫助我們的同胞，並與人分享福音。

在創世時，當上帝賜時間給我們，祂保留了第七日的安息日，作為人與祂交通的神聖時間。但是其他六天，卻準備給人類從事日常有建設性的工作。

4.財物的管家

上帝賜給我們始祖治理大地、管理動物、照顧伊甸園的責任（創1：28；2：15）。這一切都是他們的，不僅給他們欣賞，也要他們管理。

但是對他們有一個規定。他們不可吃分別善惡樹的果子。這棵樹經常提醒他們，上帝是主人，對大

地有最終的權柄。始祖尊重這項規定，就表現出對上帝的信心及忠誠。

人類墮落之後，上帝無法再用分別善惡樹來試驗人。但是人類仍然需要經常被提醒，上帝乃是一切美善恩賜的源頭（雅1：17）。並且使我們有得財富能力的乃是上帝（申8：18）。為了提醒我們祂是一切福分的源頭，上帝設立了什一與樂意奉獻的制度。

這個制度結果供給了錢財，維持以色列聖殿的祭司工作。基督復臨安息日會採行利未制度的模式，以之為健全的聖經方法，來供給普世傳福音工作之經濟。上帝已經命令傳福音是靠賴祂子民的工作與奉獻。祂呼召他們藉著什一與樂意的奉獻，成為上帝無私的同工。

(1)什一

正如七分之一時間（安息日）屬於上帝，我們所獲得一切財物的十分之一也屬於祂。聖經告訴我們，什一「歸上帝為聖」，象徵一切東西都是祂的（利27：30、32）。什一原是上帝之物，應歸還給祂。

什一制度有它單純的美。它的平等性顯示在它對窮人與富人都作同樣比例的要求。依照上帝將祂的財產賜給我們使用的多少，我們歸還十分之一給祂。

上帝呼召人歸還什一時，未曾呼籲人感恩或慷慨。雖然我們應該向上帝表達感恩，但我們交納什一，乃是因為上帝的吩咐。什一是屬於主的，而祂要求我們將什一歸還給祂。

a.什一的榜樣

在整本聖經中，都可看見交納什一是上帝所悅納的。亞伯拉罕向至高上帝的祭司麥基洗德交納「十分之一」（創14：20）。他如此行，就是承認麥基洗德神聖的祭司職分，並表明他熟悉這神聖的制度。這裏提到什一時竟如此自然，很明顯的，在早期已有交納什一的習慣。

顯然雅各也明白什一的要求。作為一個流落在外的難民，他向主立誓說，「凡你所賜給我的，我必將十分之一獻給你。」（創28：22）在出埃及之後，當以色列人已經成立為一個國家，上帝重申什一的律法為神聖的制度，是以色列的興盛所靠賴的（利27：30-32；民18：24、26、28；申12：6、

11、17）。

新約聖經未廢棄這項制度，認為它仍然有效。耶穌認可什一，但責備那些違背其精神的人（太23：23）。雖然那管理象徵基督贖罪犧牲的儀文律法，在基督受死時終止了，什一的律法卻並未終止。

因為亞伯拉罕是一切信徒的父，他在交付什一上也是基督徒的榜樣。亞伯拉罕曾將什一獻給上帝至高的祭司麥基洗德，所以新約時代的信徒，也將什一獻給那依麥基洗德等次作我們大祭司的基督（來5：9、10；7：1—12）（註5）。

b.什一的使用

什一是聖的，只能用在神聖的目的上。主吩咐說：「地上所有的，無論是地上的種子，是樹上的果子，十分之一是耶和華的，是歸耶和華為聖的。……凡牛群羊群中，一切從杖下經過的，每第十隻要歸給耶和華為聖。」（利27：30—32）祂說：「你們要將當納的十分之一全然送入倉庫，使我家有糧。」（瑪3：10）

在以色列，什一專用在利未人

身上。利未人未分得產業，他們所有的時間都在聖所服事，協助崇拜事宜，並將耶和華的律法教導百姓（民18：21、24）。

基督釘十字架之後，在神聖領導下利未人祭司工作結束之時，什一仍然用來支持上帝教會的工作。保羅說明這件事的原則時，用利未人的服務及新建立的福音工作相比。他說：「我們若把屬靈的種子撒在你們中間，就是從你們收割奉養肉身之物，這還算大事嗎？若別人在你們身上有這權柄，何況我們呢？……你們豈不知為聖事勞碌的，就吃殿中的物嗎？伺候祭壇的，就分領壇上的物嗎？主也是這樣命定，叫傳福音的靠著福音養生。」（林前9：11—14）

因此，教友樂意將他們的什一「送入倉庫，使我家有糧。」（瑪3：10）換句話說，上帝的教會中就有足夠的經費，供給傳道人生活，並推進福音的傳播（註6）（註7）。

(2)樂意奉獻

感恩的基督徒無法將他們給教會的捐獻只限於什一。在以色列的

聖幕以及以後的聖殿，都是用樂意的奉獻建造的——從樂意的心靈所作的奉獻（出36：2-7；參閱代上29：14）。這些崇拜地方的維修費用，也是由特別的奉獻支付（出30：12-16；王下12：4、5；代下24：4-13；尼10：32、33）。以色列人為宗教及救濟所作的奉獻，可能是他們收入的1／4至1／3，這樣大量的奉獻是否造成貧窮呢？正好相反，上帝應許在他們忠心的奉獻上賜福給他們（瑪3：10-12）（註8）。

今天也是一樣，主呼召人照祂所賜我們的福，作慷慨的奉獻。教堂的建造、維修、運作，及建立醫藥佈道工作以展示福音的實際意義，都需要樂意奉獻。

我們的奉獻是否要像以色列人一樣多？抑或他們奉獻的模式已不適用於今天呢？在新約聖經中，基督立了真實管家的原則——我們對上帝的奉獻，應該與我們所享有的亮光和特權相稱。祂說：「因為多給誰，就向誰多取，多託誰，就向誰多要。」（路12：48）當基督差遣祂的門徒去傳道時，祂說：「你們白白地得來，也要白白地捨去。」（太10：8）這項原則也可應用在將財物的福分與人分享上。

新約聖經中沒有任何地方廢除或鬆懈這項制度。當我們將所有的特權和福分與以色列人的相比較時，我們可以看出，在基督裏，我們所得的顯然要大得多。我們必會藉著更慷慨的捐獻，以表達與之相當的感恩，好使這救人的福音能帶給他人（註9）。福音宣講愈廣闊，所需的支持亦愈大。

(3)存留的原則

管家的原則不但適用於我們的捐獻，也適用於存留在我們手中的東西。雖然什一是我們在管家責任上對我們屬世財物之主要試驗（註10），但這項原則在如何應用剩下的財物上，也同樣試驗我們。

我們對財物的使用，顯出我們對上帝的愛及對我們鄰居的愛有多少。金錢在我們手中可以成為一種行善的力量，可以為飢餓的人預備食物、為乾渴的人預備飲料、為赤身露體的人預備衣服（太25：34-40）。從上帝的眼光來看，金錢具有價值，主要是在它能供給生命的需要，造福他人及維持上帝的工作。

⑷在什一及奉獻上不忠心

一般說來,人們對管家的原則都缺少認識或者忽視了。甚至在基督徒中間,承認他們是管家角色的人也不多。上帝對以色列人不忠心的反應,讓我們清楚地看出祂如何看這件事。當他們為了自己的利益使用什一及奉獻之時,祂警告說那等於偷盜(瑪3:8)。祂又將他們未能興盛的原因,歸咎於他們在金錢上的不忠心:「因你們通國的人都奪取我的供物,咒詛就臨到你們身上。」(瑪3:9)

主在警告之前,顯出了祂的忍耐、慈愛、憐憫,要他們接受祂的恩典:「現在你們要轉向我,我就轉向你們。」(瑪3:7)祂要賜給他們豐盛的福氣,並激勵他們試驗祂的信實。「萬軍之耶和華說:你們要將當納的十分之一全然送入倉庫,使我家有糧,以此試試我,是否為你們敞開天上的窗戶,傾福與你們,甚至無處可容。萬軍之耶和華說:我必為你們斥責蝗蟲,不容牠毀壞你們的土產,你們田間的葡萄樹,在未熟之先也不掉果子。萬軍之耶和華說,萬國必稱你們為有福的,因你們的地必成為喜樂之地。」(瑪3:10-12)

5.大地的管家

現代科學已使大地成為一個研究與實驗的大實驗室。這樣的研究帶來許多福分,但是工業革命也造成了空氣、水及土地的污染。科技,在某些情形下,只是操縱大自然,而未聰明的去管理它。

我們是這世界的管家,應盡一切所能保持生態環境的平衡,以保護各層次的生命。基督再來時,「你敗壞那些敗壞世界之人的時候也就到了」(啟11:18)。從這種觀點來看,基督徒的管家不僅要為他的錢財負責,也要為他周圍的環境負責。

三、作管家的基督

正確的管家服務就是無我。它是完全將自己獻給上帝,並將服務獻給人類。基督因為愛我們,忍受了十字架的酷刑,還有更深的痛苦,就是祂被自己的人所拒絕,又有上帝離棄之深淵相隔。與這樣的恩賜相比,我們還能獻上甚麼?祂所給的是一份禮物,不是從祂所有的東西中給我們,——雖然萬物都是祂

的，而是將祂自己給了我們。作管家就是如此。注視這至大的禮物，就會被祂吸引，脫離自我，變成祂的形像。這會感動我們成為關懷的教會，去關懷教會內及教會外的人。既然基督為世人而捨命，那麼這管家的服務，廣義說也是為了世人。

四、管家的福分

上帝將我們置於管家的地位，是為了我們的益處，不是為祂的益處。

1.一項個人的福分

上帝要我們不斷將整個生命——時間、才幹、身體及財物，全獻給祂的理由之一，乃是要激勵我們靈性長進及品格發展。當我們持續地發現上帝對所有東西的主權，祂又不斷地將祂的愛賜給我們時，我們的愛與感恩之心就滋長了。

忠心的管家服務也幫助我們勝過貪心與自私。貪心是人的最大仇敵之一，也是十條誡命所定罪的。耶穌警告我們不可貪心：「你們要謹慎自守，免去一切的貪心，因為人的生命不在乎家道豐富。」（路12：15）有規律的奉獻，可幫助我們從生命中根除貪心與自私。

管家的職分使人發展成經濟及有效率的習性。我們既「是已經把肉體連肉體的邪情私慾，同釘在十字架上了」（加5：24），就不會用任何東西去滿足自我。「當管家的諸般原則在人生中掌權時，就照亮心靈，固定目標，除去娛樂中不健康的東西，以金科玉律辦理一切事務，而心中充滿了救靈的熱望。這就是上帝在一個有此信心及忠心之人的生活中，所預備的福分。」（註11）

一種深邃的滿足與喜樂，得自為拯救每一個主所捨命之人所作的投資。有主的話為保證：「這些事你們既做在我這弟兄中一個最小的身上，就是做在我身上了。」（太25：40）「我們沒有甚麼太寶貴，不能獻給耶穌。我們若將祂所託付我們的金錢歸還給祂，祂會將更多放在我們手中。我們為基督所作的每一樣努力，祂都會報賞我們。每一樣奉祂的名所盡的責任，都會將喜樂帶給我們自己。」（註12）

2.使他人蒙福

真實的管家使所有與他們接觸的人蒙福。他們實行保羅在管家方面的教訓：「又要囑咐他們行善，在好事上富足，甘心施捨，樂意供給人。為自己積成美好的根基，預備將來，叫他們持定那真正的生命。」（提前6：18、19）

管家的責任牽涉到對他人的服務，並樂意將上帝施恩所賜下可以使他人蒙福的一切東西，與他人分享。這就是說，「我們不再認為生命是在於我們有多少錢、我們的地位如何，我們認識甚麼重要人物、我們所居住的是甚麼房子、鄰居是誰，以及我們認為我們所有的地位及影響力如何。」（註13）真實的生命是認識上帝，培植像祂那樣的愛心與慷慨，並按照祂使我們興盛的情況，盡我們所能的捐獻。真實的生存，就是在基督裏真實的給與。

3.使教會蒙福

教會採納聖經的管家計畫乃是不可少的。教友繼續參加奉獻如同運動一樣，——其結果會建造成一個強壯的教會，將基督所賜的與他人分享，並樂意回應上帝聖工上的一切需要。教會必有充足的資金支持傳道工作，在其鄰近推展上帝的國度，並擴充上帝的國度至地上偏遠地區。教會必樂意將所有的時間、才幹、金錢、以愛與感恩的心獻給上帝，回應祂的賜福。

鑒於基督曾經保證，當這天國的福音已「對萬民作見證」時（太24：14），祂就必回來，因此人人都被邀請作管家與祂同工。教會這樣的見證，就會對世人成為強而有力的福分，而祂忠心的管家見到福音的福分擴展到他人，就會因此而喜樂。

338

註1：Webster's 《New Universal Unabridged Dictionary》1979年2版1786頁。

註2：《基督復臨安息日會參考文庫》。

註3：同上。

註4：Paul G. Smith著《Managing God's Goods》21頁。

註5：見1961年10月《Ministry》12頁C. G. Tuland撰「Tithing in the New Testament」.

註6：在出27：20，主曾賜下特別的教訓，要為燈預備橄欖油。供給崇拜地方的燈油，使其發揮正常功能，乃是一種繼續不停的義務──但是這項經常開支不是由什一支付。參見懷愛倫著《管家勉言》102、103頁；她說，教會學校聖經教師的薪金，應從什一支付。但不可用為其他學校費用、學生貸款或支持文字佈道士。（懷愛倫著《教會證言》卷九第248、249頁；《信息選粹》卷二第209頁）。上帝工作的這些方面，係由樂意奉獻維持。

註7：T. H. Jemison曾提出一些十分實用計算什一的建議。他寫道：「薪金的什一容易計算。通常說來，沒有甚麼業務開銷──就是為產生收入而有的開支需要減去。什一就是薪金的十分之一。

　　　商業收入的什一計算與薪資什一計算方式略有不同。一個批發商與一個零售商，要減去在計算什一之前所需要的費用。這包括雇用助手的費用、暖氣、水電、保險、房租、稅捐及類似的項目。當然，這些項目不包括他個人及他家人的生活費用。

　　　農夫減去他的費用──工資、肥料、修理、利息、稅捐等，但是農夫應該考慮他家中食用的農產品為收入，因其減少了家庭的生活費用。

　　　製造商、投資人或專業人員，可以使用類似的程序。如今在各種行業中所必須的精確計算，使得計算商業利潤的什一並不困難。有些商人將什一的計算包括在他們正規的簿記系統之內。

　　　有時一個女人，她丈夫是個不交納什一的人，會在如何交納什一上感到困惑。有時她可交納給她家用錢的什一。有時這是不允許的。在此情形下，她只能交納她所賺得的，或收到的禮物的什一。「因為人若有願做的心，必蒙悅納，乃是照他所有的，不是照他所無的。」（林後8：12；《Christian Beliefs》267頁）

註8：有些聖經學者認為，除了各種樂意奉獻之外，以色列人至少奉獻兩個什一（有人則認為是三個什一），關於第一個什一，主說：「凡以色列中出產的十分之一，我已賜給利未的子孫為業；因他們所辦的是會幕的事，所以賜給他們為酬他們的勞。」（民18：21）但是對於第二個什一，祂說：「又要把你的五穀、新酒、和油的十分之一，並牛群羊群中頭生的，吃在耶和華──你上帝面前，就是他所選擇要立為他名的居所。這樣，你可以學習時常敬畏耶和華你的上帝。」（申14：23）三年中的兩年，以色列人要帶著這個什一，或是相等的金錢到聖所去。在那裏，這些被用為慶賀宗教節日，也供給利未人、客旅與孤兒寡婦。每第三年，以色列人要在家鄉用這第二個什一款待利未人及窮人。這樣，第二個什一是用為救濟及款待（申14：27－29；26：12）。見懷愛倫著《先祖與先知》530頁，《基督復臨安息日會參考文庫》。

註9：參閱懷愛倫著《教會證言》卷三392頁。

註10：從聖經的觀點說，在人手中的東西並不代表所有權。我們對什一的態度，顯明我們是否承認我們只是管理人，或我們冒充是所有權人。

註11：Froom著「Stewardship in Its Larger Aspect」《Ministry》20頁。

註12：懷愛倫《教會證言》卷四19頁。

註13：同註4，72頁

22基督徒的品行

基督復臨安息日會相信……

我們蒙召要成為一批敬虔的百姓，思想、感情、行動，都與天國的原則相和諧。為了讓聖靈在我們裏面重造主的品格，就讓我們只參與那些能在我們生命中，產生像基督的純潔、健康、喜樂的事。也就是說，我們的興趣與娛樂，應該合乎基督徒對的美的崇高品味與標準。我們的衣著，雖因文化差異而有所不同，卻當以樸素、保守、整潔為原則。適合於人的美不在於外在的妝飾，而在於那以溫柔安靜的心為永不磨滅之妝飾。它也表示，因為我們的身體是上帝的殿，就當聰明的照顧。除了適當的運動與休息之外，我們要儘可能採用最健康的飲食，並禁止食用聖經所指明不潔淨的食物。由於含酒精的飲料、菸草以及毒品，有害我們的身體，我們也禁戒不用。要參與那能將我們的思想、身體都帶入基督教導下的一切活動，祂熱望我們有健康、喜樂與良善。

——基本信仰第二十二條

第22章
基督徒的品行

基督徒的品行——跟隨上帝之人的生活方式，發自對上帝藉著基督施行輝煌拯救之感恩的回應。保羅呼籲所有的基督徒說：「所以，弟兄們，我以上帝的慈悲勸你們，將身體獻上，當作活祭，是聖潔的，是上帝所喜悅的；你們如此事奉乃是理所當然的。不要效法這個世界，只要心意更新而變化，叫你們察驗何為上帝的善良、純全、可喜悅的旨意。」（羅12：1、2）因此基督徒樂意保護及培植

他們靈、智、體各種官能，以便榮耀他們的創造主及救贖主。

基督禱告說：「我不求你叫他們離開世界，只求你保守他們脫離那惡者。他們不屬世界，正如我不屬世界一樣。」（約17：15、16）一個基督徒怎能一面在世界之中，一面又與世界分離？基督徒的生活方式，怎樣與世人的生活方式有所分別呢？

基督徒應該採用一種不同的生活方式，不是為了標新立異，而是因為上帝已經呼召他們依照原則生活。上帝呼召他們過的生活方式，能使他們充分發揮祂為他們所設計的潛能，使他們在祂的工作中顯出成效來。與世人不同，也推展了他們的使命：服事世人——作世上的鹽與光。鹽失了味，或光與暗毫無區別，還有甚麼價值可談呢？

基督是我們的榜樣。祂如此徹底地生活在世之中，以致有人指控祂是個「貪食好酒的人」（太11：19），但祂並非這樣的人。祂如此和諧完美地活出了上帝的原則，以致沒有人能證明祂有罪（約8：46）。

一、品行與得救

在決定何者為合宜的品行時，我們應該避免兩個極端。第一是接受規則，但使用這原則作為得救的手段。保羅用下面的話為這種極端作結論說：「你們這要靠律法稱義的，是與基督隔絕，從恩典中墜落了。」（加5：4）

那相反的極端是認為：既然好行為不能救人，因此，好行為是不重要的——人所行的無關重要。保羅也論到這項極端說：「弟兄們，你們蒙召是要得自由，只是不可將你們的自由當作放縱情慾的機會。」（加5：13）當每個教友都依照自己的良心行事時，「在基督徒之間就不能照太18章及加6：1、2施行共同的紀律與管教了。教會就不是彼此相顧與彼此相愛的基督的身體，只是一批獨立個體的集結而已，他們各人自行其道，對他人不負任何責任，也不付出任何關心。」（註1）

雖然我們的品行與我們的靈性之間有密切關聯，但我們永遠不能藉著我們正當的行為賺得救恩。基督徒的品行乃是得救後之自然結出的果子，並以基督在髑髏地已經成就的大功為基礎。

二、聖靈的殿

不僅教會是聖靈的殿，每個基督徒也都是聖靈居住的殿。「豈不知你們的身子就是聖靈的殿嗎？這聖靈是從上帝而來，住在你們裏面的。並且你們不是自己的人。」（林前6：19）

因此，基督徒實行良好的健康習慣，藉以保護他們身體聖殿的指揮中心，心思就是基督的靈居住的所在。為此之故，基督復臨安息日會在過去一百年間，曾強調健康習慣之重要性（註2）。這項強調已經獲得成果。最近的研究顯明，基督復臨安息日會的教友，比一般人更少罹患任何一種主要的疾病（註3）。

作為基督徒，我們關心人的屬靈生活，也關心人的肉體生活。我們的楷模耶穌，曾「醫治百姓各樣的病症」（太4：23）。

聖經看人是一個整體的單元（見本書第7章）。「將靈性與肉體分開，並非出自聖經。」（註4）因此上帝召人成為聖潔，指的是人靈性的健康，以及人肉體的健康。循理會創始人的母親衛蘇姍（Susannah Wesley）曾恰當地總括這項原則說：「無論是甚麼，若是削弱你的

理智，使你的良心變硬，使你對上帝的感覺模糊，減低你心靈控制身體的力量與權威，——那樣的事，無論其本身如何純潔無邪，都是錯的。」（註5）

上帝的諸般規律，包括健康規律，並非武斷，而是由我們的創造主設計，為要使我們能享受最美滿的人生。仇敵撒但則要竊走我們的健康、我們的快樂、我們心靈的平安，並最終毀滅我們（見約10：10）。

三、上帝賜福全人健康

要獲得這種健康，需要實行上帝所賜頗為簡單但有效的飲食原則，它們其中有一些是明顯為大多數人所贊同。其他一些如適當的飲食，則較難為人接受，因為它們牽涉到我們的生活方式中，基本的習慣與趨向。因此，我們將用較大的篇幅探討那些為人誤解、爭辯或拒絕的原則（註6）。

1.運動的福分

有規律的運動，乃是一個簡單的辦法，可以增加精力，堅強體魄，解除緊張，皮膚更健康、自信更增

添，又能有效控制體重、消化及排洩的規律性增進、減輕頹喪、減低心臟病及癌症的危險。運動不是可有可無的選擇，而是保持（身心雙方頁）健康不可少的（註7）。

有益的活動導致昌盛，不活動與懶惰導致災禍（箴6：6-13；14：23）。上帝命令亞當與夏娃活動——在戶外照顧他們的家園（創2：5、15；3：19）。基督立下了體力活動的榜樣。祂一生大多數時間作木匠，從事勞動。傳道期間，祂在巴勒斯丁道路上步行（註8）。

2.陽光的福分

生命不可缺少陽光（創1：3）。它給予能力製造那供給身體精力與養分的營養素，也供給能釋放出我們生存必需的氧氣。陽光促進健康，也使疾病的痊癒加快。

3.水的福分

人體的75%是水。而這重要的液體，卻不斷地從我們呼出的空氣、汗液及排洩物中流失。每日飲用6至8杯純淨的水，可以保持生活幸福快樂並有效率。水的另一個重要功能，是用為清潔及放鬆。

4.新鮮空氣之福

戶內或戶外不潔空氣的環境，使血液所帶的氧，少於每一細胞發揮最大功能所需要的量。這會使人的警覺性降低，反應遲鈍。故此每天儘可能攝取大量新鮮空氣，厥為重要。

5.節制生活之福，不用毒品、刺激品

毒品充斥在我們的社會中，因為它能提供刺激，解除緊張與疼痛。基督徒的周圍充滿了毒品的誘惑。許多流行的飲料看來沒有問題，但也含有毒質：咖啡、茶、可樂等含有咖啡鹼（註9）；一些有水果味的冷飲含有酒精。研究顯示，那些較溫和的毒品，會使人愈用愈強烈，而導致人的頭腦子改變。聰明的基督徒會禁戒一切有害之物，即使使用有益的東西，也應當有所節制。

(1)菸草

無論何種形式吸食的菸草，都是慢性毒品，對身體、心靈、道德力都有害處。開始時無法察覺。它先刺激神經，然後使神經癱瘓，使頭腦軟弱而失去警覺力。

使用菸草的人乃是慢性自殺（註

10），違犯了第六條誡命：「不可殺人」（出20：13）。

(2) 含酒精的飲料

酒是地球上使用最廣的毒品之一，它已害人無數。不僅喝的人受傷害，社會上更多因它而造成家庭破碎、意外傷亡、貧窮等。

因為上帝只藉我們的心思與我們交通，我們最好記得，酒能發生不良的影響，妨礙心思的功能。當酒精含量在身體內上升時，飲酒的人就會逐漸經歷協調的喪失、糊塗、錯亂、昏睡、麻木、昏迷及死亡。經常飲用含酒精的飲料，終將導致記憶、判斷力及學習能力的喪失（註11）。

聖經中有關飲酒的故事，或者使你感到上帝允許飲酒。但是聖經也指出，上帝的子民也參與一些其他社會行為如離婚、多妻、蓄奴——一些上帝確實不寬容的行為。在解釋這些經文時，最好記得，上帝容許，並不一定認可。

耶穌對於摩西為何容許離婚的問題所作的回答，顯明了這項解釋的原則。祂說：「摩西因為你們的心硬，所以許你們休妻。但起初並不是這樣。」（太19：8）（註12）福音

要使我們恢復伊甸之神聖的模式。正如這些其他的作法一樣真實，飲酒並非上帝原始計畫中的一部分（註13）。

(3) 其他的毒品與麻醉品

還有許多其他有害的毒品與麻醉品，撒但正藉之摧毀人類（註14）。仰望基督的真實基督徒，必會繼續在身子上榮耀上帝，因為知道他們是祂寶貴的產業，用祂的寶血買來的。

6.休息之福

適當的休息，對身心健康乃為必要。基督已將祂憐恤疲憊門徒的邀請，賜給了我們：「你們來，同我暗暗的到曠野地方去歇一歇。」（可6：31）休息時期供給了與上帝交通所極為需要的安靜。「你們要休息，要知道我是上帝！」（詩46：10）藉著將一週的第七日分別出來作為安息日，上帝強調我們需要休息（出20：10）。

休息不止是睡眠或停止正規的工作，也與我們如何使用閒暇的時間有關。疲憊不僅是由於緊張或工作太重、太久所造成。我們的頭腦可能因為傳播媒體過分的刺激、疾

病，或各種個人的問題而疲倦。

英文的康樂（RECREATION）一字，意為重造。能加強、建造、及使身心重新得力，這樣，預備信徒帶著新的生命力，回到他們的工作崗位。要活在生命的頂峰，基督徒必須只追求那些能增強與基督的關係，及增進健康的娛樂。

聖經提出下列原則，可幫助基督徒選擇有益的康樂活動。「不要愛世界和世界上的事，人若愛世界，愛父的心就不在他裏面了。因為，凡世界上的事，就像肉體的情慾、眼目的情慾，並今生的驕傲，都不是從父來的，乃是從世界來的。」（約壹2：15、16）

(1)電影、電視、收音機及錄放影機

這些媒體，可以成為偉大的教育工具。它們已經「改變了我們現代世界的整個氣氛，我們容易與全球的各種活動、思想、生活接觸。」（註15）基督徒必須記得，電視與錄放影機，對個人生命的衝擊，比其他任何單一的活動都大。

不幸的是，電視與錄影所播出的連續劇，將那些既不健康又不能提昇人的影響力帶入了家庭。我們若沒有辨別力，或沒有決斷，「它們會將我們的家變成戲院，下賤骯髒的劇場。」（註16）獻身的基督徒，必會遠離不健康的、暴行的、色情的電影與電視節目。

聽覺與視覺的媒體，本身並不是罪惡的東西。那同一個管道，也傳講救人的福音。還有許多其他有價值的節目播出。但是人甚至可用好節目，來逃避人生的責任。基督徒不僅要在看甚麼節目上建立原則，同時也要定出觀賞的時間限度，免得人際關係受到損失。我們若不能分辨，或者我們缺乏能力控制，就不如完全不要它們，免得讓它們藉著污染我們的思想，或浪費我們多的時間而統治我們（太5：29、30）。

關於默想基督，有一個重要的聖經原則說：「我們眾人既然敞著臉得以看見主的榮光，好像從鏡子裏返照，就變成主的形狀，榮上加榮，如同從主的靈變成的。」（林後3：18）仰望帶來改變。但是基督徒也必須經常記住，在消極方面這項原則也同樣有效。那描寫人類罪惡——殺人、姦淫、偷盜，及其他卑賤行為的電影，正不斷地使人的道德敗壞。

保羅在腓4：8的勸勉中，立下了一項原則，可以幫助我們分辨甚麼是有價值的娛樂：「弟兄們，我還有未盡的話：凡是真實的、可敬的、公義的、清潔的、可愛的、有美名的，若有甚麼德行，若有甚麼稱讚，這些事你們都要思念。」（腓4：8）

(2) 讀書與音樂

這同樣崇高的標準，也適用在基督徒的讀書與音樂上。音樂是上帝的恩賜，用以激發人的純潔、高貴並提升思想。因此，好音樂會增進精美的品格素質。

另一方面，低賤的音樂「毀壞心靈的韻律，敗壞道德。」因此基督的門徒要躲避「一切爵士樂、搖滾樂及其相關的混合形式；以及一切表達愚昧或低賤感情的語言。」（註17）。基督徒不聽那些含有挑逗性詞曲的音樂（羅13：11－14；彼前2：11）（註18）。

閱讀也能使我們獲得許多益處。有許多好書，可以培植及擴展我們的思想。但是也「氾濫著大批罪惡的書刊，往往這些都具有最吸引人的外表，但卻損害人的心思與道德。那些放蕩的冒險經歷及道德鬆弛的故事，無論是事實或虛構」，都不適合信徒，因為它們造成一種對高貴、誠實及純潔之生活方式的厭惡，妨礙與基督的聯合（註19）。

(3) 不能接受的活動

復臨信徒也受教要避免賭博、牌戲、上戲院及跳舞（約壹2：15－17）。他們懷疑花時間看殘暴的運動比賽的價值（腓4：8）。任何使我們與主的關係變弱，使我們失去對永恆興趣的事，都是幫助撒但捆綁我們心靈的鏈條。基督徒寧可參與那些真正能使他們的靈智體重新得力的休閒活動。

7.營養食物之福

創造主賜給第一對男女理想的飲食：「上帝說：看哪，我將遍地上一切結種子的菜蔬和一切樹上所結有核的果子全賜給你們作食物。」（創1：29）在人墮落之後，上帝再在他們的飲食中加上：「田間的菜蔬」（創3：18）。（註：在聖經原文中創1：29之菜蔬（eseb）是指成熟的草本植物，即五穀食物。）

今天的健康問題，愈來愈集中在退化性的疾病上。這些疾病可直接追溯其原因至飲食及生活方式。

上帝所計畫的飲食，包括五穀、水果、硬殼果、蔬菜，供給了合適的養分，以維持最完美的健康。

(1)原先的飲食

聖經並不譴責吃潔淨動物的肉。但是上帝原先給人的飲食，卻未包括肉食，因為祂不願看見動物被殺，並且因為均衡的素食對健康最好──科學已給予愈來愈多證據的事實（註20）。肉食的人因肉食中含有的細菌及病毒，可能危害他們的健康（註21）。據估計單在美國每年因家禽肉品中毒的人乃以百萬計。因為肉品檢查未能發現沙門氏菌（Salmonella）及其他微生物的污染（註22）。有幾位專家認為，「食物中細菌污染，比化學添加物及防腐劑所造成的危險大多了」，並認為由這些細菌造成的疾病會增加（註23）。

而且，近年所作的研究指出，肉品消費的增加，可能造成動脈硬化、癌症、腎病、骨質鬆症（Osteoporosis），及旋毛蟲病的增加，並可能減短人的壽命（註24）。

上帝在伊甸園所吩咐人的飲食──素食，乃是理想的飲食，只是有時我們無法獲得理想的食物。在那樣的處境中，不論任何情況或地點，凡盼望保持最佳健康的人，就只有食用他們所能獲得的最佳食品。

(2)潔淨與不潔淨的肉食

洪水之後，上帝才讓人以肉為食物。因為所有的植物已被毀滅，上帝就允許挪亞與他的家人吃肉，但規定不可吃肉中的血（創9：3-5）。

聖經顯明了上帝賜給挪亞的另一個規定，他與他的家人只能吃上帝指為潔淨的動物。因為挪亞與他的家人需要潔淨的動物為食物，並為了獻祭（創8：20），上帝才叫挪亞每種潔淨的動物帶七對，不潔淨的動物則只帶一對進入方舟（創7：2、3）。利11章與申14章提供了對潔淨與不潔淨動物的詳盡解釋（註25）。

不潔淨的動物，依其性質，不能構成最好的食品。許多是吃動物屍體的清道夫，或捕食其他動物的殺手──從獅子、豬、鷹及住在海底的吸食蟲類的魚，由於它們的生活習慣，它們多半是疾病的傳播者。

研究已經顯明，「在豬肉與貝殼中，除了發現不少膽固醇之外，二者之中都含有一些與人中毒有關的

毒素及污染物。」（註26）

藉著禁戒不潔淨的食物，上帝的子民從周圍不潔淨的腐敗世界中，就表現出得贖的感恩（利20：24－26；申14：2）。將任何不潔淨的東西放進上帝的靈所居住的身體內，就是未達到上帝的理想。

新約聖經並未廢除潔淨與不潔淨肉食的區別。有些人相信，因為這些律法是在利未記中提到，它們只是儀文或儀式而已，因此對基督徒是失效的。但是潔淨與不潔淨動物的區別，早在以色列國以前挪亞的日子便已存在。這些飲食規律是健康原則，人有繼續遵守的義務（註27）。

(3)規律性、簡單性與均衡性

成功的飲食改良乃是漸進的，並且必須聰明地進行。最終我們必須學會在飲食中完全除去，或只用少量高脂肪或食糖的食物。

我們應該儘可能用簡單、自然的方式烹調，並且為了最佳的健康，應該定時進食。那些複雜的、刺激性的飲食不是最健康的。許多調味料、香料，會刺激消化道（註28），某些健康問題與經常使用這些東西有關（註29）。

8.基督化衣著之福

上帝為亞當與夏娃預備了最早的衣服，也知道今天我們需要合適的衣服（太6：25－33）。我們選擇衣服的標準應該以簡單，不過分暴露、實用、健康及美麗為原則。

(1)簡單

正如在我們生活的其他方面一樣，基督徒回歸單純的呼召，也影響到他的衣著。「基督徒見證需要簡單」。

「我們衣著的方式，向世人表示我們是誰──不是從維多利亞世代傳下來律法的要求，而是我們對耶穌之愛的表現。」（註30）

(2)崇高的道德

基督徒不會用那些從「肉體的情慾」（約壹2：16）而來的式樣，破壞他們品格的美。因為他們要向他人作見證，他們的衣著和行為都會檢點，不強調身體上那刺激性慾的部分。保守的衣著促進心靈的健康。基督徒的目標是榮耀上帝，不是榮耀自己。

(3)實用與經濟

基督徒是上帝所託付的金錢管家，他們會講求經濟原則，避免以「黃金、珍珠，和貴價的衣裳為裝

飾。」（提前2：9）但是，講求經濟並非就是購買所能買到的最便宜的衣服。常常高品質的東西，從長遠的觀點看，反而較為經濟。

(4) 促進健康

影響人健康的，不僅是飲食。基督徒的衣裳款式，要避免不能充分保護身體或束縛身體，或在其他方面影響健康。

(5) 優雅與自然之美

基督徒明白防備「今生的驕傲」（約壹2：16）的警告。基督講到百合花說：「就是所羅門極榮華的時候，他所穿戴的，還不如這花一朵呢！」（太6：29）如此祂說明了天國的美感，是以優雅、簡單、純潔、自然美為特徵。世上的炫耀，如在轉眼即將過時的時裝上所見的，在上帝眼中毫無價值（提前2：9）。

基督徒能吸引非基督徒，不是因為看來與世人相同，也不是行事與世人相同，而是因為一種與眾不同的清新吸引人。彼得說，不信的丈夫「也可以因妻子的品行被感化過來。這正是因看見你們有貞潔的品行和敬畏的心。」他勸勉信徒不要以裝飾外面，但「以裏面存著長久溫柔安靜的心為裝飾。這在上帝面前是極寶貴的。」聖經教導我們：

■a.品格顯示人真實的美

彼得與保羅都在裝飾方面，為基督徒男女提出基本的原則：「你們不要以外面的……戴金飾，穿美衣為裝飾。」（彼前3：1-4）「又願女人廉恥、自守，以正派衣裳為裝飾，不以編髮、黃金、珍珠，和貴價的衣裳為裝飾。只要有善行，這才與自稱是敬拜上帝的女人相宜。」（提前2：9、10）

■b.簡樸與改革及奮興相和諧

當雅各呼召他的家人們將自己奉獻給上帝時，他們「就把外邦人的神像和他們耳朵上的環子交給雅各」雅各就將它們埋在地下（創35：2-4）（註31）。

以色列人因金牛犢而背道之後，上帝吩咐他們說：「現在你們要把身上的裝飾摘下來，使我可以知道怎樣待你們」。他們在悔改中，「就把身上的妝飾摘得乾淨」（出33：5、6）。保羅清楚地說，聖經記載這次背道「正是警戒我們這末世的人」（林前10：11）。

c.好管家需要過犧牲的生活

當世界大部分的人營養不良，物質主義卻在基督徒面前放置了從貴重衣服、汽車、珠寶，至奢華房屋的各種試探。基督徒的外表與簡樸的生活方式，與那些價值觀以物質為中心不以人為中心的、二十世紀末頁社會之貪婪、物質主義、異教的炫耀，成為強烈的對比。

鑒於這些聖經的教訓及上述的各項原則，我們相信，基督徒不應該用珠寶妝飾自己。我們了解，戴戒指、耳環、項鏈、手鐲、炫耀的領帶夾、袖扣——並其他任何珠寶，若是其主要功能是為了炫耀，都是不必要的，且與聖經在妝飾上簡樸的教導不和諧（註32）。

聖經將炫耀的化妝品與異教及背道相提並論（王下9：30；耶4：30）。因此對化妝品，我們認為基督徒應該保持自然與健康的外表。我們若在所言、所行、所穿的方面都高舉救主，我們就會變得像磁石，吸引人到祂的跟前（註33）。

四、基督徒標準的原則

基督徒在各方面的生活表現，乃是在回應藉基督得救。基督徒祈望榮耀上帝，並過像基督那樣的生活。雖然有人認為基督徒的生活方式是一堆禁令，但我們卻樂於視祂它為救恩構架中一系列的積極原則。耶穌曾強調，祂來是要我們得生命，並且得的更豐盛。是那些原則領我們進入豐盛的生命？當聖靈進入一個人的生命中時，就有一種決定性的改變發生，這便使周圍的人都能見到（約3：8）。聖靈不僅造成生命中最初的改變，祂的工作是繼續進行著。聖靈的果子乃是仁愛（加5：22、23）。基督教最強有力的證據，乃是一個愛人及可愛的基督徒。

1.活在基督的心裏

「你們當以基督耶穌的心為心」（腓2：5）。無論順境或逆境，我們在一切環境中，都應該尋求明白基督的心意，並過著與祂心意和諧一致的生活（林前2：16）。

懷愛倫提到活在與基督這種關係中的美好結果，說：「一切真實的順從，都是由內心發出來的。基

督的順從，也是出於內心的。如果我們同意，祂必能使我們的思想和目的與祂一致，使我們的心志與意念也合乎祂的旨意。以致我們順從祂的時候，無非是在履行自己的意願而已。這樣，我們受了鍛鍊而成為聖潔的意志，就必以從事祂的工作為最大的喜樂。當我們盡量利用所有的機會去認識上帝時，我們的生活就必成為時常順從的生活。藉著敬重基督的品德，藉著與上帝交通，我們就必恨惡罪惡了。」（註34）

2.為讚美及榮耀上帝而活

上帝為我們成就的是如此之多，我們所能表達感謝方式之一，就是藉著我們的讚美。

詩篇堅持地強調了屬靈生活的方面：「我在聖所中曾如此膽仰你，為要見你的能力，和你的榮耀，因你的慈愛比生命更好。我的嘴唇要頌讚你。我還活的時候，要這樣稱頌你。我要奉你的名舉手，我在床上記念你。在夜更的時候思想你。我的心就像飽足了骨髓肥油。我也要以歡樂的嘴唇讚美你。」（詩63：2-6）

對基督徒來說，這樣讚美的態度，就會使生活中的其他事情保持在適當的關係中。仰望那救贖我們脫離刑罰、脫離罪的權勢，為我們釘十字架的救主，就會促使我們只作「祂所喜悅的事」（約壹3：22、弗5：10）。基督徒「不再為自己活，乃為替他們死而復活的主活。」（林後5：15）每一真實的基督徒，在其一切所行、所想、所說、所望的事上，將上帝置於首位。除了救贖主，他沒有另外的神（林前10：31）。

3.活著為作榜樣

保羅說，無論何人，「你們都不要使他跌倒」（林前10：32），「我因此自己勉勵，對上帝對人，常存無虧的良心。」（徒24：16）若我們的榜樣領他人犯罪，對那些基督為之捨命的人，我們就成了他們的絆腳石。「人若說他住在主裏面，就該自己照主所行的去行。」（約壹2：6）

4.活著為服務

基督徒活著的一個主要理由，是為了拯救失喪的男女。保羅說：

22基督徒的品行

「就好像我凡事都叫眾人喜歡，不求自己的益處。只求眾人的益處，叫他們得救。」（林前10：33；參閱太20：28）

五、條件與指導原則

因為一個人的生活方式，對他屬靈經驗及他的見證所造成的影響，因此作為一個教會團體，我們就立下了一些生活準則，作為成為教友之最低條件。這些標準包括禁戒菸草、含酒精的飲料、改變精神狀態的化學藥品、不潔淨的肉食，以及在衣著和閒暇時間的運用上，有基督徒長進的憑據。這些最低標準並未包括上帝為信徒所定的全部理想，它們只是代表發展一個不斷長大、發光的基督徒經驗之必要的起步。這樣的標準，也提供了信徒團體合一的必要基礎。

基督徒品行的發展——「像上帝」，乃是漸進的，關係到終身與基督的聯合。聖潔的生活，就是每天將自己的意志交給基督管制，天天依從祂在聖經研讀及禱告中啟示我們的教訓。因為我們成熟的快慢不同，因此不論斷軟弱的弟兄姐妹極為重要（羅14：1；15：1）。

與救主聯合的基督徒只有一個理想：盡力榮耀那位為他們預備了豐盛救贖計畫的天父。「所以你們或吃或喝，無論作甚麼，都要為榮耀上帝而行。」（林前10：31）

註1：1980年4月16日《The Christian Century》436頁L. A. King撰「Legalism or Permissiveness: An Inescapable Dilemma?」

註2：關於基督復臨安息日會健康生活的發展史，見Damsteegt著《Foundation of the Seventh-Day Adventist Message and Mission》221－240頁；1978年冬季《Adventist Heritage》13－21頁Damsteegt撰「Health Reforms and the Bible in Early Sabbatarian Adventism」。

註3：見Lewis R. Walton, Jo Ellen Walton, John A. Scharffenberg合著《How You Can Live Six Extra Years？》4頁；1988年3、4月《Vibrant Life》14－18頁D. C. Nieman and H. J Stanton撰「The Adventist Lifestyle－A Better Way to Live」。

註4：《Zondervan Pictorial Encyclopedia of the Bible》卷一884頁。

註5：1941年10月30日《評閱宣報》7頁C. B. Haynes撰「Church Standard－No.5」。

註6：這些簡單健康規則詳盡的說明，可參閱V. W. Foster著《New Start！》。

註7：參1982年Kenneth H. Cooper著《Aerobics Program for Total Well Being》；1976－1977羅馬琳達大學《Physical Fitness Education Syllabus》；1987年7月《Signs of The Times》16頁，John Dignam撰「Walking Into Shape」；1987年《Journal of Health and Healing 11》No. 4. 20－23頁載，B. E. Baldwin撰「Exercise」；Jeanne Wiesseman撰《Physical Fitness, Abundant Living Health Service》Vo.5；Dianne-Jo Moore撰「Walk Your Tensions Away」，《Your Life and Health》No.4，12－13頁。

註8：在各種運動中，步行為最好的方式之一。見J. A. Scharffenberg文稿「Adventist Responsibility in Exercise」；懷愛倫著《教會證言》卷三78頁；懷愛倫撰「Temperancpe」，1872年4月《Health Reformer》122頁；Dignam著「Walking Into Shape」16、17頁。

註9：咖啡鹼也被發現會使血中膽固醇增加。造成高血壓，增加胃酸分泌，導致消化器官潰瘍。在心臟病、糖尿病、直腸癌、膀胱癌、胰臟癌中都有牽連。妊娠期間大量使用，會增加新生兒先天缺陷及體重過低的危險。見《Encyclopedia of Drug Abuse》50、51頁O'Brien and Sidney Cohen撰「Caffeine」；1973年10月《Life and Health》10－13頁，Marjorie V. Baldwin撰「Caffeine on Trial」；1988年1月《Western Journal of Medicine》48－53頁，E. D. Gorham, L. F. Garland, F. C. Garland撰「Coffee and Pancreatic Cancer in a Rural California County」；《Avta Medica Scandinavica 222》No.3（1987）215－221頁B. K. Jacobson and D. S. Thelle撰「The Tromso」「Heart Study:Is Coffee Drinking an Indicator of a LifeStyle With High Risk for Ischemic Heart Disease？」1986年4月《America Journal of Epidemiology》648－655頁，J. D. Curb, D. M. Reed, J. A. Kautz, K. Yano撰「Coffee, Coffeine, and Serum Cholesterol in Japanese Living in Hawaii」；大量飲用咖啡的人也「在宗教上較不積極參與」。1981年5月《Journal of Clinical Psychiatry》186頁，B. S. Victor, M. Lubetsky, J. F. Greden撰「Somatic Manifestations of Caffeinism」；關於不同飲料中咖啡鹼的含量，見1984年3月《FDA Consumer》14－16頁「The Latest Caffeine Scoreboard」；1986年8月《Ministry 28頁，Bosley》撰「Caffeine:Is It So Harmless？」1984年1、2月《Journal of Food Science》302、303、305頁，Winston J. Craig and Thuy T. Nguyen撰「Caffeine and Theobromine Levels in Cocoa and Carob Products」。

註10：關於循環系統，菸草會增加心臟病、高血壓，及週邊血管病，如必須切除手指或足趾的Buerger's氏病的危險。關於呼吸系統，菸草因為造成肺癌、慢性氣管炎、肺氣腫而使死亡人數增加。它使那將肺與氣管內污垢清除的氣管內纖毛癱瘓，並與喉癌、口腔癌、食道癌、膀胱癌、腎癌、胰臟癌有關連。它也與十二指腸潰瘍及因潰瘍導致的併發症死亡有關。見美國健康教育福利部撰《Smoking and Health: A Report of the Surgeon General》（1979）。

註11：1986年5月《Ministry》雜誌24－27頁，Galen C. Bosley撰「The Effects of Small Quantities of Alcohol」。在社交中飲酒的人，酒造成道德判斷中心的腦前葉縮小。（1983年9月17日《Medical Journal of Australia》264－269頁載，L. A. Cala, B. Jones, P. Burns撰「Results of Computerized Tomography, Psychometric Testing and Dietary Studies in social Drinkers」）；參閱1987年7月30日《評閱宣報》15頁Bosley撰「Why A Health Message？」社交中飲酒者心理測驗顯明，他們的心智能力與智力的工作已受到相當大的損傷。1983年5月《America Journal of Public Health》521－526頁載，D. A. Parker, E. S. Parker, J. A. Brody, R. Schoenberg撰「Alcohol Use and Cognitive Loss Among Employed Man and Woman」；飲酒量增加時，上教堂的人減少。（1986年1月《American Journal of Public Health》69頁載，A. M. Eward, R. Welfe, P. Moll, E. Harburg撰「Psychosocial and Behavioral Factors Differentiating Past Drinkers and Lifelong Abstainers」）。

註12：見本書第16章註8對聖餐禮中葡萄汁的討論。

註13：在舊約，葡萄汁總名稱是Yayin。這個字代表在各種狀態下的葡萄汁，發酵的或未發酵的。但它常被用為指含酒精的久存的葡萄汁。通常用來指未發酵的葡萄汁的詞是Tirosh，常被譯為「新酒」，是新榨出來的葡萄汁。這兩個詞都在舊約七十士希臘文譯本譯為Oinos。Oinos這個詞在新約中是葡萄汁的統稱，發酵的或未發酵的都包括在內，其區別在於前後文。（舊約可參閱Robert P. Teachout1979年神學博士論文《The Use of Wine in the Old Testament. Lael O. Ceasar碩士論文「The Meaning of yayin」美安得烈大學1986；Willam Patton著《Bible Wines》54－64頁）。

「濃酒」一詞（希伯來文作Shekar），指一種甜飲，通常是已經發酵的，並通常由葡萄之外的食物製成。它包括的產品如啤酒（由大麥、小麥、王蜀黍製成）、以及棗子Palm所製成的酒。這詞不指用蒸餾法所製成的酒，因為以色列人尚不知蒸餾法（Willam Patton著《Bible Wines》57、58、62頁）。

發酵的葡萄汁──聖經譴責含酒精的葡萄汁，因其帶來暴行、憂愁及毀滅（箴4：17；23：29、35）。它使宗教領袖壓迫人（賽56：10－12），並與伯沙撒及以色列的領袖在審判上曲枉正直有關（賽28：7；但5：1－30）。

未發酵的葡萄汁──聖經對未發酵的葡萄汁或果汁都給予佳評。以其為一種大福推荐。它是獻在上帝面前的奉獻（民18：12、13；尼10：37－39；13：12、13）。它是上帝所賜之福（創27：28中的新酒；申7：13；11：14；箴3：10；賽65：8；珥3：18）。它是「使上帝和人喜樂的新酒」（士9：13），代表屬靈的福分（賽55：1、2；箴9：2、3）。它也是一種健康的飲料（提前5：23）。

註14：參見美國司法部緝毒所出版《Drugs of Abuse》；《評閱宣報》1987年4月9日12、13頁載，Dan Sperling撰「Drug Roundup」。

註15：《基督復臨安息日會教會規程》147頁。

註16：《基督復臨安息日會教會規程》147頁。

註17：《基督復臨安息日會教會規程》148頁；有關現代音樂及娛樂敗壞的例子，可參見
Tipper Gore著《Raising PG Kids in an X-rated Society》。

註18：「另一種具有罪惡影響的娛樂方式是社交舞會。『跳舞的娛樂就今日的慣例而言，
乃是敗壞的學校，社會可怕的咒詛。』」（懷愛倫著《告青年書》388頁）（見林
後6：15－18；約壹2：15－17；雅4：4；提後2：19－22；弗5：8－11；西3：5－
10）。「鑒於罪惡的影響，基督徒最好不要光顧商業化的娛樂，參加世俗、不檢點
的、愛娛樂的群眾。他們『愛宴樂不愛上帝』（提後3：4）。」《基督復臨安息日
會教會規程》148頁。

註19：《基督復臨安息日會教會規程》146、147頁。

註20：關於素食的合宜性，見1988年3月《Journal of American Dietetic Association》
352－355頁，S. Havana, J Dwyer撰「Position of the American Dietetic
Association:Vegetarian Diets-Technical Support Paper」；1985年第二
卷《Nutrition Update》131－141頁，Terry D. Shultz, Winston J. Craig撰
「Vegetarianism and Health」；1973年3月《Journal of the American Dietetic
Association》253－261頁，U. D. Register and, L. M. Sonnenberg撰「The
Vegetarian Diet」。

註21：見美國肉類檢查科學基礎委員會出版《Meat and Poultry Inspection》21－42頁；
John A. Scharffenberg著《Problems With Meat》32－35頁。

註22：見美國肉類檢查科學基礎委員會出版《Meat and Poultry Inspection》68－123頁；
1987年5月16日華頓郵報Robert M.Andrews撰「Meat Inspector：《Eat at Own
Risk》。

註23：1986年7月23日華盛頓郵報Carole Sugarman撰「Rising Fears Over Food
Safety」。文中所引述美國食品藥品管理局長Frank Young，及其食品安全中心主
任Sanford Miller的話；參閱懷愛倫著《飲食勉言》384、385頁。

註24：Scharfferberg著《Problems With Meat》12－58頁。

註25：見基督復臨安息日會全球總會聖經研究所William Shea稿「Clean and Unclean
Meats」。

註26：《Health and Healing》十二卷1期(1988)10－11頁，Winston J. Craig撰「Pork and
Shellfish-How Safe Are They?」

註27：新約中關心聖潔，是與舊約相一致的。對人健康的關心，不僅是身體的，也是靈性
的（太4：23；帖前5：23；彼前1：15、16）。馬可所說，耶穌說「各樣的食物，
都是潔淨的。」（可7：19）並不是說祂廢棄了潔淨與不潔淨食物的區別。耶穌與
法利賽人之間的討論，與食物的種類無關，而是與門徒進食的方式有關。所討論的
問題是，進食之前儀文律法的洗手是否必要（可7：2－5）。耶穌實際是說，使人
不潔淨的，不是未洗手吃進的食物，而是心中的惡念（可7：20－23），因為食物
並不進入他的心，而是進入他的胃，以後就排洩出去。這樣，用未洗的手所吃的一
切食物，乃是潔淨的（可7：19）。此處所用食物之希臘文原文Bromata，是食物

的通稱，指人所吃的一切食物，不只是肉食。

記載於徒10章中彼得所見動物的異象，並不教導人不潔淨的動物已經適合人食用。它乃是教導人，外邦人並非不潔淨，他可以與他們相交，不會受到污染。彼得自己是以這種方式了解這個異象。他解釋說：「你們知道猶太人和別國的人親近來往本是不合例的。但上帝已經指示我，無論甚麼人都不可看作俗而不潔淨的。」（徒10：28）

保羅在給羅馬人及哥林多人的信中（羅14章；林前8：4－13；10：25－28），講到在外邦世界中廣為流行的獻肉食給偶像，對基督徒所產生的意義。早期基督徒的問題是：吃獻給偶像的食物是否就是拜偶像？那些信心堅強的人認為不是，因此，他們吃一切獻給偶像的可吃的食物。那些信心軟弱的人，則只吃那不用獻給偶像的蔬菜。保羅勸勉說，不可有人輕視那只吃蔬菜的人，或論斷那認為只要是適合作食物的東西，「百物都可吃」的人（羅14：2）。

保羅曾警告將要來的異端，這異端信仰禁止信徒領受上帝在創造時賜給人類的兩樣東西——婚姻與食物。食物是關乎上帝為人食用所創造的一切食物。但保羅在此處所說的，不可以認為是說不潔淨的食物，「是上帝所造、叫那信而明白真道的人感謝著領受的。」（提前4：3）

註28：胡椒、香料、芥茉、泡菜及類似的東西會傷胃。起初它們刺激胃壁，以後就破除黏膜的保障，摧毀其對傷害的抵抗力，胃受刺激會影響腦子，再影響到性情，常造成不安。參閱《American Journal of Gastroenterology》26期（1956）722頁載，M. A. Schneider等撰「The Effect of Spice Ingestion on the Stomach」；懷愛倫著《飲食勉言》339－345頁。

註29：調味料及香料也可造成食道發炎，破壞小腸及大腸黏膜的保障。它們刺激腎臟，可能造成高血壓。有些含有致癌物。見1987年1月8日《評閱宣報》14、15頁載，Kenneth I. Burke與Ann Burke撰「How Nice is Spice」？美國營養部出版《Spice and Condiments》；Wildwood Echoes1978－79冬季號8－11頁載，Majorie V. Baldwin與Bernell E. Baldwin撰「Spice-Recipe for Trouble」。

註30：1986年3月20日《評閱宣報》4頁載，William G. Johnson撰「On Behalf of Simplicity」。

註31：《基督復臨安息日會參考文庫》卷一第417頁。

註32：見基督復臨安息日會北美分會1986年終會議決案23－25頁。

註33：使用化妝品不是完全無害。製造化妝品所用的一些化學品由皮膚吸收進入血液。視化學品的性質及人的敏感程度，可能傷害健康。見1976年3月號《New York State Journal of Medicine》394－396頁載，N. Shafer, R. W. Shafer撰「Potential Carcinogenic Effect of Hair Dyes」；1976年4月《Eye, Ears, Nose and Throat》131、132頁載，Samuel J. Taub撰「Cosmeic Allergies:What Goes On Under Your Make up」；1975年2號《Eye, Ears, Nose and Throat》81、82頁載，S. J. Taub撰「Contaminated Cosmetics and Cause of Eye Infection」；1871年10月17日《評閱宣報》懷愛倫撰「Words to Christian Mothers」。

註34：懷愛倫著《歷代願望》678頁。

23 婚姻與家庭

基督復臨安息日會相信……

婚姻是上帝在伊甸園所設立，並由耶穌確認，為一男一女在相愛中廝守終身的結合。對基督徒而言，婚約的應許不僅是對配偶立的，也是對上帝立的，並且這種婚姻關係，應該只由信仰相同的雙方建立。彼此相愛、尊重、有責任感，乃是構成這項關係的因素。這項關係，乃是要反映基督與教會之間的愛、聖潔、親密與關係的永恆性。至於離婚，耶穌教導說，除了姦淫之外，人若離棄配偶與另一個人結婚，就是犯了淫亂罪。雖然有些人的家庭關係不理想，但那在基督裏完全將自己許配予對方的婚姻伙伴，仍能因聖靈的帶領及教會的牧養而在愛中合一。上帝賜福家庭，要家庭的成員彼此幫助，達到完全成熟之境。作父母的要教養兒女愛主並順從主。藉著他們的言行來教導兒女，基督是一位慈愛的管教者，永遠地溫柔、體貼，要他們成為祂身上的肢體，上帝家中的成員。家庭親密度增長，乃是末世福音信息的標誌之一。

——基本信仰第二十三條

第23章
婚姻與家庭

家是在男女身上恢復上帝形像的主要環境。在家庭裏面，父母和兒女都可以充分表達他們自己，滿足彼此對歸屬感、愛、及親密關係的需要。在家中個人的身分得以建立，個人的價值感也得以發展出來。藉著上帝的恩典，家庭也是一個將真正基督信仰的諸般原則付諸實行的地方，是基督教各種價值觀得以代代相傳之處。

家可能是一個十分快樂的地方，但也可能成為一個可怕的受傷害之所。和諧的家庭生活能真實地活出基督教的諸般原則，並彰顯出上帝的品格。不幸的是，在現代的家庭中，彰顯這些特性的家庭少之又少。相反的，許多家庭顯露的是自私之人心中的思想與慾望——吵鬧、悖逆、爭競、忿怒、無禮，甚至殘忍。這些特性並不屬於上帝原先的計畫。耶穌說：「但起初並不是這樣。」（太19：8）

一、起初的情形

安息日與婚姻，乃是上帝最初賜給人類的兩大恩賜。不論時間、地點及文化如何，它們給予人類安息及歸屬感的喜樂，這兩項制度的建立，使上帝創造地球的大工達到了頂點。這是祂在創造之時賜給人類最後也是最美好的恩賜。藉著設立安息日，上帝賜給人休息及重新得力的時間，一個與祂相交的時間。藉著組成第一個家庭，祂為人類設立了社會的基本單元，賜給他們歸屬感，並給他們機會發展成完美的人來服事上帝及他人。

1.按照上帝的形像造男造女

創1：26、27，描寫上帝創造那將要住在地上的人類：「上帝說，我們要照著我們的形像、按著我們的樣式造人，……上帝就照著自己的形像造人。乃是照著他的形像造男造女。」此處所用的「人」字（在希伯來文及英文皆然），在舊約聖經共出現了五百多次，這個字是指男人與女人。這個經文清楚表明，並非男人按照上帝形像造，女人按照男人的形像受造（註1）。相反的，男女都是按照上帝的形像而造。

正如父、子、聖靈是神一樣，男女一起構成了「人」。正如神一樣，雖然他們要合而為一，但他們的功能各有不同。他們在地位上、價值上是同等的，但卻彼此不同（參閱約10：30；林前11：3）。他們的身體乃相輔相成，他們的功能則彼此互助。

男女二性都是好的（創1：31）。他們所扮演的不同的角色也都是好的。家庭與家乃是建構在性別的差異上。上帝本可以在地上不造男女而繁衍生命，如同一些動物以無性生殖的方式所表現的一樣。但是上

帝造了「兩個人，一般的形狀與特性相同，但兩性裏面都含有一些東西是對方所沒有的，因而能補足另一方不足之處。」（註2）單由一種性別的人所構成的世界，是一個不完全的世界。只在男女雙方都參與的社會，才能有真正的滿足。此處沒有平等的問題，因為男女都是不可少的。

那首生的人亞當，在他受造的第一天成了人類的頭（註3），他曾感到自己與眾不同——沒有另一個和他一樣。「只是那人沒有遇見配偶幫助他」（創2：20）。上帝也感覺到這種欠缺，因此祂說：「那人獨居不好，我要為他造一個配偶幫助他。」（創2：18）

那譯為「配偶」的希伯來原文neged，乃是一個作介繫詞受詞的名詞，那介繫詞意為立於某人或某物的「前方、前面、對面或相對的地方。」這一次，那要站在亞當前面的一位，是要補他的不足，與他相當，作為他的副手。這樣「耶和華上帝使他沉睡，他就睡了；於是取下他的一根肋骨」，造出他的伴侶（註4）。

亞當一醒過來，就立刻認出了這特別創造行動所造成的親密關係。他喊著說，終於在這裏有我的同種了。「這是我骨中的骨，肉中的肉。可以稱她為『女人』，因為她是從『男人』身上取出來的。」（創2：23；參閱林前11：8）

2.婚姻

從男女之別，上帝建立了秩序及合一。第一個星期五，祂舉行了第一個婚禮，將這兩個有祂形像的人結合，使他們合而為一。從此，婚姻就成了家庭的基石，社會的基礎。

聖經描寫婚姻，是一個既是分離又是結合的雙重決定性行動：「人要離開父母，與妻子聯合二人成為一體。」（創2：21-24）

(1)離開父母

對婚姻關係重要的一件事是：離開從前主要的關係。婚姻的關係要取代父母兒女的關係。從這一意義說，人離開與父母的關係，就容許他與另一個人結合。缺少了這個過程，就沒有穩固的婚姻基礎。

(2)與配偶結合

那譯為「結合」的希伯來原文，意為「黏在其上」、「繫在

其上」、「結合」、「抓住」，名詞甚至可用為「熔接」或「焊接」（賽41：7）。這種結合的親密度與強度，描繪出婚姻結合的性質。任何想打破這種結合的企圖，都會傷害親密關係中的個人。聖經也用這同一動詞，來表達上帝與祂子民的結合。「你要敬畏耶和華——你的上帝，事奉他，專靠他（「靠」之希伯來原文與「結合」的原文為同一個字），也要指著他的名起誓。」（申10：20）這些都強調了人間這樣的結合是一種親密的結合。

(3) 婚約

在聖經中，這項使婚姻雙方有密切關係的誓約或應許，被稱之為「約」，這是聖經在最嚴肅、具約束力的協議時所用的詞（瑪2：14；箴2：16、17）。夫妻間的關係，乃是要依照上帝與祂的子民——教會，所立永約的模式（弗5：21-33）。夫妻彼此之間的許諾，必須有上帝永約那樣的信實及持久性（詩89：34；哀3：23）。

上帝及結婚當事人的家人與親友、所屬的團體，都見證他們彼此所立的約。此約在天上批准生效。「所以上帝配合的，人不可分開。」（太19：6）身為基督徒的夫婦了解，結婚就是立約，只要二人活著，就要彼此忠實（註5）。

(4) 成為一體

離開父母，並與配偶立約結合，其結果就是奧祕的聯合。在此乃是完完全全的合一——結合的夫婦行在一起，站在一起，分享著深邃的親密。開始時，這種合一指肉體上的合一。此外，它也指支持肉體合一的心靈與情感上之親密結合。

a.同行

論到祂與祂子民的關係，上帝說：「二人若不同心，豈能同行呢？」（摩3：3）這問題對那些二人成為一體的人，也是合適的。上帝曾教導以色列人不要與鄰國的人通婚。因為他必使你兒子轉臉不跟從主，去事奉別神（申7：4；參閱書23：11-13）。當以色列人藐視這教訓時，就發生了可怕的後果（士14-16章；王上11：1-10；拉9：10）。

保羅更寬廣地重申這項原則：「你們和不信的原不相配，不要同負一軛。義和不義有甚麼相交呢？光明和黑暗有甚麼相通呢，基督和彼列有甚麼相和呢？信主

的和不信主的有甚麼相干呢？上帝的殿和偶像有甚麼相同呢？因為我們是永生上帝的殿。」（林後6：14－16；參閱17、18節）

聖經的意思要信徒只與信徒結婚，但是這項原則的適用範圍不止於此。真正的合一需要在信仰上及生活上一致。宗教經驗不同，導致生活方式不同，因而造成極度的緊張狀況而形成婚姻中的暗礁。因此若要達成聖經所說的合一，人應該與自己教會裏的人結婚（註6）。

b.站在一起

如果兩個人要成為一體，就必須彼此完全忠實。一個人結婚時，他乃是冒著喪失一切的危險，並接受伴侶所帶來的一切。結婚的人聲稱，他們樂意分擔伴侶的責任，與伴侶站在一起面對一切。婚姻需要一種積極的、鍥而不捨的愛。

「兩個人分享他們所有的一切，不僅他們的身體，也不僅他們的財產，更包括了他們的思想、他們的感情、他們的快樂、他們的痛苦、他們的希望、他們的懼怕、他們的成功和他們的失敗。『成為一體』意為兩個人在靈、魂、體各方面都合而為一，但他們仍然還是不同的個體。」（註7）

c.親密

成為一體包括性的結合。「那人和他的妻子夏娃同房，夏娃就懷孕」（創4：1）。在他們想彼此結合的慾望中，也就是自亞當、夏娃的日子以來，所有男女曾感到的慾望，每對夫婦都重演著那第一個戀愛的故事。對他們來說，性親密的行動，是他們可能在肉體上最親近結合的情況。它代表這一對夫婦在感情與心靈上所能有的親密。基督徒婚姻的愛，應該具有溫暖、喜樂、愉快為其特徵（箴5：18、19）。

「婚姻，人人都當尊重，床也不可污穢。」（來13：4）「聖經清楚的告訴我們，夫妻之間快樂的性愛表達，乃是上帝的計畫。正如希伯來書的作者所強調的，它是不污穢的，沒有罪的，不是墮落的。它是婚姻中大有尊榮的地方——至聖之處，是夫妻二人私下相聚彼此慶賀他們的愛情。它是既聖潔又萬分快樂的時刻。」

(5)聖經中的愛

婚姻的愛，是一種彼此無條件的，充滿深情蜜意的獻身，鼓勵彼此在上帝形像上，人的靈、魂、體各方面共同成長。婚姻中用不同的方式表達愛。它有羅曼蒂克與熱情的時刻、感情豐盛的時刻、自在的時刻、陪伴的時刻，及相屬的時刻。但那構成真實、持久、婚姻之愛基礎的，乃是新約中所描寫的，無私、全為他人的愛（agape）。

耶穌擔當我們的罪及罪的後果時，祂走上十字架，表現了這種愛的最高型態。「他既然愛世間屬自己的人，就愛他們到底。」（約13：1）不管我們的罪帶給祂怎樣的結局，祂都愛我們，這就是耶穌那無條件的愛（agape）。

保羅描寫這種愛說：「愛是恆久忍耐，又有恩慈；愛是不嫉妒；愛是不自誇，不張狂，不作害羞的事，不求自己的益處，不輕易發怒，不計算人的惡，不喜歡不義，只喜歡真理；凡事包容，凡事相信，凡事盼望，凡事忍耐，愛是永不止息。」（林前13：4-8）

惠特（Ed Wheat）評註這段經文時寫道：「agape這種愛，乃是連接一個永恆能力的源頭，它可在其他種類的愛止息時，仍繼續發揮功能……不論情況如何，此愛永不止息。不管另一個人是如何不可愛，agape這種愛可以繼續湧流。Agape這種愛是無條件的，正如上帝愛我們一樣。它是基於意志的深思熟慮後所選擇的心靈狀態。」（註9）

(6)個人屬靈的責任

雖然婚姻雙方彼此立了誓約，但他們必須各人為所作的選擇負責（林後5：10）。負起責任的意思是他們永不因為自己所作的事而怪罪對方。他們也要為自己的靈性成長負責。沒有人能依賴另一個人的屬靈能力。但在另一方面，各人與上帝的關係，可能成為另一個人力量的泉源與鼓勵。

二、人的墮落對婚姻的影響

上帝在人身上所反映的形像，因罪而造成的扭曲，對婚姻有確實的影響，正如其對人類其他方面的影響一樣。在原為完全的愛及合一所統治的地方，自私插足進來。那些不是由基督的愛所激勵的事，其主

要的動機是自私。它與福音所代表的降服、事奉，給予等原則相反，是一切基督徒失敗的共同因素。

亞當與夏娃由於不順從，破壞了他們受造的目的。犯罪之前，他們完全坦然地活在上帝面前。犯罪之後，他們不能再快樂地到祂面前來，反而懼怕躲藏，不敢見祂的面，企圖隱瞞關乎他們自己的事實，並拒絕對他們的行為負責。他們的推諉所無法抹去的深沉罪疚，使他們不敢正視上帝和天使的目光。此後，逃避與自義，就成了人神關係的共同模式。

那驅使他們躲藏的恐懼，不僅扭曲了亞當夏娃與上帝的關係，也扭曲了他們彼此之間的關係。當上帝詢問他們時，他們兩人都企圖傷害別人以保護自己。他們的控告，顯露出上帝在創造時，為他們所建立的愛的關係已遭受嚴重的破壞。

犯罪之後，上帝告訴女人說：「你必戀慕你丈夫；你丈夫必管轄你。」（創3：16）祂是要用這項並未更改男女基本平等的原則，使那第一對夫婦，及以後結婚的所有夫婦獲益（註10）。不幸的是，這項原則被扭曲了，從那時候起，使用

能力、操縱、個性而產生的破壞，就成了歷代以來婚姻的特徵。自我中心已使彼此接納與感謝成為稀罕之物了。

基督教的本質，乃是活在捨己的和諧中，這是人類墮落之前的婚姻特徵，但罪破壞了這項和諧。夫妻之間的愛情，是要幫助彼此快樂。各人要謀求對方的快樂，他們要合而為一，但他們各人都不會喪失那屬乎上帝的個性（註11）。

三、偏離上帝的理想
1.多偶制

一個人有數個配偶，與上帝在伊甸設立的第一個婚姻的結合與合一相反。在多偶制中，根本沒有所謂感情專一這回事。雖然聖經描寫先祖時代的多偶婚姻，是一個文化的事實，但其中的描述清楚顯示出，那些婚姻並未達到神聖的理想。在那些婚姻中的各個小單位，捲入了權力鬥爭，苦毒的怨恨與離間（見創16章；參閱29：16-30：24），並用孩子作為武器傷害家中其他人。

一夫一妻的婚姻使夫婦有歸屬感，加強他們的親密與結合。他們知道彼此的關係乃是獨特的，沒有

其他人參與他們所作的。一夫一妻的婚姻關係，最清楚地反映了基督與教會的關係，及個人與上帝的關係（註12）。

2.淫亂

現代的思想與作風，使夫妻雙方有生之年在性上彼此忠實的婚姻承諾，不再為人重視。而聖經卻視任何婚外的性關係為罪。第七條誡命仍然有效，未曾更改：「不可姦淫」（出20：14）在此沒有附加任何構成的條件或任何不構成的條件。這條誡命絕對地保衛著婚姻關係。

聖經對淫亂的看法，與今日對「同性戀者」行為的容忍，構成了尖銳的對比。新舊約聖經都譴責這些行為（利20：10-12；箴6：24-32；7：6-27；林前6：9、13、18；加5：19；弗5：3；帖前4：3等）。

這種非法的性關係，有著既廣且深的影響。這種行為欺騙了合法的性伴侶，可能在身體、感情、財務、法律、及社會生活上，傷害他或她，也傷害到整個家庭。若是兒女牽連在內，尤其會受到傷害。這些非法的性關係，可能導致性病的傳染，非法嬰兒的誕生。還有浮現在這些事情上的謊言與不誠實的疑雲，其破壞信任，可能永遠也無法恢復。即使沒有聖經的教訓來譴責這種不道德的行為，其所造成一連串不幸的後果，也應該足以警告人這些事不可妄行。

3.不潔的思想

罪不僅是外在的行為，也關乎心靈，深及思想模式。水泉若已污染，河流也不會清潔。耶穌看出，人的行為是發自人內心所存的動機。「因為從心裏發出來的，有惡念、兇殺、姦淫、苟合、偷盜、妄證、謗讟。」（太15：19）祂用同樣的語調，追溯婚姻的不忠至思想與感情的源頭：「你們聽見有話說：『不可姦淫』。只是我告訴你們，凡看見婦女就動淫念的，這人心裏已經與她犯姦淫了。」（太5：27、28）

有一個新興工業的整個發展，使人的想像力敗壞到極點。其所生產的色情電影與黃色書刊，在基督徒生活中是沒有地位的。它們不僅鼓勵非法關係，也將男女貶為只是性的對象，扭曲了性的真實意義，使上帝的形像變得模糊。基督徒蒙召

有純潔的思想，度清潔的生活，因為他們正預備要在永恆中，一個清潔的社會裏生活。

4.亂倫

一些父母越過了向孩子表達健康親情的界限，與他們在情感及肉體上有曖昧的關係。這常是因為正常的夫妻關係被忽視，以致孩子被選來扮演配偶的角色。這種界限的模糊，常在弟兄姐妹或大家庭之中發生。

舊約聖經禁止亂倫的事（利18：6-29；申27：20-23），在新約聖經中也譴責（林前5：1-5）。這種虐待損害了孩子性能力發育，造成不該有的羞恥與罪疚感，甚至帶入未來的婚姻生活中。當父母超過這些界限時，他們更損害了孩子發展中的信賴感——這與對上帝的信心關係重大。

5.離婚

耶穌所講的一句話，可以總結聖經對離婚的教訓。「上帝配合的，人不可分開。」（太19：6；可10：7-9）婚姻是神聖的，因為上帝已使之成聖。最終是上帝將夫妻配合，而不僅是人的言語或性行為。所以，是上帝批准他們的結合。因此基督徒對離婚及再婚的認識，必須以聖經為基礎。

耶穌的話清楚地說明了基督徒對離婚所了解的聖經原則：上帝要婚姻成為穩定持久的關係。當法利賽人問主，婚姻不協調是否構成離婚的理由時，祂說，伊甸的婚姻模式，乃是永遠的結合。當他們更進一步追問祂有關摩西離婚的規條時，祂回答說：「摩西因為你們的心硬，所以許你們休妻。但起初並不是這樣。」（太19：8）祂繼續講到離婚的規定時說，那唯一合法的離婚理由是性的不忠（太5：32；19：9）。

耶穌對法利賽人的回應，清楚顯示出祂對忠實的了解比他們還深得多。從祂所說的，及從新舊約聖經中有關婚姻的原則來看，可以說，上帝要那些結婚的人為了要反照上帝形像而永遠的結合。

甚至配偶的不忠，也不一定迫使這場婚姻以離婚收場。十字架的路鼓勵深切的悔改、赦免及清除怨恨的根。甚至在犯姦淫的情況下，那受害的配偶，應該藉著赦免及上

帝使人和好的能力，尋求維持上帝在創造時的旨意。「以聖經的立場說，犯姦淫並不一定比其他的罪更破壞你們的婚姻……當你願意寬恕、放棄你們消極的態度時，上帝必十分樂意醫治你們，重新燃起你們彼此的愛情。」（註13）

雖然婚姻的神聖理想，是永遠的愛的結合，直到一方死去為止，但有時由於對配偶或兒女身體的虐待，使得合法的分居成為必要。「有些民法中，這樣的分居只能藉離婚獲得，在這種情況下離婚當為可行之途。但是這樣的分居或離婚，若未涉及婚姻的不忠，他方未曾再婚、犯姦淫或死亡，就未給任何一方依照聖經而有的再婚的權利。」（註14）

因為婚姻是神聖的制度，教會有獨特與嚴肅的責任，一方面防止離婚，另一方面一旦離婚發生，就盡可能醫治其所造成的創傷。

6.同性戀

上帝創造了男人與女人，彼此有別，也彼此相輔相成。上帝如此行時，祂使他們在性上的感情指向異性。彼此不同又互相關連的特性，使人兩性互相吸引，為了要形成健全的關係。

在某些情況中，罪甚至影響過這基本的方向，造成一種反向的現象。在這樣的情形中，那天生傾向異性的方向，轉變到相同性別的人身上。

聖經強烈地譴責同性戀（創19：4－10；猶7、8；利18：22；20：13；羅1：26－28；提前1：8－10）。這樣的事嚴重的扭曲了上帝在男女身上的形像。

因為「世人都犯了罪，虧缺了上帝的榮耀。」（羅3：23）基督徒要以救贖的態度對待那些因這樣錯亂而受苦的人。他們要表現出基督對待那犯姦淫的婦人的態度：「我也不定你的罪。去吧，從此不要再犯罪了！」（約8：11）不僅那些有同性戀傾向的人，一切陷在造成焦慮、羞恥、罪惡的行為與關係中的人，都需要一位訓練有素、經驗豐富的基督徒協談員的輔導。沒有甚麼行為是上帝救贖恩典無法幫助的（註15）。

四、家庭

上帝創造了亞當夏娃之後，將這

世界的治理權賜給他們（創1：26；2：15）。他們組織了第一個家庭，第一個教會，社會於焉產生。因此，社會乃是建造在婚姻與家庭之上。因為他們是地上唯一的人類居民，上帝就吩咐他們「要生養眾多，遍滿地面，治理這地。」（創1：28）

正如世界人口統計所指出的，一個尚未住滿人的地球，已不再呼籲人要遍滿地面管理全地。但是那些決定要生孩子的已婚基督徒，仍然有義務按照主的教訓養育兒女。結婚的男女在踏上這條路之前，應先思想上帝對家庭的理想。

1.父母

(1)父親

聖經給予作丈夫、作父親的人，擔任一家之主，負有家中祭司的責任（西3：18-21；彼前3：1-8）。他成為基督的預表，教會的頭。「因為丈夫是妻子的頭，如同基督是教會的頭，他又是教會全體的救主。教會怎樣凡事順服基督，妻子也要怎樣順服丈夫。你們作丈夫的，要愛你們的妻子，正如基督愛教會，為教會捨己。要用水藉著道把教會洗淨，成為聖潔，可以獻給自己，作個榮耀的教會，毫無玷污、皺紋等類的病，乃是聖潔沒有瑕疵的。丈夫也當照樣愛妻子，如同愛自己的身子，愛妻子便是愛自己了。」（弗5：23-28）

如同基督領導教會一般，丈夫與妻子「當彼此順服，但是上帝的話主張，應以丈夫的判斷為上。」這只限於那些不關乎良心的事（註16）。同時，丈夫有責任以最大的尊重對待妻子。

正如基督顯出溫柔的領導，以僕人的形像背負十字架，丈夫也要以犧牲的方式去領導。「基督的角色，是一個智慧與愛的角色。當丈夫對他們的妻子盡了義務之後，他們要以基督對待教會那樣的溫柔，使用他們的權柄。當基督的靈控制丈夫之時，妻子的順從只會帶來安息與福惠，因為他會像基督要求教會一般，只要求妻子作那些結果是有益的事……讓那些作丈夫的人研讀上帝的話，不是從中尋找妻子當如何順從，而是他該如何行才能獲得基督的心，成為純潔、文雅的人，配作一家之主。」（註17）

為父的人作為家庭的祭司，要像

亞伯拉罕一樣，在一天開始之時聚集家人到身邊，將他們交給上帝照顧。晚上，他要領他們讚美上帝，為祂所賜的福分感謝祂。這個將上帝擺在首位的家庭禮拜，會將他們維繫在一起（註18）。

聰明的父親會花時間在他的兒女身上。孩子可能從父親學得許多功課，如尊敬母親、愛母親、敬愛上帝、祈禱的重要、愛其他的人、工作的方法、謙虛、愛大自然及愛上帝所造之物。但若是父親甚少在家，孩子就被剝奪了這項特權與快樂。

(2)母親

作母親是地上最接近與上帝合夥的事。「坐寶座帝王的工作，也不比母親的更崇高。母親是一家之后。在她手中有模塑她兒女品格的能力，使他們有資格享有更高而不死的生命。天使的使命也不比她的更高；因為她所從事的工作就是為上帝服務……讓她認識她工作的價值，並穿上上帝的全副軍裝，使她可以抵擋遵從世界標準的試探。她的工作乃是永恆的。」（註19）

家中必須有人為兒女的品格負最終的責任。教導兒女不可大意，或交由他人代作，因為沒有人對孩子有父母那樣的感情。上帝創造了母親，有能力將孩子懷胎在肚子裏，哺育他、教養他、愛護他。若不是為了緩和嚴重的財務上的擔子或是單親（註20），她若願意接受，作母親的人就有全天留在孩子身邊的特權。她可以享受與創造主同工，為永恆來塑模孩子的品格。

「一個有親屬關係的人，需要考慮以家庭作為事業……在二十世紀，以賢妻良母為終身事業的，幾乎絕無僅有，這也是個十分具有挑戰性的工作。一種浪費的努力？一種無人感激的工作？一個失去尊嚴的奴隸？不是的，它含有一種最令人興奮的可能性，它可能轉變時代潮流，拯救全人類，改變歷史，也做一些讓繼續擴張的圈子中的人們能聽見、能感受的事。」（註21）

舊約聖經時代，在傳達人的名字時總會提及此人是某人所生。夏娃在她墮落之後才接受她的名字（創3：20）。因為她要成為所有人類的母親，她的名字（希伯來文Chawwah）由「活」字（希伯來文Chay）而來，反映出她在人類歷史中光榮的地位。

正如生殖並非亞當或夏娃所獨有或專有的權利一樣，作父母也是如此。後者可以成為二人分擔的責任。現今也應該如此，不僅在生育兒女，在教養兒女上也是一樣。為父、為母的人，都各有某些責任，並且盡這些責任要視為是為主作的。「兒女是耶和華所賜的產業；所懷的胎是他所給的賞賜。」（詩127：3）

2.兒女

(1) 優先

作父母的人，除了對主及對配偶所作的承諾之外，沒有比對他們所帶到這世界中的兒女更高的責任。他們應該將兒女的利益，置於他們自己的舒服與進展之上；兒女未自己選擇進入世界，應該讓他們得著可能有的最好的人生開始。因為父母的影響，會大大影響人的靈、智、體的健康，因此在孩子未出生之前，就應以孩子的福利為優先（註22）。

(2) 愛

父母的愛應該是無條件的、犧牲的。雖然它永不會完全得到回報，孩子卻必須有愛，才能在一生中有良好的自我形像及心理健康。一個必須去贏取愛的孩子，或一個感到不被接受、不受重視的孩子，就會試圖以一些不受歡迎的行為去獲得父母的愛，而那些不良行為則會生根而成為惡習（註23）。

在父母愛中感到安全的孩子，會自動與人接觸。他們能夠受教，可以接受並給與。自我之外，還有生存的理由。孩子漸漸長大就可學習榮耀上帝。

(3) 獻身

基督徒的父母應盡早將孩子獻上，為上帝服務。基督復臨安息日會各教會為這樣的奉獻，預備了簡單的儀式。在此儀式中，父母們在禱告中將他們的孩子獻給上帝，如同約瑟、馬利亞在聖殿中，將耶穌獻給上帝一樣（路2：22－39）。這樣，孩子就以屬靈家庭的一分子，開始他的一生。教會中的教友們，就以他為上帝的兒女及基督身體的一個肢體，參予他在靈性及社會生活方面的發育。

在此儀式中，父母也獻上自己，要用主的道教導孩子，好使上帝的形像在孩子的身上成形。為達此目的，父母們就要經常將他們的孩子

帶到安息日學及崇拜聚會，使小孩在早年就成為基督身體上的一個肢體。以後孩子到了上學的年齡，父母及教會就該盡一切努力，使他或她獲得基督化的教育，更進一步培植孩子對主的愛。

(4)經常的教導

父母所進行的屬靈的教導，乃是一個過程，在孩子生命的每一階段中，都繼續不斷的進行。「也要慇懃教訓你的兒女（主的誡命）。無論你坐在家裏，行在路上，躺下，起來，都要談論。也要繫在手上為記號，戴在額上為經文；又要寫在你房屋的門框上，並你的城門上。」（申6：7-9；11：18）

孩子乃是被家中的整個氣氛所影響。父母不能單藉家庭禮拜培養孩子的靈性，必須要藉著他們經常地信靠耶穌，經常在他們的生活方式、衣著、甚至家中的裝飾上表現出來。在基督徒孩子的生長過程中，讓他們認識上帝如同父母一樣的愛他們，是十分重要的。

(5)學習順從

「教養孩童，使他走當行的道，就是到老他也不偏離。」（箴22：6）這種教養的結果如何呢？管教不止於懲罰。懲罰通常只對付過去，而管教則著眼於將來。管教是一項訓練過程，孩子在其中跟隨父母的榜樣，受訓練、接受指導。如忠誠、誠實、平等、一致、忍耐、秩序、慈悲、慷慨及勤快等，也就是教導他重要的原則。

當孩子從小學習從內心順從時，權威在生活中就不會對他們構成問題。但是所學習順從的種類也甚重要。真實的順從不僅因為要求如此，而是因為出自內心，這種順從的祕訣就在於重生。

「人僅以盡義務的態度去遵守上帝的誡命，……因為他奉命要如此行……絕不能得享那因順服而來的喜樂。他並不是順服，……真正的順服，乃是由內在原動力而產生的。它是發自愛公義和愛上帝律法的心。公義的真諦就是效忠我們的救贖主。這就導引我們去為義而行義——因為行義乃是上帝所喜悅的。」（註24）

(6)社交與語言方面的發育

在家庭內，孩子被社會化成為人類的一分子，因之而有那些必須承擔的特權與責任。社會化乃是一個過程，孩子藉之學習在社會中生活

的基本技術。語言及其在交談時的各種變化，乃是孩子最先學習的技術之一。因此，家中所用的語言，應小心監督，使之可顯露上帝的品格。孩子應該經常在家人之間聽到喜樂的、自發的、親熱的話，及對上帝的讚美。

(7)性別

在家中，藉著男女彼此健康的交往，造成了整個家庭制度，孩子也學會在社會中發揮男或女的功能。成人應該藉著正確合適的資料，教導他們有關他們性的發育的美。防止孩子濫用性關係也是他們的責任。

(8)學習價值觀念

家庭的一個基本功能，是讓孩子吸收家庭中擁有的價值觀。家中各人的價值觀與宗教概念，並不一定彼此相合。父母可能聲稱遵守某些宗教原則，但是他們在孩子面前所提供的榜樣，可能與那些原則並不相符。父母言行一致極為重要。

3.大家庭

按照上帝的設計，婚姻是專一的，家庭則不是。在一個高度動態的社會中，很少再見到大家庭——祖父母、兄弟姐妹、表兄妹等同住一處。教會的大家庭，可以幫助那些沒有親戚或親戚離得很遠的人，尋得價值感與歸屬感。單親的人在此也可找到一個舒適之處，以愛心與溫柔養育他們的孩子。教會可以提供家中所缺少的適當的角色。

藉著愛教會中的老人，孩子可以學習尊敬，那些老年人則可以經驗小孩子所帶來的愛的滿足與喜樂。「上帝啊，我到年老髮白的時候，求你不要離棄我！等我將你的能力指示下代，將你的大能指示後世的人。」（詩71：18）

上帝特別顧念老年人，「白髮是榮耀的冠冕，在公義的道上必能得著。」（箴16：31）「直到你們年老，我仍這樣；直到你們髮白，我仍懷搋。我已造作，也必保抱；我必懷抱，也必拯救。」（賽46：4）

單身者在教會中，不但可以找到一個蒙愛及被器重的地方，也是一個分享他們的愛與精力之處。藉著教會的服務，他們可以感受到上帝對他們的關心。「我以永遠的愛愛你，因此我以慈愛吸引你。」（耶31：3）

特別照顧有需要的人，乃是「那

清潔沒有玷污的虔誠」的一部分（雅1：27；出22：22；申24：17；26：12；箴23：10；賽1：17）。教會的大家庭有特別的機會，為那些沒有家的人提供一個避難所、一個棲身之處、一個歸屬的地方；它能將每一個教友，都包括在基督所說的合一之中（約17：20-23）。

五、轉向

家庭既然是教會與社會的靈魂，基督徒家庭的本身，就是為主救靈及保守教友的工具。舊約聖經的最後一節經文，乃是對基督回來之前將會發生之事的預言：「看哪，耶和華大而可畏之日未到以前，我必差遣先知以利亞到你們那裏去。他必使父親的心轉向兒女，兒女的心轉向父親，免得我來咒詛遍地。」（瑪4：5、6）雖然今天有許多力量使家人離開家庭，但上帝的呼召乃是家庭重新團聚、堅固，父母兒女轉向及家庭的復興。接受他呼召的家庭，必會得著能顯出真實的基督教的力量。由這些家庭所組織的教會必會增長；他們的青年人不會離開教會；他們會向世人將上帝清楚地描繪出來。

註1：懷愛倫著《教育論》原文20頁。

註2：A. W. Spalding著《Makers of Home》58頁。

註3：亞當為地球負責任是顯然的，因為他雖然不是第一個人犯罪，上帝卻要他為罪負責（創3：9）。新約聖經在比較兩個亞當時，也是將罪與死進入世界的責任，歸咎在第一個亞當身上（羅5：12；林前15：22）；參閱懷愛倫著《善惡之爭》670、671頁。

註4：「上帝親自給亞當造了一個伴侶。『為他造一個配偶幫助他，——與他相配的一個助手，是專為作他的伴侶而造。並能彼此相愛相親，合而為一。夏娃是由亞當的1根肋骨造成的，表明她不應作他的首腦去管轄他，也不應作他的奴隸任他踐踏，乃是要以平等的地位，站在亞當的身邊。為他所親愛、所保護。』懷愛倫著《先祖與先知》15頁。

註5：婚約方面更多的資料，可參考美南浸信會主日學家庭部出版《Covenant and Marriage:Partnership and Commitment》51-60頁「Marriage as Covenant」。

註6：見《基督復臨安息日會教會規程》150、151頁；1914年7月2日版《評閱宣報》9、10頁載F. M.Wilcox撰「Marrying unbelievers」；1941年7月31日《評閱宣報》2、12－14載G.B. Thompson撰「Marrying Unbelievers：Can Two Walk Together, Except They Be Agreed？」，1944年5月4日《評閱宣報》1－4頁載，F. M. Wilcox撰「The Marriage Relationship, Following the Divine Order」；懷愛倫著《教會證言》卷四原文503－508頁。

註7：Walter Trobisch著《I Marry You》18頁。

註8：Ed Wheat著《Love Life for Every Married Couple》72頁。

註9：Ed Wheat著《Love Life for Every Married Couple》62頁。

註10：懷愛倫著：《先祖與先知》29、30頁。

註11：見懷愛倫著《服務真詮》原文361頁；《告青年書》原文451頁。

註12：見懷愛倫著《先祖與先知》121、184、185、319－320頁；懷愛倫著《Spiritual Gifts》卷3第104、105；卷四第86頁。

註13：Wheat著《Love Life for Every Married Couple》202頁；Roy Hession著《Forgotten Factors……An Aid to Deeper Repentence of the Forgotten Factors of Sexual Misbehavior》中「The Divorce Court or the Cross」；Wheat著《Love Life》中「How to Save Your Marriage Alone」；Gray Chapman著《Hope for the Separated: Wounded Marriage Can Be Healed》。

註14：《基督復臨安息日會教會規程》175頁。

註15：見Hession著《Forgotten Factors》；在幫助犯罪的人悔改，在慈愛的上帝那裏得赦免上，這本好書仔細列出了性犯罪一些較深的問題。

註16：懷愛倫著《教會證言》卷一第307頁，她也寫道：「我們女人必須記住，上帝叫我們順服丈夫。他是頭，我們的判斷、觀點、理由，若是可能，就該與他的相一致。如若不然，事情又不關乎良心，對上帝的話的喜好就可交給丈夫去決定。我們必須順從頭。」（「懷氏書簡」1861年5號）

註17：「懷愛倫手稿」1891年17號；Larry Christenson著《The Christian Family》。

註18：要知道如何舉行活潑的家庭禮拜的一些建議，見John and Millie Youngberg著《Heart Tuning:A Guide to Better Family Worship》；Christenson著《The Christian Family》，157－197頁。

註19：懷愛倫著《復臨信徒的家庭》原文231、232頁。

註20：需要將孩子置於他人照顧之下的父母，應該選擇那些價值觀念與他們相同的人。這樣，就可有充分的合作，在愛中並按照主的教訓教導孩子。父母應該十分細心觀察那些他們的孩子會與之相交的孩子們。他們是否讓自己的孩子像那些孩子呢？孩子學的如此之快、如此之多，又如此深邃的銘刻在心，因此照顧孩子的各方面，都需要忠心的考慮。

註21：Edith Schaefer著《What Is a Family？》47頁。

註22：見懷愛倫著《歷代願望》518頁；懷愛倫著《復臨信徒的家庭》原文255－259頁。

註23：見Gary Smalley, John Trent著《The Blessing》。這兩位作者細心描繪了父母們給予或不給予無條件的愛，如何成為發育中孩子情感與心理健康的鑰匙。

註24：懷愛倫著《天路》69頁。

24基督在天上聖所的服務

基督復臨安息日會相信……

天上有一個聖所，是主所支的，不是人手所支的真帳幕。基督在其中為我們服務，為了使信徒能獲得祂在十字架上，只一次獻上的贖罪祭的好處。祂升天時，即就任我們的大祭司，並開始祂代求的工作。在主後1844年，2300日預言時期結束之時，祂進入了祂贖罪工作的第二階段，也是最後的階段。查案審判的工作，是對一切罪惡最終處置工作的一部分，由古時希伯來聖所贖罪日潔淨的儀式所預表。在那預表性的崇祀中，聖所是由所獻祭牲的血來潔淨，但是天上的物件卻是用那完全的祭，耶穌的血所潔淨。查案審判向天上的生靈顯明，死去的人中，那些在基督裏睡了的人是在祂裏面的，配在第一次復活中有分；那些住在基督裏的活人，因遵守上帝誡命和耶穌真道，並在祂裏面，因此也顯明是已預備好可以變化升天，進入祂永恆的國。這項審判顯明了上帝拯救那相信耶穌的人乃是公義的，並宣稱那些忠於上帝的人應承受國度。基督這項工作的完成，就是標明基督復臨前人類恩典時期的結束。

——基本信仰第二十四條

第24章
基督在天上聖所的服務

獻晚祭的時刻到了。祭司站在耶路撒冷聖殿的外院裏，正預備要獻一隻羔羊為晚祭。當他拿起刀要殺死那祭牲時，地忽然大大震動，他驚駭萬分，刀掉落在地，那頭羔羊逃跑了。在地震聲之外，他聽見一個巨大的撕裂聲，一隻看不見的手，將聖殿的幔子從上到下

撕裂成兩半。

在城的另一邊，黑雲籠罩著一個十字架。當上帝逾越節的羔羊耶穌喊著「成了」時，祂為世人的罪死了。

預表已與實體相遇。千百年來聖殿中的崇祀所指明的事，已經發生。救主完成了祂的贖罪祭。因為預表已經與實體相遇，那預表這項贖罪祭的儀式就被取代了。這樣，幔子撕裂，刀子掉落，羔羊逃跑。

但是救贖的歷史還沒有結束，其範圍超越了十字架。耶穌的復活與升天，領我們注意到天上的聖所。祂在那裏不再是羔羊，而是執行聖禮的祭司。那只須一次獻上的祭（來9：28）已經獻上了，如今祂要將這贖罪祭的好處賜給所有的人。

一、天上的聖所

上帝吩咐摩西建造祂在地上的居所（出25：8），這是在前約（舊約）規範下的第一個聖所（來9：1）。這是個讓人受教得救之道的地方。約四百年後，所羅門在耶路撒冷建造永久的聖殿，代替了摩西的輕便帳幕。在尼布甲尼撒王毀壞了那個聖殿之後，從巴比倫回來的被擄之

人，建造了第二個聖殿。希律大帝曾經裝修這第二個聖殿，羅馬人卻在主後七十年將之焚毀。

新約聖經顯明，新約也有一個聖所，就是天上的聖所。基督在「至大者寶座的右邊」作大祭司。這個聖所乃是「主所支的，不是人所支的」（來8：1、2）真帳幕（註1）。摩西在西乃山曾蒙指示看見天上聖所的模型或「樣式」（出25：9、40）（註2）。聖經稱他所建的聖所為「照著天上樣式做的物件，……是真聖所的影像」（來9：23、24），這樣，地上聖所及其崇祀提供我們特別的洞見，使我們了解天上聖所的一切。

從頭至尾，聖經都認定天上有聖所或聖殿的存在（詩11：4；102：19；彌1：2、3）（註3）。寫啟示錄的約翰在異象中看見天上的聖所，描寫其為「在天上那存法櫃的殿」（啟15：5）及「天上的殿」（啟11：19）。他在那裏看見地上聖所陳設仿製的標本，如七燈台（啟1：12）、香壇（啟8：3）。他在那裏也看見約櫃，與地上至聖所中的約櫃相同（啟11：19）。

天上的香壇位於上帝的寶座前

（啟8：3；9：13）。而上帝的寶座是在天上上帝的殿中（啟4：2；7：15；16：17）。因此那天上寶座的場景（但7：9、10），乃是在天上的聖殿或天上的聖所中。這就是為何最後審判來自上帝的殿（啟15：5-8）。

很明顯的，聖經所說天上的聖所，是一個真實的地方（來8：2），不是比喻或抽象的東西（註4）。天上的聖所是上帝主要的居所。

二、天上聖所中的服務

聖所的信息是救恩旳信息。上帝曾使用聖所的崇祀來宣講福音（來4：2）。地上聖所的崇祀是「作現今的一個表樣」。直到基督第一次降臨（來9：9、10）。「藉著表號與儀式，上帝定意要用這福音的比喻，叫以色列的信心，集中在這世界救贖主的犧牲與祭司工作上，『上帝的羔羊』將要除去世人罪孽的。」（加3：23；約1：29）（註5）

聖所說明了基督工作的三方面：①代罪的犧牲，②祭司的中保工作，③最後的審判。

1.代罪的犧牲

每一聖所的祭，都代表基督為赦罪受死，顯明「若不流血，罪就不得赦免」的真理（來9：22）。那些祭說明了以下的真理：

(1)上帝對罪的審判

因為罪乃是從深處對一切善良、純潔、真實的反叛，故不可以忽視。「罪的工價乃是死」（羅6：23）。

(2)基督的替死

「我們都如羊走迷，……耶和華使我們眾人的罪孽都歸在他身上。」（賽53：6）「基督照聖經所說，為我們的罪死了。」（林前15：3）

(3)上帝預備贖罪祭

那贖罪祭就是「耶穌作挽回祭，是憑著耶穌的血，藉著人的信」（羅3：25）。「上帝使那無罪的，替我們成為罪，好叫我們在他裏面成為上帝的義。」（林後5：21）救贖主基督將罪的懲罰放在祂自己身上。所以，「基督忍受我們所該受的，使我們得以享受祂所配享受的。祂為我們的罪，原是與祂無關的，被定為罪，使我們因祂的義，原是我們無分的，得稱為義。祂忍受了我們的死，使我們得以接受祂的生，『因他受的鞭傷，我們得醫

治』（賽53：5）。」（註6）

地上聖所的祭是重覆不止的。像故事一樣，這救贖儀式的預表，年復一年，一再重複。相反的，那實體——我們的主實際贖罪的死，只一次在軀體地獻上（來9：26－28；10：10－14）。

在十字架上，人的罪的刑罰已經完全付清，上帝的公義也獲得滿足。從法律的觀點看，這世界已經又回到上帝的寵愛之中（羅5：18）。這項贖罪或是和好，已經在十字架上完成，如同這些祭祀所預表的一樣。悔改的罪人，可以信靠我們的主已經完成的工作。

2.祭司的中保工作

假若獻祭已經贖罪，為何還需要祭司？

祭司的角色，使人注意到罪人與聖潔的上帝之間，需要一位中間人。祭司的中保工作，顯明了罪的嚴重性，及其所帶來的無罪上帝與有罪受造物之間的隔膜。「正如每一個祭都預表基督的死，每一個祭司也都預表基督在天上聖所中大祭司中保的工作。『因為只有一位上帝，在上帝和人中間，只有一位中保，乃是降世為人的基督耶穌。』（提前2：5）」（註8）。

(1)中保與贖罪祭

祭司中保工作中使用贖罪的血，也被視為一種贖罪的方式（利4：34、35）。英文贖罪一詞，含有使隔膜的兩方和好之意。正如基督的死使這世界與上帝和好一樣，祂中保的工作，將祂無罪的生活及替死的功勞加以應用，使贖罪或與上帝和好對信徒個人更為真實。

利未制度的祭司工作，說明了基督受死之後所繼續進行的拯救工作。我們的大祭司「已經坐在天上至大者寶座的右邊。在聖所，就是真帳幕裏，作執事。這帳幕是主所支的，不是人所支的。」（來8：1、2）

天上的聖所乃是一個偉大的指揮中心。基督在其中為我們的得救從事祭司工作。「凡靠著他進到上帝面前的人，他都能拯救到底；因為他是長遠活著，替他們祈求。」（來7：25）因此祂鼓勵我們，「只管坦然無懼的來到施恩的寶座前，為要得憐恤，蒙恩惠，作隨時的幫助。」（來4：16）

在地上的聖所中，祭司進行兩個

不同的工作——每天在聖所或第一層帳幕中服務（見本書第4章）；及每一年在至聖所中或第二層帳幕中服務。這些崇祀說明了基督祭司的工作（註9）。

(2)聖所中的服務

祭司在聖所的第一層帳幕中所進行的工作，其性質為代求、赦免、和好與恢復。這是一項繼續不斷的服務，它使人藉著祭司，可隨時到上帝跟前（註10）。它表明了一項真理，就是悔改的罪人，可以藉著基督祭司的代求與中保工作，隨時並立刻到上帝跟前（弗2：18；來4：14—16；7：25；9：24；10：19—22）。

當悔改的罪人帶著祭物來到聖所時，他按手在那無辜的祭牲頭上，承認他的罪。這項行動以象徵的方式，將罪及其刑罰轉移到祭牲的身上。結果他的罪獲得了赦免（註12）。猶太百科全書說：「按手在祭牲的頭上，乃是一項平常的儀式，使代替與罪的轉移得以生效。」「在每一次獻祭中都有替代的觀念，祭牲代替了罪人。」（註13）

贖罪祭的血在祭祀中，應用在兩種不同方式裏：①血若被帶進聖所，它就被灑在聖所內的幔子前，及抹在香壇的角上（利4：6、7、17、18）；②血若未帶入聖所內，就將血抹在外院中燔祭壇的四角上。在這種情況下，祭司吃祭牲部分的肉（利6：25、26、30）。無論是那種情況，參與獻祭的人都了解，他們的罪及責任，已轉移到聖所及祭司的身上（註14）。

「在此儀式的比喻中，當悔罪的人獻上贖罪祭承認自己的罪時，聖所擔起了悔罪之人的罪並為他負責——至少是當時，他離開之時罪已得赦免，有上帝悅納他的保證。同樣的，在實際經驗裏，當罪人被聖靈吸引，在悔罪中接受基督為他的主、救主之時，基督就擔當了他的罪，並為他負責。他是白白地得赦免。基督不僅是他的代替者，也是信徒的保證。」（註15）

在預表與實際的經驗中，聖所中的服務主要集中在個人。基督祭司的服務，為罪人提供了赦免，並且使他與上帝和好（來7：25）。「為了基督的緣故，上帝赦免悔改的罪人。將祂兒子公義的品格及順從算在他的賬上。赦免他的罪，將他的名字記錄在生命冊上，視為祂的兒

女（弗4：32；約壹1：9；林後5：21；羅3：24；路10：20）。信徒住在基督裏時，屬靈的恩典就藉著主中保的工作與聖靈賜給他，以致發展出反照上帝品格的美德（彼後3：18；加5：22、23）。」（註16）

在聖所中的工作，造成信徒的稱義與成聖。

3.最後的審判

贖罪日聖所中所進行的事，說明了上帝最後審判的三個階段：這三個階段是：①千禧年前的審判（或稱查案審判），又稱復臨前的審判；②千禧年審判；③千禧年結束時所進行的執行審判。

(1)至聖所中的工作

祭司工作的第二部分，主要是以聖所為中心，圍繞在潔淨聖所、潔淨上帝百姓的工作上。這以聖所的至聖所為中心的工作，唯有大祭司在宗教年限定的一天可以做。

潔淨聖所需要兩頭山羊──耶和華的羊與阿撒瀉勒的羊。大祭司獻上耶和華的羊，「為聖所（實際上這一章是為至聖所）和會幕（聖所）、壇（外院的）」贖罪（利16：20；參閱16：20；參閱16：16－18）。

大祭司取了那代表基督寶血的耶和華之羊的血，進入至聖所，在上帝面前，直接彈在施恩寶座上──那存放十誡之約櫃的蓋上，滿足上帝聖潔律法的要求。他的行動，代表基督必須為我們的罪付上無比的代價；顯明上帝何等迫切要祂的子民與祂和好（參閱林後5：19）。然後

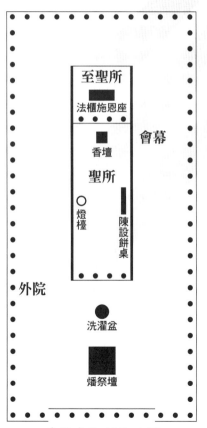

希伯來聖所平面圖

24 基督在天上聖所的服務

他將這血抹在香壇上，及抹在那每一天都灑血代表認罪的燔祭壇上。大祭司就藉此不但為百姓贖罪，也為聖所贖罪，使二者都得潔淨（利16：16-20，30-33）。

以後，大祭司代表作中保的基督，就自己擔當起那污染聖所的罪，再將罪轉移到那隻活的歸阿撒瀉勒的羊身上，然後將這羊領到上帝百姓的營外。這項行動已經象徵性地將每日祭牲的血和肉的赦罪工作，從悔改的信徒轉移到聖所的罪除去了。這樣，聖所就潔淨了，準備好下一年的工作（利16：16-20，30-33）（註17）。如此，在上帝與祂的百姓之間，一切的問題就都解決了（註18）。

因此，贖罪日說明了那根除罪惡的審判過程。在這一天所作的贖罪，是最後應用基督的功勞永遠除去罪惡的預表，並使宇宙完全和好，只有一個上帝所統治的和諧的政府（註19）。

(2)阿撒瀉勒的羊

希伯來文的阿撒瀉勒（Azazel），是從拉丁文caper emissarius而來，意即「被放逐的羊」（利16：8英文重訂版及雅各王欽定版旁註）（註20）。仔細查考利未記16章，可以看出阿撒瀉勒代表撒但，並非如一些人所認為的是代表耶穌。支持這種說法的理由是：①這被放逐的羊並未被宰殺作為祭物，因此不能使罪得赦。因為「若不流血，罪就不得赦免」（來9：22）；②在被放逐的羊進入這次儀式之前，聖所已經完全為上帝的羊所潔淨（利16：20）；③這段經文將這隻被放逐的羊當作一個與上帝相反，與上帝作對的有位格的生靈（利16：8直譯為「一歸耶和華，另一歸阿撒瀉勒」）。因此，在聖所的預表中，以上帝的羊代表基督，以被放逐的羊——阿撒瀉勒代表撒但，更具有一致性（註21）。

(3)審判的不同階段

贖罪日歸阿撒瀉勒之羊的儀式，所預指的超過了髑髏地，直指向罪的問題最後的結束——罪與撒但的根除。「罪的完全責任將會回到它的創始者及煽動者撒但身上。撒但與他的跟隨者並一切罪的後果，都會藉著毀滅，不再存留在這個宇宙之中。所以藉著審判所成就的贖罪，會帶來完全的和好與和諧的宇宙（弗1：10）。這就是基督在天上聖所中祭司工作的第二階段，也是

最後階段所要達成的目標。」（註22）這項審判將使上帝的公義最後彰顯在宇宙之前（註23）。

贖罪日描寫了最後審判的三個階段：

a. 從聖所中除罪，關係到三個階段中的第一，或者說復臨前之審判的查案階段。「正因為贖罪日的中心工作，是在聖所中除去悔罪之人所承認的罪，集中於記錄在生命冊裏的名字上。假信徒會被篩出；真信徒的信心以及他們與基督的聯結，會在忠誠的宇宙前再次得以證實。他們的犯罪記錄將被塗抹。」（註24）

b. 將歸阿撒瀉勒的羊放逐到曠野，代表撒但一千年被囚禁在這荒涼的大地上。這項囚禁在基督復臨時開始，並與在天上舉行的最後審判第二階段同時（啟20：4；林前6：1-3）。這一千年的審判，關係到重新檢討惡者的審判，使蒙贖之人明白，上帝如何對待罪及那些未得救的罪人。這將可回答蒙贖之人對上帝慈悲與公義所可能有的一切問題（見本書第27章）。

c. 那清潔的營代表審判的第三階段，或者說執行階段——火除滅了惡者、潔淨了地球之後的結果（啟20：11-15；太25：31-46；彼後3：7-13；見本書第27章）。

三、預言中的天上聖所

以上的討論，我們是從預表與實體的角度集中注意於聖所。現在我們要在預言中研究天上的聖所。

1.膏天上聖所

但以理書第9章七十個七的預言，指出基督在天上聖所祭司職位的就職禮。490年中最後的事件之一，乃是膏「至聖所」（但9：24依原文譯，見本書第4章）。那譯為「至聖所」的希伯來原文qodeshqodeshim，意為聖中之聖，因此最好譯為「膏至聖所」。

正如地上聖所啟用時為聖油所膏，奉獻以為服務一樣；天上聖所也受膏，奉獻為基督的代求工作。基督受死不久即升天（但9：27）（註25），作我們的大祭司及代求者。

2.潔淨天上聖所

希伯來書講到潔淨天上聖所時說：「按著律法，凡物差不多都

是用血潔淨的；若不流血，罪就不得赦免了。照著天上樣式做的物件（地上的聖所）必須用這些祭物（動物的血）去潔淨；但那天上的本物（天上的聖所），自然當用更美的祭物去潔淨，」──基督的寶血（來9：22、23）。

好幾個註經家已經注意到這項聖經教訓。艾福德（Henry Alford）說：「藉著基督贖罪的寶血，天上本物曾需要並獲得潔淨」（註26）。魏斯卡特（B. F. Westcott）評註說：「可以說，甚至『天上的物件』只要是代表人的未來生命，就因著墮落也需要潔淨。」他說是基督的寶血可以「潔淨天上聖所──地上聖所之原版」（註27）。

正如上帝子民的罪藉著信放在贖罪祭牲上，再象徵地轉移到地上聖所一樣；在新約之下，悔罪之人所承認的罪，也藉著信放在基督身上（註28）。

正如預表性的贖罪日潔淨地上的聖所，移除了累積在聖所中的罪一樣，天上的聖所乃是藉著最後在天上冊子中移除了罪的記錄而得潔淨。但是在這些記錄最後清除之前，必須先加以審查，藉以決定誰

藉著悔改與相信基督，配進入祂永恆的國度。因此潔淨天上聖所，關係到查案或審判的工作（註29）。這充分反映出贖罪日為審判日的性質（註30）。這項最後批准判決誰會得救、誰會喪亡的審判，必須在基督復臨之前作成，因為在那時，基督是帶著祂的報賞回來，「要照各人所行的報應他」（啟22：12）。還有撒但的控告也得到了回答（啟12：10）。

凡真實悔改並藉著信有了基督贖罪犧牲寶血的人，已經獲得赦免。當這項審判臨到他們的時候，發現他們穿著基督的義袍，他們的罪就被塗抹，他們被認為配得永生（路20：35）。耶穌說：「凡得勝的必這樣穿白衣，我也必不從生命冊上塗抹他的名；且要在我父面前，和我父眾使者面前，認他的名。」（啟3：5）

先知但以理啟示了這查案審判的性質。當那由小角所代表的背道的權勢，在地上進行其褻瀆上帝及逼迫上帝百姓的工作時（但7：8、20、21、25），有寶座設立，上帝主持這最後的審判。這項審判是在天上聖所中上帝寶座處進行，天上有無

數的證人參加。當法庭的成員都已坐定,案卷都已展開,就代表查案的過程已經開始(但7:9、10)。那背道的權勢,要等到這項審判之後才被除滅(但7:11)(註31)。

3.審判的時候

基督與天父都參與查案審判。基督在駕天上的雲降臨之前,曾以人子的身分,駕著天上的雲來到那「亙古常在者」父上帝那裏,站在祂面前(但7:13)。基督自從升天之後,一直是在上帝面前作大祭司,作我們的代求者(但7:25)。但是這時祂來是要得國(但7:14)。

(1)基督大祭司工作被遮掩

但以理書第8章告訴我們,有關善惡之間的大鬥爭及上帝最後的勝利。這一章顯明,在基督就職大祭司與潔淨天上聖所之間,有一個地上的權勢要遮掩基督的工作。

這異象中的公綿羊代表瑪代波斯帝國(但8:2)——那兩個角,更高的是後長的,清楚地描寫了她的兩個階段,那強盛的波斯部分出現在後。正如但以理所預言,這個東方的帝國確「往西,往北,往南」擴張,成為強大(但8:4)。

那從西而來的公山羊,代表希臘,它有一非常的角。代表其第一個王亞歷山大大帝(但8:21)。亞歷山大從西而來,迅速擊敗波斯。之後,在他去世後的幾年內,他的帝國分裂為四個國家(但8:8、22)——就是客散德、利西馬克、西路庫與多利曼。

在「這四國末時」(但8:23),換句話說,在靠近分裂的希臘帝國的末時,「長出一個小角」(但8:9),有人認為,那在主前第二世紀曾短期統治巴勒斯坦的敘利亞王(Antiochus Epiphanes),應驗了預言的這一部分。另外的人,包括許多宗教改革者,都曾指認這小角是異教的羅馬與羅馬天主教會。後者的解釋正好能配合但以理所說的特點,而其他的解釋則不然(註32)。請注意以下各點:

a.這小角的權勢掌權時期,是從希臘帝國敗亡直到「末時」(但8:17)。只有羅馬帝國與羅馬天主教會,能配合這時間上的特點。

b.但以理書第2、7、8章的預言是彼此平行的(見本書第25章末預言平行圖表),但以理書第2章的4種金

屬,與但以理書第7章的四個獸,都代表同樣的四大帝國:巴比倫、瑪代波斯、希臘、羅馬,那鐵與泥攙雜的腳、第四獸的十角,都代表羅馬的分裂。這些分裂的國家要繼續存在直到基督再來。請注意兩個預言都指出羅馬為希臘的繼承者,並是基督復臨及最後審判之前最後的帝國。但以理書第8章的小角情形也相同;它在希臘之後,並以超自然的方式被毀滅,或「非因人手而滅亡」(但8:25;參見但2:34)(註33)。

c.瑪代波斯稱為自高自大,希臘稱為極其自高自大,而那小角稱為強大(但8:4、8、9)。羅馬是世界最大帝國之一,合乎這個條件。

d.只有羅馬將其王國擴張至南方(埃及)、東方(馬其頓及小亞細亞)及「榮美之地」(巴勒斯坦),如同預言所說的。

e.羅馬起來攻擊「天象之君」、「萬君之君」(但8:11、25)就是耶穌基督。「羅馬權勢不僅向祂的聖所,也向祂及祂的百姓,發動了一次最驚人的戰爭。這項描寫包括了羅馬帝國與羅馬教廷

兩個階段。羅馬帝國確曾抵擋基督,並毀滅了耶路撒冷的聖殿,而羅馬教廷卻以人作中保,以提供赦免的祭司工作為代替,有效地遮掩了基督在天上聖所為罪人所作的祭司與中保工作」(註34)(見本書第13章)。這背道的權勢十分成功,因為「牠將真理拋在地上,任意而行,無不順利。」(但8:12)

(2)恢復、潔淨與審判的時候

上帝不會讓基督大祭司工作的真理,無限期地被矇蔽。藉著忠心而敬畏上帝的男女,祂使其工作再度奮興起來。宗教改革時期再次發現基督為中保的部分真理,曾為基督教界帶來極大的奮興。但是有關基督天上的工作,還有更多的真理要啟示給人。

但以理的異象指出,基督作我們大祭司的角色,在「末後」(但8:17),當祂開始那特別的潔淨與審判工作時,仍然繼續祂代求的工作(來7:25)(註35)。這個異象指出,基督何時開始這贖罪日所預表的實際贖罪工作——查案審判(但7章)及潔淨聖所,「到二千三百日,聖所就必潔淨。」(但8:14)

（註36）因為這異象講到末時，它所提到的聖所，就不可能是地上的聖所——因為地上的聖所在主後七十年已經被毀。所以這項預言一定是指新約時代在天上的聖所——基督在那裏為我們得救而工作。

希伯來原文的2300日或2300個晚上與早晨，是甚麼意思呢？（註37）依照創世記第1章，一個「晚上與早晨」就是一天。我們在本書第4章與第13章已經看見，在象徵性的預言中，時期也是象徵性的：預言中的一日代表一年。因此，正如各時代許多基督徒所相信的，但以理書第8章中的2300日，代表2300年（註38）。

a.但以理書第9章是開啟第8章的鑰匙

上帝差遣天使加百列幫助但以理「明白這異象」（但8：16）。但其對但以理的衝擊與震撼是如此強烈，以致但以理竟然病倒，加百列不得不中斷他的解釋。在那一章結尾，但以理說：「我因這異象驚奇，卻無人能明白其中的意思。」（但8：27）

由於這項衝擊，加百列不得不遲延他對此預言時期的解釋——那是異象中唯一他還未解釋的部分。但以理書第9章描寫他回來完成他的工作。這樣看來，但以理書第8章與第9章是連結在一起的。後者是打開2300日奧祕的鑰匙（註39）。加百列出現時，他對但以理說：「我出來要使你有智慧，有聰明，……所以你要思想明白這以下的事和異象。」（但9：22、23）在此，他講到以前的2300日異象。他要解釋但以理書第8章異象中的時間因素，就清楚地說明了為何他的解釋要以七十個七的預言為開始。

七十個七，或490年，為猶太人及耶路撒冷，是「已經定了」。這動詞「定了」希伯來原文是chathak。雖然這個動詞在聖經中只用過一次，但其意義可以從其他的希伯來原文資料中了解（註40）。著名的Gesnius編訂之希伯來文——英文字典貼切的說，它的意思為「切割」、或「分割」（註41）。

有了這個背景，加百列的話就十分有意思了。他告訴但以理要從較長的2300年分割出490年。關於490年的起點，加百列指出「從

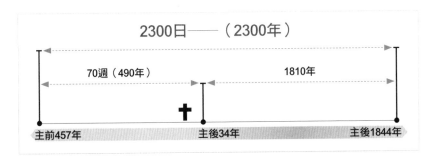

2300日——（2300年）

70週（490年）　　　　　　　1810年

主前457年　　　　　　主後34年　　　　　　主後1844年

出令重新建造耶路撒冷」（但9：25），那是主前457年，亞達薛西王第7年（見本書第4章）（註42）。

490年在主後34年結束。當我們從2300年分割出490年時，還剩下1810年，因為2300年要在主後34年往後伸延1810年，到主後1844年結束（註43）。

b.更充分了解基督的工作

在十九世紀初葉，許多基督徒——包括浸信會、長老會、循理會、路德會、安立甘會、聖公會、公理會及弟兄會的教友們，專心研究但以理書第8章的預言（註44）。這些研究聖經的人，都盼望在2300日結束時，有重大的事發生。依其對小角權勢及聖所的了解，他們盼望這預言時期結束時，會潔淨教會，或使巴勒斯坦及耶路撒冷得解放，猶太人回歸，土耳其或回教權勢敗亡，教皇制度毀棄，真崇拜恢復，地上千禧年開始，審判之日，地被火所潔淨，或基督復臨（註45）。

這些預測都沒有成就。一切相信這些預測的人都失望了。他們失望的嚴重性，則依他們預測事件的性質而不同。顯然，那些盼望基督在1844年回來的人所受的傷害，要遠比盼望猶太人回歸巴勒斯坦的人更大（註46）。

由於他們的失望，許多人就放棄研究預言，或不再使用那使他們獲得這些結論的預言歷史解釋法（註47）。但是有些人繼續恆切禱告，並專心研究預言及聖所的題目，繼續仰望基督在天上聖所的服務。獲得對基督此項工作之豐盛的新知識，就是他們努力的報賞。他們發現，早期教會及宗教改革時期歷史性的預言信仰仍然有效，對預言的時間計算仍然

是正確的。2300年已經在1844年結束。他們的錯誤，以及那時候一切釋經者的錯誤，在他們對於那個預言時期結束時所要發生之事的了解。基督在聖所工作的新亮光，將他們的失望轉化為喜樂與希望（註48）。

他們對聖經中有關聖所教訓的研究發現，基督是在1844年來到那互古常在者面前，並開始祂在天上聖所中大祭司最後階段的工作。這項工作乃是贖罪日潔淨聖所所預表的，就是但以理書第7章所描寫的，基督復臨前的查案審判。

這項對基督天上工作之新看法，「並未偏離基督徒歷史性的信仰，相反地，它是此項信仰合理的完成及不可避免的結果。它乃是永遠的福音之末日的面貌，及其預言中重點的應驗，……其向世人作見證之結束的部分。」（註49）

四、善惡之爭中的意義

但以理書第7、8兩章以更廣的角度，透露出上帝與撒但之間善惡之爭的最終結局。

1.顯明上帝聖德的完美

撒但曾試圖藉著小角的活動，挑戰上帝的權柄。這權勢的行動，已經向天上的聖所挑釁，踐踏了天上的聖所——上帝政府的中心。但以理的異象指向在基督復臨前的審判，上帝要在這審判中對小角，並藉此對撒但自己，作出定罪的判決。在髑髏地的真理中，撒但的一切挑釁都要被駁倒。所有的生靈都會明白並同意上帝是對的。祂對罪的問題是毫無責任的。祂的聖德無懈可擊，祂愛的統治將再次得到堅固。

2.顯明上帝的子民為義

當背道的小角權勢被審判定罪，卻也是「給至高者的聖民伸冤」（但7：22）。誠然這次審判，不僅在宇宙面前顯明上帝為義，也顯明祂的子民為義。雖然聖民曾在各世代中，因他們對基督的信心而承受蔑視與逼迫，但這次的審判卻使一切的冤屈得昭雪。上帝的子民會明白祂的應許：「凡在人面前認我的，我在我天上的父面前也必認他。」（太10：32；路12：8、9；啟3：5）

3.審判與得救

查案審判是否危及那些相信耶穌基督之人的得救呢？絕對不會。真實的信徒活在與基督的聯合中，信靠祂為他們的代求者（羅8：34）。他們有這樣的應許為保證：「在父那裏，我們有一位中保，就是那義者耶穌基督。」（約壹2：1）

那麼，為何要有基督復臨之前的查案審判呢？這項審判不是為了上帝的益處，主要是為了全宇宙的益處，回答撒但的控告，向未墮落的世界保證，上帝只准許那些已經真正悔改的人進入祂的國。這樣，上帝就打開記錄冊作公正的審查（但7：9、10）。

所有的人都屬於以下三類中的一類：①不接受上帝權威的惡人；②藉著信心信靠基督功勞，順從上帝律法而活的真信徒；③似真非真的基督徒。

未墮落的生靈能輕易地分辨第一類。但誰是真信徒，誰又不是呢？這兩類人的名字都記在生命冊上。這生命冊包括了一切曾加入過上帝工作的人（路10：20；腓4：3；但12：1；啟21：27）。教會本身也包括真假信徒，有麥子也有稗子（太13：28-30）。

未墮落的生靈對上帝地創造並非無所不知。他們看不見內心，「因此需要一次審判——在基督復臨之前——將真假分開，並向關心的全宇宙，顯明上帝拯救那些真誠的信徒乃是公義的。這是上帝與宇宙之間的問題，並非上帝與祂真兒女之間的問題。因此需要打開記錄冊，顯露那些已經承認相信耶穌，名字已經記在生命冊上之人的實情。」（註50）

基督曾用婚筵的比喻中那些接受福音邀請之客人，來描繪這次審判。因為並非凡選擇成為基督徒的人都是真門徒。王來檢查客人，看誰穿著婚筵禮服。這禮服代表「基督的真門徒要有的那些純潔、無疵的品格。教會要蒙賜『穿光明潔白的細麻衣』，『毫無玷污、皺紋等類的病』（啟19：8；弗5：27）。那細麻衣，聖經說，就是『聖徒所行的義』（啟19：8）。這乃是基督的義，祂那無瑕疵的品德，藉著信，賜給凡接受祂為他們個人救主的人。」（註51）當王檢查客人時，只有那些穿上在福音邀請中慷慨賜下的基督義袍的人，才是真信徒。

那些口稱是基督門徒，但未為基督義袍所覆蓋的人，他們的名字將會從生命冊上被塗抹（見出32：33）。

對所有自稱為相信基督的人施行查案審判的觀念，並不與聖經所說得救是本乎恩也因著信的教導相衝突。保羅知道，他有一天會面對審判。因此他表示熱望「在他裏面，不是有自己因律法而得的義，乃是有信基督的義，就是因信上帝而來的義。」（腓3：8、9）凡與基督聯合的人，必能得救。在基督復臨前的最後審判中，真信徒——那些與基督有救恩關係的人，將在未墮落的世界面前重獲保證。

但是對那些只以自己的好行為作基礎，而自稱為基督徒的人，基督不能保證他們得救（見太7：21-23）。因此天上的記錄不僅是分別真假的工具而已，它也是在眾天使面前證明真信徒的基礎。

「聖所的道理，不僅沒有使信徒失去在基督裏的保證，反而更得以堅穩，並在信徒的心中澄清和說明救贖計畫。他悔罪的心會歡樂地領會到，在各種獻祭中所預表的，基督為他的罪代死的事實。不僅如此，他的信心必向上伸展，尋求那位活著的基督，祂在聖潔上帝面前作祭司與中保的意義。」（註52）

4.準備好的時辰

上帝要基督救贖工作完成的好消息，在祂回來之前已傳遍天下。這信息的中心就是永遠的福音。要急迫地傳講，「因他施行審判的時候已經到了」（啟14：7）。這個呼召警告世人，上帝的審判現今正在進行中。

今天我們正活在贖罪日所預表的偉大時代。正如以色列人蒙召在那一日要刻苦己心一樣，上帝也呼召祂的子民經驗內心的痛悔。凡盼望將他們的名字留在生命冊上的人，必須在上帝進行審判的時候，將對上帝與對人的一切事都處理好（啟14：7）。

基督大祭司的工作已近尾聲。人類的恩典時期（註53）正在溜走。沒有人知道上帝何時會宣告：「成了！」基督說：「你們要謹慎，儆醒祈禱，因為你們不曉得那日期幾時來到。」（可13：33）

雖然我們住在這贖罪日所預表的可怕時代，但我們不必懼怕。耶穌基督既為祭牲又為祭司，祂以雙重

身分在天上的聖所中為我們服務。因為「我們既然有一位已經升入高天尊榮的大祭司，就是上帝的兒子耶穌，便當持定所承認的道。因我們的大祭司，並非不能體恤我們的軟弱，他也曾凡事受過試探，與我們一樣，只是他沒有犯罪。所以，我們只管坦然無懼的來到施恩的寶座前，為要得憐恤、蒙恩惠，作隨時的幫助。」（來4：14－16）

註1：希伯來書中顯明天上有一個真聖所。來8：2中，譯為「聖所」一詞的希臘原文是聖所ta hagia的複數。這個複數的另外用法可在來9：8、12、24、25；10：19；13：11中找到。許多不同的翻譯給人印象，基督只在至聖所或聖所中服務，而不是在整個聖所中服務。這是因為譯文認為ta hagia為intensive複數形，可以譯為單數。但是研究七十士譯本及約西法（Josephus）的著作顯明，ta hagia這個詞，都一致地指「聖物（多數）」或「聖所（多數）」，是指整個的聖所，包括聖所與至聖所。

　　希伯來書中用ta hagia指整個聖所，在這封信中有著強烈的釋經的支持。希伯來書第一次使用ta hagia是在8：2，並與「真帳幕」平行。因為從來8：5，「帳幕」代表整個的聖所，來8：2中的ta hagia也必代表整個天上的聖所。故此，沒有理由將希伯來書中的ta hagia譯為至聖所。在大多數情形下，從上下經文看，都應譯為（整個）聖所（1980年十月《Ministry》49頁「Christ and His High Priestly Ministry」）。

　　復臨信徒的先鋒們，從他們對地上聖所及對ta hagia的研究中，作出結論說，天上聖所也分為聖所與至聖所兩部分。這樣的認識乃是他們針對聖所教訓發展的基礎。（Damsteegt著《The Historical Development of the Sanctuary Doctrine in Early Adventist Thought》；參閱懷愛倫著《善惡之爭》433－436，444－452頁）。

註2：《基督復臨安息日會參考文庫》卷六第1082頁懷愛倫評註。

註3：猶太古代著作顯明，有些拉比們也相信天上有一個真的聖所。一位拉比評註出來15：17說：「地上聖所的位置與天上聖所的位置相當。約櫃的位置與天上寶座的位置相當。」Midrash Rabbah《Numbers》修訂版卷一第4章13段110頁）在巴比倫Talmud中所引用的另一個拉比的話，講到「天上與地上的聖殿」，（《Sanhedrin》，99b, I. Epstein, ed.）還有另一個拉比評論說，「對地上的聖所是天上聖所的副本，沒有分歧的意見。」（Leon Nemoy, ed.,《The Midrash on Psalms, trans》By William G Braude, Psalm 30，第一段第386頁）。

註4：希伯來書描寫天上有一個真的聖所。天上聖所的實在，藉著來8：2中的形容詞「真」字，獲得了進一步了解。天上的聖所是「真」的，或更好的說法是「實在」的。在此處及在來9：24中所用，也可以用在天上的希臘詞是alethes。這希臘文的形容詞意為「真實」，與僅是「表面」相反。由於其意為虛假相反的另一希臘文形容詞alethes，就顯然而毫不含糊地指天上聖所的實在。正如在約17：3中用alethinos

描寫上帝是真實的，以後保羅也用這詞在帖前1：9作同樣的描寫，所以其他的實體，只要與上帝的實在相聯結，就也是實在。因為天上聖所與上帝的實在相聯結，因此它是實在的，正如同上帝是實在的一樣（1976年1月號《Ministry》21頁Hasel著《Christ Atoning Ministry in Heaven》）。

註5：1983年1月《Ministry》14頁Holbrook撰「Sanctuary of Salvation」。

註6：懷愛倫著《歷代願望》26頁）。

註7：1983年10月至11月《Journal of Adventist Education》27頁Holbrook撰「Light in the Shadows」。

註8：同上28頁。

註9：「正如基督的服務包括兩大部分，各佔一段時期，並在天上有不同的所在，照樣，表號性的禮也分為兩部分，就是每日的奉獻禮，和一年一度的奉獻禮，各在聖幕的一層中舉行。」（懷愛倫著《先祖與先知》339頁）

註10：在每日早祭與晚祭中，祭司代表全國。

註11：家中的父親代表妻子兒女，妻子與兒女是不獻祭的。

註12：見基督復臨安息日會全球總會聖經研究所出版《Sanctuary and the Atonement》134－156頁Angel M. Rodriguez撰《Sacrificial Substitution and the Old Testament Sacrifices》；F. B. Holbrook編《70 Weeks, Leviticus, and the Nature of Prophecy》169－197頁；Angel M. Rodriguez撰《Transfer of Sin in Leviticus》。

註13：Isidore Singer編《The Jewish Encyclopedia》286頁「Atonement, day of」條。見基督復臨安息日會全球總會聖經研究所出版《Sanctuary and Atonement》97－99頁Hasel撰「Studies in Biblical Atonement I:Continual Sacrifice, Defilement/Cleansing and Sanctuary」。

註14：Hase撰《Studies in Biblical Atonement I》99－107頁；F. B.Holbrook編《70 Weeks, Leviticus, Nature of Prophecy》253頁；Alberto R. Treiyer 撰《The Day of Atonement as Related to the Contamination and Purification of the Sanctuary》.

註15：1983年10月至11月《Journal of Adventist Education》27頁Holbrook撰《Light in the Shadows》。

註16：同上29頁。

註17：見基督復臨安息日會全球總會聖經研究所出版《Sanctuary and Atonement》115－125頁Hasel撰「Studies in Biblical Atonement II:The Day of Atonement」。

註18：見基督復臨安息日會全球總會聖經研究所出版《Sanctuary and Atonement》206、207頁Hasel撰《The Little Horn，the Saints and the Sanctuary in Daniel 8》；F. B. Holbrook編《70 Weeks, Leviticus, and the Nature of Prophecy》252、253頁Alberto R. Treiyer撰「The Day of Atonement as Related to the Contamination and Purification of the Sanctuary」。

註19：同註7。

註20：參閱《基督復臨安息日會參考文庫》「Azazel」。

註21：Holbrook著《Sanctuary of Salvation》16頁；許多世紀以來，聖經學者都得到相似的結論。在七十士譯本azazel譯為apopompaios，希臘文中指惡神的字。古猶太作者及早期教父指他為魔鬼（《基督復臨安息日會參考文庫》卷10。十九與二十世紀的釋經家中抱著同樣觀點的有：長老教會的Samuel M Zwemer, William Millgan, James Hastings, William Smith，路德會的E. W. Hengstenberg, Elmer Flack, H.

C. Alleman，公理會的William Jenks, Charles Beecher, F. N. PeLoubet，循理會的John M' Clintock, James Strong改革宗聖公會的James M. Gray，弟兄會的J. B. Rotherhorn, Society of Friends的George A. Barton。許多其他的學者也曾發表類似的觀點。（Questions on Doctrine394、395頁）

若是阿撒瀉勒（azazel）代表撒但，聖經如何能將它與救贖連在一起？（利16：10）大祭司在潔淨聖所之後，就將罪放在阿撒瀉勒身上，他就永遠從上帝的子民中間被驅逐。同樣的，基督在潔淨了天上的聖所之後，就將祂子民已承認的、蒙赦免了的罪放在撒但身上，他也會永遠從得救之人的中間驅逐出去。雖然罪曾在那些如今藉著寶血從罪中得釋放之人的生活中帶來極大的悲慘，但再歸回到撒但身上，這該是何等恰當啊！這樣，循環完成了，戲劇落幕了。唯有那一切罪惡的唆使者撒但最後被挪除，我們才可以說，罪已經永遠從上帝的宇宙中除去了。從這種角度我們就可以了解，那歸向阿撒瀉勒的羊，在贖罪中有分（利16：10）。義人已經得救，惡人被剪除，撒但也不再有了，那時，也只有到那時候，宇宙才處於罪惡進入之前的和諧狀態（《基督復臨安息日會參考文庫》卷一第778頁）。

註22：Holbrook著《Sanctuary of Salvation》16頁。

註23：Treiyer撰「Day of Atonement」245頁。

註24：Holbrook撰「Light in the Shadows」。

註25：見本書第4章。

註26：Henry Alford著《Tho Greek Testament》第二版卷四第179頁

註27：B. F. Westcott著《Epistle to the Hebrews》271、272頁。

註28：藉著將這些已承認的罪放在基督身上，就是「將罪實際上移到天上的聖所中」（懷愛倫著《善惡之爭》441頁）。

註29：這項審判是為那些自稱跟隨上帝的人。「在預表的禮節中，唯有那些已到上帝面前認罪悔改，並且藉著贖罪祭牲的血將自己的罪遷進聖所的人，才能參加贖罪日的禮拜。照樣，在最後贖罪和查案審判的大日，也只有那些承認自己是上帝子民之人的案件被審查。審判惡人乃是一個特殊而分別舉行的工作。要在審判的後期舉行。『審判要從上帝的家起首，若是先從我們起首，那不信從上帝福音的人，將有何等的結局呢？』（彼前4：17）」（懷愛倫著《善惡之爭》499頁）。

註30：猶太人的遺傳長久描寫Yom Kippur為審判日，那一天上帝要坐在祂的寶座上審判世界，記錄冊打開，各人從祂面前經過，命運就此決定。見Isidore Singer編《The Jewish Encyclopedia》286頁「Atonement, day of」條；Morris Silverman編《High Holyday Prayer Book》147、164面；Yom kippur也給信徒帶來安慰與保證，因為「在這一日，那在恐懼中期待要來的審判，最後獲得上帝有把握的保證：上帝並不定罪，但對那謙卑與悔罪中到祂跟前來的人，給予豐盛的赦免。」（William W. Simpson著《Jewish Prayer and Worship》57、58頁）。

註31：見基督復臨安息日會全球總會聖經研究所出版《Sanctuary and Atonement》163－166、169頁Arthur J. Ferch撰「The Judgement Scene in Daniel 7」。

註32：有關但以理書中Antocus解釋的問題，見W. H. Shea著《Selected Studies on Prophetic Interpretation》25－55頁。

註33：F.B. Holbrook編《Symposium on Daniel》165－219頁W. H. Shee撰「Unity of Daniel」。

註34：1979年4月《These Times》18頁載「The Amazing Prophecies of Daniel and

Revelation」；亦見Maxwell著《God Cares》卷1第166－173頁及第12章。

註35：在地上聖所中的贖罪日，大祭司進入至聖所，停止他在第一層中的工作。「照樣，當基督進到至聖所執行結束贖罪工作的時候，祂就停止了在第一層聖所中的職務。但在第一層聖所中的職務停止時，祂在第二層聖所中的職務便開始了。在地上聖所崇祀中，大祭司在贖罪日離開聖所時，他便進到上帝面前，為一切真心悔罪改過的以色列人，奉獻贖罪祭牲的血。照樣，基督只是先完成中保工作的第一段，然後再開始第二段工作，在天父面前仍然為罪人獻上自己的寶血。」（懷愛倫著《善惡之爭》449頁）。

註36：英文傳統聖經譯本對中文譯為「就必潔淨」的希伯來原文nitsdaq，譯意與中文相同。早期英文譯文從拉丁及七十士等希臘文譯本，譯意亦與中文同。
　　　　但大多數現代譯本，卻不採取傳統的譯法，因為nitsdaq是從動詞字根tsadaq而來，而其含意包括：「使之正當」、「是對的」、「被稱為義的」、「顯為義的」。這些譯本將根tsadaq譯為「恢復其正當的狀態」（RSV）、「適當的恢復」（NASB）、「重新奉獻」（NIV）及「恢復」（TEV）。舊約時的平行體例中顯明，tsadaq可以與taher同義，其意為「成為乾淨，純潔」（伯4：17；17：9）；與zakah同義，其意為「成為純潔，乾淨」（伯15：14；25：4）；與bor同義，其意為「潔淨」（詩18：20）。這樣，「nitsdaq」在字義上的範圍，包括了潔淨、顯明為義、使其為義、使之正當恢復等。不論用何種方式，以現代的語言譯這個希伯來字，潔淨聖所包括實際的潔淨，也包括顯明為義，使其為義，恢復等活動。
（見F. B. Holbrook編《Symposium on Daniel》第453頁Hasel撰「Little Horn, the Heavenly Sanctuary and the Time of the End: A Study of Daniel 8:9-14」；見同書448－458頁；《Sanctuary and Atonement》203－208頁Hasel撰「The Little Horn, the Saints, and the Sanctaryin Daniel 8」在《Symposium on Daniel》475－496頁Niels-Erik Andreasen撰「Translation of Nisdaq/katharisthesetaiin Daniel 8:14」；Maxwell著《God Cares》卷一第175頁；1980年10月《Ministry》34、35頁載「Christ and His High Priestly Ministry」）。

註37：有人解釋「2300晚上——早晨」只有1150日（TEV現代英文譯本）。但這是與希伯來人的用法相反的。Keil and Delitzsch聖經註釋的編者Carl F. Keil寫道：「當希伯來人盼望表達將一週中的一日，一日中的日與夜分開之時，二者的數目就都表達出來了，例如40晝與40夜。（創7：4、12；出24：18；王上19：8），3天3夜（拿2：1；太12：40），當他們想要表達40或3整天時，並非80或6晝夜，一個希伯來讀者將無法了解2300晚上——早晨，是2300個半天，或1150全日。因為在創造時，晚上與早晨不是構成半日，而是全日……因此，我們必須按照字的原意接受它，就是了解是指2300個全日。」（Keil and Delitzsch《Biblical Commentary on the Old Testament》卷二五第303、304頁，C. F. Keil「Biblical Commentary on Book of Daniel」）有關這方面更多理由，可參照《Sanctuary And Atonement》195頁Hasel撰「Sanctuary of Daniel 8」；《Symposium on Daniel》430－433頁，Hasel撰「Little Horn,The Heavenly Sanctuary and the Time of the End」；《Symposium on Daniel》462－474頁，Siegfried J. Schwantes撰「Ereb Boqer of Daniel 8：14 Re－Examined」；Maxwell著《God Cares》卷一第174頁。

註38：Froom著《Prophetic Faith of Our Fathers》卷二第985頁；卷三第252、743頁；卷四第397、404頁；有關預言中一日頂一年的原則，可參照William H Shea著

《Selective Studies on Prophetic Interpretation》56－93頁。

註39：《Sanctuary And Atonement》196、197頁Hasel撰「Sanctuary of Daniel 8」；F. B. Holbrook編《Symposium on Daniel》220－230頁，W. H. Shea撰「Unity of Daniel」。

註40：分析希伯來人的著作，Mishnah顯明，雖然Chahak可以含有「決定」之意，但最通常的意思是「與切割有關」（《Sanctuary And Atonement》242頁，W. H. Shea撰「The Relationship Between the Prophecies of Daniel 8 and Daniel 9」）。

註41：Gesenius編《Hebrew and Chaldee Lexicon to the Old Testament Scripture》314頁。

註42：F. B. Holbrook編《70 Weeks, Leviticus and the Nature of Prophecy》64－74頁Ferch撰「Commencement Date for the Seventy Week Prophecy」。

註43：從但以理書第8章可看出那2300日必須跨越長久的年代。所發的問題是：「這異象要到幾時呢？」（但8：13節按原文譯）「異象」一詞與1、2節所用的相同。故此，當天使問：「這異象要到幾時呢？」之時，他所盼望得到的回答是可以包括整個的異象，就是從動物的表號，經過那角的表號，直到末時，這在但8：17、19中已指出來。2300日回答了這問題，相當清楚地表示，這2300日必定跨越從瑪代波斯帝國至末時的長時期，因此必代表2300年。

註44：參閱Damsteegt著《Foundations of the Seventh-day Adventist Message and Mission》14、15面；Froom著《Prophetic Faith of Our Fathers》卷四。

註45：Froom著《Prophetic Faith of Our Fathers》卷四第404頁。

註46：Francis D. Nichol著《The Midnight Cry》。

註47：Froom著《Prophetic Faith of Our Fathers》卷一至卷四。Damsteegt著《Foundations of the Seventh-day Adventist Massage and Mission》16－20頁。

註48：參閱Damsteegt著《Foundations of the Seventh-day Adventist Message and Mission》103－146頁；懷愛倫著《善惡之爭》第24章。

註49：Froom著《Movement of Destiny》543頁。

註50：Holbrook著《Light in the Shadows》34頁。

註51：懷愛倫《天路》269、270頁。

註52：Holbrook著《Light in the Shadows》35頁。

註53：人的恩典時期結束，就是在人的悔改不再有可能的時候。一個人的恩典時期可以下面三種方式結束：(1)死亡時；(2)犯了不可赦免的罪（太12：31、32；路12：10）；(3)基督復臨前人人恩典時期都結束之時。只要基督還作大祭司，在上帝與人中間作中保，就還可以得著憐憫。「在基督作大祭司的工作未結束前，人所遭受的審判都含有憐憫。但是最後七大災難中卻沒有憐憫（啟14：10；15：1）。因此，七大災難是在基督停止了代求，恩典時期結束之時傾下的。」（《基督復臨安息日會參考文庫卷十一引用U. Smith的話》）

25基督復臨

基督復臨安息日會相信……

> **基**督復臨是教會有福的指望，是福音最高的境界。救主降臨是真實的、祂要親自降臨，是肉眼能見、普世性的。祂復臨時，死去的義人將要復活，並與活著的義人一同得榮耀，被接到天上。但那不義的人則要死亡。大多數的預言幾乎都已完全應驗，目前的世界情況更顯明，基督復臨已經迫近了。但那時辰尚未啟示我們，因此我們要隨時準備好。
>
> ——基本信仰第二十五條

第25章
基督復臨

「媽媽！」一個小孩上床時悄悄地講到他的心事：「我好想念我的朋友耶穌啊，祂甚麼時候才來呢？」

這個孩子不知道，她那小心靈中的渴望，乃是歷代信徒的心聲。聖經最後的話，乃是即將復臨的應許。「是了，我必快來！」那位寫啟示錄的約翰，耶穌忠誠的友伴，又加上說：「阿們！主耶穌啊，我願你來！」（啟22：20）

看見耶穌！與那位比我們所能想像得更愛我們的主永遠在一起！結束地上一切的痛苦！與那些現在已經安息，屆時會復活的親友一同享受永生！怪不得自從基督升天之後，祂的朋友們都盼望那一天的來到。

有一天祂會來。但是甚至對聖徒們來說，祂的來到也會是一種出乎意料的大事——因為人人都在長久的等待中打盹了（太25：5）。上帝會在半夜，地上最黑暗的時刻，彰顯祂的大能，拯救祂的子民。聖經描寫這大事說：「有大聲音從殿中的寶座上出來，說：『成了！』」這

聲音使大地震動，造成「自從地上有人以來，從沒有這樣大、這樣厲害的地震。」（啟16：17、18）山都震動，到處岩石墜落。整個地球像海中的波浪起伏。地面裂開，「列國的城也都倒塌了；……各海島都逃避了。眾山也不見了。」（啟16：19、20）「天就挪移，好像書卷被捲起來；山嶺海島都被挪移離開本位。」（啟6：14）

雖然混亂落在物質世界，上帝的子民因看見「人子的兆頭」（太24：30），就勇氣倍增。當祂駕雲從天而降時，眾目都要看見這生命之君。這一次祂來，不是一個常經憂患的人，而是以一個勝利者的姿態，接回祂自己的人。那原來戴荊棘冠冕的額上，如今戴著榮耀的冠冕。「在他衣服和大腿上有名寫著說：『萬王之王，萬主之主。』」（啟19：12、16）

祂降臨時，可怕的絕望會抓住那些不肯承認耶穌為主、為救主，並在他們的生活中不肯接受祂律法要求的人。最令那些拒絕祂恩典的人感覺有罪的，莫過於那曾經如此忍耐地懇求的聲音「你們轉回，轉回吧！離開惡道，何必死亡呢？」（結33：11）「地上的君王、臣宰、將軍、富戶、壯士、和一切為奴的、自主的，都藏在山洞和巖石穴裏。向山和巖石說：倒在我們身上吧！把我們藏起來，躲避坐寶座者的面目和羔羊的忿怒；因為他們忿怒的大日到了，誰能站得住呢？」（啟6：15-17）

但是那些長久尋求祂之人的喜樂，掩蓋了惡人的絕望。救贖主降臨，將上帝子民的歷史帶到其榮耀的頂點。這是他們蒙拯救的時刻，他們在喜極的崇拜心緒中喊著說：「看哪，這是我們的上帝，我們素來等候他，他必拯救我們。這是耶和華，我們素來等候他，我們必因他的救恩歡喜快樂。」（賽25：9）

當耶穌靠近時，祂呼召已睡的聖徒們從墳墓出來，並差遣天使「將他的選民，從四方，從天這邊到天那邊，都招聚了來。」（太24：31）世界各處，死了的義人聽見祂的聲音，就從墳墓裏復活——喜樂的時刻！

那時活著的義人都改變了。「就在一霎時，眨眼之間。」（林前15：52）他們既得了榮耀，又受賜不死，就與復活的聖徒一起被提

到空中，與他們的主相遇，留在祂身邊，永遠與祂同在（帖前4：16、17）。

一、基督復臨的確定性

使徒們與早期的基督徒都認為基督復臨是有福的指望（多2：13；來9：28）。他們期待聖經中一切的預言與應許，都在基督復臨時應驗（見彼後3：13；賽65：17），因為這是基督徒路程的重要目標。凡愛基督的人，都熱切期待那能夠與基督、天父、聖靈及聖天使面對面相晤的日子。

1.聖經的見證

基督復臨的確定性，其根基為聖經的可靠性。基督離世之前告訴祂的門徒說，祂要回到祂父那裏去，為他們預備地方，但是祂應許說：「我……必再來」（約14：3）。

正如早有預言說到基督第一次降臨，祂第二次降臨也早已在全部的聖經中預言。甚至在洪水之前，上帝就告訴以諾，基督要在榮耀中降臨，罪惡便結束了。他預言說：「看哪，主帶著他的千萬聖者降臨，要在眾人身上行審判，證實那

一切不敬虔的人所妄行一切不敬虔的事，又證實不敬虔之罪人所說頂撞他的剛愎話。」（猶14、15）

基督降生之前一千年，詩人就說到主會來收聚祂的子民。「我們的上帝要來，決不閉口。有烈火在他面前吞滅；有暴風在他四圍大颳，他招呼上天下地，為要審判他的民，說：招聚我的聖民到我這裏來，就是那些用祭物與我立約的人。」（詩50：3-5）

基督的門徒因祂復臨的應許而歡樂。在他們所遭遇的一切艱難之中，這項應許所帶來的保證，總給他們帶來新的勇氣與力量。他們的主就要回來，帶他們回到祂父的家中！

2.第一次降臨所提供的保證

基督再來是與基督第一次降臨緊密地連繫在一起。如果基督沒有在第一次降臨時，對罪與撒但有決定性的勝利（西2：15），我們就毫無理由相信，祂最終還會回來，結束撒但對這世界的統治，使之恢復其原有的完美。但是我們既然擁有憑據，祂「顯現一次，把自己獻為祭，好除掉罪。」我們就有理由相

信，祂必要「第二次顯現，並與罪無關，乃是為拯救⋯⋯。」（來9：26、28）

3.基督在天上的工作

基督賜給約翰的啟示清楚地顯明，天上的聖所是救贖計畫的核心（啟1：12、13；3：12；4：1-5；5：8；7：15；8：3；11：1、19；14：15、17；15：5、6、8；16：1、17）。那指出祂已經開始為罪人進行最後工作的各項預言，更加添了保證，祂不久要再回來接祂的子民回家（見本書第24章）。懷著信心相信基督正在積極作工，使祂在十字架上所成就的工作，已經為那些仰望祂再來的基督徒帶來極大的鼓舞。

二、基督復臨的方式

當基督講到祂復臨日子已近的兆頭時，祂也關心祂子民為虛謊所騙。祂警告說，在祂復臨之前，「假基督，假先知將要起來，顯大神蹟、大奇事，倘若能行，連選民也就迷惑了。」（太24：24）祂說：「那時，若有人對你們說：『基督在這裏』，或說：『基督在那裏』，你們不要信。」（太24：23）

預先的警告就是預先的武裝。為了使信徒能夠分辨真實的與虛假的基督復臨，聖經有幾段經文顯示了基督復臨方式的細節。

1.真正親自復臨

當基督乘雲升天時，有兩位天使對那些望天的門徒們說：「加利利人哪，你們為甚麼站著望天呢？這離開你們被接升天的耶穌，你們見他怎樣往天上去，他還要怎樣來。」（徒1：11）

換句話說，那位剛剛離開他們的主——一位有血有肉，親自升天的主，不是一個幽靈（路24：36-43），會再回到地上。祂的復臨與祂升天一樣，乃是真正親自的復臨。

2.看得見的復臨

基督復臨不會是一種內在的、看不見的經驗，而是真實的與看得見的基督相遇。為了讓人對祂可見的復臨沒有懷疑的餘地，耶穌警告門徒不要受祕密復臨的騙，就將祂的復臨以明亮的閃電為比喻（太24：27）。

聖經清楚地說，義人與惡人

會同時看見祂再來。約翰寫道：「看哪，他駕雲降臨！眾目要看見他。」（啟1：7）基督講到惡人的反應說：「那時，人子的兆頭要顯在天上，地上的萬族都要哀哭，他們要看見人子，有能力，有大榮耀，駕著天上的雲降臨。」（太24：30）

3.聽得見的復臨

使這幅全宇宙都知道基督復臨的景象更生動的，是聖經所說：祂的再來為人所知，不但藉著眼見，也藉著耳聞。「主必親自從天降臨，有呼叫的聲音和天使長的聲音，又有上帝的號吹響。」（帖前4：16）「號筒的大聲」（太24：31），將伴隨著聚集祂的子民。在此毫無祕密可言。

4.榮耀的復臨

基督復臨時，祂是以得勝者的姿態復臨，有大能力，並且「在他父的榮耀裏，同著眾使者降臨。」（太16：27）寫啟示錄的約翰，以一種最戲劇性的方式，描寫基督復臨的榮耀。他描寫基督騎著白馬，領著無數的天軍。得榮耀的基督那超

自然眩目的榮光，是有目共睹的（啟19：11－16）。

5.忽然與意外的復臨

渴望及等待基督復臨的基督徒，會感知復臨時間的靠近（帖前5：4－6）。但是對世上一般的居民，保羅寫道：「主的日子來到，好像夜間的賊一樣。人正說『平安穩妥』的時候，災禍忽然臨到他們。如同產難臨到懷胎的婦人一樣，他們絕不能逃脫。」（帖前5：2、3；太24：43）

有人作結論說，保羅將基督復臨比喻為賊的來到，顯明基督將以某種祕密的、人看不見的方式降臨。但是這樣的看法，與聖經所描述基督會在人人看見的情況下，帶著大榮耀降臨的情況相矛盾（啟1：7）。保羅的論點，並非指基督在祕密中降臨，而是對那些抱著世俗思想的人，基督降臨就像賊來到一樣出乎意料之外。

基督將祂的降臨，用同一論點比喻為洪水之前的人，在意想不到的情況下被洪水滅絕。「當洪水以前的日子，人照常吃喝嫁娶，直到挪亞進方舟的那日；不知不覺洪水來

了，把他們全都沖去，人子降臨也要這樣。」（太24：38、39）雖然挪亞許多年傳講洪水要來，但來的時候卻使絕大多數人感到意外。那時活著的有兩種人，一種人相信挪亞的話，進入方舟得救；另一種人則選擇留在方舟之外，「洪水來了，把他們全都沖去。」（太24：39）

6.災變性事件

如同洪水的比喻一樣，尼布甲尼撒王夢中的金屬大像，描寫了基督建立祂榮耀之國所用災變的方式（見本書第4章）。尼布甲尼撒王夢見一個大像，「這像的頭是精金的，胸膛和膀臂是銀的，肚腹和腰是銅的，腿是鐵的，腳是半鐵半泥的。」以後「見有一塊非人手鑿出來的石頭，打在這像半鐵半泥的腳上，把腳砸碎⋯⋯，成如夏天禾場上的糠秕，被風吹散，無處可尋，打碎這像的石頭變成一座大山，充滿天下。」（但2：32－35）

上帝藉著這個夢，賜給尼布甲尼撒王世界歷史的概略。從他的時代到基督建立祂永恆的國（石頭），有四個主要的大帝國，然後是一批半強半弱的國家，會繼續在這世界

的舞台上。

自基督的時代起，釋經家就指出這些國家是巴比倫（605－539B.C.）、瑪代波斯（539－331B.C.）、希臘（331－168B.C.）、羅馬（168B.C.－476B.C.）（註1）。正如預言所說的，沒有另一個帝國繼承羅馬。在主後第四及第五世紀，它分裂為一些小國家，以後就成為現代歐洲的各國。多少世紀以來，有些強悍的統治者——查理曼、查理第五、拿破崙、希特勒等，都曾嘗試建立另一個世界大帝國，但都失敗了。「你既見鐵與泥攙雜，那國民也必與各種人攙雜，卻不能彼此相合，正如鐵與泥不能相合一樣。」（但2：43）

最後，這夢的焦點集中在那戲劇性的高潮上：上帝永恆國度的建立。那非人手鑿出來的石頭，代表基督榮耀的國度（但7：14；啟11：15）。這國度乃是在基督復臨時，不用人的努力而建立的。

基督的國度不與任何人的帝國並存。當基督在地上羅馬帝國掌權之時，那打碎列國的石頭帝國還未來到。只有在鐵與泥攙雜之腳的階段，那列國分裂的時期之後才來

到；是在基督復臨，將義人與惡人分開時才建立的（太25：31－34）。

到時候，這石頭或國度將「打在這像半鐵半泥的腳上」，「打碎滅絕那一切國」，「無處可尋」（但2：34、44、45）。誠然，基督復臨確是一件驚動天地的大事。

三、基督復臨與人類

基督復臨將觸及兩類人——那些已經接受為祂所帶來之救恩的人，與那些不接受祂的人。

1.聚集選民

基督永恆國度建立的重要一面，是聚集一切蒙贖的人（太24：31；25：32－34；可13：27），到基督為之準備的天家去（約14：3）。

當一國元首拜訪另一個國家時，只有少數人能參加歡迎的行列。但是當基督復臨時，凡曾存活過的每一個信徒，不論年齡、性別、教育、經濟狀況或種族，都會參加基督復臨的大慶典。兩件事使這普世聚會的事成為可能：死去義人的復活，與活著的義人變化升天。

(1)在基督裏死了的人復活

在號筒吹響，宣告基督復臨時，死去的義人會復活成為不朽壞的與不死的（林前15：52、53）。那時，「那在基督裏死了的人必先復活」（帖前4：16）。換句話說，在活著的義人尚未被提到主那裏之前，他們就復活了。

復活的人與那些因他們離世而哀傷的人團聚。現在他們歡樂萬分！「死啊！你得勝的權勢在那裏？死啊！你的毒鉤在那裏？」（林前15：55）

復活醒來的人，已不再是進入墳墓時，那有病的、衰老的、肢體被切除的身體，而是新的、不死的、完全的身體，不再有造成腐朽的罪的記號。復活的聖徒經驗了基督完全恢復的工作，在靈、魂、體三方面都反照上帝完美的形像（林前15：42－54；見本書第26章）。

(2)活著的信徒變化升天

當死了的義人復活時，在基督復臨時還活在地上的信徒將會改變。「這必朽壞的總要變成不朽壞的，這必死的總要變成不死的。」（林前15：53）

基督復臨時，沒有那一群信徒比別的信徒更為優先。保羅告訴我們，那活著變化的信徒「必和他們

（復活的信徒）一同被提到雲裏，在空中與主相遇。這樣，我們就要與主永遠同在。」（帖前4：17；參閱來11：39、40）這樣，在基督復臨大團圓時，所有的信徒都會在場，歷代以來復活的聖徒，以及那些在基督復臨時還活著的聖徒都在。

2.不信之人死亡

基督復臨，對得救的人乃是歡欣喜樂，對失喪的人則是毀滅的恐怖。他們已經如此長久拒絕基督的愛，並祂救恩的邀請，以致他們已經陷在欺人的虛謊裏（見帖後2：9－12；羅1：28－32）。當他們看見他們所拒絕的那一位，以萬王之王、萬主之主之身分而來，他們就知道他們的喪鐘已經敲響了。絕望及恐懼使他們承受不了，他們就呼求沒有生命的受造之物護庇他們（啟6：16、17）。

此時，上帝會毀滅背道的宗教大聯盟巴比倫，「她又要被火燒淨了」（啟18：8）。這聯盟的領袖——那不法的隱意，那不法的人，……「主耶穌要用口中的氣滅絕他，用降臨的榮光廢掉他。」（帖後2：8）那強迫人接受獸之印記的權勢（見本書第13章），將要被丟進「燒著硫磺的火湖裏」（啟19：20）。剩下的惡人就被「騎白馬者（主耶穌基督）口中出來的劍殺了。」（啟19：21）

四、基督就要復臨的兆頭

聖經不僅啟示基督復臨的方式與目的，也描寫了那些告訴人這項事件已經接近的兆頭。那宣告基督就要復臨的第一個兆頭，發生在基督升天之後1700多年。陸續出現其他的兆頭，證明基督復臨已經十分接近。

1.自然界中的兆頭

基督曾預言說「日月星辰要顯出異兆」（路21：25），又清楚地指出「日頭要變黑了，月亮也不放光，眾星要從天上墜落，天勢都要震動，那時，他們要看見人子有大能力、大榮耀，駕雲降臨。」（可13：24－26）此外，約翰看見在天上的兆頭之前先有大地震（啟6：12），所有這些兆頭，都標明1260年的逼迫結束（見本書第13章）。

(1)大地的見證

這項預言的應驗，是1755年11月

1日所發生的「人所知的最大的地震」（註2），稱為里斯本大地震。其威力及於歐洲、非洲及美洲，包括的面積達四百萬平方英哩。它的毀壞力集中在葡萄牙的里斯本，幾分鐘之內，公共建築物及住宅夷為平地，數以萬計（6萬至十萬左右）的人喪生（註3）。

這次地震在生命財產上的損失極大，而其對當代思想的衝擊亦十分深遠。許多活在當時的人，認出它是末世預言的兆頭（註4），便開始認真的思考末日及上帝的審判。里斯本大地震促使人們研究預言。

(2) 日月的見證

25年之後，預言中所提到的下一個兆頭應驗了——日月變黑。基督曾指出這兆頭應驗的時間，是在大災難之後，就是聖經其他地方所說1260年教皇大逼迫之後發生。（太24：29；見本書第13章）但是基督說，這些兆頭之前的災難會縮短（太24：21、22）。由於宗教改革的影響及其所衍生的各種運動，教皇的逼迫真的縮短了。到了18世紀中葉，它幾乎已完全停止。

這項預言是1780年5月19日應驗的。一陣異常的黑暗籠罩北美洲的東北部（註5）。

耶魯大學校長載特（Timothy Dwight）回想此事時說：「1780年5月19日是一個特別的日子。許多屋子都點起蠟燭。飛鳥寂靜，不知去向，家禽也回巢棲息……普遍的看法是，審判的日子近了。」（註6）

哈佛大學的威廉斯（Samuel Williams）報告說，那黑暗「約在上午10時至11時之間，從西南方的雲迫近而來，一直持續至第二天的半夜。各地黑暗的程度與持續的時間各異。有的地方『人在戶外無法讀普通的印刷品』」（註7）。鄧寧（Samuel Tenny）認為：「那緊跟著而來的晚上的黑暗，可能是自從全能者命令有光之後，所見到過最大的黑暗。……就算宇宙中每一個發光體都被不能透光的蔽光器所遮蔽或被消滅，其黑暗也不過如此。」（註8）

那天晚上9點鐘滿月升起，但黑暗卻持續至半夜以後。當人可以看見月亮時，月亮看來像血一樣。

寫啟示錄的約翰曾經預言那一天所發生的非常的事。他說在地震之後，「日頭變黑像毛布，滿月變紅像血。」（啟6：12）

(3) 星的見證

基督與約翰都曾說過眾星墜落為基督復臨已近的兆頭（啟6：13；太24：29）。1833年11月13日的大流星雨，是記錄中最大的一次，這個預言應驗了。據估計，一個觀察者平均每小時可以看見6萬顆流星墜落（註9）。這個異象從加拿大到墨西哥，從大西洋中部到太平洋都可以看見（註10），許多基督徒在其中看見聖經預言的應驗（註11）。

一個親眼看見的人說，「天空中幾乎沒有哪一個地方的哪一刻鐘，不被這些墜落的流星所充滿。它們有時成群地掉落，使人想起大風將未成熟的無花果從樹上搖落的景象。」（註12）

基督賜下這些兆頭，要基督徒警覺祂來的日子已經臨近，使他們可以在盼望中喜樂，並為之作充分的準備。祂說：一有這些事，你們就當挺身昂首，因為你們得贖的日子近了。耶穌又設比喻說：「你們看無花果樹和各樣的樹，它發芽的時候，你們一看見，就自然曉得夏天近了。這樣，你們看見這些事漸漸地成就，也該曉得上帝的國近了。」（路21：28-31）

這些日月星辰及大地的罕有見證，從基督預言，到它按著次序精確的發生，這樣的見證已吸引許多人注意基督復臨的諸項預言。

五、宗教界的兆頭

聖經預言一些宗教界重要的兆頭，在基督回來之前會發生。

1.宗教的大覺醒

啟示錄顯明，在基督復臨之前，將有一項普世的宗教大運動興起。在約翰的異象中，一位天使宣講基督復臨，象徵這項運動：「我又看見另有一位天使飛在空中，有永遠的福音要傳給住在地上的人，就是各國、各族、各方、各民。他大聲說：應當敬畏上帝，將榮耀歸給他！因他施行審判的時候已經到了。應當敬拜那創造天地海和眾水泉源的。」（啟14：6、7）

信息本身已顯明這信息當在何時傳講。永遠的福音歷代以來就已宣講。但是這裏所強調的，是福音之審判方面的信息，這只能在末時傳講，因為它警告說，「祂施行審判的時候已經到了」。

但以理書告訴我們，但以理書中

的預言會在末時啟封（但12：4）。那時人會了解其中的奧祕。這預言的啟封會在主後1798年教皇被囚時發生，也就是1260年教皇得勢時期結束時。大自然中的兆頭及教皇的失勢，引領許多基督徒研究關於基督復臨兆頭的預言，結果對預言獲得了新且深刻的了解。

注意力集中在基督復臨的事上，也在普世振奮起對基督復臨的盼望。正如當年在基督教的國家中，同時興起了各自的宗教改革運動一般，復臨運動也在各地迅速發展。這項運動的普世性，乃是基督復臨已經臨近的明顯兆頭之一。正如施洗約翰為基督第一次的降臨預備道路，復臨運動則為祂第二次的降臨預備道路——宣講啟14：6－12中的信息，傳講上帝最後的呼召，叫人為救主的榮臨作好準備（**見本書第13章及24章**）（**註13**）。

2.宣講福音

上帝「已經定了日子，要藉著他所設立的人按公義審判天下。」（**徒17:31**）基督為了那一天而警告我們時，並沒有說要等到普世的人都悔改才有這審判，而是「這天國的福音要傳遍天下，對萬民作見證，然後末期才來到。」（**太24:14**）這樣彼得鼓勵信徒，要「切切仰望上帝的日子來到」（**彼後3：12**）。

從二十世紀的聖經翻譯與銷售數字可知，福音的見證已明顯增長。1900年，聖經約譯成537種語言。到了1980年，全本或部分聖經翻譯的語言已增加為1811種，這代表了世界將近96％的人口。同樣的，聖經全年的銷行量，也從1900年的540萬本增至1980年的3680萬本，外加5億本單行本（**註14**）。

除此之外，基督教現今已擁有各種不同用途的佈道資源：服務機關、教育與醫藥機構、本地與外國工人、無線電與電視廣播，及相當龐大的財力。今天，強大的短波無線電台，可以將福音傳到地上每一個國家。在聖靈的領導之下，使用這些無比的資源，能使那在我們這個時代，將福音傳遍世界的目標成為事實。

基督復臨安息日會，約有700種語言的教友代表，1000種方言，如今正在190個國家中傳講福音，90％的教友住在北美之外。我們相信教育與醫藥工作，在福音使命中扮

演著重要的角色，因此教會開了近600家醫院、療養院、診所、19艘醫療船、27所健康食品工廠、86所大專院校、834所中學、4166所小學、125所聖經函授學校、33所語言學校。我們的51間出版社，以190種語文出版，我們的短波廣播電台，向近乎世界人口的75%廣播。聖靈豐盛地賜福我們佈道的工作。

3.敬虔衰退

福音廣傳並不一定表示真實的基督教正大量增長。聖經反而預言，將近末時真靈性會衰退。保羅說：「末世必有危險的日子來到。因為那時，人要專顧自己，貪愛錢財，自誇，狂傲，謗讟，違背父母，忘恩負義，心不聖潔，無親情，不解怨，好說讒言，不能自約，性情凶暴，不愛良善，賣主賣友，任意妄意，自高自大，愛宴樂，不愛上帝。有敬虔的外貌，卻背了敬虔的實意。」（提後3：1－15）

因此，在今天，愛自己、愛物質、愛世界，已經在許多人心中代替了基督的靈。人不再讓上帝的原則與祂的律法指導他們的人生，而由不法來取代。「只因不法的事增多，許多人的愛心才漸漸冷淡了。」（太24：12）

4.教皇重新得勢

依照聖經的預言，在1260年結束時，教皇會受到死傷，但卻不會死（見本書第13章）。聖經顯明這項死傷會得醫治，教皇會受人尊敬，他的影響力將再次恢復。——「全地的人都希奇跟從那獸」（啟13：3）。就在今天，已經有許多人認為教皇為世上的道德領袖。

大致說來，正當基督徒以遺傳、人的標準、科學，代替聖經權威之時，教皇愈來愈高的影響力就來到了。基督徒如此行，就容易使他們受到那「行各樣的異能、神蹟、和一切虛假奇事」的「不法之人」的傷害（帖後2：9）。撒但與他的道具，會由龍、獸及假先知三個污穢者所組成象徵罪惡的聯盟欺騙世人（啟16：13、14；13：13、14）。唯有那些以聖經為嚮導，「遵守上帝誡命和耶穌真道的」人，才能成功地抵擋這個聯盟所帶來的欺騙。

5.宗教自由的衰退

教皇恢復其權勢，將會戲劇性地

影響基督教。那付出極大代價、藉政教分離而得到肯定的宗教自由，將會遭侵蝕而終被廢止。藉著強大的政府支持，這個背道的權勢，將會強迫所有的人採用她的崇拜方式。人人都必須在忠於上帝和祂的誡命，以及忠於獸和獸像之間作選擇（啟14：6-12）。

強迫人遵從的壓力，也包括經濟的壓迫：「除了那受印記、有了獸名或有獸名數目的之外，都不得作買賣。」（啟13：17）最後，那些不肯同流合污的人，將會面對死刑的懲罰（啟13：15）。在這最後的大患難時期，上帝會為祂的子民出面干預，拯救每一個名字記錄在生命冊上的人（但12：1；參閱啟3：5；20：15）。

6.不法的事增加

基督教內的靈性衰退，及不法之人的復興，導致教會內及信徒的生活中，愈來愈輕視上帝的律法。許多人已逐漸相信，基督經廢除律法，基督徒已沒有義務遵守它。這樣漠視上帝的律法，就導致罪惡及不道德的行為增加。

(1)世上罪惡激增

目前多數的基督教界對上帝律法的不尊重，已導致現代社會蔑視法律與社會秩序。世界各地罪惡激增，無法控制。根據世界幾個首都的特派員們提出的報告說：「正如美國一樣，幾乎世界每一國家，罪惡都在增加。」「從倫敦至莫斯科至約翰尼斯堡，罪惡已快速地成為人主要的威脅，這使許多人改變了他們的生活方式。」（註15）

(2)性革命

由於蔑視上帝的律法，廉恥、貞潔的約束也被打破，造成淫亂的氾濫。今天性已藉著影片、電視、錄影帶、歌曲、雜誌及廣告而偶像化、商品化了。

性革命帶來的結果是：離婚率驚人地攀升，異常的性關係如「開放的婚姻」、伴侶交換、兒童性虐待，墮胎數目驚人，同性戀猖獗，性病流行，還有愛滋病（AIDS-acquired immune deficiency syndrome）。

7.戰爭與災難

耶穌說，在祂降臨之前，「民要攻打民，國要攻打國，地要大大震動，多處必有飢荒、瘟疫，又有可怕的異象和大神蹟從天上顯現。」（路21：10、11；參閱可13：7、8；太

24：7）當末日臨近，上帝軍兵與撒但軍兵之間的衝突更趨強烈時，這些災難的嚴重性與頻仍性也會加增，並前所未有地應驗在我們的時代中。

(1) 戰爭

雖然有史以來，戰爭一直困擾著人類，但從未像現今這般具有如此大的毀滅性與全球性。第一次與第二次世界大戰所造成的苦難與死傷，比過去所有戰爭加起來的還要多（註16）。

許多人看出另一次世界大戰的可能性。第二次世界大戰並未杜絕戰爭。自從第二次世界大戰結束之後，「已經有140次用傳統武器的戰爭，千萬人在其中喪生。」（註17）全面性的熱核子戰爭威脅懸在這世界之上，如同達摩克勒的劍一樣。

(2) 天災

近年來災難急速增加，地震及氣候反常的災難接踵而至，不禁使人懷疑大自然是否出了亂子。——這世界若正經驗氣候及結構上的大改變，未來將更為劇烈（註18）。

(3) 飢荒

過去發生過很多次飢荒，但從未有過如本世紀飢荒的規模。世界從未像現在這樣，有千千萬萬的人忍受飢餓或營養不良之苦（註19）。未來的光景也好不了多少。這前所未有的大飢荒，清楚地指明基督復臨已經臨近。

六、隨時準備好

聖經一再向我們保證，耶穌必要回來。祂是否在一年之後才回來呢？五年之後嗎？十年？二十年之後？沒有人真正知道。耶穌自己說：「但那日子，那時辰，沒有人知道，連天上的使者也不知道，子也不知道，惟獨父知道。」（太24：36）

基督在地上工作即將結束之時，曾以十個童女的比喻，來說明末日教會的經驗。那兩類童女代表兩類口稱等候主來的信徒。她們被稱為童女，因為她們自稱信仰純正。她們的燈代表上帝的話，油代表聖靈。

從表面看，這兩班童女極其相似；她們都出去迎接新郎，她們都有油在燈裏，她們的行為並沒有多大的不同。她們都曾聽到基督即將復臨的信息，並期待祂復臨。但是後來明顯的遲延，她們的信心因之

受到試驗。

忽然之間，在半夜——在地上歷史最黑暗的時期，她們聽見那呼聲：「新郎來了，你們出來迎接他。」（太25：6）現在這兩群童女之間的差異顯出來了：有的童女還沒有準備好迎接新郎。這些「愚拙的」童女並非假冒為善，她們看重真理——上帝的話，但是她們缺少油——她們尚未受聖靈的印記（啟7：1-3）。她們滿足於表面的工作，未跌在耶穌基督的磐石上。她們有敬虔的外貌，卻缺少了上帝的能力。

當新郎來到時，只有那些預備好的，與祂一同進去參加婚娶的慶典，然後門就關了。最後五個去買油的愚拙童女回來喊著說：「主啊，主啊，給我們開門！」但新郎回答說：「我不認識你們」（太25：11-12）。

當基督回來時，祂必須對祂所愛的一些人講這樣的話，該是何等可悲。祂警告說，「當那日必有許多人對我說：主啊，主啊，我們不是奉你的名傳道，奉你的名趕鬼，奉你的名行許多異能嗎？我就明明的告訴他們說：『我從來不認識你們。你們這些作惡的人，離開我去吧！』」（太7：22、23）

在洪水之前，上帝曾差遣挪亞警告當時的人毀滅將要臨到。上帝又以同樣的方式，賜下三重警告的信息，來預備世人迎接基督復臨（見啟14：6-16）。

一切接受上帝慈憐信息的人，會因基督復臨而喜樂。這裏有明確的話：「天使吩咐我說：你要寫上，凡被請赴羔羊之婚筵的有福了！」（啟19：9）誠然，祂要「向那等候他的人，第二次顯現，並與罪無關，乃是為拯救他們。」（來9：28）

救贖主的復臨將上帝百姓的歷史帶到榮耀的頂點。那是他們得救的時刻，他們要帶著喜樂與崇拜的心呼喊說：「看哪，這是我們的上帝，我們素來等候他，……我們必因他的救恩歡喜快樂。」（賽25：9）

註1：Froom著《Prophetic Faith of Our Fathers》卷一第456、894頁；卷二第528、784頁；卷四396、846頁；亦見本書第24章。

註2：G. I. Eiby著《Earthquakes》164頁。

註3：見Sir Charles Lyell著《Principles of Geology》卷一第416-419頁；Francis

Lieber編《Encyclopaedia Americana》10頁「Lisbon」；W. H. Hobbs著《Earthquakes》143頁；Thomas Hunter著《An Historical Account of Earthquakes Extracted from the Most Authentic Historians》54－90頁；懷愛倫著《善惡之爭》317、318頁；早期報告死亡人數為100,000人，現代百科全書中則可能只列報60,000人。

註4：見John Biddolf著《A Poem on the Earthquake at Lisbon》9頁，《基督復臨安息日會參考文庫》卷九358頁；Froom著《Prophetic Faith of Our Fathers》卷二第674-677頁；1756年2月6日安立甘教會曾為此次地震禁食禱告一日（同上）。亦可參見T.D.Kendrick著《The Lisbon Earthquake》72－164頁。

註5：參閱懷愛倫著《善惡之爭》318、320頁。

註6：John W. Barber編《Connecticut Historical Collections》403頁載Timothy Dwight語，《基督復臨安息日會參考文庫》。

註7：《Memoirs of the American Academy of Arts and Sciences:to the End of the Year1783》卷一第234、235頁載Samuel Williams撰「An Account of a Very Uncommon Darkness in the State of New-England」，5月19日，1780；見《基督復臨安息日會參考文庫》。

註8：《Collections of the Massachusetts Historical Society for the Year1792》卷一第97頁Samuel Tenny信函。

註9：《The Telescope》7頁，Peter M. Millman撰「The Falling of the Stars」，參見Froom著《Prophetic Faith of Our Fathers》卷四第295頁。

註10：Denison Olmsted著《Letters on Astronmy》348、349頁；見《基督復臨安息日會參考文庫》。

註11：Froom著《Prophetic Faith of Our Fathers》卷四第297－300頁；參閱懷愛倫著《善惡之爭》348、349頁。

註12：1834年Benjamin Silliman編《American Journal of Science and Arts》382頁轉載1780年11月20日號《Salt River Journal》中在Missouri的Bowling Green所觀察到之現象。

註13：見Froom著《Prophetic Faith of Our Fathers》卷四；Damsteegt著《Foundations of the Seventh-day Adventist Message and Mission》。

註14：David B. Barrett編《World Christian Encyclopedia》13頁「A Comparative Study of Churches and Religions in the Modern World A. D. 1900-2000」。

註15：1981年2月23日版《U. S. News & World Report》65頁「Abroad, Too, Fear Grips the Cities」。

註16：《A Statistical Handbook》66、67頁。David Singer與Melvin Small著《The Wages of War1816-1965》。

註17：Ernest W. Lefever與E. Stephen Hung著《The Apocalypse Premise》394頁所引用柴契爾夫人的話。

註18：1982年2月22日《U. S. News & World Report》66頁Paul Recer撰「Is Mother Nature Going Berserk」？

註19：Ronald J. Sider著《Rich Christians in an Age of Hunger》228頁所引用聯合國出版開發建議補助材料「Facts on Foods」（Nov1974）中說，世界一半人口20億人營養不良。

但以理書

解釋	第2章	第7章	時間周期表（第7章）	第8章	時間周期表（第8-9章）
巴比倫	金	獅子		……	
瑪代波斯	銀	熊		綿羊	主前457年
希臘（分裂的）	銅	豹 四頭		山羊 四角	
羅馬（異教）	鐵	第四個獸		小角	
			基督第一次降生		
分裂後之羅馬（歐洲）	鐵與泥	十角			
羅馬（教皇）		小角	主後538年	小角	基督在天上至聖所作祭司司工作（但9:24；來8-9章）
			1260年		
			主後1798年		
		審判（在天上）		潔淨聖所（在天上）	主後1844年（基督徒的紀元）
基督復活	石頭				
上帝的國	成為一座大山	上帝的國		（上帝的國）	

2300年
主前457年至1844年

26死亡與復活

罪的工價乃是死。但是上帝，那唯一不死的，卻要賜永生給祂的贖民。在那日以前，死對所有的人，乃是一種無知覺的狀態。當基督——我們的生命顯現之時，復活的義人與活著的義人要得榮耀，被提到天上，與他們的主相遇。那第二次的復活，就是不義之人的復活，則要等一千年之後。

——基本信仰第二十六條

第26章
死亡與復活

非利士軍隊進入書念安營，預備攻擊以色列人。掃羅王心情沉重，將以色列軍隊安營在附近的基利波山。過去上帝同在的保證，曾使掃羅有能力帶領以色列人，大無畏地與仇敵爭戰。但是他已經轉離不再事奉主，當這位背道的王去求問上帝將臨的這場戰爭之結果時，上帝拒絕與他交通。

掃羅對那不可知的明日有一種不祥的恐懼，因此他的心情沉重萬分。若是撒母耳在這裏該有多好！但是撒母耳已經去世，已不能再為他提供意見。如果他還能呢？

掃羅找到了一個早年從他追捕行巫術之人中脫逃的靈媒，這位高大的王竟屈尊就她，要藉著她求問明日戰爭的結果。他請求說：「為我招撒母耳上來！」在交鬼時，這位巫婆看見「有神從地裏上來」，這個靈告訴國王，不僅以色列要戰敗，連他和他的眾子也將被殺（見撒上28章）。

這個預測應驗了。但是那說預言的真是撒母耳的靈魂嗎？一個上帝所譴責的靈媒，竟有能力控制上帝的先知撒母耳的靈魂嗎？撒母耳從那裏來的呢？為何他的靈魂「從

地裏上來」？死亡讓撒母耳得到什麼？若向掃羅說話的不是撒母耳，那會是誰呢？讓我們來看聖經關於死亡、與死人交通，以及復活的教訓。

一、不死與死亡

不死乃是一種不會死的情況與品質。翻譯聖經的人用「不死」這個詞，譯希臘字athanasia（無死）及aphtharsia（不朽壞）。這個觀念和神與人的關係如何？

1.不死

聖經顯明永恆的上帝乃是不死的（提前1：17）。事實上，只有祂是「獨一不死」（提前6：16）。祂不是受造的，祂是自我存在，又無始無終的（見本書第2章）。

「聖經沒有一處描寫不死的是人，或他的「靈」、「魂」本身所具有的品質或狀態。「靈」、「魂」這個詞……在聖經出現1600次之多，從未與「不死」或「不朽」二字連在一起。」（註1）（見本書第7章）

人與上帝大不相同，人是必死的。聖經將人的生命比為「一片雲霧，出現少時就不見了。」（雅4：14）他們「不過是血氣，是一陣去而不返的風。」（詩78：39）人「出來如花，又被割下，飛去如影，不能存留。」（伯14：2）

上帝與人大不相同：上帝是無限的，人是有限的；上帝是不死的，人是必死的；上帝是永恆的，人是短暫的。

2.有條件的永生

在創造時，「耶和華上帝用地上的塵土造人，將生氣吹在他鼻孔裏，他就成了活的生靈。」（創2：7依原文譯）創世的記載顯明人類的生命得自上帝（參閱徒17：25、28；西1：16、17）。人類本身並無與生俱來的不死性，這基本的事實是不容置疑的，不死乃是上帝所賜。

當上帝創造亞當與夏娃，賜給他們自由意志——作選擇的能力。他們順從或不順從；而他們繼續存活，則有賴於倚靠上帝的大能，持續地順從上帝。因此他們乃是有條件地擁有永生的恩賜。

上帝仔細列出他們會失去這項恩賜的條件——就是吃「分別善惡樹上地果子」，上帝警告他們說：

「因為你吃的日子必定死」（創2：
17）（註2）。

3.死，罪的工價

撒但反對上帝所說不順從會帶
來死亡的警告：「你們不一定
死」（創3：4）。但是在他們違犯
了上帝的命令之後，亞當、夏娃
發現，罪的工價確實是死（羅6：
23）。他們的罪帶來了這樣的判
決：「直到你歸了土，因為你是
從土而出的。你本是塵土，仍要
歸於塵土。」（創3：19）這些話不
是一種生命的繼續存在，而是指
生命的結束。

上帝下達這項判決之後，就阻
止這一對有罪的夫婦再到生命樹
那裏，免得他們「伸手又摘生命
樹的果子吃，就永遠活著。」（創
3：22）上帝的行動清楚地顯明，
那所應許他們以順從為條件的永
生，已經因罪而喪失了。現在他
們是必死的，在死的統管之下。
又因為亞當不能再將他所沒有的
傳給子孫，「於是死就臨到眾
人，因為眾人都犯了罪。」（羅5：
12）

容許亞當夏娃沒有立刻死去的，

乃是上帝的慈悲。上帝的兒子已經
應許要為他們捨命，使他們可以再
有一個機會——第二次的機會。
祂是「從創世以來……被殺之羔
羊。」（啟13：8）

4.人類的希望

人雖然生來是必死的，但是聖經
鼓勵人尋求永生（見羅2：7）。耶穌
基督乃是這永生的源頭：「唯有上
帝的恩賜，在我們主基督耶穌裏，
乃是永生。」（羅6：23；參閱約壹5：
11）。「他已經把死廢去，藉著福
音，將不能壞的生命彰顯出來。」
（提後1：10）「在亞當裏眾人都死
了；照樣，在基督裏眾人也都要
復活。」（林前15：22）基督也親自
說：祂的聲音會打開墳墓，使死人
復活（約5：28、29）。

若是基督沒有降世，人類就毫
無希望，一切死去的人就會永遠
喪亡。但是因為祂，沒有人必須死
亡。約翰說：「上帝愛世人，甚至
將他的獨生子賜給他們，叫一切
信他的，不至滅亡，反得永生。」
（約3：16）因此，相信基督的信徒
不僅廢去了罪的刑罰，也獲得無價
的永生為恩賜。

基督已經藉著福音，將不能朽壞的生命彰顯出來（提後1：10）。保羅向我們保證，聖經能使我們「因信基督耶穌，有得救的智慧」（提後3：15）。那些不接受福音的人，不會得到永生。

5.領受永生

保羅描述這賜下永生恩賜的時刻說：「我如今把一件奧祕的事告訴你們：我們不是都要睡覺，乃是都要改變。就在一霎時，眨眼之間，號筒末次吹響的時候。因號筒要響，死人要復活成為不朽壞的。我們也要改變。這必朽壞的既變成不朽壞的，這必死的總要變成不死的，那時經上所記『死被得勝吞滅』的話就應驗了。」（林前15：51-54）這裏說得十分清楚，上帝不是在信徒死時將永生賜給他，而是在他復活號筒末次吹響之時。那時這必死的，才變成不死的。雖然約翰指出，我們接受耶穌基督為個人救主之時，就已領受了永生，但是這永生實際的實現，要一直等到基督復臨之時。只有在那時，我們才會從必死的變成不死的，從必朽壞的變成不朽壞的。

二、死亡的性質

如果死是生命的終止，對於人死後的情況，聖經說了甚麼呢？為甚麼對基督徒而言，了解這項聖經的教訓如此重要呢？

1.死是睡覺

死不是完全消滅，只是人在等候復活時，暫時失去知覺的狀態。聖經一再稱這種中間狀態為睡覺。

談到死亡，舊約聖經描述大衛、所羅門，以及其他的以色列及猶大國王死為與他們的列祖同睡（王上2：10；11：43；14：20、31；15：8；代下21：1；26：23）。約伯稱死為睡覺（伯14：10-12），就如大衛（詩13：3）、耶利米（耶51：39、57）及但以理（但13：2）一樣。

新約聖經也用同樣的比喻。基督在描述睚魯女兒之死時，祂說，她是在睡覺（太9：24；可5：39）。祂也以同樣方式講到已死的拉撒路（約11：11-14）。馬太寫道，基督復活之後，「已睡聖徒的身體多有起來的」（太27：52）。而路加記載司提反殉道時寫道：「就睡了」（徒7：60）。保羅與彼得也都稱死亡為睡覺（林前15：51、52；帖前4：

13-17；彼後3：4）。

聖經稱死亡為睡覺，清楚而貼切地表達了死亡的性質，如同以下的比較所示：1.睡覺的人不知道周圍的事：「死了的人毫無所知」（傳9：5）。2.在睡眠中，有意識的思想停止：「他的氣一斷，就歸回塵土；他所打算的，當日就消滅了。」（詩146：4）3.睡覺使活動停止：「在你所必去的陰間沒有工作，沒有謀算，沒有知識，也沒有智慧。」（傳9：10）4.睡眠使我們與醒的人停止交通，不參與他們的活動：「在日光之下所行的一切事上，他們永不再有分了。」（傳9：6）5.正常的睡眠使感情停止活動：「他們的愛，他們的恨，他們的嫉妒，早都消滅了。」（傳9：6）6.在睡眠中，人不讚美上帝：「死人不能讚美耶和華；下到寂靜中的也都不能。」（詩115：17）7.睡眠的人還會醒過來：「時候要到，凡在墳墓裏的，都要聽見他的聲音，就出來；行善的復活得生；作惡的復活定罪。」（約5：28、29）（註3）

2.人歸回塵土

要了解一個人死亡時所發生的事，我們必須了解人是怎樣構成的。聖經描寫人是一個有機的個體（見本書第7章）。聖經有時用靈魂指整個人。在另外的時候，又指他的感情與愛情。但是聖經並沒有說，人是由兩個分開的部分所構成，身體與靈魂只能共同存在；它們構成一個不能分割的整體。

人受造之時，是地上的塵土與生命的氣息相結合，造成一個活的生靈。亞當並未領受一個分開的靈魂實體。他「成為」一個活的生靈，或稱為活的靈魂（創2：7；參見本書第7章）。在人死時過程逆轉：地上的塵土減去生命的氣息就成為死人，或沒有知覺的死的靈魂（詩146：4）。那構成身體的諸元素，則回歸其原先從地所出的塵土（創3：19）。在身體之外，沒有有知覺的靈魂存在。聖經沒有顯示出人死亡時，靈魂還繼續成為一個有知覺的個體存在。誠然，「犯罪的靈魂，他必死亡。」（結18：20依原文譯）

3.死人的居處

舊約聖經稱人死時去的地方為sheol（希伯來文），新約聖經則稱為

hades（希臘文）。在聖經中，sheol最常表達的意思是墳墓（註4）。hades的意思與sheol相似。中文聖經則常譯為「陰間」（註5）。

所有的死人，包括義人與惡人，都到這個地方去（詩89：48）。雅各說：「我必悲哀著下陰間」（創37：35）。當地「開口」吞滅邪惡的可拉及他的黨羽之時，他們是「活活的墜落陰間」（民16：30）。

sheol在死時接受整個的人。當基督去世時，祂進入墳墓（hades），在復活時，祂的靈魂離開了墳墓（hades，徒2：27、31；或sheol詩16：10）。當大衛感謝上帝醫治他時，他見證說，他的靈魂「從墳墓（sheol）」中得救（詩30：3）。

墳墓不是一個有知覺的地方（註6）。既然死是睡著了，死者就以一種無知覺的狀態留在墳墓裏直到復活。那時墳墓會交出死人來（啟20：13）。

4.靈歸回上帝

雖然身體回歸塵土，靈卻歸回上帝。所羅門說，在死時，「塵土仍歸於地，靈仍歸於賜靈的上帝。」（傳12：7）所有的人都是如此，義人與惡人都一樣。

許多人認為這節經文說明，人的本質在死後仍然繼續活著。可是在聖經中，希伯來文或希臘文的「靈」（ruach及pneuma），都未指出那是一個能思想、能在身體之外獨立有意識存在的個體。這些原文乃是指氣息——個體生存的生命的星火，使動物與人類有活力的生命原則（見本書第7章）。

所羅門寫道：「因為世人遭遇的，獸也遭遇，所遭遇的都是一樣，這個怎麼死，那個也怎樣死，氣息（ruach，亦可譯為靈）都是一樣。人不能強於獸，都是虛空，都歸一處，都是出於塵土，也都歸於塵土。誰知道人的靈是往上升，獸的魂是下入地呢？」（傳3：19-21）所以依照所羅門的說法，人與獸的靈在死亡時都是一樣。

所羅門說靈歸回賜靈的上帝，顯明那歸回上帝的只是祂所賜的生命的原則。並無任何證據顯明，氣息或靈是指一個在身體之外能單獨存在的個體。這個「ruach」等同於上帝吹入第一個人裏面的「生命氣息」，使他沒有生命的身體獲得生命（參閱創2：7）。

5.全本聖經的和諧

許多誠實的基督徒未研究聖經中有關死亡的完整教訓，不知道死乃是復活之前的睡覺。他們認為有些聖經經文，支持靈魂在死後仍然有意識存在的觀念。但在細心的研究之下，聖經一貫的教導是死亡使一切知覺都停止了（註7）。

6.招魂術

如果死人完全沒有知覺，那些行招魂術的靈媒，是與誰或跟甚麼相通的呢？

每一個誠實的人都會承認，這類的現象至少有些是騙局，但有一些卻不能這樣解釋。顯然有某種超自然的能力與招魂術有關。聖經對這方面有何教訓？

(1)招魂術的基礎

招魂術源於撒但對夏娃所說的第一個謊言：「你們不一定死」（創3：4）。他的話，是第一篇有關靈魂不死的講道。今天，世界各地各種宗教，都不智地重犯這項錯誤。對許多人來說，上帝的判決「犯罪的，他必死亡」（結18：20），已經扭轉為「就是犯罪，靈魂仍可永遠活著。」

這個錯誤的自然不死的道理，已導致人們相信死後仍有知覺。正如我們已經明白的，這些立場都直接與聖經這方面的教訓相抵觸。它們是在大背道時期，從異教哲學收納入基督教信仰的——尤其是從柏拉圖的哲學（見本書第13章）。這些信仰在基督教內流行，並在今天繼續成為大多數基督徒的觀點。

相信死人有知覺，預備好使許多基督徒接受招魂術。死人若仍活著並在上帝面前，為何他們不能回到地上作服役的靈呢？假若他們能夠，為何不設法與他們交通，接受他們的意見及教導，藉以避凶或在悲傷中接受他們的安慰呢？

根據這項推理，撒但與他的使者（啟12：4、9）就建立了一項交通的管道，藉以達成欺騙的目的。藉著招魂術這樣的工具，他們化裝為已死的親人，為活人帶來所謂的安慰與保證。有時他們預言未來的事，一旦應驗，人們對他們的信心就增加了。於是他們所傳講的具危險性的異端信仰，雖然與聖經及上帝的律法相衝突，仍舊罩上了一層真實的光彩。撒但既除去了抗拒罪惡的保障，就能任意領人離開上帝，以

致確實滅亡。

(2) 對招魂術的警告

人不必受招魂術的欺騙。聖經已清楚地暴露了它的虛假。正如我們所已經看明的，聖經告訴我們，死了的人毫無所知，他們是毫無知覺地躺在墳墓裏。

聖經也嚴厲地禁止任何與死人或靈界交通的企圖。聖經說，凡像今日招魂術者所稱，他們能與死人交通的人，實際上就是與「鬼」、與「魔鬼的靈」相交。主說這些活動乃是可憎的，並說行這些事的人必被處死（利19：31；20：27；申18：10、11）。

以賽亞論到招魂術的愚昧時說得好：「有人對你們說：『當求問那些交鬼的和行巫術的，就是聲音綿蠻、言語微細的。』你們便回答說：『百姓不當求問自己的上帝麼？豈可為活人求問死人呢？』人當以訓誨和法度為標準，他們所說的，若不與此相符，必不得見晨光。」（賽8：19、20）誠然，唯有聖經的教訓，才能保守基督徒不受這難以抵擋的欺騙。

(3) 有關招魂術的記載

聖經記載了一些交鬼的活動並譴責它們——從法老的術士，巴比倫及尼尼微的術士，看天象的、行邪術的，到以色列行巫術與交鬼的。其中一例是本章開始時所講的，隱多珥為掃羅招魂的女巫。

聖經說：「掃羅求問耶和華，耶和華卻不藉夢、或烏陵、或先知回答他。」（撒上28：6）因此，隱多珥發生的事與上帝無關。掃羅乃是受了一個裝扮成死去之撒母耳的魔鬼的欺騙，他並未見到真實的撒母耳。那女巫見到一個老人的樣子，掃羅則只是憑感覺或推測，以為那是撒母耳（撒上28：14）。

我們若是相信那個鬼魂真是撒母耳，我們就必定已準備好相信巫師、術士、行邪術的、交鬼的和一切靈媒，可以呼喚死去的義人從他們死時去的地方來。我們也必須接受，那位敬虔的撒母耳在地中，以一種有意識的狀態存在，因為那老人是「從地裏上來」（撒上28：13）。

這次交鬼給掃羅帶來的是絕望而不是希望。次日他自殺了（撒上31：4）。那自稱為撒母耳的曾預言說，掃羅與他的眾子會在那一天在與他同在（撒上28：19）。若他所講

的對，那麼我們的結論就是：人死後，不順從的掃羅與公義的撒母耳住在一起。然而我們的結論卻是：那一次鬼魂顯靈是個騙局，它是出於一位惡天使。

(4)最後的欺騙

在過去，招魂術的各種顯靈，只侷限於邪術的領域。但是近年來，招魂術已經戴上了「基督教」的面具，為了要欺騙基督教界。招魂術聲稱它接受基督及聖經，對信徒而言已成為一個極危險的仇敵。它的影響隱晦而容易使人上當。招魂術「所用解經的方法，專在迎合未曾重生之人的心理，並使聖經中嚴肅而緊要的真理失效。它固然承認愛乃是上帝的主要特性，但它卻把愛講成懦弱的情感主義，不區別善與惡，也不提上帝的公正、祂對罪的譴責及神聖之律法的要求等。他們教導眾人把十條誡命看作死的條文，他們以動人的謊言奪取人的人性，引誘人拒絕聖經為信仰的基礎。」（註8）

藉著這個卑鄙的動機，是非變成相對的。每一個人、每一種情境、每一種文化，成了決定真理的標準。實質上說，每個人都變成了

神，成全了撒但的保證：「你們便如上帝」（創3：5）。

我們正面臨「普天下人受試煉的時候」（啟3：10），撒但就要在他最後的努力中，用大神蹟、大奇事欺騙世人。約翰講到這個大欺騙時說：「我又看見三個污穢的靈，好像青蛙，……，他們本是鬼魔的靈，施行奇事，出去到普天下眾王那裏，叫他們在上帝全能者的大日聚集爭戰。」（啟16：13、14；參閱13：13、14）

唯有那些蒙上帝能力保守的人，他們的心思已有聖經真理為防護，以聖經為他們唯一的權威，才能逃脫其害。所有沒有任何保護的人，就被欺騙而擄走。

7.第一次與第二次的死

凡一切名字未記在生命冊上不肯悔改的罪人，在一千年結束時，第二次的死就是他們所受的最後刑罰（見本書第27章）。這次死是不再有復活的。撒但及不義之人既被除滅，罪惡就被根除，死亡也被消滅（林前15：26；啟20：14；21：8）。基督已賜下保證：「得勝的，必不受第二次死的害。」（啟2:11）

基於聖經所講關於第二次的死，我們可以說，第一次的死乃是每一個人——除了活著變化升天的人之外，因為亞當犯罪都要經驗的。這是「因罪的腐化在人類身上之正常的結果」（註9）。

三、復活

復活乃是「在死後生命的恢復，具有完全的存在與位格。」（註10）因為人已為死亡所轄制，故此，人若要在死後還能經歷生命，就必須有一次復活。在新舊約聖經中，上帝的使者們曾表復活的盼望（伯14：13－15；19：25－29；詩49：15；73：24；賽26：19；林前15章）。

至於我們已擁有復活盼望的確據，可以鼓勵我們，在這人人都必須死的今世之外，我們還可以享受一個更美的將來。

1.基督的復活

死了的人復活得永生，是與基督復活緊密相連在一起的，因為那最後叫死人復活的，乃是復活的基督（約5；28、29）。

(1)基督復活的重要性

若是基督未曾復活將會如何呢？

保羅的結論是：a.傳講福音毫無用處：「若基督沒有復活，我們所傳的便是枉然。」（林前15：14）b.沒有赦罪：「基督若沒有復活，……你們仍在罪裏。」（林前15：17）c.相信基督毫無意義：「基督若沒有復活，你們的信便是徒然。」（林前15：17）d.沒有普遍的死人復活：「既傳基督是從死裏復活了，怎麼在你們中間有人說沒有死人復活的事呢？」（林前15：12）e.死後毫無盼望：「就是在基督裏睡了的人也滅亡了」（林前15：18）（註11）。

(2)身體的復活

從墳墓裏出來的基督，乃是同一位以血肉之軀活在地上的基督。如今祂有了一個榮耀的身體，這是一個真實的身體。它是如此真實，以致人未覺察出任何差異（路24：13－27；約20：14－18）。

耶穌也親自否認祂只是個靈或鬼魂。祂對祂的門徒說：「你們看我的手，我的腳，摸我看看！魂無骨無肉，你們看，我是有的。」（路24：39）為了證明祂復活後有真身體，祂也曾在他們面前吃東西（路24：43）。

(3)復活後的影響

基督的復活使基督門徒得到極大的振奮，它將一群軟弱恐懼的人變成了勇敢的使徒，並願意為他們的主作任何的事（腓3：10、11；徒4：33）。他們負起這使命，結果震撼了羅馬帝國，攪亂了天下（徒17：6）。

「對基督復活的確信，使福音的傳講有了意義及能力（腓3：10、11）。彼得講到『耶穌基督從死裏復活』，在信徒中產生『活潑的盼望』（彼前1：3）。使徒們認為他們自己是被立『作耶穌復活的見證』（徒1：22），並以舊約聖經彌賽亞的預言，作為他們所講基督復活教訓的基礎（徒2：31），『耶穌基督復活』是他們親身的見聞，如此他們的見證大有能力（徒4：33）。使徒們遭到猶太領袖的反對，是因他們教訓百姓，『本著耶穌，傳說死人復活』（徒4：2）……當保羅被帶到猶太公會前，他宣稱：我現在受審問，是為『盼望死人復活。』（徒23：6；參閱24：21）保羅對羅馬人寫著說，耶穌基督『因從死裏復活，以大能顯明是上帝的兒子。』（羅1：4）他又解釋說，基督徒的洗

禮，就是見證他對基督復活的信心（羅6：4、5）（註12）。

2.兩次復活

基督的教訓說，復活有兩次：一次為義人的「復活得生」；一次為不義之人的「復活定罪」（約5：28、29；徒24：15）。其間有一千年將這兩次復活隔開（啟20：4、5）。

(1)復活得生

在第一次復活中復活的人，稱為「有福了，聖潔了。」（啟20：6）他們不會在那一千年結束的火湖中經驗第二次的死（啟20：14）。這次得生命與得永生的復活（約5：29；林前15：52、53），是在基督復臨時（林前15：22、23；帖前4：15-18）。凡經驗這次復活的人就不再死（路20：36），他們永遠與基督相聚。

復活的身體會是怎麼樣的身體呢？像基督一樣，復活的聖徒必有真實的身體。如同基督復活成為榮耀的身體，義人也是如此。保羅說，基督會「將我們這卑賤的身體改變形狀，和他自己榮耀的身體相似」（腓3：21）。他稱未得榮耀的身體為「血氣的身體」，得榮耀的身體「靈性的身體」。前者是必死

的、朽壞的,後者是不死的、不朽壞的。從必死的改變成不死的,乃是在復活的一剎那之間(見林前15:42-54)。

(2)復活定罪

不義的人要在那一千年結束時的第二次復活中復活(見本書第27章)。這項復活進行最後的審判與定罪(約5:29)。凡名字未記錄在生命冊上的人,會在此時復活,並「扔在火湖裏」經驗第二次的死(啟20:14、15)。

他們本可以避免這悲慘的結局。聖經以無誤的言語提出逃生之路:

「你們當回頭離開所犯的一切罪過。這樣,罪孽必不使你們敗亡。你們要將所犯的一切罪過盡行拋棄。自做一個新心和新靈。……你們何必死亡呢?主耶和華說:我不喜悅那死人之死。所以你們當回頭而存活。」(結18:30-32)

基督應許「得勝的,必不受第二次死的害。」(啟2:11)凡接受耶穌及祂所帶來之救恩的人,在祂復臨時,必會經驗那無法形容的大喜樂。他們會在永的幸福中,與他們的主與救主享受永生。

註1:《基督復臨安息日會參考文庫》卷十,「Immortality」。
註2:歷代以來,許多教派著名的基督徒──信義宗、改革宗、安立甘宗、浸禮宗、公理宗、長老宗、循理宗,都曾解釋聖經中有條件永生的教訓。最著名的有:十六世紀──Martin Luther, William Tyndale, John Frith, George Wishart;十七世紀──Robert Overton, Samuel Richardson, John Milton, George Wither, John Jackson, John Canne, Archbishop John Tillotson, Dr Isaac Barrow;18世紀──Dr. William Coward, Henry Layton, Joseph N. Scott M. D., Dr. Joseph Priestly, Peter Pecard, Archdeacon Francis Blackburne, Bishop William Warburton, Samuel Bourn, Dr. William Whiston, Dr. John Tottie, Prof. Henry Dodwell;19世紀──Bishop Timothy Kendrick, Dr. William Thomson, Dr. Edward White, Dr. John Thomas,

H. H. Dobney, Archbishop Richard Whately. Dean Henry Alford, James Panton Ham, Charles F. Hudson, Dr. Robert W. Dale, Dean Frederick W. Farrar, Hermann Olshausen, Canon Henry Constable, William Gladstone, Joseph Parker, Bishop John J. S. Perowne, Sir George G. Strokes, Dr. W. A. Brown, Dr J. Ager Beet, Dr. R. F. Weymouth, Dr. Lyman Abbott, Dr. Edward Beecher, Dr. Emmanuel Petavel-Ol-liff, Dr. Franz Delizsch, Bishop Charles J. Ellicott, Dr. George Dana Boardman, J. H. Pettingell；20世紀——Canon William H. M. Hay Aitken, Eric Lewis, Dr. William Temple, Dr. Gerardus van der Leeuw, Dr. Aubrey R. Vine, Dr. Martin J. Heinecken, David R. Davies, Dr. Basil F. C. Atkinson, Dr. Emil Brunner, Dr. Reinhold Niebuhr, Dr T. A. Kantonen, Dr. D. R. G. Owen，見《Questions on Doctrine》571－609頁；Froom著《The Conditionalist Faith of Our Fathers》卷一與卷二。

註3：《基督復臨安息日會參考文庫》「Death」。

註4：1961年12月《Journal of the Evangelical Theological Society》 129-135面R. L. Harris撰「The Meaning of the Word Shoel as Shown by Parallels in Poetic Texts」；《基督復臨安息日會參考文庫》卷三第999頁。

註5：《基督復臨安息日會參考文庫》卷五第387頁。

註6：唯一的例外是當shoel作比喻用時（見結32：21），或hades用在比喻中時。Shoel在舊約聖經中出現六十多次，但沒有一處是指死後受刑罰的地方。這項觀念乃是以後附加在 gehenna上的，而非加在hades上。只有一個例外（路16：23）。見《基督復臨安息日會參考文庫》卷三第999頁。

註7：下列經文曾被認為是對聖經的死亡觀構成問題的經文。但是仔細審視後，卻發現它們與其他聖經經文是完全和諧的：

①拉結的死。聖經論到拉結的死時說：「她將近死，靈魂要走的時候。」（創35:18）這句話的意思是指出，在她最後還有知覺的時候，還有最後的一口氣時，她給她的兒子起了名。所以另外的英譯本譯為：「當她還有最後一口氣時」（新國際版英譯本）。

②以利亞及死去的男孩。當以利亞禱告，求撒勒法寡婦死去兒子靈魂回來，上帝答允他，就使孩子復活（王上17：21、22）。這乃是生命力與身體結合的結果。當二者分離時，二者就都沒有知覺，都不是活的。

③摩西在基督變像的山上顯現。摩西在變像山上顯現，並不能提供靈魂有知覺，或死去的義人都在天上的證據。在這件事之前不久，耶穌曾告訴祂的門徒說，在他們死去之前，他們之中有人會看見人子在祂的國裏。這項應許應驗在彼得、雅各與約翰身上（太16：28－17：3）。

在山上，基督將上帝國度榮耀的縮影啟示他們。那榮耀的王基督，與摩西、以利亞在那裏，——代表祂國度中的兩種臣民。摩西代表已死去，但在基督復臨時從墳墓中復活的義人；以利亞則代表那未經過死，活著變化升天的義人（王下2：11）。

　　猶大書給了我們摩西特別復活的證據。摩西死了埋葬之後（申34：5、6），米迦勒與魔鬼之間曾為了摩西的屍體有過爭辯（猶9）。從摩西在變像山上顯現，我們可說在這場爭戰中，魔鬼失敗了。摩西從墳墓中復活，使他成為我們所知道的第一個經驗上帝復活大能的子民。這件事並不能為靈魂不死提供證據，它反而是為身體復活提供了證據。

④財主與拉撒路的比喻。基督所講財主與拉撒路的故事，曾被用為人死後有知覺的教訓（路16：19－31）。不幸的是如此解釋聖經的人，未能認出這個故事乃是一個比喻。若認為每一個細節都是真實的，就變成荒謬了。死人會以一個真實的人，帶著身體的每個部分接受報應，有眼、有舌、有手指。所有的義人都會在亞伯拉罕的懷裏，而天國與地獄間的距離只是在說話可以聽見的範圍之內。兩類人都在死時受報，與基督所教導在基督復臨時受報的教訓不同（太25：31－41；啟22：12）。

　　但這個故事乃是一個比喻——這是基督所最喜歡用的教學法。每一個比喻是要教導一個教訓，而此處基督所教導的與死人的景況無關。這比喻的重點是，人靠上帝的話而活的重要性。基督表明，那位財主財迷心竅，忽略了照顧窮人。永恆的命運是在今生決定，並無第二個恩典時期。聖經是要領人悔改得救。我們若不留意上帝聖言的警告，沒有甚麼別的可以幫助我們。這樣，基督用下面的話結束這個比喻：「若不聽從摩西和先知的話，就是有一個從死裏復活，他們也是不聽勸。」（路16：31）

　　基督只是利用猶太人所熟知的故事中的材料，讓死人談話（這比喻中亞伯拉罕懷中及地獄的觀念，與猶太人的傳統十分相似。見《Josephus》全集637頁「Discourse to the Greeks Concerning Hades」我們同樣也在聖經的另一個比喻中，發現樹的彼此談話（士9：7－15；閱閱王下14：9）。沒有人會用這個比喻來證明樹可以說話。因此人必須約束自己，不將一合乎基督所教導死亡是睡覺的真理或與聖經證據相反的意思，加入這個比喻中。

⑤基督對強盜的應許。基督曾對十字架上的強盜應許說，「我實在告訴你，今日你要同我在樂園裏了。」（路23：43）顯然，樂園是天國的同義語（林後12：4；啟2：7）。照這經文的譯文看來，基督會在那個星期五到天上，上帝的面前，那個強盜也是如此。但是在基督復活的早晨，基督曾親自對馬利亞說：「不要摸我，因我還沒有升上去見我的父。你往我弟兄那裏去，告訴他們說，我要升上去見我的父，也是你們的父；見我的上帝，也是你們的上帝。」（約20：17）天使的話指出，基督在那個週末是留在墳墓裏：「你們來看安放主的地方。」（太28：6）

　　基督的話是否自相矛盾？一點也不。了解這節經文的問題，與它的標點符號有關。早期聖經的原稿在字與字之間原來並沒有任何逗點或空格。加入標點及將字分割，容易造成經文意義相當大的差異。譯聖經的人在加上標點時，已運用他們最好的判斷力，但是他們的工作卻非在聖靈默示下做的。

　　就一般而論，這些翻譯者的工作已進行得十分卓越了，但他們若在處理路23：43時，將逗點加在「今日」之後，而非在「今日」之前，這段經文就不會在死的

意義上與其他經文矛盾了。基督的話會得到適當的了解，其意思就會是：「我今日（今日，當我作罪犯死去之日）實在告訴你，你要同我在樂園裏了。」與聖經其他的教訓一致。基督向那位強盜保證說，他會與祂一同在樂園裏……一個在祂復臨之時義人復活之後實現的應許。

⑥離世與基督同在。「因我活著就是基督，我死了就有益處。」（腓1：21）保羅說：「我正在兩難之間，情願離世與基督同在，因為這是好得無比的。」（腓1：23）是否保羅期盼死後立刻進入天國呢？保羅曾寫過許多關於與基督同在的主題。在另一封書信中，他講到那些「在耶穌裏睡了的人」，他說在基督復臨時，死了的義人會復活，與活著的義人「一同被提到雲裏，在空中與主相遇。這樣，我們就要與主永遠同在。」（帖前4：14、17）

以此為背景，我們就能明白，保羅在他所寫的腓立比書中，並未詳細解說人死時所發生的事。他只是表達他熱切企望離開現今這多難的生活，與基督同在，沒有提到或解釋死亡與復活之間的時期。他的盼望集中在親自與基督永遠同在的應許。對於死去的人，在他們死時閉上雙眼，與在復活時睜開眼睛之間，並無長時期的間隔。既然死人沒有知覺，不知道時間的過去，那麼復活的早晨就會如死時立刻臨到一般。對基督徒來說，死是有益的。不再有試探、試煉、悲傷，並且復活時是榮耀永生的恩賜。

432

註8：懷愛倫著《善惡之爭》578、579頁。
註9：《基督復臨安息日會參考文庫》「Death」；Questions on Doctrine》524頁。
註10：《基督復臨安息日會參考文庫》「Resurrection」。
註11：《Questions on Doctrine》67、68頁。
註12：《基督復臨安息日會參考文庫》「Resurrection」。

27千禧年與罪的
結束

基督復臨安息日會相信……

千禧年乃是第一次復活與第二次復活之間，基督與聖徒在天上施行統治的時期。在此時期中，已死的惡人會受審判，地會完全荒涼，沒有活人居住，但被撒但及他的使者佔據。一千禧年結束時，基督與祂的聖徒並聖城，一同從天降至地上。那時死去的惡人要復活，他們與撒但和他的使者一起圍攻聖城。但是從上帝那裏來的烈火會燒滅他們，並潔淨地球。這樣，宇宙就永遠不會再有罪及罪人。

——基本信仰第二十七條

第27章
千禧年與罪的結束

有史以來，總有一些人會特別擅長地獄的可怕，利用人的恐懼心理，帶領人敬拜上帝。但是他們所描寫的上帝是一位怎麼樣的神呢？

上帝最終是如何除掉罪的？撒但的下場如何？是甚麼阻止罪惡再次抬頭？一個公義的上帝如何也能是慈愛的上帝呢？

一、千禧年開始時的大事

在啟示錄20章所說的一千禧年中，撒但對地上的影響會被限制。基督會與祂的聖徒們一起統治（20：1—4）。

1.基督復臨

啟示錄19與20章是在一起沒有間斷的。它們描寫基督復臨（啟19：11—21），緊接著就是千禧年。它們的次序指出這一千禧年是以基督復臨為開始。

啟示錄中記載著，那在基督即將復臨之前，有龍、獸及假先知三個

權勢聚集地上萬國，一起反對基督的工作及祂的子民（啟16：13）。當「那獸、和地上的君王並牠們的眾軍都聚集，要在基督復臨的時候與祂爭戰之際，那獸與假先知就被除滅（啟19：19、20）。啟示錄第20章講到千禧年，它說第三位就是這惡魔——龍的命運。他被擒拿，扔在無底坑裏，他被拘留在那裏一千年（註1）。

正如我們在第25章中已經看見的，是在基督復臨、當地上萬國被除滅之時，上帝才建立祂榮耀的國度——一個會持續到永恆的國度（但2：44）。也是在那時，祂的子民才開始他們的統治。

2.第一次復活

在基督復臨時，發生第一次復活。那「有福了，聖潔了」的義人復活了。「第二次的死在他們身上沒有權柄。他們必作上帝和基督的祭司，並要與基督一同作王一千年。」（啟20：6；見本書第26章）

末日 第一次復活	一千年（一千禧年）	第二次復活 永世
基督復臨 （太24：30）	千年期間	基督、聖徒和聖城自天而降 （啟21：2、10；20：9）
已死義人臨活 （啟20：6；帖前4：16）	義人在天 （啟20：4-6；15：2、3）	惡人復活 （約5：28、29；啟20：5）
活著和復活的義人升天 （太24：31；帖前4：17）	惡人留在死亡中 （啟20：5）	撒但被釋放 （啟20：7、8）
惡人死亡 （耶25：33；太13：39-42）	撒但和惡天使被捆綁在地 （啟20：1-4）	最後的審判 （啟20：11-15；21：8）
撒但被捆綁 （啟20：1-4）		撒但和惡人全滅亡 （啟20：9、10）
地球荒涼 （耶4：23、24）	地球荒涼 （耶4：23-27）	地球潔淨更新 （彼後3：10-13；啟21：22）

3.義人往天國

在死了的義人復活之後，他們與活著的聖徒一同被提到雲裏，「在空中與主相遇」（帖前4：17）。那時基督就會成全祂在離世之前所作的應許：「我去原是為你們預備地方去。我若去為你們預備了地方，就必再來接你們到我那裏去，我在那裏，叫你們也在那裏。」（約14：2、3）耶穌說祂要帶門徒去的地方，是「我父的家裏」，在那裏「有許多住處」（約14：2）。耶穌在此處指的是新耶路撒冷。這新耶路撒冷要到千禧年結束，才降到地上來。基督復臨，當義人「在空中與主相遇時」，他們的目的地就是天國——不是他們剛剛離開的地球（註2）。此時基督不在地上建立祂榮耀的國度，那是祂在千禧年結束時才建立的。

4.基督的仇敵被殺

基督將祂的再來與洪水及所多瑪和蛾摩拉的毀滅相比（太24：37－39；路17：28－30）。祂的比較說明了兩點：第一，在惡人意想不到的時候毀滅就臨到了；第二，那即將來到的是毀滅——洪水「把他們全

都沖去」（太24：39）；落在所多瑪的火與硫磺裏，「把他們全都滅了」（路17：29；太13：38－40）。當基督復臨時，基督會從天上帶著祂的天軍騎著白馬而來，祂的名是「萬王之王，萬主之主」，祂來打擊世上悖逆的萬國。在獸及假先知被毀滅之後，「那剩餘的」撒但的黨羽也會死去，沒有一個倖存者，因為他們「被騎白馬者口中出來的劍殺了；飛鳥都吃飽了他們的肉。」（啟19：21）（註3）

聖經描寫這個景象說：「因為耶和華從他的居所出來，要刑罰地上居民的罪孽。地也必露出其中的血，不再掩蓋被殺的人。」（賽26：21）

5.大地荒涼

因為義人升天與主同在，而惡人在祂顯現時被除滅，地上就有一段時間無人居住。聖經指出這樣的情況，耶利米說：「我觀看地，不料，地是空虛混沌；我觀看天，天也無光。我觀看大山，不料，盡都震動，小山也都搖來搖去。我觀看，不料，無人。」（耶4：23－26）耶利米所用的詞「空虛混沌」

可在創1：2中找到，顯明大地變成創造開始時那樣的混亂。

6.撒但被捆綁

此時所發生的事，已在以色列人聖所崇祀之贖罪日的阿撒瀉勒羊的儀式中預表了。贖罪日，大祭司用耶和華山羊的血潔淨聖所。只在這贖罪的工作完成之後，這關係到阿撒瀉勒——那代表撒但之羊的儀式才會開始（見本書第24章）。大祭司將手放在牠的頭上，承認「以色列人諸般的罪孽過犯，就是他們的一切罪愆，把這罪都歸在羊的頭上。」（利16：21）這羊要送到曠野「無人之地」（利16：22）。

同樣的，基督在天上的聖所，一直在為祂子民獲得祂贖罪的好處而服務。在祂復臨時，祂會救贖他們，並賜他們永生。當祂完成了這項救贖工作及潔淨了聖所之時，祂也要將祂子民的罪，放在那罪惡的創始者及唆使者撒但身上。但我們絕不可說，是撒但為信徒贖罪——那是基督已充分完成了的。但是撒但必須對那些得救之人所犯的一切罪負責。正如派人將那歸阿撒瀉勒的羊送到無人之地一樣，上帝也會將撒但放逐到荒涼無人之地（見本書第24章）（註4）。

約翰所見千禧年的異象，活生生地描寫了撒但的放逐。他看見那一千禧年的開始，「那龍，就是古蛇，又叫魔鬼，也叫撒但，」被捆綁，關在「無底坑裏」（啟20：2、3），這象徵性地傳達了撒但暫時停止他逼迫與欺騙的活動。「使他不得再迷惑列國。等到那一千年完了。」（啟20：3）

約翰所用的那個詞「無底坑」（希臘文abussos），適切地描繪出地球當時的情況（註5）。地球受了基督復臨前七大災難的蹂躪（見啟16：18－21），並遍地是惡人的屍體，地球是一幅完全荒涼的景象。

撒但被限制在這地球上，他乃是被環境所捆綁。既然地上沒有一個活人，他就沒有任何逼迫與試探的對象了。從他無事可作的這意義來說，他就是被捆綁了。

二、一千禧年中的大事
1.基督與蒙贖的人同在天上

基督復臨時，將祂的門徒接到天上的新耶路撒冷，祂為他們所預備的住處。那蒙贖的人，如同摩西與

以色列人，充滿了感恩之情，就唱一首得救之歌。「唱上帝僕人摩西的歌，和羔羊的歌，說：主上帝，全能者啊，你的作為大哉！奇哉！萬世之王啊，你的道途義哉！誠哉！」（啟15：2、3）

2.聖徒與基督一同作王

就是在這一千年之中，基督成全了祂賜給得勝者的應許：「那得勝又遵守我命令到底的，我要賜給他權柄制伏列國。」（啟2：26）但以理看見在基督的仇敵被毀滅之後，「國度、權柄，和天下諸國的大權必賜給至高者的聖民。」（但7：27）那些基督使之在第一次復活的人，會與祂一同作王一千年（啟20：4）。

但是聖徒們都在天上，惡人都已死去，他們作王該從何說起呢？他們作王乃是關乎參與在基督統治的重要一面（註6）。

3.對惡者的審判

約翰看見在這一千禧年期間，聖徒會參加審判。他看見「幾個寶座，也有坐在上面的。並有審判的權柄賜給他們。」（啟20：4）這是

聖經所說審判撒但及他使者的時候（彼後2：4；猶6），也是保羅所說聖徒要審判世界，甚至要審判天使的話應驗之時（林前6：2、3）（註7）。

這千禧年的審判，不是決定誰得救或誰不得救。上帝在基督復臨之前已作好這個決定。那些沒有復活升天或活著變化升天的人，已經永遠喪亡。義人參加的審判，為的是要回答義人所可能有的，惡人為何喪亡的問題。上帝要那些祂賜給永生的人，完全信任祂的帶領。因此祂要向他們顯明，祂如何運作公義與慈愛。

試想像你在天上發現一位你肯定在天國會相見的親人卻不在那裏。這樣的情形可能使你懷疑上帝的公義，這樣的懷疑正是罪的基礎。為了永遠這樣的懷疑發生，以確保罪不再興起，上帝就在這千禧年審判的檢視中，提供這些問題的答案。

在這項工作裏，蒙贖之人在善惡大鬥爭中完成了一個重要的使命。「他們會對上帝如何懇切而耐心地照顧失喪的罪人，獲得永久的滿足。他們會明白罪人是多麼地頑梗、粗心、蔑視及拒絕祂的愛。他們會發現，甚至那些看起來溫和的

人，也暗地裏懷著醜惡的自私，不肯接受他們主的價值觀。」（註8）

4.撒但回想的時候

在這千禧年中，撒但要受極大的苦。他與他的使者被限制在荒涼的大地上，不能繼續他經常進行的欺騙，他被迫回想他背叛上帝及祂的律法之後果。他必定想到他在善惡之爭中所扮演的角色。他要為他所造成的一切邪惡負責，而祂也必以恐懼的心面對將來的刑罰。

三、千禧年結束時的大事

在這一千年完畢之時，那「其餘的死人」——惡人就會復活，這樣就使撒但從捆綁中得釋放（啟20：5、7），他再一次欺騙惡人，領導他們「圍住聖徒的營與蒙愛的城」（新耶路撒冷）（啟20：9），此時這城已與基督一同降到地上（註9）。

1.基督、聖徒、聖城下降

基督再降到地上，同著聖徒與聖城一起降下。目的有二：祂要藉著執行千禧年審判中的判決，結束這場善惡的大鬥爭。祂要潔淨及更新地球，好使祂在地上建立永恆的國

度。那時「耶和華必作全地的王」（亞14：9）就完全實現了。

2.復活定罪

如今，那使基督的應許完全應驗的時刻已經來到：「凡在墳墓裏的都要聽見祂的聲音」（約5：28）。在基督復臨的第一次復活中，祂曾使死去的義人從墳墓中出來「復活得生」，如今耶穌所講的另一次復活也要成就，就是「復活定罪」（約5：29）。啟示錄也講到這次的復活，「其餘的死人（頭一次復活中沒有復活的人）還沒有復活，直等到那一千年完了。」（啟20：5）

3.撒但的捆綁結束

千禧年結束，惡人復活，撒但從捆綁中「暫時被釋放」（啟20：2、3）。他最後企圖攻擊上帝的政權，「要迷惑地上四方的列國」（啟20：8）。因為惡人復活時，仍具有他們死時已擁有的悖逆心性，所以撒但的工作並不困難。

4.攻擊聖城

撒但在他最後的欺騙中，設法激動惡人企圖以武力佔領上帝的國

度。他聚集了世上的萬國，領他們攻擊那蒙愛的城（啟20：8、9）（註10）。「那頑梗不肯靠基督的贖罪犧牲進入上帝之城的人，現在卻決心要靠戰爭及佔領進去。」（註11）

事實上，上帝一將生命賜還給這些惡人，他們就立刻轉過來攻擊上帝，並且要推翻祂的國度。這就證實了上帝為他們的命運所作的決定是正確的。這樣，撒但所設法誣控上帝的名譽與祂的聖德，就在眾生靈面前完全獲得洗雪（註12）。

5.白色大寶座的審判

約翰指出，當上帝的仇敵包圍了那城，預備好要攻城之時，上帝設立了祂白色的大寶座（啟20：11）。當全人類都聚集在這寶座周圍——有些安全的在城內，其餘的在城外，在審判之前戰慄，上帝要執行祂審判的最後階段。這就是基督所說：「你們要看見亞伯拉罕、以撒、雅各、和眾先知都在上帝的國裏，你們卻被趕到外面，在那裏必要哀哭切齒了。」（路13：28）

為要執行這階段的審判，上帝的冊子要打開。「另有一卷展開，就是生命冊。死了的人都憑這些案卷所記載的，照他們所行的受審判。」（啟20：12）然後上帝便發出最後的宣判。

為何上帝要先讓這些人復活，然後再結束他們的生命呢？在千禧年時，蒙贖之人有機會審視上帝對待宇宙中每一個生靈的公正性。如今失喪者自己——包括撒但與他的使者，也要確定上帝的道是公義的。

就是在這個白色大寶座前，保羅所說的話得以應驗：「我們都要站在上帝的台前」（羅14：10）。在那裏，所有的受造之物，——墮落的與沒有墮落的，得救的與失喪的，都屈膝稱耶穌基督為主（腓2：10、11；賽45：22、23）。這樣，上帝公義的疑問就永遠消除了。那些領受永生的人，在祂裏面將有無法動搖的信心。再也不會有罪破壞這個宇宙，或使其中的居民受害了。

6.撒但與罪人被除滅

撒但，他的使者，以及跟從他的人一經判決，立即接受刑罰。他們的死是永遠的死。「就有火從天降下，燒滅了他們。」（啟20：9）城外的地面熔化，成了「不敬虔之人受審判，遭沉淪」的火湖（彼後3：

7），那「耶和華……報仇之日」（賽34：8），除滅祂仇敵，「成就祂的事，就是奇異的事」（賽28：21）的日子已來到。約翰說：「若有人名字沒有記在生命冊上，他就被扔在火湖裏。」（啟20：15）撒但與他的黨羽也遭受此命運（啟20：10）。

全本聖經都說到惡者所遭受的「第二次的死」（啟21：8），即完全滅絕之意。那麼為何有永遠焚燒之地獄的觀念呢？細心研究之下便知，聖經並無這種地獄與受苦的教導。

(1) 地獄

依照聖經的說法，地獄乃是「那些拒絕上帝，及拒絕祂藉著耶穌基督賜下救恩的人，在第二次的死中，遭受刑罰及毀滅的地方或情況。」（註13）

英文聖經譯本常用「地獄」（hell）一詞，譯希伯來文shoel，希臘文hades。這兩個詞一般是指墳墓，是指死去的人——義人與惡人都包括在內，在一種無知覺狀態中等候復活的地方（見本書第26章）。因為今日對地獄的觀念，與希伯來文及希臘文所指的大異其趣，一些現代英文譯本就避免用「地獄」一詞，而用音譯希伯來文shoel及希臘文的hades。

另外，希臘文的geenna，英文聖經譯本也譯為「地獄」（hell），是指不悔改的罪人接受火刑的地方。這樣在聖經中，地獄一詞並不總是有同樣的意義，當人未注意到這種區別時，就常導致大混亂。

Geenna係由希伯來文演化而來，Ge Hinnom中譯「欣嫩子谷」位於耶路撒冷南邊。以色列人曾在此舉行異教儀式，將兒女焚燒獻給摩洛（代下28：3；33：1、6）。耶利米曾預言，因為這個罪，耶和華要使這個谷成為「殺戮谷」，在那裏，以色列人的屍體要被埋葬到無處可葬，剩下的屍體要作空中飛鳥的食物（耶7：32、33；19：6；賽30：33）。耶利米的預言，導致以色人看欣嫩子谷為惡人受審判的地方，一個可憎惡、受羞辱、受刑罰的地方（註14）。以後拉比的遺傳，則視那個地方為一個焚燒屍體及垃圾的地方。

耶穌曾用欣嫩子谷的火代表地獄的火（太5：22；18：9），所以欣嫩子谷的火代表最後審判中燒著的

火。祂說這是一種死亡之後的經驗（路12：5），並且地獄會將身體與靈魂都消滅（太10：28）。

地獄的火是何性質呢？在地獄中的人是否永遠被火焚燒呢？

(2) 惡人的命運

按照聖經，上帝只應許將永生賜給義人。罪的工價乃是死，不是在地獄中的永生（羅6：23）。

聖經說，惡人要被「剪除」（詩37：9、34），他們會滅亡（詩37：20；68：2）。他們不會永遠在有意識的狀態下活著，而會被燒滅（瑪4：1；太13：30、40；彼後3：10）。他們要被滅絕（詩145：20；帖後1：9；來2：14），歸於無有（詩104：35）。

(3) 永刑

新約聖經講到惡人所受的刑罰，曾用永刑這樣的字眼形容。這永字譯自希臘文aionios，可用在上帝身上，也可用在人身上。為了避免誤解，我們必須記住，aionios乃是一個相對的詞。其意義由其所形容的對象決定。因此，當聖經用aionios講到上帝時，是指祂擁有無限的存在──因為上帝是不死的。但是當它被用在必死的人或會滅亡的東西身上時，它乃是指當那人還活著之

442

時，或當那物還存在之時。

比如猶7講到所多瑪、蛾摩拉遭受「永火的刑罰」，但那些城市今天並沒有仍在燃燒。彼得說，那火將那些城燒成了灰燼，判定它們毀滅（彼後2：6）。那「永」火燒到沒有甚麼可以燒時，就熄滅了（參見耶17：27；代下36：19）。

同樣的，基督說惡人受永火刑罰時（太25：41），那燒滅惡人的火，是「不滅的火」（太3：12）。只在沒有東西可燒時，它才熄滅（註15）。

當基督講到「永刑」時（太25：46），祂並不是說永遠不停的刑罰。祂的意思是，如同永生（義人所要享受的）會在永恆中持續一樣，那刑罰（惡人所要遭受的）也會是永遠的──但不是在有知覺的痛苦下永遠持續，而是指完全的、最終的刑罰。受此刑罰的乃是第二次的死。這死是永遠的。這個死亡不會有復活，也不可能再有復活（註16）。

當聖經講到「永遠贖罪」（來9：12）及「永遠審判」（來6：2）時，也是論及救贖及審判的永恆結果──不是指無止盡的救贖與審判的過程。同樣的，當它說到永刑時，也

是指刑罰的結果，不是指刑罰的過程。惡人所受的死，是最終的死，永恆的死。

(4)受苦直到永永遠遠

聖經用「永永遠遠」表達時（啟14：11；19：3；20：10），也讓人以為懲罰撒但及惡人的過程是永遠不停止的。但是正如「永遠」的含意，係以其所形容的對象而決定的一樣，「永永遠遠」也是如此。當其用在上帝身上時，它的意義是絕對的──因為上帝是不死的。當其用於必死的人類身上時，它的含意則是有限的。

聖經描寫上帝懲罰以東的例子，給了我們很好的說明。以賽亞說，上帝要將那個國變成燒著的石油，「晝夜總不熄滅，煙氣永遠上騰，必世世代代成為荒廢，永永遠遠無人經過。」（賽34：9－10）以東是被除滅了，但是現在並未仍在燃燒。「永遠」只持續到完全毀滅為止。

在全本聖經中，可清楚看出「永遠」是有其限制的。舊約聖經說，奴隸可以永遠服事他的主人（出21：6）；童子撒母耳要永遠住在會幕裏（撒上1：22）；約拿以為他會永遠留在大魚的肚子裏（拿2：6）。新約聖經也以同樣的方式用這個詞，比如保羅勸腓利門「永遠」接納阿尼西母（門15）。在所有這些例子中，「永遠」的意思，是當那個人還活著之時。

詩92：7說，惡人要滅亡直到永遠。瑪拉基預言最後的大火時說，「那日臨近，勢如燒著的火爐，凡狂傲的和行惡的必如碎稭，在那日必被燒盡，根本枝條一無存留。」（瑪4：1）

一旦惡者──撒但、惡天使，及不肯悔改的罪人，根本枝條都被火燒滅、死亡，墳墓就不再有用（見本書第26章），上帝也要將這些永遠除滅了（啟20：14）。

所以聖經已清楚地說明，那刑罰不是指刑罰的過程。那刑罰是永遠的，那是第二次的死。這項刑罰中沒有復活，其效力是永遠的。

大主教鄧威廉（William Temple）說的對：「有一件事我們可以有把握的說，永遠的刑罰是不可能的。人若是沒有採納出自希臘而非出自聖經的人之靈魂天生不滅的觀念，不以這種先入為主的觀念去研讀新約聖經，就必從其中（新約聖經）獲得一種沒有永刑只有消滅的信仰。稱

為aeonian（永恆）的是火，不是那丟進火中的生命。」（註17）

上帝律法的刑罰已經充分執行了，公義的要求也已經滿足。如今天與地都宣講耶和華的公義。

(5)刑罰的原則

死是對罪的終極刑罰。凡拒絕上帝所賜救恩的人，由於罪的結果，終必永遠死亡。但是一些人罪大惡極，像惡魔似的以他人的受苦為樂。另外的人相形之下所過的是較為道德、平靜的生活。他們的罪主要是拒絕接受在基督裏預備的救恩。他們受同樣的刑罰公平嗎？

基督說：「僕人知道主人的意思，卻不預備，又不順他的意思行，那僕人必多受責打，唯有那不知道的，做了當受責打的事，必少受責打，因為多給誰，就向誰多取，多託誰，就向誰多要。」（路12：47、48）

無疑的，那些背叛上帝最甚的人，會比其餘的人受更多的苦。但是我們必須明白，他們最終都要忍受基督在十字架上所經驗的第二次的死。在十字架上，祂擔當了世人的罪。那使祂忍受劇烈痛苦的，乃是罪所造成的與祂父之間可怕的

隔絕——一種無法形容的心靈的痛苦。那失喪的罪人也要如此。他們不僅在今生收割了他們所栽種的，也遭受最後的毀滅。在上帝面前，他們因為所犯的罪而內疚，使他們忍受無法形容的痛苦。罪愈大，痛苦也愈烈。撒但，那罪惡的煽動者與倡導者，將受最大的苦（註18）。

7.大地得潔淨

彼得在描寫主的大日，一切罪的痕跡都除去時說：「但主的日子要像賊來到一樣。那日，天必大有響聲廢去，有形質的都要被烈火銷化，地和其上的物都要燒盡了。」（彼後3：10）

那滅絕惡者的火，也潔淨地球上罪的污染。上帝將在這地球的廢墟上建造「一個新天新地；因為先前的天地已經過去了。海也不再有了。」（啟21：1）從這個已經潔淨的，重造的地球——蒙贖之人永遠的家鄉，上帝要永遠除去悲哀、痛苦、死亡（啟21：4）。最後，罪所帶來的咒詛，終於解除了（啟22：3）。

彼得因見到主的大日就要來到，罪與罪人將會除滅，就對眾人說：

「你們為人該當怎樣聖潔，怎樣敬虔，切切仰望上帝的日子來到。」將盼望基於基督復臨的應許，他堅定的說：「我們照他的應許，盼望新天新地，有義居在中。親愛的弟兄啊，你們既盼望這些事，就當殷勤，使自己沒有玷污，無可指責，安然見主。」（彼後3：13、14）

註1：見《基督復臨安息日會參考文庫》卷七第885頁。

註2：見《Questions on Doctrine》495頁。

註3：「當那獸及假先知扔在火湖裏時（啟19：20），『其餘的』（啟19：21），或剩下的跟隨他們的人，就被基督口中的劍所殺。這些人是君王、將軍、壯士，「並一切自主的為奴的」（啟19：18），這些人也在第六印下提到。當天捲起像書卷，海島及群山都動搖之時，他們想要設法躲避羔羊的面（啟6：14－17）。顯然，這些經文同樣在描寫基督復臨、大地毀滅的大事。

　　「這死去的『其餘的人』，是多少呢？」（啟19：21）根據啟13：8，基督復臨之時地上只有兩類人。『凡住在地上、名字從創世以來沒有記在被殺之羔羊生命冊上的人，都要拜牠。』（啟13：8）所以顯然，當那『其餘的人』『為劍所殺』時（啟19：21），除了抗拒那獸，就是名字記在生命冊上的人，地上沒有一個存活的人。」（《基督復臨安息日會參考文庫》卷七第885頁）

註4：參閱《Questions on Doctrine》500頁。歸阿撒瀉勒的羊不是義人的救主。

註5：七十士譯本用這個詞翻譯創1：22中的希伯來文tehom（深）。這表明千禧年時地上的景況，至少部分反映了起初地球的情況，那時「地是空虛混沌，淵面黑暗。」（《基督復臨安息日會參考文庫》卷七第879頁）

註6：他們施行統治，或得了國度，並不就表示地上有惡人存活。起初，上帝賜給亞當夏娃治理之權。他們未犯罪之前，他們曾治理上帝劃歸給他們的部分。一個要施行統治的人，不需要不受駕馭的臣民。

註7：《基督復臨安息日會參考文庫》卷七第880頁。

註8：Maxwell著《God Cares》卷二第500頁。

註9：啟示錄描寫新耶路撒冷從天而降，並不必精確地指出它降下的時間。因為在前一章，我們看見那「蒙愛的城」被撒但的軍兵所包圍。這個場景導致的一個結論是：地還未更新之前，新耶路撒冷已經降下。

註10：歌格和瑪各常與以色列的仇敵有關。它們在以色列人被擄之後，來攻打上帝的子民
　　　與耶路撒冷（見結38：2、14－16）。舊約聖經的預言中，關於以色列人的部分都沒
　　　有應驗。這些預言要在屬靈的以色列人身上應驗。因此，以西結所說的，仇敵結盟
　　　同來攻打耶路撒冷，這個預言要得應驗，就是當上帝容許撒但帶著他那未得救的軍
　　　兵，在善惡大鬥爭最後戰爭中，攻打上帝子民及蒙愛的城之時。

註11：《Questions on Doctrine》505頁。

註12：《基督復臨安息日會參考文庫》卷四第708頁。

註13：《基督復臨安息日會參考文庫》卷十「Hell」。

註14：同上。

註15：參閱耶利米所說耶路撒冷為不滅之火所毀的預言（耶17：27），在尼布甲尼撒王佔
　　　領耶路撒冷城時應驗（代下36：19）。那火燒到城被毀滅就熄滅了。

註16：《Questions on Doctrine》539頁。

註17：William Temple著《Christian Faith and Life》81頁。

註18：同註13。

基本信仰28條
SEVENTH-DAY ADVENTISTS BELIEVE...28

有關末世的教義

28 新地

基督復臨安息日會相信……

在義人所居的新地之中,上帝會為蒙贖之人預備永遠的家鄉,並一個享受永生、愛、喜樂,及在祂面前學習的完美的環境。因為在這裏,上帝會親自與祂的子民同住。痛苦與死亡將成為過去。善惡之間的大鬥爭要結束,不再有罪惡。宇宙萬物,有生命之物與無生命之物,都會宣揚上帝就是愛。祂將施行統治直到永遠。阿們!

——基本信仰第二十八條

第28章
新地

在一場與死亡擦肩而過的經驗後,男孩鬆了口氣地說:「我的家在天上,但是我並不想家。」許多人像他一樣,感到在死時寧可去天國,勝過到「別的地方」,但是比起今世地上生活的實在與刺激,則它仍居其次。如果許多人對來世的觀點確實如此,那麼這樣的感覺是合理的。但是從聖經所描述的可知,上帝為蒙救贖之人所預備的,遠比今世的生活出色,沒有多少人會不肯為新的生活放棄這個世界。

一、新地的性質
1.有形體的真實

聖經的前面兩章,講到上帝創造了一個完美的世界,作為祂所造之人類的家。聖經的最後兩章,也講到上帝為人類造了一個完美的世界——但這一次的重造,乃是使大地從罪的蹂躪下復原。

聖經一再強調,蒙贖之人永久的家鄉,是一個真實的地方,在那裏一個有身體、有頭腦的真實的人,可以看見、聽見、摸到、品嘗、聞嗅、量度、攝影、試驗及充分體

驗。上帝要將這真實的天國放在這個更新的地球上。

彼後3章簡略地講到這個觀念的聖經背景。彼得講到洪水前的世界為「當時的世界」，已被洪水所消滅。而第二個世界就是「現今的天地」，將被火潔淨，它要為第三個世界鋪路，就是「有義居在其中」的新地（彼後3：6、7、13）（註1）。這第三個世界與第一、第二個世界同樣真實。

2.連續與差異

「新地」一詞，與現今的地球同時具有連續性及差異性（註2）。彼得與約翰見到這舊地要被火潔淨並更新（彼後3：10－13；啟21：1）（註3）。因此這新地，第一就是這個地球，不是其他地方。雖然更新，但卻仍然是熟悉、認得出的家。這是好的。也可以說是新的，因為上帝要除去地上由罪所造成的每一個污點。

二、新耶路撒冷

新耶路撒冷乃是新地的首都。耶路撒冷的希伯來文，意為「和平之城」。地上的耶路撒冷多數時候徒具虛名，但是新耶路撒冷將會名副其實。

1.連接的鏈環

以某一種意義說，新耶路撒冷將天與新地連接起來。「天」字主要指天空，但聖經用來指①大氣層的天（創1：20），②星際的天（創1：14－17）；③第「三重天」，就是樂園所在之處（林後12：2－4）。將天與樂園連在一起，天就成了樂園的同義詞，是上帝的居所與上帝寶座所在之處。這樣以廣義說，聖經對上帝的疆域、祂的統治及樂意接受祂統治的人，統稱為「天國」。

對主禱文中的懇求，「願你的國降臨，願你的旨意行在地上如同行在天上」，上帝的答允超乎一切人的想望。祂竟將新耶路撒冷遷移到地上來（啟21：1、2）。祂不僅將地更新，更將地球抬舉到高位，超越了人類墮落之前原有的地位，成為宇宙的京都。

2.實體的描寫

約翰使用羅曼蒂克的手法，描寫新耶路撒冷的美。那城像「新婦妝飾整齊，等候丈夫。」（啟21：2）

他對聖城的描寫，使我們有如身歷其境。

(1) 城的光

約翰注意到的第一個特點是，他看見「新婦，羔羊的妻」，就是城的光（啟21：9、11）。上帝的榮耀照亮了這城，使日月的光輝成為多餘（啟21：23、24）。沒有黑暗的小巷玷污新耶路撒冷，因為所有的牆及街道都是透明並反光的。「在那裏原沒有黑夜」（啟21：25），「他們也不用燈光、日光，因為主上帝要光照他們。」（啟22：5）

(2) 城的建築

上帝只選用最精美的建材建造這城。城牆是碧玉，一種「極貴的寶石」（啟21：11、18）。根基是用12種不同的寶石裝飾的：碧玉、藍寶石、綠瑪瑙、綠寶石、紅瑪瑙、紅寶石、黃碧璽、水蒼玉、紅碧璽、翡翠、紫瑪瑙和紫晶（啟21：19、20）。

但是這些寶石並非主要的建材。上帝還用金子建造了這城的建築物與街道（啟21：18、21）。其大量使用的情形，如同今天人使用混凝土的情形一樣。這種金子比現在所知的都更純淨，約翰稱之為「精金，

如同明淨的玻璃。」（啟21：18）

十二個城門，那壯麗的城門入口，每一個都是用一顆珍珠所造。「珍珠是受苦的產品。一粒微小刺激物，滑進了蚌的貝殼內，當這小動物忍受疼痛時，它將那刺激改變成一顆燦爛的珠寶。那些門都是珍珠作成的。你我得以進入，都是上帝在基督裏叫萬物與祂和好時，親自忍受過無限痛苦所預備的。」（註4）

將建城的材料列出，並將這座聖城指示給約翰看的天使量度城牆的事實，在今天仍深具意義。這個城可以被度量，它們有高度、厚度、長度，使現代那些重視資訊的心態獲得真實感。

(3) 食物與水的供給

從城中央，上帝的寶座流出一道「生命水的河」（啟22：1）。那生命樹，好像多枝幹的榕樹，生長在「河這邊與那邊」。其所結的十二樣果子，含有自從亞當夏娃必須離開伊甸之後人類就缺乏的生命素——抗老化、衰竭與疲憊的良藥（啟22：2；創3：22）。吃這樹上果子的人，晚上也不需要休息（啟21：25），因為他們在新地中，永不會

感到疲倦。

三、我們永遠的家鄉

聖經清楚說明得救的人終會承受地土（太5：5；詩37：9、29；115：16）。耶穌曾應許在祂父的家裏，為祂的門徒預備「住處」（約14：1-3）。正如我們所講過的，聖經指出了父的寶座與天國的總部，是在那要從天降下的新耶路撒冷城內（啟21：2、3、5）。

1.城中的家

新耶路撒冷乃是亞伯拉罕所仰望的那座城（來11：10），基督就是在這座大城裏準備住處（約14：2）──真實的家。

2.鄉村的家

但是蒙贖之人不會被限制在新耶路撒冷的城內，他們要承受這地球。蒙贖之人要從他們城市的家到鄉村，去設計並建造他們所夢想的家，去栽種莊稼、收割，並享用自己所種的產物（賽65：21）。

3.在家中與上帝和基督同住

基督賜給門徒的應許，將在新地

得到永遠的應驗：「我在哪裏，叫你們也在那裏。」（約14：3）基督成為肉身的目的，「上帝與我們同在」終於達成了。「看哪，上帝的帳幕在人間。他要與人同住。他們要作他的子民。上帝要親自與他們同在，作他們的上帝。」（啟21：3）在此，得救之人有特權可活在聖父及聖子面前，並與祂們相交。

四、新地中的生活

在新地中的生活是甚麼樣子呢？

1.與上帝和基督一同統治

上帝會讓蒙贖之人參與祂國家的事務。「在城裏，有上帝和羔羊的寶座；他的僕人都要事奉他……他們要作王，直到永永遠遠。」（啟22：3-5；參閱5：10）

我們不知道他們統治的範圍。但是我們可以安全的假設，蒙贖之人在天國扮演的一個重要的角色，他們要在宇宙中作基督的使者，見證他們所經驗到的上帝之愛。他們最大的快樂是榮耀上帝。

2.新地中的體力活動

在新地中的生活，會永遠激勵

最有志氣的人。看一看蒙贖之人在那裏的各類活動也會令我們羨煞，但請不要試圖對其可能性作任何限制。

我們已經看見聖經應許蒙贖之人會「建造房屋，自己居住。」（賽65：21）建造包含設計、結構、裝潢及可能的改建或重建。從「居住」一詞，我們可以推想到日常生活中的各種活動。

新地生活的主題，乃是恢復上帝為祂先前創造所做的計畫。在伊甸，上帝賜給人類始祖一個園子，使他「修理看守」（創2：15）。假如像以賽亞所說，在新地中，他們要栽種葡萄園，難道就不可以栽種果園、麥田？假如像啟示錄所指明的，他們要彈琴，為何不能吹奏小喇叭或其他的樂器呢？而且話又說回來，那將創作的願望放在人心中，並將人放在一個具有無限潛能的世界中的，乃是上帝自己啊！（創1：28－31）。

3.新地中的社交生活

我們會了解人際關係也是永恆快樂中的重要部分。

(1)親友

在我們得榮耀，改變成基督的形像之後，還會認識我們的家人與朋友嗎？基督復活之後，門徒認出祂並不困難。馬利亞認出祂的聲音（約20：11－16），多馬認出祂的外貌（約20：27、28），以馬忤斯的兩個門徒認出祂特有的風格（路24：30、31、35）。在天國中，亞伯拉罕、以撒、雅各，仍然沿用他們原來的名字（太8：11）。我們可以有把握的認為，在新地，我們會繼續保持與我們今世所認識、所愛之人的關係。

實際說來，使天國成為我們所盼望的，就是我們在天國所要享受的關係──並且不僅限於家人及現今朋友的關係。天國有許多物質的利益，「比起與父上帝、與我們的救主、與聖靈、聖天使、各國各族各方各民的聖徒，及我們家人之間關係之永恆價值，就微不足道了……不再有分裂的人格、破碎的家庭，或中斷的交通。一切都是完整與健全的了。身體與心理的完整，將使天國與永恆成為完全的實現。」（註5）

「上帝親自在人心中培植的友愛和同情，將要最切實、最甜蜜地發

揮出來。與眾聖者純潔的交通，與快樂的天使和歷代以來用羔羊之血洗淨衣服的聖徒相交，——這一切都構成了得贖之民的幸福。」（註6）

(2) 婚姻

一些與基督同時代的人，講到一個婦人一再喪夫，她一共嫁過七個丈夫。他們問耶穌說，在復活之後，她是誰的妻子呢？稍用想像就可以看出，若是這地上的婚姻關係會在天上重續，許多複雜的情況就會出現。基督的回答顯示了神聖的智慧。「當復活的時候，人也不娶也不嫁，乃像天上的使者一樣。」（太22：29、30）

那麼，蒙贖之人會被剝奪今世婚姻的福分麼？在新地中，蒙贖之人任何美好的事物，是不會被剝奪的。上帝已經應許，「他未曾留下一樣好處不給那些行動正直的人」（詩84：11）。若這應許在今世是真的，在來世豈不是更真？婚姻的本質乃是愛。一切的喜樂，都是在愛的表達中。聖經說：「上帝就是愛」，以及「在你面前有滿足的喜樂；在你右手中有永遠的福樂。」（約壹4：8；詩16：11）在新地中，沒有人會缺少愛、歡欣與喜樂。在那裏沒有人會感到寂寞、空虛、或不被他人所愛。

我們可以相信，那位設計婚姻、將喜樂帶進今世的慈愛的創造主，會在來世賜下一些更美的東西——一些比婚姻更美的東西，正如祂賜下新世界超乎今世一樣。

五、新地中的智力活動

1.智力的恢復

「樹上的葉子乃為醫治萬民」（啟22：2）。啟示錄中所講的醫治，不止於病得痊癒，它意為「恢復」，因為在那裏根本沒有人生病（賽33：24、20）。蒙贖之人既吃生命樹上的果子，就突破了許多世紀罪所造成的身體及心智的退化，在他們身上要恢復上帝的形像。

2.無限的潛能

永恆為智力提供了無限廣大的視野。在新地中，「永不衰殘的心智，要因思想創造之能的奇妙和救贖之愛的奧祕，而得到無窮的喜樂。再沒有殘忍詭詐的仇敵來引誘人忘記上帝。人的各種才能都要發展，一切能力都要增強。知識的追求不會使腦力疲憊或精神窮竭。在

那裏，最偉大的事業必能推進；最崇高的志向必能達到；最雄偉的願望必能實現。此外，還有新的高峰需要攀登、新的奇蹟需要讚賞、新的真理需要推究，並有新的目標讓人發揮潛力、心力和體力。」（註7）

3.新地中屬靈的追求

離了耶穌，永生就毫無意義。在永世裏，蒙贖之人對耶穌會有愈來愈大的渴愛——渴望更多了解耶穌的生命與工作；渴望與祂有更多的交通；渴望有更多的時間向未墮落的世界見證祂無比的愛；渴望更能反映祂聖善的品德。蒙贖之人將為基督而活，並與基督同活。他們會完全並永遠滿足地安息在祂裏面。

基督自己曾為服務而活（太20：28），祂也呼召祂的門徒度相同的人生。今世能與祂同工本身就是祝福。所產生的關係，使在新地中與祂同工時有的更大福分與特權。在那裏，帶著極大的喜樂與滿足，「他的僕人都要事奉他。」（啟22：3）

雖然蒙贖之人有機會研究上帝大自然的寶庫，但那最流行的科學，卻是十字架的科學。他們的智力既然恢復到上帝要他們擁有的那種敏銳，罪所造成的盲目又已除去，他們就能以一種今世渴想達到但不能達到的方式，明白屬靈的真理。他們將使救恩的題目——一個長高深都超乎一切想像的題目——成為他們永世中研究的題目與歌唱的主題。蒙贖之人藉著這項研究，就會更廣的了解在耶穌裏的真理。

每一週，得救之人聚集，作安息日的崇拜。「每逢……安息日，凡有血氣的必來到我面前下拜。這是耶和華說的。」（賽66：23）

六、那裏不再有……
1.所有罪惡均已根除

在新地中最令人振奮的應許，就是在那裏某些東西不再有了。「不再有死亡，也不再有悲哀、哭號、疼痛，因為以前的事都過去了。」（啟21：4）

一切罪惡都永遠消失了，因為上帝要根除每一樣罪惡，除去罪的一切根源。聖經提到新地中有生命樹，但未再提到那裏有分別善惡樹，或其他任何試探的源頭。在那美地中，基督徒不再需要與世界、

454

肉體及魔鬼爭戰。

雖然從舊的地球上有被罪所污染的移民進來，但新地仍然保持其清新。上帝必排除那些「可憎的、殺人的、淫亂的、行邪術的、拜偶像的，和一切說謊話的」（啟21：8），上帝必須如此——因為不論任何罪惡進來，都要施行毀滅。

「一切咒詛的痕跡都消除淨盡……只有一件事要留作紀念：我們救贖主被釘十字架的傷痕要永遠存在。罪惡殘忍之工作的唯一痕跡，乃是救主受傷的頭，刺破的肋旁，被釘的手腳。先知看見了基督在他的榮耀中，就說：『從他手裏射出光線，在其中藏著他的能力。』（哈3：4）……祂在髑髏地所受的創傷，要在永恆的歲月中彰顯祂的榮耀，宣揚祂的權柄。」（註8）

2.過去的不再被紀念

以賽亞說，在新地中：「從前的事不再被記念，也不再追想。」（賽65：17）讀上下經文發現，贖民所忘記的，乃是舊生命的患難（見賽65：16）。他們不會忘記上帝所作的美事，及祂藉以拯救他們的豐盛恩典。否則，這與罪惡的整個抗爭就是徒然。聖徒們自己在基督救恩中的經驗，乃是他們在永世之中見證的實質。

除此之外，罪的歷史形成了那保證中的重要部分：「災難不再興起」（鴻1：9）。想到罪所造成悲慘的結果，必會永遠嚇阻人再選擇這條自取滅亡的路。雖然過去的事達成了一個重要的目的，但是天國的氣氛，卻清除了那痛苦的記憶。這應許是他們的記憶不會使贖民懊惱、悔恨、失望、悲傷或憂愁。

七、相信新創造的價值

相信新地的教義，會為基督徒帶來實際的益處。

1.使人能夠忍耐

基督自己「因那擺在前面的喜樂，就輕看羞辱，忍受了十字架的苦難。」（來12：2）保羅因想到將來的榮耀，就重新獲得勇氣。「所以我們不喪膽，……我們這至暫至輕的苦楚，要為我們成就極重無比、永遠的榮耀。」（林後4：16、17）

2.對賞賜的確信和喜樂

基督曾親自說：「應當歡喜快樂，因為你們在天上的賞賜是大的。」（太5：12）保羅也說：「人在那根基上所建造的工程若存得住，他就要得賞賜。」（林前3：14）

3.供給力量抵擋試探

摩西能離棄「罪中之樂」及「埃及的財物」，是因為他「想望所要得的賞賜」（來11：26）。

4.讓人預嘗天國的滋味

基督徒的賞賜不僅在將來（弗1：14），基督說：「若有聽見我聲音就開門的，我要進到他那裏去。」（啟3：20）「而當基督進來時，祂總是帶著天國一起來。」與祂交通「就是天國在心裏，它乃是榮耀的開始，是救恩的預嘗。」（註9）

5.導致更高的效率

有些人認為基督徒過於注重天國，以致忽略了今生的價值。但使基督徒改變這世界的穩固根基，就是這對來世的信仰。魯益師（C. S. Lewis）說：「你若讀歷史就必發現，那在今世作得最多的，正是那些對來世想得最多的人……使基督徒在今世效率低落的，乃是因為他們大部分停止了思想來世的緣故。以天國為目標，地也包括在內了。以地為目標，二者就都得不著。」（註10）

「聰明人會用心在大理石上雕刻石像，而不去造一個雪人。」（註11）那些計畫活到永遠的基督徒，自然會比那些自認為只有今生，來生就被丟棄的人更用心安排他的生活（因此，更建設性地影響社會）。

那「為聖靈所培植，有天國為主題的職業，具有強烈的同化力。心靈藉之提升為高貴。它的影響範圍及觀察力都擴大了，對可見及不可見事物的價值及相對的重要性，都有了更清楚的領會。」（註12）

6.顯示上帝的聖德

我們如今所看見的這個世界，大大誤表了上帝的聖德，及祂原本為這個星球所作的計畫。罪已經嚴重地損壞了地上的生態系統，很少人能想像這個世界與創1、2章所描寫的樂園之間有什麼關聯。如今生命的特徵是為生存爭戰。甚至那些必

須與世界、肉體及魔鬼爭戰的信徒的生活，也不能正確地描繪出上帝原先的計畫。在上帝為蒙贖之人所作的計畫中──一個未受撒但影響觸及的世界，一個只有上帝旨意統治的世界之中，我們就有一個更正確的上帝聖德的寫照。

7.吸引我們到上帝跟前

聖經描寫新地的最終目的，是要吸引不敬虔的人到基督的跟前。有一個人聽到「地球恢復了伊甸園的美麗，如同現今的地球一樣真實，要作為聖徒最終的家鄉。」他們在那裏「不再有悲傷、痛苦、死亡，並彼此認識，面對面相見」，就極力反對。

他說：「為甚麼，不可能，那只是適合這個世界，是惡人所喜歡的。」

許多人「似乎認為宗教及其最終的賞賜，必定是世人不想要的東西。因此若說到任何快樂的情況，是墮落情況中人心所真正想要的，他們就認為，那不可能成為真宗教的一部分。」（註13）遠離真理，莫過於此。

上帝讓人知道，祂為愛祂的人所預備的東西，其目的是要吸引人離棄今世全神貫注的事物──幫助他們認識永世的價值，並瞥見天父的愛心所預備的美物。

八、永久常新

在這舊地上，我們常說：「一切美事都有終局」。關於新地最好的消息是永無終局。那時，要聽見「哈利路亞合唱團」的詩歌，「世上的國成了我主和主基督的國；他要作王，直到永永遠遠。」（啟11：15；參閱但2：44；7：27）聖經說，每一個受造之物都要加入頌讚：「但願頌讚、尊貴、榮耀、權勢，都歸給坐寶座的和羔羊，直到永永遠遠。」（啟5：13）

「善惡的大鬥爭結束了。罪與罪人也不再有了。全宇宙都是潔淨的。廣大宇宙之間，跳動著一個和諧的脈搏。從創造萬物的主那裏湧流著生命、光明和喜樂，充滿這浩大無垠的宇宙。從最小的原子到最大的世界，一切有生和無生之物，都在他們純潔的榮美和完全的喜樂上，宣揚上帝就是愛。」（註14）

註1：1977年3月22日《評閱宣報》92、93頁懷雅各撰「The New Earth, The Dominion Lost in Adam Restored Through Christ」。

註2：「新」字譯自新約中兩個希臘字。Neos表達時間上的新，可譯為「新」。「新近」、「年輕」。它是archaios（老、原先、古）之反面。另一方面，Kainos則表示形式，實料的新，可譯為「新鮮」、「不同的性質」，它是palaios（老、舊、壞）的反面。Kainos乃是用為描寫新地的詞。（《基督復臨安息日會參考文庫》「New Earth」）。

註3：同上。

註4：1969年9月《These Times》7頁，Richard W. Coffen撰「New Life, New Heaven, New Earth」。

註5：1981年10月8日《評閱宣報》23頁，Neal C. Wilson撰「God's Family Reunited」。

註6：懷愛倫著《善惡之爭》701頁。

註7：同上。

註8：同上，698頁。

註9：1854年11月14日《評閱宣報》111、112頁載「Clusters of Eschol」。

註10：C. S. Lewis著《More Christianity》113頁。

註11：Fagal著《Heaven is for You》37頁。

註12：同註9。

註13：1854年2月7日《評閱宣報》20頁，Uriah Smith撰「The Popular Hope, and Ours」。

註14：同註6，702頁。

國家圖書館出版品預行編目資料

基督復臨安息日會基本信仰28條 / 基督復臨安息
日會全球總會傳道協會編著；時兆出版社編輯部
譯. -- 初版.-- 臺北市：時兆, 2006 [民95]
面 ；　　公分
譯自：Seventh-day Adventists Believe...28
ISBN 978-986-82608-3-2(精裝)
1.神學

242.8　　　　　　　　　　　　　95019495

28

SEVENTH-DAY ADVENTISTS BELIEVE...28
基本信仰28條

作　　者	基督復臨安息日會全球總會傳道協會
譯　　者	時兆出版社編輯部
董 事 長	胡子輝
發 行 人	周英弼
出 版 者	時兆出版社
服務專線	886-2-27726420
傳　　真	886-2-27401448
地　　址	台北市10556八德路二段410巷5弄1號2樓
主　　編	黃淑美
文字校對	陶香蘭、蔡幸娟
美術設計	邵信成
法律顧問	統領法律事務所
電　　話	886-2-23212161
ISBN-13	978-986-82608-3-2
ISBN-10	986-82608-3-3
定　　價	400元
出版日期	2006年12月初版1刷

時兆讀友回函

謝謝您購買時兆的出版品，希望您看了很滿意。也請費心填寫此回函卡，讓我們可依此提昇服務品質，我們並將不定期寄上最新出版訊息，以饗讀者。

您購買的書名：上帝的應許

姓名：＿＿＿＿＿＿＿＿＿＿　性別：□男 □女

生日：＿＿＿年＿＿＿月＿＿＿日

地址：□□□＿＿＿＿＿＿＿＿＿＿＿＿＿＿＿＿＿＿＿＿

聯絡電話：＿＿＿＿＿＿＿＿＿＿　傳真：＿＿＿＿＿＿＿＿＿＿

若您願意收到時兆不定期的新書資訊或優惠活動，

請留下您的E-mail：＿＿＿＿＿＿＿＿＿＿＿＿＿＿＿＿＿＿

學歷：□高中及高中以下 □專科及大學 □研究所以上

職業：□學生　　□軍公教 □服務 □金融 □製造 □資訊 □傳播
　　　□自由業 □農漁牧 □家管 □退休 □其他

您覺得本書價格：□偏低 □合理 □偏高

您對本書的整體評價：（請填代號1.非常滿意2.滿意3.普通4.不滿意5.非常不滿意）

書名＿＿＿　內容＿＿＿　封面設計＿＿＿　版面編排＿＿＿紙張質感＿＿＿

您從何處得知本書消息？

□教會 □文字佈道士 □書店（店名：　　　　　）□親友推薦

□網站（站名：　　　　　）□雜誌（名稱：　　　　　）

□報紙 □廣播 □電視 □其他：

您通常透過何種方式購書？

□教會　　□文字佈道士 □逛書店　□網站訂購 □郵局劃撥

□電話訂購 □傳真訂購　□團體訂購 □其他：

您喜歡閱讀哪些類別的書籍？

□宗教：□靈修生活 □見證傳記 □讀經研經 □慕道初信 □神學教義

□醫學保健 □心靈勵志 □文學　　□歷史傳記 □社會人文

□自然科學 □休閒旅遊 □科幻冒險 □理財投資 □行銷企劃

□其他：

對我們的建議：

＿＿＿＿＿＿＿＿＿＿＿＿＿＿＿＿＿＿＿＿＿＿＿＿＿＿＿＿＿＿

＿＿＿＿＿＿＿＿＿＿＿＿＿＿＿＿＿＿＿＿＿＿＿＿＿＿＿＿＿＿

＿＿＿＿＿＿＿＿＿＿＿＿＿＿＿＿＿＿＿＿＿＿＿＿＿＿＿＿＿＿

＿＿＿＿＿＿＿＿＿＿＿＿＿＿＿＿＿＿＿＿＿＿＿＿＿＿＿＿＿＿

請沿虛線對摺，謝謝！